스리 라마나의 길

옮긴이 ● 대성(大晟)

라마나 마하르쉬의 '아루나찰라 총서'와 니사르가닷따 마하라지의 '마하라지 전서'를 집중 번역했고, 그 밖에도 중국 허운 선사의 『참선요지』와 『방편개시』 그리고 감산 대사의 『감산자전』을 우리말로 옮겼다. 최근에는 『마음의 노래』, 『지혜의 검』, 『선의 지혜』, 『대의단의 타파, 무방법의 방법』 등 성엄 선사의 '성엄선서' 시리즈를 번역하고 있다.

아루나찰라 본서 8

스리 라마나의 길

지은이 | 스리 사두 옴
옮긴이 | 대성(大晟)
펴낸이 | 이효정
펴낸곳 | 도서출판 탐구사

초판 발행일   2012년 3월 28일

등록 | 2007년 5월 25일(제208-90-12722호)
주소 | 121-854 서울 마포구 신수동 93-114(4층)
전화 | 02-702-3557   Fax | 02-702-3558
e-mail | tamgusa@korea.com

값 20,000원

* 잘못된 책은 바꾸어 드립니다.

ISBN 978-89-89942-11-5 04270
ISBN 978-89-951146-0-5 (세트)

아루나찰라 본서 8

스리 라마나의 길

스리 사두 옴 지음
대성(大晟) 옮김

탐구사

The Path of Sri Ramana − *Part One* (Sixth Edition, 2005)
The Path of Sri Ramana − *Part Two* (Third Edition, 2006)

By Sri Sadhu Om

Published by Sri Ramana Kshetra(Kanvashrama Trust), Tiruvannamalai – 606 603, India

(Part One) Copyright ⓒ Michael James
(Part Two) Copyright ⓒ Arunachalaramana Nilayam
Korean translation rights ⓒ 2012 Tamgusa Publishing

이 책의 판권은 Michael James 및 Sri Arunachalaramama Nilayam Trust와의 계약으로 도서출판 탐구사에 있습니다. 저작권법에 의해 보호받는 저작물이므로 본 출판사의 허락 없이 이 책 내용의 전부 또는 일부를 전재하거나 복사하는 것은 허용되지 않습니다.

바가반 스리 라마나 마하르쉬

스리 사두 옴

차 례

스리 라마나의 길 - 제1부

제4판 간행사 · 11
제5판 간행사 · 12
제6판 간행사 · 13
제4판 서문 · 14
스리 라마나 약전略傳 · 24

제1장 영원한 행복이 목표이다 · 56
제2장 무엇이 행복인가? · 61
제3장 자기탐구가 행복에 이르는 유일한 길이다 · 73
제4장 나는 누구인가? · 81
제5장 '나는 누구인가?' 하는 탐구와 네 가지 요가 · 95
제6장 '나는 누구인가?'는 상념관이 아니다 · 128
제7장 자기탐구 · 145
제8장 자기탐구의 기법 · 161

부록 1 : 나는 누구인가? · 200
부록 2 : 수행의 핵심 4제題 · 214
    1) 자기탐구 11연시 · 214　　2) 누가 진인인가? · 217
    3) 의심하는 자를 의심하라! · 219　　4) 염송 · 221
부록 3 : 수행과 일 · 223

스리 라마나의 길 - 제2부

제3판 간행사 · 235
제2판 간행사 · 237
초판 간행사 · 238
저자에 대하여 · 241
독자들에게 드리는 말 · 244

제1장 세계와 신 · 250
제2장 사랑 혹은 헌신(*bhakti*) · 294
제3장 업(karma) · 375

부록 1 : 자기노력 · 400
부록 2 : 생에서 생으로 이어지는 행위의 재개再開 · 403
부록 3 : 개인적 청결 · 408
부록 4 : 몇 가지 설명적 주註 · 411
    1)「아루나찰라에 바치는 8연시」, 제6연에 대한 설명적 주 · 411
    2)「실재사십송」, 제8연에 대한 설명적 주 · 413
    3)「실재사십송」, 제9, 10, 11, 12연에 대한 설명적 주 · 415

보론 : 스리 사두 옴 : 모범적인 헌신자 · 418
스리 사두 옴의 삶―마이클 제임스와의 문답 · 432

번역 판본 등에 관하여 · 434
옮긴이의 말 · 435

스리 라마나의 길

제1부

제4판 간행사

우리는 『스리 라마나의 길』이 비교적 짧은 시간 안에 4판을 찍어야 한다는 데 놀라서는 안 된다.

독자들은 이 책이 "정확하고 유용하며", 우리가 해야 할 일, 곧 행복하게 (…) 존재하기를 실천하는 "자가학습" 지침서라고 말한다. 한번은 바가반 스리 라마나께서 수행이란 주제에 관해, 우리가 그것을 할 수는 없다고 말씀하셨다고 한다. 에고는 해탈[자신의 사라짐]을 원할 수 없고, 진아는 에고도 '수행'도 필요로 하지 않는다는 것이다. 우리가 해야 할 일은 자기(진아)로 하여금 수행을 하게 하는 것이다. 어떻게? 이완함으로써, '아무것도 하지 않음'으로써이다. 어떻게? 내맡기기, 즉 헌신에 의해서이다. 어떻게? '어떻게?'를 앎으로써이다. 바로 그것을 이 책이 제공한다―새로운 단서들, 더없이 귀중한 통찰들을. 이 책에서는 일상생활 속에서 이 모든 것을 가지고 어떻게 해야 할지 모르는 사람들을 위하여, 헌신의 접근법에서도 그것들을 자세히 설명하고 있다. 별개의 이 두 부분(본서의 제1, 2부)은, 이제 독자적인 저자이자 우리 재단의 이사인 스리 마이클 제임스의 영어 번역으로 곧 볼 수 있게 될 것이다.

멋진 '자살', 곧 '에고의 죽음'을 맞으시라.

1990년 2월 23일, 띠루반나말라이 마우나말라얌에서
깐와아쉬라마 총재 R. E. 함사난단(Hamsanandan)

제5판 간행사

  대다수 문화에서는 조각, 회화, 무용, 음악, 창송唱誦, 건축의 여섯 가지 신성한 기예技藝를 가르치는데, 이것들은 '진아 되기'라는 일곱 번째 기예에 이르게 한다.
  여기 참스승 라마나의 지름길이 있다.

깐와아쉬라마 재단 총재
R. E. 함사난단

제6판 간행사

우리는 새로 조판한 스리 사두 옴 스와미의 이 『스리 라마나의 길』 (제1부) 제6판을 내게 된 것을 매우 기쁘게 생각한다. 이제 처음으로 타밀어판 『스리 라마나의 길(Sri Ramana Vazhi)』과 아주 흡사하게 표지 도안도 새로 했다. 내용의 문장과 구조는 앞서 제5판과 변함이 없다.

우리는 스리 아루나찰라 라마나 재단 구성원들이 이 저작의 인쇄와 교정 과정을 도와준 귀중한 협력에 많은 고마움을 느낀다. 고마워요!

또한 그에 못지않게, 스리 라마나의 길을 걷는 구도자들을 위한 이 봉사를 계속할 수 있도록 재정 지원과 함께 사랑과 영감을 제공해 주셨던, 돌아가신 우리 재단의 창설자이자 총재 스리 함사난단 님께도 겸허한 감사를 드리는 바이다. 고맙습니다!

2005년 5월 6일, 바가반 입적 기념일에

깐와아쉬라마 재단, 스깐다 박따 C. 로시(Skanda Bhakta C. Rossi)

Om Namo Bhagavate Sri Arunachalaramanaya

제4판 서문

바가반 스리 라마나 마하르쉬는 진아지眞我知(Self-knowledge)—영원하고 완전하며 순일 무잡한 행복의 상태—의 성취를 위한 두 가지 주된 길을 가르쳤다. 그가 가르친 첫 번째 길은 '나는 누구인가?'의 자기탐구(self-enquiry)의 길, 곧 지知(jnana)의 길이며, 두 번째 길은 자기순복順服(self-surrender)의 길, 곧 사랑(bhakti)의 길이다. 이 책 『스리 라마나의 길—제1부』는 자기탐구의 길에 대한 설명이고, 자기순복의 길은 『스리 라마나의 길—제2부』에서 설명된다.

이 책이 나오게 된 경위를 간략히 말하면 다음과 같다. 바가반 스리 라마나께서 육신을 벗으신 뒤, 인도와 해외의 많은 헌신자들은 이 책의 저자인 스리 사두 옴 스와미가 스리 바가반의 으뜸가는 제자들 중 한 사람일 뿐만 아니라, 참된 지知를 추구하는 모든 사람이 바가반의 가르침을 쉽게 이해하고 실천할 수 있도록 그것을 명료하고 단순하게 해설하는 드문 재능을 타고난 사람이라는 것을 점차 인식하게 되었다. 그래서 많은 헌신자들이 스리 스와미를 찾아가서 스리 바가반의 가르침 전반, 특히 자기탐구를 닦는 방법에 대해 분명한 설명을 청하곤 했다. 그들의 갖가지 질문에 대한 답변으로 스리 스와미가 해주는 명료한 설명이 자신들의 수행에 큰 도움이 된다는 것을 안 일부 헌신자들은 그가 구두로 해준 답변들을 기록하기도 했고, 어떤 사람들은 그들의 의문에 대한 답변으로 그가 보내준 편지들을 모아서 보존하기도 했다.

스리 바가반의 헌신자들 중 한 사람인 고故 R. 샨따남 박사는 스리 스와미의 설명이 진리를 추구하는 모든 진지한 구도자들에게 얼마나 유용할지를 알고, 스리 스와미가 쓴 많은 편지들과 그를 찾아갔던 사람들이 적은 많은 필기문들을 한데 모으느라고 몇 년에 걸쳐 많은 공을 들였고, 스리 스와미에게 그 모든 편지와 필기문들을 책의 형태로 편집해 달라고 청했다. 이와 같이 샨따남 박사가 수집한 자료들은 다양한 환경에서 다양한 이해 수준을 가진 헌신자들에게 해준 답변들로 이루어져 있었고, 헌신, 자기탐구, 요가, 업業(karma), 신, 세계, 영혼, 탄생, 죽음, 해탈 등 여러 가지 다양한 주제들에 대한 답변이었다. 그래서 스리 스와미는 그 많은 잡다한 관념들을 한 권의 책에 담는 것은 적절하지 않다고 보고, 자기탐구라는 직접적인 길을 중심으로 한 관념들만 뽑아서 그것이 하나의 일관된 흐름을 이루도록 편집했다. 이렇게 그가 편집한 것을 1967년에 샨따남 박사가 『스리 라마나의 길―제1부』라는 제목의 타밀어 책으로 출간하였다. 나중에 타밀어를 모르는 많은 헌신자들의 요청에 따라 1971년에는 그 영어판도 출간되었다.

『스리 라마나의 길―제1부』의 타밀어판과 영어판이 세계 각지에 사는 스리 바가반의 많은 헌신자들 손에 들어가기 시작하자, 그들 중 어떤 이들은 스리 사두 옴 스와미에게 이렇게 묻기 시작했다. "이 책은 왜 자기탐구라는 직접적인 길만 다루고 있습니까? 자기순복 기타 여러 측면, 예컨대 신, 세계, 창조, 업 등에 관해 스리 바가반이 말씀하신 진리에 대해서는 왜 책을 쓰시지 않았습니까?" 그래서 스리 스와미는 다시 한 번 샨따남 박사가 수집한 자료들을 가지고 당신이 제1부를 편집할 때 제외했던 다양한 답변들을 토대로 제2부를 편집했다. 이 책은 (1) 신과 세계, (2) 사랑 또는 헌신(bhakti), (3) 업(Karma)의 3개 장과 그에 이은 몇 가지 설명적 부록들로 구성되었다. 제2부는 1976년 영어판으로 처음 출판되었는데, 비록 지금은 절판되었으나 나중에 그 번역을 철저히 개정한 뒤에 신판이 나올 것으로 기대된다.

스리 스와미는 타밀 사람들이 그에게 제출한 수행에 관한 질문들에 답변하면서, 때로는 시와 노래들을 지어 답하기도 했다. 샨따남 박사가 그것들을 『수행의 핵심(Sadhanai Saram)』이라는 제목으로 한데 모았다. 1983년에 『수행의 핵심』은 타밀어판 『스리 라마나의 길』 제3부로 출간되었다. 『수행의 핵심』에 나오는 시들 중 일부는 영역되어 본서에 부록 2로 포함되었다.

『스리 라마나의 길』(제1, 2부)이 간행되던 1984-5년에 스리 스와미는 이 두 권을 개정하면서, 타밀어판과 영어판의 이전 판들을 읽은 헌신자들이 제기한 질문들에 대해 답변으로 주었던 많은 새로운 설명을 덧붙였다. 이 새로운 설명들 중 다수가 제1부와 제2부의 타밀어판 제3판에 추가되었다. 『수행의 핵심』에 들어 있는 많은 시들은 아직 영어로 번역되지 않았으나, 만일 그것이 스리 바가반의 뜻이라면 훗날 『스리 라마나의 길』 전3권의 완전한 영어판이 출판될 것이다.[1]

『스리 라마나의 길—제1부』의 영어판 제4판인 본서는 1981년 인도에서 제2판으로 간행되고 1988년 미국에서 제3판으로 재인쇄된 책과 실질적으로 동일하다. 이 제4판에 새로 추가된 부분은 부록 3 '수행과 일'뿐이다. 이 부록은 「마운틴패스(The Mountain Path)」, 1984년 1월호

---

[1] (역주) 『수행의 핵심』 영어판은 *A Light on the Teaching of Bhagavan Sri Ramana Maharshi*라는 제목으로 나왔다(개정판, 2002). 이 제목은 스리 사두 옴 자신이 선택한 것이다. 그래서 『스리 라마나의 길』 영어판은 제1, 2부의 두 권으로 그쳤다.

에 기고문으로 간행된 것으로, 많은 헌신자들이 일상생활 속에서 스리 바가반의 가르침을 실천하는 데 큰 도움이 된다고 여긴 것이다.

이 책의 저자인 스리 사두 옴 스와미는 아주 어릴 때부터 영적인 지식에 대한 깊은 열망을 가졌고, 그 열망은 그가 14살 때 지은 많은 타밀시와 노래의 형태로 표출되었다. 시간이 흘러 20대 초반이 되자 영적인 열망은 자연스럽게 그의 참스승(Sadguru)인 바가반 스리 라마나에게로 그를 끌어당겼다. 그가 외부적으로 스리 바가반과 접촉한 기간은 고작 4년(1946년 7월~1950년 4월)밖에 지속되지 않았지만, 스리 바가반에 대한 흔들림 없는 일념의 헌신과 그의 가르침을 실천하는 진지하고 확고한 자세 그리고 전적인 하심下心으로 인해, 그는 곧 스리 바가반의 은총을 한껏 받고 그럼으로써 진아지의 상태에 확고하고 안정되게 안주할 수 있을 만한 그릇이 되었다.

제자가 참스승의 신체적 친존親存(Presence)에서 보낸 시간이 그가 이룬 영적인 성취의 척도는 아니지만, 어떤 이들은 스리 바가반의 헌신자 개개인의 가치를 그가 스리 바가반과 함께 산 햇수로써 가늠하곤 한다. 그런 어떤 사람이 스리 스와미에게 약간 깎아내리는 투로 이렇게 물은 적이 있었다. "당신께서는 스리 라마나와 5년밖에 같이 살지 않으셨습니다. 당신보다 여러 해 더 스리 라마나와 함께 사신 분들도 계시지 않습니까?" 스리 스와미가 대답했다. "예, 저는 그 점을 정말 부끄럽게 생각합니다. 왜냐하면 스리 바가반의 친존에서 빛나는 신적인 힘이 성숙된 영혼들의 영적인 갈증을 해소해 주는 데는 단 5초면 충분하고도 남기 때문입니다. 저의 경우 5년이 필요했다면, 그것은 제가 미성숙한 상태에 있었다는 것을 말해주지 않습니까?"

이 답변은 스리 스와미의 자기를 내세우지 않고 하심하는 태도의 전형적인 예이다. 타밀어 시인으로서 빼어난 탁월함을 지닌 다재다능한 천재, 재능 있는 음악가, 선율 좋고 감미로운 목소리의 가인歌人, 명료한 산문가, 깊은 영적 통찰력에 진리를 단순명료하고 독창적인 방식으로 표현하는 힘을 지닌 뛰어난 철학가임에도, 그는 세상 사람들의 어떤 인정이나 평가를 결코 구하지 않았다. 사실 그의 삶은 스리 바가반이 가르친 주된 교훈, 즉 우리는 삶의 매순간 우리 자신의 개인적 실체(에고)를 전혀 중시하지 않음으로써 우리의 자아를 부인해야 하고, 그리하여 우리의 에고를 완전히 소거해야 한다는 교훈을 엄격히 고수한 하나의 완벽한 모범이었다.

스리 스와미의 산문과 운문체 저작들 중 일부는 생전에 출간되었고, 그가 1985년 3월 육신을 벗은 뒤에는 더 많은 저작들이 타밀어로 출간되었다. 그러나 저작물 출간에 대한 그의 태도는, 자진하여 영적인 또는 철학적인 책들을 써서 출판하여 그들의 지식을 다른 사람들과 함께 나누려고 하는 다른 많은 저자들의 그것과는 판이했다. "노크하지 않으면 문을 열면 안 된다"는 것이 그의 모든 행위의 저변을 이루는 원칙이었다. 진지한 열의로 질문하지 않으면 그는 영적인 문제에 대해 아무것도 말하거나 쓰려고 하지 않았다. 세상 사람들을 가르치려 나서고, 연단에서 강연을 하고, 두꺼운 책들을 써서 세상 사람들을 깨우치려 하고, 기관들을 창설하고, 잡지를 출판하여 종교적 원리들을 전파하는 등의 모든 행위를 그는 엄격히 회피하곤 했다. 그러면서 그는 바가반 스리 라마나가 살면서 모범적으로 보여준 그 길을 따를 뿐이었다.

스리 스와미는 종종 이렇게 말하곤 했다. "우리는 세상을 쫓아가면 안 됩니다. 우리는 바깥으로 세상을 바라보면 안 되고, 내면으로 진아를 바라보아야 합니다. 세상을 쫓아가는 산야시(sannyasi-출가수행자)들은 세상도 성취하지 못하고 진아[신]도 성취하지 못합니다. 만일 우리가 자신의 그림자를 쫓아가려고 들면 결코 그것을 붙잡지 못합니다. 그러나 우리가 해를 향해 가면 그림자는 자동적으로 우리를 뒤쫓아 올 것입니다. 늘 세상을 가르칠 목적으로 세상에 주의를 기울이는 산야시들은 결국 망쳐지고 맙니다. (…) 지구상에 왔던 어떤 진인(jnani)도 아쉬람, 정사精舍(math-성자나 수행자의 암자) 혹은 그런 어떤 기관의 산물이 아니었습니다. 그들 각자가 홀로 섰고, 혼자서 진리를 깨달았습니다. 어떤 종교적 기관의 일원이 되어야만 진지眞知(jnana)를 깨닫는다는 어떤 원칙도 없습니다. 따라서 누구도 세상 사람들에게 봉사한다는 명목으로 재단과 협회를 만들고, 설교하고, 슬로건을 외치고, 잡지를 운영하면서 자신을 속이고 자신의 영적 진보를 늦추지 말아야 합니다."

한번은 미국의 한 진지한 구도자가 스리 스와미에게 이런 초청을 했다. "서양에 오셔서 저희들을 인도해 주시지 않겠습니까?" 스와미의 태도는 다음과 같은 답장에서 분명하게 드러난다. "(…) 따라서 실재가 세상을 쫓아갈 필요는 없습니다. 더욱이 스리 라마나 바가반께서 발견하시고 드러내신 위대한 진리에 따르면, 단순하되 높은 영적인 삶을 영위하다가 세상 사람들이 모르는 채 세상을 떠나는 훌륭한 사람은 모든 정치적·사회적 개혁가들과 모든 강단철학의 영웅들보다 세상에 훨씬 큰 이익을 줍니다. 참으로 깨달은 삶은 틀림없이 진지한 구도자들에게 도움을 줄 것입니다. 설사 그들이 세상의 먼 곳에 살고 있고, 신체적으로 어떤 접촉, 의사소통, 잡지나 저술들이 없다 해도 말입니다. 이것이 바로 스리 라마나 바가반께서 언어를 초월하는 신비한 침묵이라는 최고의 힘을 통해 세상 사람들을 가르치신 방법입니다. 우리의 스승, 스리 라마나의 발자취를 따르는 것은 우리에게 달려 있지 않습니까? (…) 그러니 제가 어디로 갈 생각을 왜 해야 합니까? 저를 인도하여 당신의 집으로 이르게 하신 분은 주님이자 모두의 가장 깊은 내면에 있는 진아이니, 그분은 그들이 어디에 있든 진지한 구도자들을 집으로 어떻게 인도

하는 것이 최선인지를 알고 계시지 않습니까? 그렇다면 왜 에고가 '나는 사람들을 인도해야겠다'는 생각과 함께 일어나야 합니까? 만일 그런 '나'가 일어난다면, 그것은 유일한 실재인 스리 라마나의 은총을 경시하려 드는 자만적인 시도가 되지 않겠습니까? 따라서 서양이나 동양으로, 또는 여기, 저기나 어디로 간다는 생각은 저에게 결코 일어난 적이 없고, 앞으로도 결코 일어나지 않을 것입니다!"

이처럼 스리 스와미는 스리 바가반을 따르고 싶어하는 사람들이 삶을 어떻게 영위해야 하는지를 보여주는 한 모범이 되었다. 그는 자기를 내세우지 않는 자세로 살았기 때문에, 자신의 저작들이 타밀어판이나 영어판으로 간행되는 것에 늘 무관심했다. 그는 자기탐구의 길을 어떻게 수행해야 하는지 물으러 찾아온 사람들의 질문에 답할 때, 자신의 답변들이 언젠가 한 권의 책이 될 거라고는 전혀 예상하지 못했다. 그는 책을 써야겠다는 최소한의 의도나 욕망을 가졌던 적이 한 번도 없었다.

> 세상 사람들에게 그릇된 통념을 가르치기 위해서도,
> 많은 부富를 얻기 위해서도,
> 환호하는 이름과 명성을 위해서도 아닌
> 거기에 삼매에 든 진인이 거주하시니,
> 여러분 모두 모여들어 그분을 숭배하네.
> 제가 이 찬가를 부름은 그런 것들을 위해서가 아니라
> 오직 큰 보상, 에고의 죽음을 기원해서입니다, 저의 주님이시여!
>
> ―「스리 라마나 구루바룰 안따디(*Sri Ramana Guruvarul Antadi*)」[2], 제68연

---

[2] (역주) 저자가 스리 라마나의 은총을 찬양하여 지은 100연의 시 작품. ('아룰(*arul*)'은 '은총', '안따디(*antadi*)'는 시행의 처음(*adi*)과 끝(*anta*)이 일치하는 운율이다.)

스리 바가반에 대한 스리 스와미의 기도가 그러했다. 구도자들이 그에게 영적인 문제들에 대해 질문하면 스리 스와미는 가끔 이렇게 답변하곤 했다. "그대가 묻기 때문에 답변을 할 수는 있지만, 스리 바가반의 가르침에 따라서만 답할 수 있습니다. 그저 그대의 구미에 맞게만 답변해 줄 거라고 기대하지 마십시오. 제가 스리 바가반께 배워 알게 된 것만 이야기해 드릴 수 있습니다. 스리 바가반의 자기탐구 이외의 길들에 대해 물으면 그런 것에 대해서도 설명할 수 있지만, 스리 바가반의 가르침의 견지에서만 설명할 수 있습니다. 저에게는 그분의 가르침만이 권위 있는 경전입니다. 세상 사람들이 저의 관념을 받아들이지 않아도 상관없습니다. 내버리라고 하십시오." 스리 스와미는 다른 사람들이 자신의 견해를 어떻게 생각하든 조금도 개의치 않았고, 그의 관념이 세상 사람들에 의해 평가를 받든 않든 전혀 신경 쓰지 않았다. 그의 이름으로 출간된 책들에 대해서는 언젠가 이렇게 말했다. "저는 제가 아는 범위 내에서 저에게 물어 온 사람들을 위해 이야기했습니다. 그들이 이런 관념들을 책의 형태로 인쇄하여 그것을 다른 사람들과 공유하고 싶어한다면 저는 반대하지 않습니다. 그러나 저는 책을 쓰기 위해 이 세상에 오지 않았습니다. 저는 저술가가 아니고, 저술가가 될 어떤 욕망도 없습니다. 만일 세상 사람들이 이런 관념을 좋아한다면, 그것을 출판하는 것은 세상 사람들 자신의 책임입니다." 따라서 이 책은 스리 바가반이 보여준 분명하고 직접적인 길을 스리 스와미가 **확고히 고수하는 것**을 평가하는 사람들에 의해, 그리고 그들을 위해 출간된다.

스리 바가반의 가르침이 완벽히 명료하게, 그리고 희석되지 않고 순일 무잡하며 결정적인 방식으로 표현되고 있는 것은, 「실재사십송實在四十頌」, 「우빠데샤 운디야르(「가르침의 핵심」)」, 「아루나찰라에 바치는 다섯 찬가」와 같은 그 자신의 독창적 저작들과, 그의 구두 가르침을 상수제자인 스리 무루가나르가 충실하게 그리고 권위 있게 기록한 『진어화만眞語華鬘(Guru Vachaka Kovai)』뿐임을 알 수 있다. 그러나 이 모든 저작들은 간결하고 고전적인 타밀시 형식으로 씌어졌기 때문에, 그 올바른 의미와 취지는 교육 받은 많은 타밀인들조차도 이해할 수가 없다. 이것이 이들 저작에 대한 대다수 번역본과 주석서들에 부정확한 해석이 많이 들어 있는 주된 이유 중의 하나이다. 그래서 스리 바가반의 가르침을 충실하고 정확하게 번역하고, 주석하고, 해설하기 위하여 요구되는 가장 중요한 요건 중의 하나는 그 사람이 타밀어를 철저히 구사할 수 있고 스리 바가반의 모든 타밀어 저작에 통달해 있어야 한다는 것이다. 이런 점에서 스리 사두 옴은 이상적인 자격조건을 갖추고 있었다. 왜냐하면 그는 본인이 대단한 타밀 시인일 뿐만 아니라, 스리 바가반과 직접적이고 친밀한 접촉을 가졌고, 스리 무루가나르와도 오랜 문학적 친교를 유지했기 때문이다.

그러나 언어를 능숙히 구사하는 것만으로는 스리 바가반의 가르침을 충실히 해석하고 해설하기에 충분치 않다. 그의 가르침을 온전히 드러내고 평가하기 위해서는 그 사람이 그 가르침의 내적인 의미에 대한 명료하고도 깊은 통찰을 가지고 있어야 하는데, 그러한 통찰은 그의 가르침을 진지하게 그리고 일념으로 실천해 온 사람만이 얻을 수 있다. 이런 점에서도 스리 사두 옴 스와미는 이상적인 자격조건을 갖추고 있다. 우리가 이 책을 읽어 보면 스리 바가반의 가르침의 바로 핵심에 대해 그가 얼마나 깊은 통찰을 가지고 있었는지를 분명하게 알 수 있고, 또한 그의 이해가 영적인 공부 전반을 포괄하고 포함한다는 것을 알 수 있다. 이렇게 볼 때, 이 책은 단지 스리 바가반의 가르침에 대한 공부(청문, sravana)와 성찰(manana)에서 나온 것이 아니라, 그 가르침에 대한 실천(일여내관, nididhyasana)과 그것들의 목표인 참된 체험(anubhava)에서 나온 것임이 분명하다.

  이 책에서 표현되는 관념들 대부분의 전거典據는 스리 바가반의 타밀어 원저작이나 헌신자들이 그의 구두 가르침을 기록한 다른 여러 책에서 찾을 수 있다. 그러나 이 책은 단순히 다른 책에 나오는 친숙한 모든 관념들의 단순한 재탕이 아니다. 『스리 라마나의 길』 세 권 모두가 스리 바가반의 폭넓은 가르침을 일목요연하고 일관성 있게 제시하고 있을 뿐 아니라, 다른 책에서는 씨앗 형태로만 나오는 많은 관념들에 대한 신선하고 독창적인 통찰들을 풍부히 제공한다. 그런 신선함과 독창성은, 저자가 스리 바가반이 가르친 길과 그가 보여준 목표에 대한 직접적인 개인적 체험을 가지고 있었기 때문에 비로소 가능한 것이다.

  이 책은 이처럼 실제적인 영적 체험에 기초해 있고, 많은 미묘한 관념들을(그 각각의 관념은 다른 모든 관념과 어떤 관련성을 갖는다) 제시하고 있기 때문에, 그냥 한 번 읽는 것만으로는 이 책의 온전한 취지를 제대로 파악할 수 없다. 처음부터 끝까지 책을 통독하고 나서 다시 처음부터 읽기 시작하면 각각의 관념을 더 명료하게 이해할 수 있게 될 것이다. 따라서 우리가 이 책에서 최대의 이익을 끌어내고 싶다면 이 책을 반복해서 공부해야 하고, 그에 대해 깊이 성찰해야 하며, 우리가 여기서 배운 것을 실천에 옮기려고 진지하게 노력해야 한다. 왜냐하면 그럴 때에만 여기서 설명하는 많은 미묘한 논점들 모두를 아주 명료하게 이해할 수 있을 것이기 때문이다.

발행인

Om Namo Bhagavate Sri Arunachalaramanaya

스리 라마나 약전略傳

모든 천체들 중에서 해탈을 성취할 수 있는 곳은 이 지구뿐이고,
지구상의 모든 나라들 중에서 바라땀(Bharatam)[인도]이 최상이네.
바라땀 내의 모든 성지들 중에서는, 다양한 신의 힘이
나타나고 작용하는 아루나짤람(Arunachalam)이 으뜸이라네!

띠루바루르, 찌담바람, 까시(Kasi-바라나시)는 각기
거기서 태어나거나, 그곳을 보거나, 거기서 죽는 사람에게
해탈을 하사하는 성지이지만, 아루나짤람은 지상의
어떤 사람이 그것을 생각하기만 해도 해탈을 하사한다네!
— 「스리 아루나찰라 벤바(*Sri Arunachala Venba*)」, 제1, 2연

아루나짤람(아루나찰라)은 지구의 심장이다. 그것은 주主 시바의 원초적 형상(*adi lingam*)이다. 그것은 '지知의 불(*jnanagni*)'인 산이다. 아루나짤람은 브라마와 비슈누가 미혹되어 있을 때 그들 사이에서 지知의 빛인 산으로 나타나 그들의 에고를 소멸하면서 그들에게 참된 지知를 가르친 이후로, 그들에게조차 지知-스승(*Jnana-Guru*)이었다. 아루나짤람은 시간이 처음 시작될 때부터 삼계三界 모두의 지知-스승 자리(*peetam*)를 보유해 왔기 때문에, 이 시대에도 참스승 바가반 스리 라마나의 형상으로

나타나서 온 세상 사람들을 가르친 것이다. 더구나 자신이 다름 아닌 원초적 스승 **다끄쉬나무르띠**(Dakshinamurti)[16세의 젊은이로 나타난 스승]임을 우리에게 간접적으로 시사하기 위하여, 그것은 16세의 나이에 아루나짤람으로 와서 스승의 자리에 올랐다. 그리고 그곳에서 반세기 이상 살면서 무수한 영혼들을 탄생과 죽음의 질병에서 구원하였다.

일반적으로 스리 라마나 바가반이라는 성스러운 이름으로 불리는 이 위대한 존자尊者(maha purusha)가 이 산을 「아루나찰라에 바치는 문자혼인화만」이라는 찬가의 마지막 연에서 '아루나찰라 라마나'라고 부르고, 또 「진아지(Atma Vidya Kirtanam)」 제5연1)에서는 자신이 지고자로 체험한 진아는 곧 안나말라이(Annamalai)[아루나찰라]로 불리는 것이라고 말하며, 당신의 진정한 성품에 대해 질문한 한 헌신자에게는 "이 아루나찰라 라마나가 바로 하리(Hari)[비슈누]를 위시한 모든 영혼의 심장연꽃의 핵심에서 의식으로서 지복스럽게 빛나는 지고의 진아라오!"라고 답변하고 있기 때문에, 아루나짤람 그 자체가 라마나이고 라마나 그 자신이 아루나짤람이며, 그에게 참으로 어울리는 성스러운 이름은 '**스리 아루나짤라 라마난**'이라는 비밀이 드러나게 된다. 그래서 "**옴 나모 바가바떼 스리 아루나짤라라마나야**(Om Namo Bhagavate Sri Arunachalaramanaya)"2)라고 말하는 것이다!

그 지고자는 무수한 탄생을 통해 영혼들을 진아지眞我知의 성취 쪽으로 점차 성숙시키고, 마침내 그들이 충분히 성숙하면 그 자신이 참스승으로 화현하여 그런 모든 성숙한 영혼들을—그들이 지구상의 어디에 태어났든—자신의 신성한 두 발 아래로 끌어당긴 다음, 그들에게 자신

---

1) 이 연에서 스리 바가반이 원래 쓴 어구는 "(…) annamalai yen anma"인데, 이것은 "안나말라이라는 진아", 혹은 "안나말라이, 나의 진아"라는 뜻이다.
2) "옴, 바가반 스리 아루나찰라라마나께 귀의합니다."

의 비이원적 합일을 하사한다. 신의 계획이 그와 같다. 참스승이 화현할 때 드러나는 많은 특이한 표지들이 있으며, 지혜로운 사람들은 그런 표지들로부터 그분이야말로 참스승임을 이해할 수 있다.

고도로 성숙된 영혼들이었던 태초의 네 리쉬는 신의 세 화현인 브라마, 비슈누 혹은 시바의 어느 한 신도 스승으로 받아들이지 않고 참스승을 찾아서 방랑하다가 결국 늙게 되었다. 그때 스리 다끄쉬나무르띠는 어떤 스승도 없었지만 진아에 몰입한 채 16세 소년의 형상으로 반얀 나무 아래서 남쪽을 바라보며 찐무드라(chinmudra)[의식, 곧 지知를 말해주는 수인手印]를 하고 앉아 있었다. 그의 자비로운 친존 속으로 들어간 네 리쉬는 그에게 끌리는 것을 느꼈고, 그들의 이해가 성숙되어 있었기에 '이분이 진짜 참스승이다!'라는 것을 알았다. 그들은 그의 발아래 앉았고, 그의 침묵의 가르침을 통해 진아를 깨달았다. 그 자신[진아]이 자신의 스승이었던 원초적 스승 스리 다끄쉬나무르띠와 마찬가지로, 스리 라마나 바가반도 당신 자신의 스승 없이도 모든 세계들의 스승이 되었다. 스리 라마와 스리 크리슈나를 포함하여, 지상에 왔던 모든 위대한 존자들에게 인간의 형상을 한 스승이 있었다는 것은 잘 알려진 사실이다. 붓다나 그와 같은 소수의 아주 성숙된 영혼들은 지知-스승 없이도 실재에 대한 지知를 얻을 수 있었지만, 붓다조차도 많은 가짜 스승과 무가치한 스승들을 찾아가서 수차 실망한 후 혼자서 여러 해 동안 엄청난 노력을 한 뒤에야 목표를 이룰 수 있었다. 그러나 바가반 스리 라마나는 16세의 학생일 때, 저절로 그를 사로잡은 죽음의 공포를 계기로, 인간의 형상이나 다른 어떤 신의 형상을 한 스승 없이, 그리고 어떤 수행이나 고행도 한 적이 없이 짧은 시간 안에 진아 깨달음을 성취했다! 그날 그에게 밝아온 실재에 대한 지知는 그의 본연적 상태(sahaja sthiti)로서 항상 그와 함께 머물렀고, 거기에 아무것도 더해지거나 감해지는 것이 없었다. 이처럼 전 세계를 위한 으뜸가는 지知-스승으로서 빛나는 바가반 스리 라마나가 실은 이름 없고 형상 없는 지고자에 다름 아니기는 하나, 그의 육신의 삶의 과정을 그의 성스러운 삶의 역사로 여기는 우리의 무지한 소견에 따라, 그의 생애를 간략히 살펴보도록 하자.

바가반 스리 라마나는 1879년 12월 30일, 남인도 타밀나두 주의 마두라이에서 남동쪽으로 48킬로미터쯤 떨어진 시바 성지인 **띠루쭐리**에서 순다람 아이어와 알라감말의 둘째아들로 태어났다. 부모는 그에게 **벤까따라만**이라는 이름을 지어주었다. 그의 형은 나가스와미, 동생은 나가순다람이었고, 알라멜루는 그들의 누이동생이었다.

벤까따라만은 띠루쭐리와 딘디걸에서 초등교육을 마쳤다. 그가 12살 때 아버지가 세상을 떠났기 때문에3) 그와 그의 형은 마두라이에 있는 숙부의 집으로 옮겨가서 아메리칸미션 고등학교에서 계속 공부했다. 그는 명민한 지성과 예리한 기억력을 가지고 있었으나 학업에서 그것을 이용한 것 같지는 않다. 반에서 평균적인 학생이었지만, 몸이 건강했던 그는 레슬링, 축구, 막대기 싸움, 수영 등에서는 으뜸이었다. 그러다가 10학년 진급 시험을 치르기 전에 돌연 그의 삶에서 큰 신적인 변화가 일어났다. 그는 이 변화가 일어나도록 하기 위해 어떤 경전도 읽은 것이 없었고, 스승을 가진 적도 없었다. 타밀 성자 63인의 생애담인 『뻬리야뿌라남』을 우연히 읽어 본 적은 있었으나, 그것도 그의 진아 깨달음을 가져온 실제적 원인은 아니었다. 그러면 무엇이 원인이었을까?

---

3) 아버지가 죽었다는 이야기를 듣고 벤까따라만이 딘디걸(딘두깔)에서 띠루쭐리로 그를 보러 왔을 때, 그는 이렇게 생각했다. '아버지는 여기 누워 계신데, 왜 떠나셨다고 하는 걸까?' 그러자 연장자들이 그에게 말했다. "만약 이것이 네 아버지라면, 그가 사랑으로 너를 맞지 않았겠느냐? 그러니 봐, 떠나신 거지." 이 사실을 알게 되자 그의 내면에서는 그 몸이 아버지, 즉 그 사람은 아니라는 관념이 일어났을 수 있다. 우리는 이것이 훗날 그가 16세 때 내면에서 개화할 깨달음의 한 씨앗이었다고 추측할 수 있을 것이다.

때는 1896년 7월 중순의 어느 날이었다. 벤까따라만은 이층의 작은 방에 혼자 앉아 있었다. 몸에 아무 병도 없었는데, 문득 자신이 곧 죽을 것 같다는 큰 두려움이 내면에서 일어났다. 그것은 단순히 상상적인 혹은 피상적인 두려움이 아니라 하나의 실제적인 죽음의 체험으로서 일어났다. 그는 여기에 동요되지 않았다. 그리고 그 일에 대해 누구에게도 이야기하지 않았다. 그는 다가오는 죽음을 대담하게 반기면서 과감히 그것을 분석하고, 이 분석의 결과를 스스로 발견했다. '그래, 죽음이 찾아왔다. 오라고 하지. 죽음이 무엇인가? 그것이 누구에게 찾아오는가? 나에게. 나는 누구인가? 죽어가는 것은 무엇인가? 그래, 죽어가는 것은 이 몸이다. 그것은 죽으라고 하지.' 이렇게 결정한 그는 팔다리를 쭉 뻗고 드러누웠다. 입술을 꽉 다물고 말이나 숨소리를 내지 않은 채, 그는 아주 예리하게 그 자신에게로 주의를 돌렸다. 그리고 죽음을 체험했다! 그때 그는 무엇을 알게 되었는가?

'좋다, 이 몸은 죽었다. 이제 이것은 화장터로 실려 가서 불에 타고, 재가 될 것이다. 그러나 이 몸이 소멸하면 나도 소멸되나? 내가 정말 이 몸인가? 몸을 송장으로 만든 이 죽음에 영향 받지 않고, 지금 여기 **나는 여전히 존재하며 빛나고 있다**! 그렇다면 나는 이 죽어 없어질 몸이 아니다. 나와 그것은 다르다. **나는** 파괴 불가능한 '**나**'[진아]이다. 모든 것 중에서 몸에 의해 속박되지 않는 나만이 실재한다. 몸과 세계는 소멸되고 말 것이지만, 몸을 초월하는 나는 영원한 **지고자**이다!'

이 참된 진아지知(atma-jnana)가 하나의 직접적 체험으로서 그의 내면에서 또렷하게 빛을 발했고, 내면에서 일어났던 죽음의 공포는 영원히 사라졌다. 그때부터는 이 진아체험의 상태가 내면에서, 시간과 공간에 구속되지 않고 늘어남도 줄어듦도 없는 그의 본래적 상태로서 계속 영구히 빛났다. 훗날 많은 사람들은 스리 바가반이 띠루반나말라이에 온

초기에는 정교한 따빠스(tapas-고행)를 했거나 아니면 어떤 수행을 했을 거라고 믿었지만, 그는 훗날 수차에 걸쳐 그런 관념을 분명하게 논박했다. 한번은 이렇게 말했다. "마두라이에서 빛난 바로 그 태양이 띠루반나말라이에서도 똑같은 상태로 있다는 것을 발견했지요. 저의 체험에 아무것도 새로 더해지거나 덜어지지 않았습니다."4)

그래서 벤까따라만은 외부의 스승 없이, 그리고 오래 애쓴 내적인 수행 없이 바로 첫 번에 **본연적 진아지의 상태**(sahaja-atma-jnana-sthiti)를 성취했다. 그것은 우파니샤드와 여타 모든 베다 경전에서 그 이상이 없는 상태이며, 인간으로 태어나서 얻을 수 있는 최고의 이익이라고 선언하는 바로 그 상태였다!

이 체험, 곧 진아성취(Self-attainment)는 벤까따라만의 외부적 삶에서도 묘사할 수 없는 폭넓은 변화를 몰고 왔다. 이제 자신은 몸이 아닌 영원하고 완전한 실새라는 것을 분명하게 체험하고 있었기에, 그날 이

---

4) 또 한 번은 1946년 10월 4일 D.S. 샤르마 교수라는 헌신자가 스리 바가반께, 당신의 생애에서 어떤 정화나 수행의 기간이 있었느냐고 묻자 당신은 이렇게 대답했다. "저는 그런 어떤 기간도 알지 못합니다. 저는 어떤 호흡제어(pranayama)나 염송(japa)도 하지 않았습니다. 또 어떤 진언(mantras)도 몰랐습니다. 저는 명상이나 내관이 뭔지도 몰랐습니다. 나중에 그런 것들에 대해 들었을 때도 전혀 끌리지 않았지요. 지금도 제 마음은 그런 것들에 어떤 주의도 기울이지 않습니다. 수행이란 얻어야 할 어떤 대상과 그것을 얻는 수단이 있음을 의미합니다. 우리가 이미 소유하고 있지 않은 것으로서 얻어야 할 무엇이 있습니까? 명상, 집중, 내관에서 우리가 해야 할 일은 어떤 것을 생각하지 않고 고요히 있는 것뿐입니다! 그러면 우리의 본래적 상태에 있게 될 것입니다. 이 본래적 상태에 여러 가지 이름이 붙는데, 해탈, 지知, 진아 등이 그것입니다. 제가 눈을 감은 채 앉아 있던 때가 있었지만, 그렇다고 해서 그럴 때 제가 어떤 수행을 하고 있었던 것은 아닙니다. 지금도 저는 가끔 눈을 감고 있습니다. 만일 사람들이 제가 그럴 때 어떤 수행을 하고 있다고 말하고 싶으면 그렇게 말하라고 하지요. 어떻든 저와는 상관없습니다. 사람들은 어떤 정교한 수행을 하면 어느 날 아주 크고 엄청나게 찬란한 진아가 그들에게 내려올 것이고, 그들은 이른바 깨달음(sakshatkaram)을 얻을 것이라고 생각하는 것 같습니다. 진아가 직접적(sakshat)인 것은 맞지만, 그에 대해서는 어떤 행함(karam)이나 행해진 것(kritam)도 없습니다. Karam이라는 말은 우리가 무엇을 한다는 뜻입니다. 그러나 진아는 우리가 무엇을 해서 깨달아지는 것이 아니라 무엇을 하지 않음으로써, 즉 고요히 머무르고 단순히 자신이 실제로 그러한 그대로 있음으로써 깨달아집니다!"

후 그의 삶은 보통 사람들의 그것과 결코 양립할 수 없는 어떤 새롭고 경이로운 삶으로 변환되었다. 사람들은 그런 삶을 이해하지도 못했고, 아무리 애써도 그것을 모방하지 못하는 것은 더 말할 나위도 없었다.

이 체험 이후로는 학과 수업에 대해 그나마 남아 있던 약간의 관심마저 완전히 떠나버렸다. 여전히 학교를 다니기는 했으나, 그냥 남들을 기쁘게 하기 위해서 그러는 것일 뿐이었다. 한때 그토록 그의 마음을 끌었던 게임들에 대한 취미도 그의 마음에서 완전히 자취를 감추었다. 친구와 가족 친지들에 대한 사랑과 애착도 희미해졌고, 음식과 세간적 활동에 대한 관심도 사라졌다. 과거에는 늘 옳은 것을 위해 싸우던 그였으나, 이제는 무관심해져 더 이상 어떤 선이나 악에 대해서도 결코 반응하지 않았다. 누군가가 그를 욕하면 매서운 주먹으로 반응하던 이전의 성품도 변하여, 이제는 그런 경우에도 용서와 무관심의 친절한 미소가 그의 얼굴에 나타나곤 했다.

이 얼마나 놀라운 변화였던가! 그 진아체험은 그를 한 사람의 완전한 사두(Sadhu)로 바꾸어 놓았다. 사랑, 비폭력, 인내, 자비, 용서, 감각 기관의 제어, 겸손, 두려움 없음—그런 모든 신적인 자질들이 그의 내면에 자연스럽게 그리고 충만하게 자리 잡았는데, 그것은 수련에 의한 것이 아니라 진아체험의 한 결과였다. 그에게 세속적 활동의 삶은 이제 의미 없고, 건조하고, 실재하지 않는 것이었으니, 마치 꿈이 그 꿈에서 깨어난 사람에게 아무 쓸모가 없고, 공허하고, 실재하지 않는 것과 같았다. 사람들은 그가 진아에 몰입한 채 그것을 즐기면서 홀로 앉아 있는 모습을 종종 목격했다. 사실 이전의 벤까따라만은 더 이상 존재하지 않았고, **바가반 라마나**만이 홀로 빛났다!

그가 딘디걸에서 공부하던 12살 때도 이러한 진아몰입을 시사하는 사건 하나가 일어난 적이 있었지만, 당시 주위에 있던 누구도 그 중요성과 귀중함을 알아차리지 못했다. 하루는 친척들이 다 외출한 뒤에 벤까따라만이 안에서 집의 문을 걸어 잠그고 침상에 누웠다. 그들이 돌아와서 문을 두드리고 그를 큰 소리로 불렀지만 문이 열리지 않았다. 다른 방법을 찾아내어 집으로 들어간 그들은 곤히 잠든 그를 깨워 보려고 했다. 그의 몸을 흔들어도 보고 굴려도 보고 세게 때리기도 했으나, 벤까따라만은 도무지 깨어나지 않았다! 그러다가 얼마 후 그가 스스로 깨어났다. 거기 모였던 사람들이 놀라워하며 외쳤다. "꿈바까르난의 잠이로군!"5) 그러나 이 상태는 둔한 잠도 아니고 기절 상태도 아니었으며, 실은 삼매三昧(samadhi)의 상태였던 것이다! 여러 해가 지난 뒤 스리 바가반은 이 상태에 대해 이렇게 말한 적이 있다. "예전에 하다가 그만둔 것을6) 이제 다시 이어서 한 것이고, 그 때문에 주의가 늘 근원[진아]에 가 있었던 것이지요."

벤까따라만이 학업에 관심을 잃어버리자 학교 선생님이 그에게 벌을 주기 시작했다. 그의 형 나가스와미조차 그가 너무 달라진 모습을 보고 화를 냈다. 그는 동생이 진아에 몰입하여 앉아 있는 것을 볼 때마다 이렇게 조롱하곤 했다. "대단한 진인이자 요가의 달인이군!" 그러나 벤까따라만은 실재에 대한 분명한 지知를 가지고 있었고, 그래서 동요가 없었기에 그런 것에 전혀 개의치 않았다. 하루는 선생님이 그에게 수업을 제대로 듣지 않은 영문법 단원을 세 번 써오라는 과제를 내주었다.

다음날은 1986년 8월 29일 토요일이었다. 스리 라마나는 과제를 두 번 쓰고 나자 그 쓸데없는 일에 대해 환멸을 느꼈다. 연필과 공책을 던져 버린 그는 앉아서 눈을 감고 진아에 몰입했다. 가까이 앉아 있던 나

---

5) 꿈바까르난(Kumbhakarnan)은 『라마야나』에 나오는 나찰(rakshasa)로, 여섯 달 동안 잠에서 깨지 않은 것으로 유명하다.
6) 즉, 전생에 하던 것을(본서 제2부, 부록 2 '생에서 생으로 이어지는 행위의 재개' 참조).

가스와미는 이 모습을 보자 속이 상했다. 그는 동생을 바로잡아 주려는 의도로 연민과 분노의 감정으로 소리를 질렀다. "그래, 이런 놈에게 그런 게 다 무슨 소용 있어?" 보통은 그런 말에 무관심하던 벤까따라만에게도 이번 경우에는 그 말이 특별한 의미가 있는 것처럼 보였다. 그는 생각했다. '그래, 맞는 말이다. 지금 내가 여기서 이런 거 가지고 할 일이 뭐가 있나? 전혀 없다!' 그는 즉시 집을 떠나기로 결심했다. 문득 아루나짤람에 대한 기억이 저절로 그의 마음을 스쳐갔다. 그는 결정했다. '그래, 내가 갈 곳은 아루나짤람뿐이야!' 그가 일어나서 밖으로 나갈 때 나가스와미가 그에게, 숙모에게서 5루피를 받아 자신의 대학 수업료를 좀 내달라고 부탁했다.

스리 라마나는 마드라스 관구(당시의 타밀나두 지역)의 옛 지도를 살펴보았다. 띠루반나말라이[아루나짤람]는 빌루뿌람에서 까뜨빠디로 가는 철도 지선의 중간에 위치하고 있었지만, 불행히도 이 지도에는 그 지선이 나타나 있지 않았다. 그래서 그는 (빌루뿌람을 지난) 띤디바남이 띠루반나말라이로 가는 가장 가까운 역이라고 생각했다. 그는 숙모가 준 5루피 중에서 3루피만 가졌다. 그리고 급히 쪽지를 하나 써서 나머지 2루피와 함께 남겨두고, 집을 떠났다. 그 쪽지에는 이렇게 쓰여 있었다.

   제 아버지를 찾아서

저는 그분의 명령에 따라 이곳을 떠납니다. 이것은 좋은 대의를 따를 뿐입니다. 따라서 누구도 이 행동에 대해 슬퍼할 필요가 없습니다. 이것을 보기 위해 돈을 쓸 필요도 없습니다.

    형의 수업료는 아직 ⎫
    내지 않았습니다. ⎬   이상으로
    여기 2루피가 있습니다. ⎭   ───────

이 쪽지의 하단에는 서명 대신 직선 하나가 그어져 있었다. 여기서 문장들의 구성은 깊은 의미를 지니고 있다. 첫 문장을 시작하는 단어 '저'가 다음 문장에서는 '이것'으로 바뀌었고, 이 '이것'마저도 쪽지의 마지막에 이르러서는 사라졌다. 아예 서명 없음으로 마무리된 것이다!

그렇다. '나'라는 느낌(ahankaram)과 '내 것'이라는 느낌(mamakaram)이 지속되는 동안 '나'라고 여겨지던 인간의 몸이, '나'와 '내 것'이 신에게 맡겨지자마자 그에게는 '이것', 즉 지각력 없고 낯선 물건이 된 것이다! 지고자와의 합일[하나됨]이 최종적으로 일어날 때, 달리 무엇이 별개의 개체로 남아 있을 수 있겠는가! 서명의 부재가 보여주는 것이 바로 이 하나됨의 상태이다. 16세의 나이에도 완전한 진지眞知(Jnana)[7]의 상태는 얼마나 명료한가! '제 아버지를 찾아서'라는 구절의 바로 뒤에 '저'를 끼워 넣은 것은 '나'라는 느낌이 유지되는 동안은 신을 자신의 유일한 피난처로 의지해야 함을 분명히 보여준다. 장차 비이원론자가 될 그 누구도, 그의 개인성 의식이 존속해 있는 동안은 신과 그 신을 향한 이원적 사랑을 모름지기 부인할 수 없을 것이다.

스리 라마나는 마두라이 역으로 갔다. 당시 그가 차비로서 적당한 금액일 거라고 생각한 3루피는 마두라이에서 띠루반나말라이까지 가는 바로 그 기차표 금액이었다. 그러나 어떻게 되었을까? 띠루반나말라이까지 계속 기차로 갈 수 있다는 것을 모른 채, 그는 띤디바남으로 가는 차표를 사서 기차를 탔다. 여행하는 동안 한 마울비(maulvi)[이슬람 사제]가 그의 곁에 앉아 자발적으로 그에게 빌루뿌람에서 띠루반나말라이로 가는 기차를 갈아타라고 알려주었다. (빌루뿌람에서) 스리 라마나는 이제 남아 있던 돈으로 맘발라빠뚜까지만 갈 수 있었다. 그곳에서 내린 그는

---

7) 진지眞知: 진아 외에는 아무것도 존재하지 않는 참된 지知의 상태.

아루나짤람 방향으로 16킬로미터를 걸어가서 바위 위에 지어진 아라이야니날루르 사원에 도착했다. 그러나 이 사원에 들어가서 그날 밤을 보내는 것은 허락되지 않았다. 그래서 그는 사제와 함께 (강 건너 마을인) 낄루르에 있는 비라떼스와라 사원으로 갔다. 그 사원의 예공禮供(puja)이 끝난 뒤 지치고 배가 고팠던 스리 라마나는 사제에게 은사물(prasadam) [신에게 올려 신성해진 음식]을 좀 달라고 했다. 브라민 사제는 거절했지만 사원의 피리연주자가 이 모습에 연민을 느껴 사제에게 간청했다. "그러면 제 몫의 은사물이라도 그에게 좀 주시지요." 완전한 브라민을 두고 "브라민은 지상의 모든 중생에게 자비로운 덕인德人"8)이라고 하는 말에 부합하는 행동을 보여준 이 덕 있는 사람의 부탁 덕분에, 스리 라마나의 손에 약간의 음식이 놓여졌다. 그는 그날 밤을 그 근처에서 보냈다. 다음날 아침은 스리 크리슈나 자얀띠(Jayanthi-탄신일)였다. 그는 우연히 무뚜끄리슈나 바가바따르라는 사람의 집에 이르렀다. 바가바따르의 집에서 (먹을 것을 청해) 식사를 조금 하고 나서, 자신이 달고 있던 금귀고리 두 개가 문득 생각나 그것을 바가바따르에게 건네주고 4루피를 받았다. 그 돈으로 띠루반나말라이행 기차표를 샀다. 1896년 9월 1일 화요일인 다음날 이른 아침, 그는 스리 아루나짤람에 도착했다. 어릴 때부터 그의 가슴을 사로잡았고, 이제 그의 마음을 훔쳐 그를 끌어당긴 아루나짤람에 드디어 당도한 것이었다.

그는 스리 아루나찰레스와라 사원의 내전으로 곧장 들어가서 그 자신을 완전히 내맡겼다.9) 그때까지 그의 몸 안에 있던 뜨거운 열기가 즉시 가라앉았다. 그 영혼의 여정이, 그 강이, 목적지인 지복의 바다에 이

---

8) 『띠루꾸랄(Tirukkural)』, 제30연. (역주) 『띠루꾸랄』은 고대 타밀 시인인 띠루발루바르(Tiruvalluvar)가 지은 1330연의 경구집이다.
9) 훗날 스리 바가반은 자신이 그 사원에 들어섰을 때 내전의 문이 열려 있었고 사람이 아무도 없었다고 했다. 그리고 그때 그는 (내전의 시바) 링감을 껴안았다고 했다.

르러 일시에 끝난 것이다. 스리 라마나는 진지眞知의 충만함이라는 보물에 완전히 만족한 상태로 내전에서 나왔다. 마음, 말, 몸의 모든 자유를 스리 아루나찰레스와라에게 내맡긴 뒤로 스리 라마나는 자연스럽게 침묵에 들었다. 어떤 사람이 다가와서 물었다. "스와미, 머리를 삭발하시려오?" 스리 라마나는 그것이 스리 아루나찰레스와라의 뜻이라고 확신하고 그러마고 고개를 끄덕였다. 아름다운 검은 덩굴식물같이 길게 넘실거리던 그의 멋진 머리털이 즉시 제거되고, 말끔히 깎은 머리만 남았다. 그는 카스트의 표식인 성사聖絲를 던져 버렸다. 그리고 입고 있던 도띠(dhoti-천을 둘러 입는 남자 하의)를 찢어서 샅가리개 하나를 만들고 나머지는 도띠 귀퉁이에 묶어 두었던 남은 돈과 함께 버렸다. 바가바따르 집의 자애로운 부인이 주었던 과자 묶음은 아얀꿀람 저수지에 버렸다. 그는 삭발을 하고 난 뒤에 목욕을 하지 않았는데, 사원으로 돌아오는 길에 뜻밖에 소나기가 내렸다. 하늘이 뿌린 이 소나기는 아마 스리 아루나찰레스와라가 자신의 신성한 아들이 최고의 따빠스를 마친 데 대해 내려준 의식상의 목욕이었을 것이다! 스리 라마나는 사원으로 들어가 천주전千柱殿(돌기둥이 많은 건물)에 앉아서 삼매에 몰입하였다.

그러나 어리석은 세상 사람들이 진인들의 위대함을 이해할 수 있겠는가? 일부 삿된 사람들과 못된 아이들이 "미친 소년, 멍청한 놈"이라고 그를 놀려대고, 돌과 옹기조각 등을 던지며 못살게 굴기 시작했다. 그렇다. 그것은 지상에 온 모든 위대한 사람들이 늘 받는 대우였다. 그렇지 않은가? 붓다, 마하비라, 예수 등도 사람들로부터 그런 대우를 받지 않았던가? 따라서 그것은 전혀 새로울 것이 없었다! 스리 라마나는 그런 사람들에게 무관심하기는 했지만, 그들의 시야에서 벗어나 근처의 지하실인 '빠딸라 링감(Patala Lingam)'으로 물러났다. 이곳은 워낙 어두워 낮에도 누가 감히 들어가지 않는 곳이었다. 거기서 그는 링감 뒤에 몸을 숨기고 앉아 삼매에 들었다. 여러 날이 지났지만 그는 삼매에 든 채 몸을 움직이지 않고 있었다! 그는 실재와 하나됨―세계와 몸에 대한 앎을 초월한 상태―속에 자리 잡고 있었으니, 그 몸이나 마음이 어떻게 허기와 갈증을 느낄 수 있었겠는가? 진지眞知의 지복―몸이 없는 상태―에 잠겨 있던 그에게 어떻게 바깥세상이 야기하는 고통이나 불행의 느낌이 있을 수 있었겠는가?

스리 라마나가 앉아 있던 그 축축한 땅바닥에는 개미, 흰개미, 모기, 파리, 지네 등이 많이 있었다. 그들이 그의 허벅지 아래쪽을 갉아먹기 시작하자 피가 스며 나오기 시작했다. 스며 나온 피가 엉기고 고름이 생기자 그것이 흙과 섞여 그의 몸을 땅바닥에 붙들어 맸다. 하지만 그는 전혀 동요되지 않고 있었다. 그것을 몰랐기 때문이다. 우리는 뿌라나(Puranas)10)에서, 발미끼(Valmiki)와 같은 리쉬들이 따빠스에 몰입한 동안 개미집이 그들의 몸을 덮었고 머리 위에는 새들이 둥지를 틀고 살았다는 이야기를 읽지 않는가? 스리 라마나는 우리 눈앞에서 그렇게 삶으로써, 그런 이야기가 거짓이 아님을 현 시대에 입증한 것이다.

사람들은 여러 날이 지난 뒤에야, 당시 띠루반나말라이에 살고 있던 위대한 영혼인 **스리 세샤드리 스와미**를 통해 그 사실을 알았다. 세샤드리 스와미는 미친 사람처럼 보이기는 했어도 실은 성자였고, 일부 좋은 사람들은 그의 높은 경지를 이해하고 그를 존경했다. 그는 스리 라마나가 도달한 진지(*Jnana*)의 상태가 진정 위대한 것임을 알아볼 수 있었다. "뱀의 발은 뱀만이 안다"는 속담이 있다. 하루는 빠딸라 링감에서 막 나온 스리 세샤드리 스와미가 그의 헌신자인 벤까따짤라 무달리아르에게 이렇게 말했다. "안에 작은 스와미가 있으니 들어가 보게." 그러고는

---

10) (역주) 힌두 경전의 한 부류. 주로 이야기와 전설들로 이루어져 있다.

가 버렸다. 이때는 한낮이었지만 벤까따짤라 무달리아르는 등불을 들고 다른 사람 몇 명과 함께 빠딸라 링감으로 들어갔다. 그들은 스리 라마나를 큰 소리로 불렀으나 아무 반응이 없자 그의 몸을 들어 올렸다. 세상에! 그의 몸이 흙과 붙어 있었기 때문에 힘으로 들어 올리자 새로 상처가 나면서 피가 쏟아져 나왔다! 이것을 본 그들은 경악했다. 그들은 조심스럽게 그 몸을 들어 올려 내가서 고뿌람 수브라마니아 사당 안에 모셨다. 그때까지도 스리 라마나는 육체의식을 회복하지 않고 삼매에 그대로 들어 있었다!

스리 라마나가 인간의 형상을 한 신이라는 확신을 가진 일부 헌신자들이 큰 열정으로 그를 위해 시중을 들었다. 여러 날 만에 한 번씩 그가 눈을 뜰 때마다 그들이 소량의 우유와 으깬 바나나 혹은 유동식을 먹여 주었다. 음식을 먹고 용변을 보는 것과 같은 스리 라마나의 외부적 활동은 마치 잠자는 아이의 그것과도 같이 진행되었다. 여러 날 동안 그의 눈이 떠지지 않고 있을 때는 그들이 그의 입을 벌려서 최소한 적은 양의 혼합 유동식이라도 넣어 주려고 애썼다.

스리 라마나는 아루나찰레스와라 사원에 몇 달 동안 머물렀지만, 사람들이 그를 보러 종종 주위에 몰려드는 것을 좋아하지 않았다. 홀로 있고 싶었던 그는 읍내에서 꽤 떨어진 곳의 구루무르땀 사원으로 옮겨 갔고, 그곳에서 삼매에 들면서 1년 반가량 머물렀다.

그러는 사이 그가 마두라이에 남겨둔 쪽지가 발견되었다. 그의 형 나가스와미와 어머니, 숙부 등 가족 친지들이 그를 찾아 많은 곳을 다녔지만 여전히 실망을 거듭하고 있었다. 그러다 마침내 구루무르땀 사원에서 스리 라마나에게 봉사했던 안나말라이 땀비란이라는 사람을 통해 그의 소재를 알게 되었다. 스리 라마나가 마두라이에서 함께 살았던 숙부 숩바이야르가 그 무렵 세상을 떠났기 때문에, 숩바이야르의 동생인 넬라이압빠이야르가 즉시 띠루반나말라이로 그를 찾아 나섰다. 그는 구루무르땀에 와서 스리 라마나에게 마두라이로 돌아가자고 했으나, 아무리 간청해도 그는 침묵을 지켰다. 설득에 실패한 넬라이압빠이야르는 빈손으로 돌아갔다.

그가 성과 없이 돌아온 것을 본 어머니 알라감말은, 나가스와미를 대동하고 가능한 한 속히 띠루반나말라이로 왔다. 1898년 12월이던 당시, 스리 라마나는 아루나짤람의 동쪽 기슭의 언덕인 빠발라꾼루에 머무르고 있었다. 어머니는 그의 몸이 측은한 상태에 있는 것을 보자 눈물을 쏟으며 간청했다.

"얘야, 마두라이로 돌아가자. 네가 이런 바위와 가시 위에 누워 있는데 내가 어떻게 집에서 편안히 살 수 있겠느냐? 고집 부리지 말고 제발 그런 무욕일랑은 그만 보여 다오! 네 어미는 가슴이 찢어진다. 집에 가자, 얘야!" 어머니는 애절하게 울면서 갖은 방법으로 그에게 애원했다. 나가스와미도 애원하면서 참회했다. "아! 내가 그렇게 말한 것은 본심이 아니었어. 그 말이 이런 재앙을 가져올 줄은 생각도 못했다!" 그들이 열흘 동안이나 머무르면서 호소했지만 스리 라마나의 표정에는 동의나 거절의 표시가 조금도 나타나지 않았다. 그는 늘 그렇듯이 침묵을 지켰다. 구경하던 이들 가운데 이 애처로운 광경을 차마 볼 수 없었던 어떤 사람이 스리 라마나에게 종이 한 장과 연필을 주면서 그에게 간청했다. "스와미, 어머님이 울면서 애통해 하시니, 자비롭게 최소한 글로나마 답변을 주시지요. 침묵을 깨트릴 필요는 없습니다." 그래서 그는 이렇게 썼다.

> 각자의 발현업發現業(prarabdha)[운명]에 따라서, 그 주재자인 그분이 도처에 계시면서 그것이 자기 역할을 하게 합니다. 일어나지

않게 되어 있는 일은 아무리 애를 써도 일어나지 않을 것입니다. 일어나게 되어 있는 일은 아무리 그것을 막으려 해도 멈추지 않을 것입니다. 이것은 확실합니다! 따라서 침묵을 지키는 것이 최선입니다.

진아지에서 나온 확고함이 얼마나 대단한가! 이 얼마나 애정은 물론이고 혐오에서도 벗어나 있는 확고함인가! 산조차도 움직였을 이 마음의 태산 같은 부동함은 얼마나 대단한가!

> 진아 안에 흔들림 없이 안주하는 사람의 상태는
> 가장 힘 센 산보다도 더한 장엄함을 가지고 있네.
> ― 『띠루꾸랄』, 제124연

헌신자들이나 어머니가 어떻게 할 수 있었겠는가? 그녀는 아픈 마음을 안고 집으로 돌아갔다.

우리들 중 많은 사람들은 스리 라마나가 자신의 어머니에게 왜 그런 식으로 행동했는지 의아하게 생각하지 않는가? 모든 인간들뿐만 아니라 새와 짐승들도 그의 자애로운 자비의 혜택을 누렸다는 것은 이제 잘 알려진 사실이니 말이다.

알라감말이 모성애로 가득 차서 "너는 내 자식이다. 나는 네 엄마고 보호자다! 나와 함께 집으로 가자" 하면서 집착의 무지를 보여주는 한, 그런 무지한 소견을 없애줌으로써 그녀를 구원하는 것이 스리 라마나의 책무 아니었겠는가? 그래서 그러한 침묵의 검劍으로 그 집착의 매듭을 끊어준 것이다. 그것은 어머니를 내치려는 것이 아니라 그녀를 결국 자신의 사람으로 만들기 위한 것이었다. 그것은 그녀가 일체를 포기하고 진지眞知의 화신인 자기 아들의 발아래 귀의하게 하는 첫걸음에 지나지 않았다. 더욱이 1914년 어머니가 그를 찾아왔다가 고열에 시달리는 병을 얻었을 때는, 스리 라마나가 4연으로 된 시를 짓자 그 열병이 가라앉은 일도 있었다. 그녀는 병이 나아서 마두라이로 돌아갔다.

어머니가 처음 자신을 찾아온 직후, 스리 라마나는 비루팍샤 산굴山窟로 거처를 옮겼다. 한 무리의 제자들이 그의 주위에 모여들어 만개한 진지의 연꽃에서 흘러나오는 가르침의 감로를 마시기 시작한 것은 이 무렵의 일이었다. 그렇다, "나무가 익은 과일들을 산출할 때, (꽃가루를 옮겨주는) 큰박쥐들을 부를 필요가 있겠는가?" 스리 바가반의 자애롭고 고요한 친존親存(Presence)이 진아의 태양으로서 빛나기만 하면 헌신자들의 의문은 해소되었고, 그들의 심장은 개화했다. 당시 스리 라마나는 스무 살 정도밖에 되지 않은 젊은이였지만, 지知에 대한 허기로 그를 찾아온 제자들은 그보다 훨씬 나이가 많았고 많이 배운 사람들이었다!

    놀라워라! 반얀나무 아래서 빛나는 스승은 젊었지만,
    찾아온 제자들은 나이가 많았네!
    사랑하는 스승이 해 준 말은 침묵이었고,
    제자들 마음 속 의심은 해소되었네!"[11]

스리 라마나의 친존에서도 똑같이 놀라운 일이 일어났다!
세상 사람들은 그에게서 글로 쓴 가르침을 받을 수 있었고 나중에는 구두로도 가르침을 받았지만, 단순히 그의 말없는 친존에 의해서 의심이 해소되고 구원을 받은 구도자들도 많았다.

---

[11] 스리 다끄쉬나무르띠에 관한 산스크리트 시로, 바가반이 타밀어로 번역한 것이다.

침묵은 비할 바 없는 웅변이니,
내면에서 일어나는 은총의 상태라네.   — 스리 바가반

"침묵은 실패가 없는 가르침입니다. 글이나 말은 그에 필적하지 못하고, 어떤 때는 장애가 될 수도 있지요!"라고 스리 바가반은 말한다.

1900년, 라자 요가를 닦고 있던 **감비람 세샤이야르**가 스리 라마나를 종종 찾아와서 그가 삼매에서 나와 눈을 뜰 때마다 수행에 관해 질문을 하곤 했다. 감비람 세샤이야르는 스리 라마나가 답변을 글로 쓸 수 있게 종이와 연필을 드렸다. 그렇게 하여 스리 라마나가 쓴 답변들은 나중에 **스리 나따나난다**에 의해 편집되어 아쉬람에서 「비짜라 상그라함(Vichara Sangraham)」(「자기탐구」)이라는 제목의 타밀어 원문으로 출간되었다. 「나는 누구인가(Nan Yar)?」라는 저작도 그 비슷한 방식으로 **스리 시바쁘라까샴 벨라이**가 받은 가르침이었다. 이 저작은 분량은 많지 않지만 지고의 이익을 얻는 올바른 길을 인류에게 보여주는 그 힘으로 인해 이제는 유명해졌다. 스리 라마나가 스리 나따나난다에게 해준 답변들은 「영적인 가르침(Upadesa Manjari)」이라는 저작이 되었다. 1907년에는 위대한 산스크리트 시인 **까비야깐타 가나빠띠 샤스뜨리**가 스리 라마나를 찾아왔다. 그는 수백만 번의 진언염송을 한 고행자였지만, 아직 진정한 따빠스가 무엇인지 이해하지 못하고 있었다. 그래서 그는 스리 라마나에게 다가가서 이렇게 말했다. "저는 모든 베다를 배웠고, 수백만 번의 진언염송을 했으며, 단식을 비롯한 여러 가지 고행을 했습니다. 하지만 아직도 따빠스가 참으로 무엇인지를 모릅니다. 부디 저에게 가르침을 주십시오." 스리 바가반이 대답했다. "그 '나'가 어디서 시발하는지 지켜보면 그곳으로 마음이 합일됩니다. 그것이 따빠스입니다." 그러나 가나빠띠 샤스뜨리가 다시 "그 상태를 염송을 통해서도 성취할 수

있습니까?" 하고 묻자, 스리 라마나는 이렇게 대답했다. "진언을 발성할 때 그 소리가 어디서 시발하는지 지켜보면, 그곳으로 마음이 합일될 것입니다. 그것이 따빠스입니다."

이 가르침을 받고 나서 스리 까비야깐타 가나빠띠 샤스뜨리가 선언했다. "그는 범상한 인물이 아니라 완전한 지知-스승(Jnana-Guru)이다. 그는 늘 본래적인 진아안주에 머무르고 있으므로, 진실로 바가반 마하르쉬이다." 그러고는 시를 지어 그를 **바가반 스리 라마나 마하르쉬**로 찬양했다. 그날 이후로 그는 이 이름으로 알려지게 되었다.

바가반 스리 라마나는 독특한 신적 시인이다. 그의 모국어인 타밀어에서 발휘되는 그의 시적 천재성은 옛 시인들의 신성한 스타일에 새로운 활력을 불어넣는다. 그의 고상한 타밀시들은 흐름이 간결하고 압축적인 것 외에도, 고상한 품격에 새롭고 풍부한 의미들로 충만해 있다. 사실을 말하자면, 바가반 라마나는 우리에게 타밀어 우파니샤드를 선사한 한 분의 베다적 리쉬(Vedic Rishi)이다. 더욱이 그는 타밀어 시인이었을 뿐 아니라 산스크리트, 말라얄람어, 텔루구어 시인이기도 했다. 그는 타밀어 운율로서도 극히 어려운 벤바(venba) 운으로 텔루구어 시를 지을 수 있었던 최초의 인물이었다.

어머니 타밀어는 그에 의해, 비할 바 없는 탁월한 가치를 지닌, 시라는 형태의 수많은 지知의 보석들로 장식되었다! 그러나 바가반 라마나는 단순히 작가가 아니었다. 그에게 무엇을 저작하려는 의도(sankalpa)는 결코 없었다. 사실 무의도성(nissankalpa)은 그가 아루나짤람에 발을 들여 놓은 그날부터 그가 살아가던 상태이기도 했다. 그렇다면 세상은 어떻게 해서 바가반 스리 라마나의 몇 마디 가르침의 말로써나마 축복을 받았는가? 우리는 신, 곧 세계를 창조하고 유지하고 파괴하는 지고의 힘이 존재함을 인정하지 않는가? 바로 그 힘이 헌신자들의 기도, 의문,

질문들을 동기로 삼고 스리 바가반의 마음, 말, 몸을 도구로 삼아, 그를 통해 인류의 구원을 위한 영적인 가르침을 준 것이다. 어떤 때는 헌신자들의 질문에 대한 답변으로 감미롭고 귀중한 타밀시들이 그에게서 흘러나오곤 했다. 우리가 지금 가지고 있는 스리 바가반의 가르침들은 이런 식으로 당신의 입술에서 흘러나온 것이다. 그 모두를 모아서 편집하면 그의 완전한 저작집이 된다. 그 중에서도 다섯 가지 찬가와 세 가지 경전이 중요한 저작이다. 그 찬가란 「**아루나찰라에 바치는 다섯 찬가**」이고, 경전이란 「**우빠데샤 운디야르**」, 「**실재사십송**」, 『**진어화만**』이 그것이다.

스리 바가반은 그의 상수제자이자 위대한 타밀 시인인 **스리 무루가나르**의 요청에 답하여 타밀어로 「우빠데샤 운디야르」을 지었을 뿐 아니라, 이전에 당신이 지은 몇 편의 시를 수정하고 새로운 다른 시들을 많이 지어, 비할 바 없는 우파니샤드인 「실재사십송」도 엮었다. 『진어화만』은 스리 무루가나르가 스리 라마나의 가르침을 타밀시로 수집하여 보존한 하나의 보고寶庫인데, 그 모든 시들은 아주 초기부터 스리 바가반이 매일 하신 말씀들이다. 스리 무루가나르의 청이 계기가 되어 탄생한 스리 바가반의 이 세 가지 중요한 작품이 '**스리 라마나 3전범**典範(Sri Ramana Prastanatrayam)'[12]이다.

성산聖山 아루나짤람은 주主 시바의 원초적이고 으뜸가는 형상이다. 실로 그것은 시바 자신이다. 진인들은 우리에게 길을 보여줄 뿐 아니라 직접 그 길을 걸으며 모범을 보인다. 이런 식으로 바가반 스리 라마나 자신이 당신의 헌신자들과 함께 종종 아루나찰라 오른돌이(*Arunachala-pradakshinam*)[13]를 했다. 뿌라나(Puranas)에서는 스리 아루나찰레스와라

---

[12] 스리 라마나가 해탈에 관하여 쓴 신적인 권위를 지닌 세 저작이라는 뜻이다.
[13] '오른돌이'란 신성한 대상을 오른쪽에 두고 맨발로 걸어서 그것을 도는 것이다.

(시바)의 반려자 운나물라이 암비까(Unnamulai Ambika-빠르바띠)가 어떻게 이 오른돌이만 하여 시바와 합신주合身主(Ardhanariswara)[그녀와 시바의 형상이 하나가 된 상태]가 되었는지를 묘사한다. 더욱이 (아루나찰레스와라) 사원에서 모시는 신인 스리 아루나찰레스와라조차 매년 두 번씩 이 산을 도는데,14) 어떻게 우리가 아루나찰라 오른돌이의 위대함을 생각으로 헤아릴 수 있겠는가? 스리 바가반의 「다섯 찬가」중 첫 번째 작품인 유명한 **「아루나찰라에 바치는 문자혼인화만」**도 당신이 비루팍샤 산굴에 살던 시절에 그러한 오른돌이를 하면서 지은 것이다. 이제 수많은 그의 헌신자들은, 우리가 그것을 생각하기만 해도 해탈을 하사하는 아루나짤람을 기억하기 위한 수단으로 이 찬가를 부른다.

타밀나두가 '전 우주의 스승(loka maha guru)'의 출생지였다는 것은 이 지역의 큰 복이다. 그러한 위대한 분을 낳은 알라감말의 복은 훨씬 더 크고, 전 세계의 이익을 위해 자신의 아들을 바친 그녀의 공덕은 한량이 없다! 그러한 희생이 어떻게 헛될 수 있겠는가? 그녀도 궁극적으로 해탈을 성취함으로써 그 공덕은 정점에 이르렀던 것이다! 세월이 가면서 알라감말은 스리 바가반의 신적인 이끌림에 끌려 그에게로 갔다. 인생단계 초월자(atitasrami)15)로 살고 있던 스리 바가반은 가족 친척들에 대해 애착도 혐오도 없었다. 스리 바가반의 은총은 점차 그녀를 성숙시켜 그녀로 하여금 고향, 집, 그리고 모든 가족적·세간적 집착을 포기하게 만들었다. 마침내 1916년 그녀는 돌아와 그의 발아래 귀의하여, 이미 그에게 순복하고 있던 제자들 중의 한 사람이 되었다. 스리 바가반의 동생인 나가순다람도 어머니를 뒤따라 와서 역시 그의 발아래 귀의

---

14) (역주) 띠루반나말라이에서 매년 열리는 디빰 축제와 띠루부달 축제 때 아루나찰레스와라 사원의 아루나찰레스와라 신상을 수레로 모셔내어 산을 도는 것을 말한다.
15) 힌두 사회의 인생 단계(asramas)인 학생기學生期, 가주기家住期, 임서기林棲期, 유행기遊行期의 네 단계를 초월한 사람.

했다. 그는 나중에 산야신(출가인)이 되어 **스리 니란자나난다 스와미**라는 이름을 얻었다. 지금의 스리 라마나스라맘을 구성하고 발전시킨 핵심 인물이 바로 그였다. 당시 스리 바가반과 함께 있던 헌신자들 중 어떤 사람들은 만일 친척들이 당신의 주변에 몰려들면 당신이 다른 데로 가 버리지 않을까 두려워했다. 게다가 알라감말이 스리 바가반과 함께 사는 것에 대해 일부 반론도 제기되었다. 그러나 그들이 잘 몰랐던 것은 친척들도 이제는 수련睡蓮처럼 수면에 떠 있을 뿐, 소금처럼 물에 녹아서 물을 오염시킬 수 없다는 사실이었다. 이와 같이 스리 바가반은, 모든 상황에서 내면의 무집착을 가지고 살 수 있는 진아의 본래적 상태가 갖는 힘을 현대 세계에 모범적으로 보여주었다.

　나중에 헌신자들은 산의 더 위쪽 한적한 곳에 작고 아름다운 아스라맘(아쉬람)을 하나 지었다. 이 아스라맘의 주요 부분은 헌신자인 깐다스와미가 혼자서 노력 봉사하여 지은 것이었기 때문에, 그의 이름을 따서 **스깐다스라맘**이라고 불렸다. 스리 바가반은 1922년 말까지 이곳에 살았다. 그해 5월, 알라감말은 병이 들었다. 어머니가 숨을 거두기 전 마지막 몇 시간 동안 스리 바가반은 그녀의 곁에 앉아서 당신의 손, 그 신적인 힘의 손을, 오른손은 그녀의 심장 위에, 왼손은 그녀의 이마에 짚고 있었다. 그때 그녀를 여러 번 다시 태어나게 하려는 과거의 행위 습(karma-vasanas)과 스리 바가반의 손에서 흘러나오는 은총의 힘 사이에서 내면의 격렬한 싸움이 오래 벌어졌다. 마침내 그 모든 과거의 습은 진압되어 소멸되고, 어머니의 영혼은 조용히 실재의 상태인 브라만으로 돌아가서 그것에 합일되었다. 그녀의 몸은 1922년 5월 19일 밤에 그녀를 떠났고, 스리 바가반은 그녀가 해탈을 성취했음을 알렸다. 그녀의 신성한 몸은 아루나짤람의 남쪽 기슭에 있는 저수지인 빨리띠르탐 둑에 묻혔다. 어머니의 무덤 위에 안치된 시바링감은 이제 **스리 마뜨루**

부떼스와라(Sri Matrhbhuteswara)로 알려져 있다. 후년에 스리 니란자나난다 스와미가 효심에서 어머니를 위한 사원을 건립한 것은 적절한 일이었다. 그녀는 스리 바가반이 지상에서 살아가도록 그를 위해 육신 사원을 지어준 분이었으니 말이다.

알라감말이 세상을 떠난 뒤 스리 바가반은 스깐다스라맘에서 그녀의 무덤까지 종종 산책을 가곤 했다. 초기에는 이 무덤 위에 지어진 작은 초가집이 무덤을 보호했다. 그러다가 1922년 12월, 스리 아루나짤람의 신성한 섭리에 따라 당신이 산을 내려와 이곳에 아주 정주했다. 많은 헌신자들이 스리 바가반의 친존에서 살기 위해 찾아왔고, 때가 되자 당신의 주위에 크고 멋진 건물들이 많이 들어섰다. 이 건물들이 바로 지금의 **스리 라마나스라맘**(Sri Ramanasramam)을 구성하고 있다.

스리 바가반이 스리 라마나스라맘에 살면서 실천한 원칙은 완전한 평등이었다. 당신은 끝까지 샅가리개 하나만 착용했는데, 그것은 우리나라(인도)의 가장 가난한 사람들이 입는 옷보다도 작은 것이었다. 음식의 경우도 마찬가지여서, 당신은 늘 헌신자들 사이에 앉아 모든 사람에게 배식되는 것과 똑같은 음식을 먹었고, 사실 그 양도 남들에게 배식되는 것보다 오히려 적었다. 헌신자들이 당신께 바치는 모든 음식은 바로 그 자리에서 당신의 친존에 있는 모든 사람에게 평등하게 분배되었다. 사람들은 물론이고 심지어는 소, 개, 원숭이, 다람쥐, 까마귀, 공작들까지 아스라맘에서는 완전한 자유와 온전한 권리를 누렸다. 예를 들어 **암소 락슈미**는 아쉬람에서 귀여움 받는 딸로 살았고, 임종 때는 스리 바가반의 신성한 손길에 의해 해탈을 성취하기도 했다.

스리 바가반이 사시던 작은 회당의 문들은 밤낮으로 모두에게 열려 있었다. 순전한 의식의 광대하게 열린 공간으로 빛나던 당신의 그 같은 삶에서, 당신 자신을 감출 필요가 어디 있겠으며, 어떻게 그럴 수 있었겠는가? 한밤중에도 헌신자들은 회당에 계신 당신을 마음 놓고 찾아갈 수 있었다. "결점만 숨길 필요가 있지, 순수한 심장은 그럴 필요가 없다"는 것이 성자 아우바이야르(Auvaiyar)16)의 지혜로운 격언이다! 스리 바가반을 친견하는 것은 큰 행운이었는데, 그것은 어떤 조건에 의해서도 제약받지 않고 모든 사람에게 언제나 열려 있었다. 어느 날 밤 도둑들이 침입하자 "들어와서 뭐든 원하는 것을 가져가시게"라고 하면서 그들을 따뜻하게 맞이하기까지 했으니, 스리 바가반의 평등의식에 대해 더 나은 어떤 증거가 필요하겠는가?

　1924년 6월 26일 한밤중이었다. 당시 스리 라마나스라맘에는 초가 오두막 몇 채밖에 없었지만, 침입한 몇 명의 도둑은 이곳이 부유한 정사(精舍)일 거라고 생각했다. 그들은 창문을 부수고 들어오려고 하면서, 다 부숴 버리겠다고 위협했다. 그 시끄러운 소리에 스리 바가반이 누워 있던 오두막에서 잠을 자던 헌신자들이 깨어났다. 스리 바가반은 도둑들에게 문으로 들어오라고 하고, 헌신자들을 시켜 그들에게 등불을 켜 주어 뭐든지 원하는 것을 찾을 수 있게 하라고 했다. 그러나 도둑들은 화를 내며 소리쳤다. "돈은 어디다 두었어?" "우리는 탁발로 살아가는 사두들이라 돈은 없네. 여기서 자네들이 찾을 수 있는 것은 뭐든지 가져가게. 우리는 밖에 있을 테니." 그러면서 스리 바가반은 밖으로 나왔고 헌신자들도 따라 나왔다. 그들이 오두막을 나올 때 도둑들이 막대기로 그들을 때렸는데, 매 중의 하나가 스리 바가반의 허벅지에도 떨어졌다. "아직 흡족하지 않다면 다른 쪽 다리도 마저 때리게." 스리 바가반이 그들을 동정하면서 말했다.

　이것이 당신이 도둑들에게 보여준 친절함의 끝이었을까? 아니었다.

---

16) (역주) 남인도의 여류 시인-성자. Avvaiyar 혹은 간단히 Avvai라고도 한다.

한 젊은 헌신자가 스리 바가반이 맞는 광경을 차마 보지 못하고 쇠막대기를 들고 복수하려고 벌떡 일어나자 당신이 그를 제지했다. 스리 바가반이 그에게 충고했다. "그들이 자신들의 다르마(*dharma*)[역할]를 하게 내버려두게. 우리는 사두이니 우리의 다르마를 포기하면 안 되네. 만약 어떤 불상사가 나면 세상 사람들이 우리만 비난할 것이네. 우리의 이빨이 혀를 깨물었다고 이빨을 뽑아서 던져버릴 텐가?"

설사 남들이 나에게 잘못된 짓을 해도
화를 내어 갚아주지 않는 것이 최선이다.
— 『띠루꾸랄』, 제157연

며칠 후 경찰이 그 도둑들을 체포하여 그들을 스리 바가반 앞에 데려왔다. 한 경관이 그날 밤 당신을 때린 것이 누구인지 지목해 달라고 했다. 스리 바가반은 즉시 미소를 지으며 대답했다. "(전생에) 내가 때린 사람이 누군지 알아내십시오. 왜냐하면 이번에 나를 때린 것은 그 사람이니까 말입니다." 당신은 그 범죄자를 결코 비난하지 않았다!

덕 있는 인내심으로 적을 정복하고,
무지로 인해 그대에게 한 잘못을 영원히 잊으라.
— 『띠루꾸랄』, 제314연

시간이 가면서 세계 각지의 사람들은 스리 바가반이 성경, 『띠루꾸랄』, 『기타』, 우파니샤드에서 가르치는 모든 것의 살아 있는 구현자임을 알게 되었고, 당신의 발아래로 이끌렸다. 인도인과 외국인이라는 국적의 차이와 힌두, 무슬림, 기독교인, 불교도, 자이나교도, 시크교도 등의 종교적 차이를 잊은 사람들이 원근 각지에서 스리 바가반의 발아래로 몰려와서 당신을 숭모했다. 그들이 당신을 실로 자기 종교의 스승이라고 확신했기 때문이었다! 그들 중 많은 사람이 스리 바가반을 친견하는 것만으로도 진지(진아지)를 성취했고, 어떤 사람들은 당신의 신적 친존에서 삶으로써, 어떤 사람들은 오롯한 마음으로 당신께 봉사하는 데 매진함으로써, 그리고 어떤 사람들은 당신의 가르침을 따름으로써 그것을 성취했다.

인도의 전 대통령 라젠드라 쁘라사드 씨가 한번은 마하트마 간디의 아스라맘에 가서 말했다. "바푸지(Bapuji), 저는 평안을 얻으러 왔습니다!" 간디지(Gandhiji)는 평안이 있는 곳을 잘 알고 있었고, 그래서 이렇게 조언했다. "평안을 원하신다면 스리 라마나스라맘에 가서 스리 라마나 마하르쉬의 친존에 며칠 머무르십시오. 아무 질문도 하거나 받지 말고 말입니다." 그래서 라젠드라 쁘라사드 씨는 1938년 8월 14일 스리 라마나스라맘에 왔다. 그를 수행하고 온 사람들은 스리 바가반께 영적인 문제들에 대해 질문을 하고, 당신이 사셨던 산 위의 장소들을 방문하면서 시간을 보냈지만, 라젠드라 쁘라사드 씨는 스리 바가반의 친존을 떠나지 않았다. 뿐만 아니라 그는 간디지의 조언에 따라, 그 한 주일을 어떤 질문이나 의문도 제기하지 않고 보냈다. 그는 스리 바가반께 작별 인사를 할 때, 당신께 다가가서 겸손하게 여쭈었다. "바가반, 저를 여기 보낸 분은 간디지입니다. 제가 그분께 전달할 어떤 메시지가 있으신지요?"

스리 바가반이 자애롭게 대답했다. "여기서 작용하고 있는 힘이 거기서도 작용하지요! 심장이 심장에게 이야기하는데 말을 할 필요가 어디 있습니까?" 이것은 하나인 지고의 진아만이 무수한 모든 영혼들을 통해 전 우주를 관장하고 있다는 비밀을 드러내는 독특한 지혜의 말씀이다!

라젠드라 쁘라사드와 간디지처럼 스리 바가반의 시대에 우리나라에 살았던 높은 지위와 권력을 가진 모든 사람, 모든 위대한 시인, 학자, 정치인, 철학자, 종교 지도자들이 당신의 진지眞知의 찬연함을 찬양했다. 『스리 라마나의 길』, 제1, 2부를 구성하는 것은 그러한 위대한 분, 전 우주의 스승인 분의 핵심적인 가르침이다.

마하르쉬 라마나는 인류의 구원을 위한 주된 수행법으로서 두 가지 길을 가르쳤다. 그것은 (1) **자기탐구**의 길, 즉 "나는 누구인가?"를 탐구하여 자기 자신[자신의 진정한 성품]을 아는 것과, (2) **자기순복**의 길, 즉 자기 자신[에고]을 신에게 완전히 내맡기는 것이다. 전자는 **지知의 길** (jnana marga)이고, 후자는 **헌신의 길**(bhakti marga)이다. 세간에서 진행되는 온갖 다양한 연구들의 목표는 자기 자신, 곧 1인칭을 알려고 하기보다는 세계와 신—2인칭과 3인칭—을 알려고 하는 것 아닌가? 세계와 신을 알려고 그렇게 많은 노력을 하는 인간도 자신이 진정 누구인지는 아직 모른다. 어떻게 모르는가? 우리는 "나는 사람이다"고 말하지만, 이것은 우리 자신에 대한 올바른 지知가 아니고 무지일 뿐이다. 우리는 자신이 한 사람이라고 느낀다. 왜냐하면 하나의 사람 몸, 곧 우리의 소유물을 '우리', 곧 소유주로 착각하기 때문이다. "나는 누구인가?" 하는 탐구로써 우리 자신을 우리의 소유물[몸]에서 분리하고 그 소유주['나']에 대한 올바른 지知를 얻는 것이, 모든 탐색 중에서 최선의 탐색이며 모든 지知 중에서 최선의 지知이다. '나는 몸이다' 하는 지知[즉, 에고]는 우리 자신에 대한 거짓된 지知이다. 우리 자신에 대한 참된 지知는, 우리가 그 안에서 자신이 무한한 **진아**(atman)임을 아는 지知이다.

이렇게 하여 참된 진아지를 얻는 이익은 무엇인가? 우리가 자신을 진아로 알 때에만 지구상의 모든 중생들에게 진정한 이익을 줄 수 있다. 어떻게 말인가? 진아지가 밝아올 때에만, 우리야말로 모든 살아 있는 존재들의 실체라는 진리를 알게 되며, 그럴 때만 모두에 대한 참된 사랑이 우리의 심장 속에서 만개할 것이다. 이 진아지를 얻기 전까지는, 단순히 연단에서 "네 이웃을 너 자신처럼 사랑하라"고 이야기하고 전도한다고 해서 모든 중생을 참으로 사랑할 수는 없다. **우리가 전 세계와 그 속의 모든 영혼을 1인칭 단수('나')로 체험할 때에만 진정한 사랑, 곧 '남[他者]이 없는' 사랑(ananya-bhakti)을 성취하게 될 것이다.** 그러한 진아 깨달음이야말로, 그것 없이는 평안, 사랑, 행복이 지구상에서 번성할 수 없는 큰 뿌리이다. 따라서 세상 사람들에게 즉시 필요한 단 한 가지가 있다면, 그것은 삿된 에고를 소멸하는 약인 자기탐구이다. 참으로 진아를 아는 사람(atma-jnani)만이 진정으로 세상 사람들에게 완벽하게 봉사할 수 있다! 그런 진인이 지구상에 존재하는 것만으로도 전 세계의 영적·도덕적 안녕을 보장하기에 충분하다.

올바르게 이해하면 자기순복은 에고(ahankara)를 신에게 내맡기는 것이다. 자기순복과 자기탐구는 사실 그 결과—에고의 소멸—와 수행에 있어서 똑같은 하나이다. 자기순복은 신을 믿는 사람들을 위한 길, 즉 헌신의 길이다. 어째서 그러한가? 사실 개인적 '나'와 세계는 신이 소유한 재산이므로, 몸을 '나'와 '내 것'이라고 주장하는 것은 신의 재산을 훔치는 큰 죄이다. 만일 몸에 대한 이 집착을 신에게 내맡기면(정확히는, 회복시키면), 에고 없음(egolessness-無我)의 상태를 성취하게 될 것이다. '나'와 '내 것'이 없는 이 상태가 진아의 상태이다.

피상적으로 관찰하면 탐구의 길과 헌신의 길 사이에 어떤 차이가 있는 것처럼 보일 수 있다. 즉, 탐구의 길을 가는 구도자는 진아에 주의를 기울이고, 헌신의 길을 가는 구도자는 신에게 주의를 기울이는 것처럼 보인다. 그러나 진지하게 수행에 전념하는 사람에게는, 결과—즉, 에고를 소멸함으로써 진아 안에 자리 잡기—에 있어서뿐만 아니라 수행에 있어서도 두 길이 동일함을 분명히 알게 될 것이다. 자기 자신을 신에게 완전히 내맡기기를 원하는 헌신자는 처음부터 몸을 계속 '나'와 '내 것'으로 여기는 것을 거부해야 한다. 만일 다시 '나는 몸이다' 또는 '이 몸은 내 것이다'라고 생각한다면, 그는 '닷따빠하람(dattapaharam)', 즉 신에게 이미 바친 것을 도로 가져가는 죄를 범하는 것이 된다. 그래서 그가 자기순복을 수행하는 올바른 방법은 '나는 몸이다' 또는 '이 몸은 내 것이다'라는 생각이 내면에서 일어나지 않도록 아주 정신 차려 깨어 있는 것이다. 그러면 그렇게 하는 방법은 무엇인가? 그는 내면에서 1인칭—'나는 몸이다' 하는 느낌—이 다시 일어나지 않도록 아주 예리하게 깨어서 지켜보려고 노력하지 않는가? 즉, '나'라는 느낌에 예리한 주의를 고정해 두고 있으려고 노력하지 않는가? 그래서, 탐구자에게서 진행되는 것과 똑같은 자기주시(Self-attention)가 헌신자에게서도 진행된다! 이처럼 2인칭과 3인칭에서 주의를 거두어들여 '나'에게 집중하는 것이, 자기 자신을 신에게 내맡기는 올바르고도 실제적인 방법이다. 반면에 어떤 헌신자가 자신의 바깥에서 신을 추구한다면, 그것은 2인칭에 대한 주시가 되는 것과 마찬가지이다. 신은 늘 1인칭의 실재로서 빛나므로, **1인칭에 주의를 기울이는 것이 신에 대해 올바르게 주의를 기울이는 것이며, 이것이 참된 헌신의 길이다.**

스리 바가반의 육신이 보낸 마지막 날들은 진인의 위대함을 보여준 하나의 맑은 거울이었다. 당신이 띠루반나말라이에 발을 들여 놓으신 날부터, 당신은 단 1분도 이곳을 떠나지 않고 54년간 계속 이곳에 사셨다. 1949년, 당신의 왼쪽 상박上膊 아랫부분에서 종기가 하나 자라기 시작했다. 처음에는 아주 작아 보였지만 수술을 두 번 하고 난 뒤에는 그것이 점점 크게 자랐고, 계속 피가 많이 나왔다. 그것은 육종肉腫(피부암의 일종)으로 밝혀졌다. 라듐 치료를 포함한 온갖 치료법을 다 써 보았지만 아무 소용이 없었다. 1949년 12월 19일의 네 번째 수술 뒤에도 그 병은 낫지 않았다. 이 수술은 큰 수술이었지만 스리 바가반은 여전히 클로로포름[마취제]을 거부했다. 한 헌신자가 통증이 있지 않느냐고 여쭈자 스리 바가반은 이렇게 대답했다. "그 통증조차도 우리와 별개가 아니지요!" 우리의 혀를 무는 이빨이 우리와 별개가 아니듯이, 그리고 스리 바가반을 때린 도둑을 당신이 당신 자신과 다르게 보지 않았듯이, 당신의 몸을 망가뜨리고 있는 그 병도 당신과 별개가 아니었다. 당신의 지知는 그처럼 경이로움을 안겨주는 것이었다!

그 병이 야기한 큰 고통의 기간에도 스리 바가반은 당신의 헌신자들이 묻는 질문에 대해 즐거이 답변하셨다. 당신의 답변은 교훈적이었을 뿐만 아니라 유머로 가득 찬 것이기도 했으니, 진인의 고매함은 그렇게 드러나는 것이었다. 그와 같이 당신은 헌신자들이 당신의 건강을 많이 걱정할 때마다 그들을 위로했다. 한번은 이렇게 말씀하셨다. "몸 그 자체가 우리에게 나타난 병입니다. 어떤 병이 그 원래의 병을 공격한다면, 그것은 우리에게 좋은 것 아닙니까?" 당신의 질병에 대해 한탄하던 다른 헌신자에게는 이렇게 말씀하셨다. "오, 그대는 그대의 스와미가 어디로 가 버리기라도 할 것처럼 슬퍼하는군요? 어디로 갑니까? 어떻게 갑니까? 몸에게는 가고 옴이 있을 수 있지만, 우리에게 어떻게 그런 일이 있을 수 있습니까?" 또 한 번은 이렇게 말씀하셨다. "소가 자기 뿔에 걸어준 화만華鬘(꽃목걸이)이 아직 있는지 없어졌는지 모르듯이, 또 술취한 사람이 자기 도띠가 몸에 둘려져 있는지 그렇지 않은지 모르듯이, 진인은 자신의 몸이 아직 살아 있는지 죽었는지조차도 모릅니다."

스리 바가반의 지시에 따라, 마지막 순간까지 누구도 당신을 친견하는 것이 금지되지 않았다. 당신의 몸이 연화좌蓮華坐(결가부좌)로 모셔진 뒤에도 호흡 하나하나가 꾸준히 이어졌고, 그러다가 1950년 4월 14일

금요일 오후 8시 47분, 스리 바가반은 사람 몸으로 가장했던 모습을 버리고 **전체**—곧, 옴이나 감이 없는 하나의 무한한 진아 공간으로서의 당신 자신의 성품으로 드러나서 빛나셨다. 그 순간, 사원 베란다에 있던 헌신자들은 밝은 빛이 번쩍이며 스리 바가반이 앉아 계시던 작은 방을 가득 채우는 것을 보았다. 그러나 사람들이 그것은 사진기의 강력한 섬광이었을 수도 있다는 결론을 미처 내리기도 전에, 바깥에 서 있던 다른 사람들이 "하늘에 빛이 있어, 빛이" 하고 외쳤다. 밝은 유성 하나가 갑자기 하늘에 나타나 아루나짤람을 향해 북쪽으로 이동하더니 산정상 뒤로 사라졌다. 아루나짤람의 빛이신 스리 라마나께 영광을!

바가반 스리 라마나의 신성한 몸은 당신이 근 28년 동안 사신 회당과 스리 마뜨루부떼스와라 사원 사이에 안장되었다. 당신의 삼매지三昧地(무덤) 위에는 시바링감 하나가 안치되었고, **스리 라마나링가 무르띠**(Sri Ramanalinga Murti)라는 이름이 붙여졌다. 그 위에 단순하면서도 장엄한 사원이 건립되어 1967년 6월 18일 관수식灌水式(Kumbhabhishekam)과 함께 낙성되었다. 나중에는 경축식을 거행하기 위한 큰 전당 하나가 여기에 덧붙여졌다.

'나는 이 몸이 아니다, 나는 늘 존재하는 지고자다'라는 진리를 당신의 삶을 통해 직접 보여주신 **스리 아루나찰라라마나**의 은총의 사당은, 늘 침묵의 형태로 흐르는 은총의 감로로써 세상 사람들의 진지에 대한 갈증을 해소해 주고 있다.

옴
나모 바가바떼 스리 아루나찰라라마나야

기원시

팔이 다섯이신 분[주 가나빠띠]이시여, 당신은 히말라야에서
베다의 대진인 비야사(Vyasa)의 말씀을 기록하신 분 아닙니까?
이제 당신의 은총을 구하오니, 제 스승님[스리 라마나]께서 드러내신
신성한 가르침의 핵심을 명료하게 서술할 수 있도록,
당신의 도움 주시는 두 발로 저를 보호하고 인도하소서.

제1장
영원한 행복이 목표이다

세계는 지성에 의해 진보한다. 이 세상의 모든 위대한 것은 지성의 나툼(현현)에 지나지 않는다. 세상 사람들이 움직여 가는 목표는 무엇인가? 세상 사람들이 얻으려고 애쓰는 것은 무엇인가? 주의 깊게 관찰해 보면 모두가 **행복**을 위해 노력하고 있다는 것을 알게 될 것이다. 하찮은 개미에서부터 위대한 황제에 이르기까지, 모두가 지칠 줄 모르고 일하고 있다. 무엇을 위해서인가? 행복을 위해서, 오직 행복을 위해서일 뿐이다! 누구나 지금보다 더 행복한 환경에서 살고자 노심초사한다. 이 걱정으로 인해 사람은 일을 하도록 내몰린다. 행복에 대한 이런 갈망은 잘못된 것이 아니고 실로 바람직한 것이다! 그러나 사람들이 더 많은 행복을 얻으려고 부단히 노력하고 있으니, 충분한 행복은 아직 얻지 못했음이 분명하다. 인간은 음식, 의복, 집, 직장, 아내와 자식 등 쾌락의 원천을 축적하려고 부단히 애쓰고 있다. 왜냐하면 그런 것에서 행복이 올 것이라고 믿기 때문이다.

그러나 그렇게 하여 인간이 얻는 행복이란 찰나적이고 무상하다. 한동안 행복이 있는 듯하나 이내 그것이 희미해진다. 인간이 행복을 얻는 여러 가지 방식을 분석해 보면, 우리는 하나의 일반적 결론에 도달하게 된다. 즉, 이제까지 그가 발견한 행복은 오관五官, 곧 눈, 귀, 혀, 코, 피부를 통해 경험한 것이었다는 것이다. 그래서 유사 이래 인간의 노력은 이러한 오관의 만족을 위한 대상의 획득 쪽으로만 향해 있었다.

눈이 즐거운 대상들을 볼 때 인간은 행복해 하고, 그것들이 사라지면 우울해진다. 귀가 즐거운 음악이나 말을 들으면 인간이 행복하고, 그 즐거운 소리가 사라지면 슬픔에 잠긴다. 보고 듣는 것과 마찬가지로 촉감, 맛, 냄새도 인간은 그것을 행복 아니면 불행으로 경험한다. 이 다섯 감각 기관은 행복을 주는 것처럼 보이지만, 끊임없이 주지는 않는다.

영화를 너무 많이 보면 눈이 상한다. 뿐만 아니라 다른 온갖 즐거운 장면들도 결국은 끝이 나므로 사람이 그것을 계속 구경할 수는 없다. 청각 기관을 통해 경험하는 행복도 마찬가지다. 사람이 음악회 연주를 얼마나 오래 들을 수 있겠는가? 연주회가 자연히 끝나거나, 아니면 그 사람이 다른 일 때문에 자리를 떠야 할 것이다. 이와 같이 청각 기관을 통해 경험하는 행복에도 끝이 있다. 후각의 경우도 마찬가지다. 사실 강력하고 즐거운 냄새들을 경험하다 보면 결국에는 머리가 아프거나 코피가 날 수도 있다. 더욱이 즐거운 냄새가 나는 사물들은 그 냄새를 급속히 상실한다. 미각의 경우도 역시 그렇다는 것을 우리는 발견한다. 아무리 맛난 음식이라 한들 우리의 배의 용량 이상으로 욱여넣을 수 있겠는가? 아무리 맛있는 음식도 어느 한도를 넘어서면 혀가 거부감을 느낀다. 따라서 맛도 영구적인 행복을 주지 않는다. 이제 촉감을 생각해 보자. 아주 보드라운 꽃이 몸에 닿으면 즐거운 느낌이 있지만, 그 꽃은 급속히 시든다. 더구나 얼마 후에 우리가 그 감각에 익숙해지면 그것이 우리에게 전혀 즐거움을 주지 않는다. 서늘한 바람이나 그 밖의 다른 것들도 마찬가지이다. 그래서 촉각 기관을 통해 경험하는 즐거움도 영구적일 수 없다. 그러므로 이 오관 중 어느 것을 통해서 얻는 행복도 지속적으로 즐길 수 없고, 실은 어느 한도 이상이 되면 쾌락은커녕 고통의 원인이 될 수도 있다. 따라서 앞서 살펴본 대로, 인간이 추구하는 영구적이고 완전한 행복은 오관을 통해서는 얻을 수 없다는 결론에 이를 수밖에 없다.

누구나 슬픔에 의해 조금도 물들지 않은 온전한 행복을 원한다는 것은 확실하다. 이것은 결코 부정할 수 없다. 그러나 지금까지 누구도 오관을 만족시키는 것으로는 그러한 행복을 얻지 못했다. 그래서 세계의 모든 진보와 앞서 말한 수단을 통한 노력에도 불구하고, 지금까지 사람들은 완전한 행복을 얻지 못했다는 것이 분명하다. 하지만 그런 완전한 행복은 불가능한 것일까? 아니다! 지금 여기서 그것을 얻을 수 있다. 모든 살아 있는 존재들이 슬픔에 물들지 않은 영구적이고 온전한 행복을 열망하는 것은 아무 잘못이 없다. **행복에 대한 욕망은 잘못된 것이 아니다! 행복을 얻어야 한다! 그것은 사실 모든 인간들의 위없는 목표**(purushartha)**이다**! 그러나 행복을 얻는 수단으로 제시되어 지금까지 사람들이 따랐던 방법은 잘못되었다. 문제는 수단에 있지 목표에 있지 않다. 그래서 인간은 완전한 행복을 얻기 위해 엄청난 노력을 기울여 왔는데도 그것을 즐기지 못하는 것이다.

모든 이가 바라는 완전한 행복으로 사람들을 인도하는 길들은 지구상에 존재해 온 종교들이다. 종교(mata)는 마음(mati)이 발견한 원리 혹은 길이다.17) 모든 종교의 목적은 완전한 행복을 성취하는 최선의 수단을 인류에게 보여주는 것이다. 그러나 불행히도 요즈음은, 비록 다양한 종교들이 이 위대한 목표를 향해 그들 나름의 독특한 길들을 제시하고 있기는 하나, 사람들 각자가―그의 종교가 무엇이든 관계없이―종교적

---

17) "종교(mata)는 마음(mati)이 존재하는 한에서 존재한다." ―『진어화만』, 제993연

완고함 때문에, 그리고 종교적 교의의 참된 의미를 모르기 때문에, 그 길에서 가로막히고 행복을 성취하지 못하게 된다.

> 참된 사랑과 믿음을 가지고 그대가 믿음을 가진 그 종교를 따르고 내면으로 향하라. 밖으로 뛰어나가, 그대 자신의 종교적 완고함 때문에 다른 종교들을 비난하고 그 종교들에 대해 반론을 펴지 말라.
> ―『진어화만』, 제991연

이럴 때 인류는 적절한 인도자를 필요로 한다. 그런 인도자, 위대한 분들을 사람들은 보통 화신존자化身尊者(Avatarapurushas), 즉 인간의 형상을 한 신이라고 부른다. 그들은 인류의 목표인 완전한 행복을 성취하여 그 안에 잘 자리 잡고 있는 분들이다. 그들은 그 지복스러운 상태에 애씀 없이 늘 머무르면서 다른 사람들이 그것을 성취하도록 돕는다. 그런 지知-스승들 중에서 가장 최근의 분이 성산 **아루나짤람**의 남쪽 기슭에서 세계의 스승으로 사셨던 **바가반 스리 라마나 마하르쉬**이다. 스리 라마나 바가반은 세상 사람들에게 무엇을 가르쳤던가? 그의 가르침에서 인류가 얻을 수 있는 최고의 이익은 무엇인가? 그것을 살펴보자.

인간이 지성을 이용하여, 수많은 시대를 내려오며 여러 분야에서 끊임없이 노력하여 이루려고 한 궁극의 목표는 무엇인가? 그것은 행복 아닌가? 스리 바가반이 우리에게 하나의 직접적인 길을 보여준 것도 바로 이 목적을 성취하기 위함이었다. 그 길은 그 자신이 독보적으로 발견한 것이면서 동시에 그의 이전에 출현했던 위대한 존재들이 닦아 둔 모든 길들의 정수이기도 하다. 이 탐색의 끝 부분에서는, 어째서 그의 가르침이 마치 직각삼각형의 빗면같이 직접적인 길이고, 따르기 쉬운 길인지를 발견하게 될 것이다.

그러면 스리 바가반이 보여준 이 지복의 길을 따르기에 적합한 사람은 누구인가? 브라민들만이 그것을 따르기에 적합한가? 아니면 힌두들만이 그것을 따를 자격을 갖추고 있는가? 바가반 스리 라마나는 힌두들만을 위한 스승인가? 그는 이미 이 세상에 있는 어떤 특정 종교적 신앙을 전파하는가, 아니면 그것은 전혀 새로운 하나의 종교인가? 독자들의 마음속에서는 이런 질문들이 일어날지 모른다.

스리 라마나의 길은 행복을 갈망하는 모든 사람을 위한 것이다. 이 세상에 행복을 원치 않는 사람이 누가 있는가? 신의 존재를 부인하는 사람조차도 자신이 행복을 원하지 않는다고 말하지는 않을 것이다. 따라서 **무신론자도 스리 라마나의 길을 통해서 완전한 행복을 얻을 수 있다.** 이 길에서는 어떤 사람도 배제되지 않는다. 스리 라마나는 어떤 종교의 설교자가 아니다. 그는 어떤 종교나 나라에도 속하지 않는다! 그는 온 세상 사람들의 공통 목표인 완전한 지복에 이르는 길을 보여주기 때문에 세계의 스승(*Jagat Guru*)[18]인 것이다. 그리고 그는 어떤 종교의 교의와 전통에 구속되지 않기 때문에, 어느 누구에게나 영원한 지복이라는 공통의 목표를 얻는 길을 가르친다. **그는 실로 전 세계의 스승(*Loka Maha Guru*)이다!** 모든 종교의 사람들이 그를 찾아와서 이익을 얻었다. 더욱이 우리가 어느 종교에 속하든, 우리는 가슴 속에서 '스리 라마나는 나 자신의 종교의 스승이다!'라는 것을 느끼고, 그에게 신심을 갖는다. 따라서 우리는 스리 라마나의 길이 과연 무엇인지 살펴보자.

---

18) 고대 인도에서는 세계의 한계가 인도 그 자체였다. 그래서 *Jagat Guru*, 즉 세계의 스승은 이름은 그렇지만 인도에서만 가르치는 스승이었고, 그것도 한정된 사회 사람들만 가르쳤다. 그들의 가르침이 소수에게 한정되었던 그 위대한 존재들과는 달리, 바가반 스리 라마나는 어떤 사회적 또는 문화적 제한 없이 온 세상 사람들을 참으로 가르쳤고, 따라서 온 우주의 스승(*Loka Maha Guru*)으로 불린다.

제2장
무엇이 행복인가?

"오, 인간이여, 그대는 행복을 원하는가? 그것을 얻기 위해 노력하고 있는가? 아니면 최소한 그 노력을 쏟을 수 있는 길을 발견하고 싶은 마음은 있는가? 그렇다면 그대는 복이 있다! 여기 그대가 고려할 만한 방법이 하나 있다. 그것을 자세히 살펴서 이 길을 통해 영원한 행복을 얻을 수 있다는 확신이 서는지 보라. 만일 이 방법이 타당하다고 여겨져 마음이 끌리면 그것을 따르라. 최선의 노력을 쏟아 그 노고의 열매를 온전히 누려 보라. 영원한 지복에 이르는 그 독특한 길에 대한 이 설명을 잘 들어 보라. 온갖 경전을 보고 그대의 마음속에 형성된 모든 의문을 그것이 해소해 줄 것이다."—세상 사람들에 대한 바가반 스리 라마나의 신성한 '지知의 뿔나팔(jnanamurasu)'은 이렇게 울린다.

내 귀여운 아가씨야, 잘 들어 보렴! 신성한 자비심 때문에 지상에 오신, 스리 라마나라는 인간의 형상을 하신 참스승께서, 성산 안나말라이(아루나찰라) 위에 서서 신성한 지知의 뿔나팔을 부신단다. 그 소리가 워낙 우렁차서 천상계도 흔들리고, 지상의 모든 사람은 참 눈이 열린단다! 이 시로써 내가 너를 깨우는 것은, 그분께서 우리가 함정에 빠지지 않게 보호하고 우리를 당신 것으로 만드셨다는 것을 네가 알게 하기 위해서란다. 그러니 일어나서 보고, 그분의 은총의 감로를 마시렴. 일어나라 아이야, 다시는 잠들지 말고.

— 「스리 라마나 엠바바이(Sri Ramana Embavai)」[19], 제6연

오, 행복을 얻기 위해 부단히 갈망하고 힘들게 일하면서 "행복! 행복! 나는 행복을 원한다!"고 외치는 인간이여, 그대는 최소한 무엇이 행복인지는 알고 있는가? 살아오면서 여러 번 그대는 다양한 형태의 행복을 경험하였다. 그렇지 않은가? 그렇다면 지금, 무엇이 행복인지 나에게 말해줄 수 있는가? 감각 기관들을 통해서 얻는, 그대의 마음에 즐거운 그 경험들을 그대는 행복이라고 부르고, 즐겁지 않은 경험들은 불행이라고 부른다. 그렇지 않은가? **행복과 불행에 대한 그대의 이러한 관념은 잘못된 것이다!**

그래서 그대가 그것을 통해 행복을 얻고 불행을 피하려고 한 모든 방법들이 무위에 그친 것이다. 방법이 잘못되었기 때문에, 불행에 물들지 않은 행복을 결코 얻을 수 없었던 것이다! 우리는 행복과 불행에 대한 그대의 관념이 잘못되었다고 말하므로, 먼저 그것이 왜 잘못되었는지를 설명한 다음 무엇이 행복인지 판정할 필요가 있지 않겠는가? 그럼 잘 들어 보라.

그대의 관념에 따르면, 오관을 만족시킬 대상들을 얻었을 때는 그대가 행복해야 하고, 얻지 못했을 때는 불행해야 할 것이다. 그러나 보라,

---

[19] '엠바바이'(embavai)는 타밀시 운율의 하나이다. 전통적으로 성자들은 이 운율로 20연의 노래들을 불렀는데, 어린 소녀를 깨워서 신에게 예배를 드리러 가기 전에 목욕을 시키는 여인의 관점을 취하고 있다.

그대는 꿈 없는 잠 속에서 행복하다. 오관 중 어느 것을 통한 경험이 단 하나도 없지만, 잠은 누구에게나 지복스럽다! 그대에 따르면 오관이 작용하고 있지 않을 때는 불행만 있어야 하는데 실은 그렇지 않다. 그대의 믿음과는 반대로 오관이 작용하지 않고 있을 때, 즉 육체의식이 없을 때 행복이 있다! 이것을 그대는 어떻게 설명하는가? 오관의 도움 없이도 행복을 경험할 수 있다는 것을 인정해야 할 것이다.

더욱이―그대의 관념에 의하면 행복을 얻는 유일한 수단인―재산, 멋진 집, 옷, 맛난 음식, 마음에 드는 아내나 남편, 자식과 친척 등 오관을 만족시키는 모든 대상을 축적한 남녀들은 세상에서 가장 행복한 사람이어야 하고, 그런 것을 거의 또는 하나도 갖지 못한 사람은 비참해야 할 것이다. 그러나 우리가 세상을 둘러보면 그렇지 않다. 가장 부유한 사람도 그 나름의 불행을 가지고 있다! 어떤 때는 그런 사람이 밤잠도 제대로 못 자기도 한다. "손가락이 굵을수록 더 크게 붓는다!" 이에 비해 하루 종일 힘들게 일하는 무일푼의 노동자는 밤에 조금 먹고 나중에 단단한 포장도로에 드러눕지만, 아무 걱정 없이 깊은 잠을 즐긴다는 것을 그대는 발견한다. 여기서 유념해야 할 더 중요한 점이 하나 있다. 깊은 잠 속에서는 부자도 자신이 가진 쾌락의 외적 원천에서 분리되는데, 이 분리에도 불구하고 그는 상당히 행복하다. 따라서 그대는 행복이 오관의 도움 없이도 빛날 수 있다는 사실을 받아들여야 한다. 더구나 행복은 육체의식이 없고 세계에 대한 인식도 없는 깊은 잠 속에서도 그대가 경험하는 것이므로, 행복은 바깥이 아니라 그대의 내면에 있을 수밖에 없다는 결론이 나온다. 이제 그대는 이제까지 줄곧 행복은 외부의 대상에서 온다고 여긴 것이 잘못이었음을 분명하게 안다. 이 세상의 모든 대상은―그대 자신의 몸도 포함되지만―그대에게 외적인 것이고, 그래서 깊은 잠 속에서는 그것들이 잊혀진다. 하지만 그 상태에서는 누구나 완전한 행복을 경험하므로, 우리가 내릴 수 있는 유일한 결론은 행복이 그대의 내면에 있다는 것이다. 진실은 **그대 자신이 행복이라는 것이다! 행복은 그대의 참된 성품이다! 그대는 이 육신 형상이 아니다! 그대는 온전하고 완전한 지복 그 자체이다!**

우리는 다른 방식으로도 이와 동일한 결론에 도달할 수 있다. 잘 들어 보라.

그대는 무수히 많은 것들을 좋아하지 않는가? 그대가 소중히 여기는 것들을 각기 하나씩 분석해 보라. 그러면 그대는 자신이 거기서 행복을 얻는다고 생각하는 것들만을 사랑한다는 것을 발견할 것이다. **행복이 있는 곳에는 사랑이 있다! 이것은 보편적인 법칙이다. 즉, 예외가 없는 법칙이다!** 이제 이 법칙에 따라 나아가기 위하여, 그대는 무엇을 가장 사랑하는지 말해 보라. 그대 자신을 참으로 가장 사랑한다는 것을 인정해야 할 것이다! 그대의 친구들, 친척들, 아내나 남편, 자식, 아버지, 어머니, 재산 등보다도 그대는 자신을 훨씬 더 사랑한다. 그대가 그들을 사랑하는 것은 그들이 **그대 자신의** 행복에 기여한다고 생각하기 때문이다. 만일 그들이 그대 자신에게보다 **다른 누군가에게** 행복을 주고 있다는 것을 말해주는 어떤 일이 일어나면, 그들에 대한 그대의 사랑은 즉시 사라질 것이다! 따라서 그대가 다른 대상들을 사랑하는 것은 그대 자신을 사랑하기 때문일 뿐이다!

우리는 어떤 사람들이 이렇게 말하는 것을 듣는다. "나의 사랑은 나 자신을 위한 것이 아니다. 내가 이 세상에서 일을 하는 것은 나 자신의 사랑을 위해서가 아니라 다른 사람들의 복리를 위해서이다. 사실 나는 남들을 위해서 산다. 나 자신의 행복만을 돌보는 것은 이기적인 것이다. 그것은 나의 목표가 아니다. 나의 목표는 남들의 행복이다." 이것은 성실하고 진지한 분석의 결여를 드러내는 피상적인 이야기이다! 사람들은 그들이 하는 이른바 비이기적 행위가 그들 자신에게 행복을 안겨줄 뿐이라는 것을 깨닫지 못한다! 평생에 걸쳐 자기 아들을 그저 부양하고, 교육하고, 부족한 것 없이 살도록 하기 위해 온갖 고생을 감내할 준비가 되어 있는 사람의 예를 들어 보자. 그렇게 하면서 자기 아들이 잘 되는 것을 보는 데서 만족을 얻는 것은 그 자신일 뿐이다. 그는 이 만족을 위해서 일했을 뿐이다. **이 만족은 그 자신의 것 아닌가? 이 자기만족이 그의 모든 소위 비이기적인 일 이면의 추진력 아닌가?**

전 미국 대통령 에이브러햄 링컨은 언젠가 진창에 빠진 돼지 한 마리를 건져내 주었는데, 그럴 때 그의 몸과 옷이 아주 더러워졌다. 구경하던 사람들은 큰 나라의 대통령이 왜 이렇게 평범한 돼지 한 마리를 구하기 위해 자신의 몸을 더럽히느냐고 물었다. 그는 이렇게 대답했다. "내가 이런 행동을 한 것은 돼지의 고통을 덜어주기 위해서라기보다는, 돼지의 그런 모습을 보고 나 자신이 경험하는 고통을 덜기 위해서였습니다. 내 마음의 평안을 위해 그렇게 한 것뿐이지요!" 그때 링컨이 한 말이 그 문제의 사실적 진리이다. **온갖 비이기적인 행위의 이면에 숨겨져 있는 동기는 이 자기만족―자기 자신의 행복―일 뿐이다! 이것은 결코 부정할 수 없다.**

'나의' 자식과 '나의' 가족 친지들을 위하여 한 희생이 우리 자신에 대한 사랑에서 나오는 것이기 때문에 이기적인 것으로 드러나듯이, '나 자신의' 조국에 대한 사랑(*desabhimana*)과 '나 자신의' 언어에 대한 사랑(*bhashabhimana*)도 간접적으로는 '나로서의 자기 몸에 대한 사랑(*dehabhimana*)에 뿌리를 두고 있기 때문에 이기적인 것으로 드러난다. 여기서 유념할 점은, '내 것'에 내재해 있는 '나'이다. "내 언어가 번성하도록 하기 위해서라면 내 목숨도 희생하겠다"고 말하는 사람은, 그 자신에 대한 사랑 때문에 그렇게 말하는 것이다. 그와 마찬가지로, 자기 나라를 위해 자기 목숨을 희생하는 사람조차도 그 자신의 만족을 목표로 하므로, 그 역시 자기사랑 때문에 그렇게 하는 것이다. 협소한 민족주의에 비해 자신의 폭넓은 국제주의를 자랑하는 사람들이 있다. 그들은 이렇게 말할지 모른다. "나는 '내' 나라와 '내' 가정에 대해서만 염려할 정도로 그렇게 이기적이지 않다. 나는 전 세계가 행복하기를 바란다. 내 목표는 어떤 특정한 언어나 나라의 이익이 아니다. 이것은 비이기적인 것 아닌가?" 하지만 이마저도 같은 범주에 든다! 이 사람 또한 전 세계가 평화로운 것을 볼 때만 평안을 얻는다. 그래서 그가 욕망하는 것은 그 자신의 평안 또는 행복인 것이다! 그러므로 이런 소위 비이기심의 영웅조차도 그 자신의 자아에 대한 사랑을 가지고 있다는 것이 분명하다. **이것은 실로 자기사랑(self-love)이다.**[20] **따라서 누구나 그 자신을 가장 사랑한다는 것은 논박할 수 없는 법칙이다!** 그래서 그대는 모든 것 중에서 그대에게 가장 소중한 것은 바로 그대 자신이라고 결론 내릴 수밖에 없다. 이 두 가지 결론, 즉 (1) 모든 것 중에서 그대에게 가장 소중한 것은 그대이고, (2) 사랑은 행복을 향해서만 솟구친다는 결론에

---

[20] 이렇게 말한다고 해서 독자들은 우리가 이기심이라는 악덕을 지지한다는 그릇된 결론에 이르면 안 된다. 사람들은 지금까지 '이기심'이라는 말을 하나의 악덕을 의미하는 말로 잘못 사용해 왔다. '자기'라는 말이 몸을 의미하는 말로 잘못 사용되어 왔기 때문에, 이기심이 악덕으로 간주되었다. 그러나 진아를 깨달은 자에게 '자기'라는 단어의 참된 의미는 전 우주가 '나'임을 아는 체험이다. 우리가 그의 체험을 올바른 판정으로 받아들인다면, '이기심'은 악덕이 아니라는 것이 분명해질 것이다.

즉, 예로부터 사람들이 찬양해 온 비이기심(이타주의)의 올바른 정의는 일체가 그 자신임을 아는 진인(Jnani)의 '이기심'일 뿐이다. 진아지자眞我知者(Atma-jnani)만이 참으로 비이기적이다! 우리의 참된 성품인 존재-의식-지복(sat-chit-ananda 혹은 asti-bhati-priyam)의 세 측면 중 지복의 측면은 자기에 대한 사랑(swatma-priyam)으로서 모두의 안에서 빛난다. 따라서 자기사랑은 놀라운 것도 아니고 아무 잘못도 없다. 그러나 무한한 지복의 형상인 진아를 하나의 유한한 형상, 곧 작은 몸뚱이로 아는 것은 큰 잘못이다. 그래서 '이기심'이 악덕으로 여겨져 온 것이다. 여기서 이런 고찰을 하는 것은 자기사랑이 지고의 진리임을 증명하기 위해서일 뿐이다. 이 주제는 '세상을 위한 봉사(loka-seva)'와 '비이기적인 행위(nishkamya karma)에 대한 스리 바가반의 견해를 설명하는 본서 제2부에서 다루어진다.

따르면, **그대는 영원한 행복**(*paramasukham*) **그 자체일 수밖에 없**다는 것이 분명하다. 행복이 있는 곳에는 사랑이 있다. 그대는 그대 자신을 가장 사랑하므로, **그대는 영원한 행복 그 자체이다**. 그래서 우리는 다시 한 번 같은 결론에 이르지 않는가?

그대가 깊은 잠 속에서 체험한 것은 이 행복, 곧 그대 자신의 성품이다! 깊은 잠 속에서 마음과 그것의 도구인 오관의 도움 없이도 그대가 행복한 이유는, **행복이 그대의 진정한 성품이기 때문이다**. 실은 **그대 자신이 곧 행복이다**!

여기서 그대는 물을지 모른다. "생시 상태에서 오관을 통해 얻는 경험들은 행복이 아닌가?"라고. 더 깊이, 자세히 살펴보자. 그대는 자신의 즐거운 경험 하나하나에 대해, 그때 그대의 내면에서 어떤 변화가 일어나는지를 예리한 주의력으로 탐색해야 한다.

예를 들어 보자. 그대가 사탕과자를 먹고 싶다고 할 때, 이 생각이 내면에서 일어나자마자 그대는 그 사탕과자를 만드는 데 필요한 모든 재료를 얻기 위해 일을 하기 시작한다. 그리고 그것을 만들어서 먹기 시작한다. 이제 행복을 경험한다. 만일 이 행복이 어떻게 얻어지는지를 그대가 분석한다면, 즉 먹는 동안 그대의 내면에서 일어나는 그 행복감을 지켜본다면, 사탕과자에 대한 욕망에서 일어났던 생각('나는 사탕과자를 먹고 싶다')과 지금까지 들끓던 생각의 파도가 그치는 것을 발견할 것이다. 이제 그 생각의 파도가 그치지만 그것은 잠시 동안일 뿐이다. 그래서 그 행복도 잠시 동안만 경험된다. 사탕과자를 먹고 나면 그 생각의 파도가 다시 일어나고, 그래서 그 행복은 사라진다.

어떤 사람은 이렇게 논박할지 모른다. "사탕과자는 달다. 그래서 그것이 행복을 안겨주는 것이지 생각들이 그치기 때문이 아니다. 그 행복의 원인은 사탕과자 속의 단맛이다." 그러나 이것은 맞지 않다. 그것은 충분한 분석이 결여된 결론이다. 왜 그런지 살펴보자.

　미각 기관인 혀는 사물이 어떤 맛을 가지고 있는지만 분간할 수 있다. 사탕은 달고 님(neem-님나무 열매)은 쓰며, 타마린드는 시고 소금은 짜다는 식으로. 그러나 좋고 싫음을 판단하는 것은 마음이다. "나는 이 맛을 원하고 저 맛은 원치 않는다"고. 어떤 것이 쓰다고 해도 만일 마음이 그것을 원하면 그 쓴맛 속에서도 행복을 끌어낼 것이다. 단 것을 싫어하고 쓴 것을 유별나게 갈망하는 사람들도 더러 있지 않은가? 마찬가지로, 어떤 사람들은 냄새도 맡기 싫어 멀리 도망갈 건어乾魚를 맛있다고 하는 사람들이 있지 않은가? 더욱이 어떤 사람이 세상에서 제일 맛있는 고급 음식을 먹고 있다 해도, 그때 그의 마음이 다른 생각에 너무 몰입되어 있으면 그 맛난 음식을 먹고 싶다는 생각을 일으키지 못할 수도 있다. 그러면 결과적으로 음식 맛도 모르고 거기서 행복을 끌어내지도 못한다. 또 마찬가지로, 마음이 다른 데 집중되어 있을 때는 맛없는 음식조차도 싫다는 생각 없이 먹을 수 있다. 나아가 사람이 배가 고파서 음식에 대한 욕망이 강할 때는 형편없이 만든 가장 맛없는 음식조차도 행복하게 즐기며 먹는다. 이런 예에서 우리는 무엇을 추론할 수 있는가? **우리의 행복과 불행의 원인은 그 맛이 아니라, 좋음과 싫음이라는 형태로 마음이 일으키는 생각의 파도일 뿐이라는 것이다.**

　　게걸스러운 허기의 불길이 타오를 때는, 상한 죽이나 시큼한 피죽
　　도 세상에서 제일 맛난 음식으로 먹게 될 것이네. 따라서 행복의
　　원인은 감각 대상의 성품이 아니라 그것에 대한 욕망일 뿐이네.
　　　　　　　　　　　　　　　　　　　　　—『진어화만』, 제583연

　그래서 일어나는 **생각의 파도들이** 특정한 맛의 **어떤 것을 싫어하는**

것이라면, 그 어떤 것을 없애주면 그 생각의 파도가 가라앉고 그래서 마음이 가라앉을 것이다. 따라서 그대의 진정한 성품인 **행복이 그때 드러난다**. 만일 **생각의 파도들이** 특정한 맛의 **어떤 것을 좋아하는 것이라면, 그 어떤 것을 얻을 때 그 생각의 파도가 가라앉고** 마음이 가라앉을 것이다. 따라서 **여기서도 행복이 드러난다**. 그러므로 예리하게 관찰하는 사람들은, 거듭 거듭 일어나는 생각들을 가라앉혀야만 행복을 경험한다는 것을 분명히 이해하게 될 것이다. 어떤 것이 단가 쓴가는 중요하지 않다. 사물에 대한 좋아함과 싫어함의 형태를 한 **생각의 파도들이 일어나는 것이야말로 슬픔이며, 그 파도들이 가라앉는 것이야말로 행복인 것이다. 그뿐이다!**

사탕과자를 먹는 것은 미각하고만 관계된다. 앞에서 묘사한 과정은 다른 네 가지 감각 기관인 촉각, 시각, 후각, 청각의 경우에도 일어난다. 깊은 잠 속에서도 생각들이 일시적으로 고요해지고, 따라서 행복이 경험된다. 생시는 생각들의 일어남이다. 즉, '나는 이 몸이다' 하는 첫 번째 생각이 일어나는 것이다. 생시가 찾아오면 깊은 잠의 행복은 사라진다. 여기서 무엇을 추론할 수 있는가? 생각들은 행복의 적이라는 것이다! 생각이 가라앉을 때 행복이 지배한다! 사실 생각들은 행복을 덮어 가리는 베일이며, 이 베일을 치우면 행복이 드러난다. **그대 자신이 행복이므로, 그대가 자신의 타고난 행복을 즐기기 위해 해야 할 일은 모든 생각을 막는 것이 전부이다**. 그러니 깊은 잠 속에서, 생각에서 벗어나 있는 그 성품 때문에 그대가 즐기는 행복을, 생각에서 벗어나 있는 생시 상태에서도 즐길 수 있다는 이 진리를 이해하라.

행복이 외부의 대상들에서 얻어진다는 무지한 소견 때문에 마음은 밖으로 달려 나간다. 위에서 말한 자세한 조사를 통해서, 행복은 내면에 있는 것이고 우리의 진정한 성품 그 자체가 행복이라는 것을 철저하게

1-2. 무엇이 행복인가? 69

그리고 확고하게 확신하면, 그것이 밖으로 달려 나가지 않고 그 자신을 향하게 될 것이다. 바꾸어 말해서, 그것이 자기 안에 고요히 머무를 것이다. **이 얇은 마음을 효과적으로 제어하기 위한 필수조건이다.**

그대가 사탕과자를 먹을 때, 그것을 좋아한다는 형태의 생각의 파도가 가라앉고 그대는 이미 자신의 내면에 있던 행복을 즐긴다. 그렇지 않은가? 그러나 그대는 이미 자신의 내면에 있던 행복을 자신이 즐길 뿐이라고 이해하지 않고, 그것이 사탕과자에서 온다고 생각하며 스스로를 기만한다! 그래서 더욱 더 많은 사탕과자들을 만들어 먹으려는 노력을 계속하는 것이다! 그러나 어느 한계를 넘으면 사탕과자가 독과 같이 되어 그대의 속을 뒤집고, 그대는 병이 나게 된다. 다른 네 가지 감각 쾌락의 경우도 마찬가지이다. 다음 이야기를 잘 들어 보라.

개 한 마리가 화장터에 가서 살점이 완전히 불에 타 버린 날카로운 뼛조각 하나를 물고 씹기 시작했다. 뼈의 날카로운 가장자리가 개의 입을 여러 군데 찔러서 피가 났다. 개는 뼈를 떨어뜨렸지만, 뼈에 피가 묻은 것을 보고 그것이 자기가 왕성하게 씹은 탓에 뼈에서 나온 피라고 생각했다. 그래서 다시 피를 핥고 더 왕성하게 뼈를 씹기 시작했다. 그 결과 입에 더 많은 상처가 생겼고 더 많은 피가 흘러나왔다. 이 어리석은 개는 뼈를 떨어뜨렸다가 다시 피를 핥고 뼈를 씹는 과정을 계속 되풀이했다. 그러나 어리석은 개는 그 피가 뼈에서 나온 게 아니라 실은 자신의 입에서 나온 거라는 것을 거의 깨닫지 못했다!

어리석은 개가 뼈를 물었는데,
불에 타서 살이 남아 있지 않은 것이었네.
그것을 여러 번 씹어서
개의 입에 상처가 수두룩했네.

자신의 피를 핥은 개가 감탄했네.
'세상의 그 어떤 것도 이 뼈만 한 게 없다'고.

— 『진어화만』, 제585연

그와 마찬가지로, 사람이 외부의 대상을 즐길 때는 자신의 내면에 이미 있는 약간의 행복을 경험하는 것일 뿐이다. 그러나 무지로 인해 그 행복이 외부의 대상에서 온다고 생각하고, 그래서 이 이야기의 개처럼 행동한다. 거듭거듭 뼈를 씹는 그 개와 똑같이, 사람은 평생 동안 되풀이하여 외부의 대상을 찾고 축적한다. 그러한 모든 노력의 결과는 무엇인가? 아아! 한량없는 불행이며, 그 사이사이에 고작 얼마간의 즐거움이 있을 뿐이다. 그것이 전부다! **실로 이 모든 것은 무지이며, 다른 말로 마야(maya)라고 하는 것이다!**

석기시대부터 현대의 원자시대에 이르기까지, 여러 가지 노력 분야에서의 인류의 모든 탐색과 노력은—그것이 지적인 것이든, 과학적인 것이든, 사회적인 것이든—모두 저 지칠 줄 모르고 뼈를 씹는 개와 비슷하지 않은가? **포괄적인 진술로 보일 수 있는 이런 말에 불쾌감을 느끼지 말기 바란다. 왜냐하면 거리낌 없이 말할 때, 이것은 분명한 진실이기 때문이다.** 말해 보라, 지금까지 인류는 진보라는 미명 하에 오관을 만족시키는 외부적 대상들을 개선하고 축적하는 일 외에 실로 한 일이 무엇인가? **앞에서 말한 인간의 모든 노력은 행복이 외부의 대상에서 온다는 그릇된 가정 말고는 그 어떤 것에도 기초하고 있지 않다.** 그 마른 뼈를 씹으면 씹을수록 더 많은 피가 나올 거라고 생각하는 개와, 과학적·산업적 진보의 향상을 통해 더욱 더 많은 외부의 대상들을 축적하면 인류가 점점 더 행복해질 거라고 생각하는 사람 사이에 무슨 차이가 있는가? 분명히 없다!

그래서 인류는, 영원한 행복을 얻는 올바른 길을 모른 채 너무 멀리 나가서 그 그릇된 방향으로 더욱 더 내달리고 있는 것이다! 인간이 행복을 사랑하는 것은 아무 잘못이 없다. 그것은 그의 타고난 권리이다. 그것은 사실 모든 인간의 타고난 권리이다. 그래서 마땅히 행복을 얻어야 하며, 결코 그것을 억압해서는 안 된다! 그러나 약간의 찰나적인 행복만 안겨주는 세간적 쾌락의 대상들을 성취하려고 애쓰지는 말라. 행복을 충만하게 얻는 쪽으로 여러분의 모든 노력을 쏟으라. 사소한 외부적 대상들을 욕망하면 일시적이고 제한된 행복만 얻게 된다. 따라서 **사소한 욕망의 인간이 되지 말라! 온전한 욕망의 인간이 되라!** 완전한 행복을 얻기 전까지는 노력을 그만두지 말라. 여러분 자신인, 그리고 여러분의 내면에 여러분의 진정한 성품으로서 **존재하고**(sat) **빛나는**(chit) 저 **행복**(ananda)을 늘 끊임없이 체험하는 방법을 알라. 이것이 위없는 **목표**(purushartha), 곧 여러분이 태어난 바로 그 목적이다.

제3장
자기탐구가 행복에 이르는 유일한 길이다

이제까지 말한 것에 비추어 보면 '내가 있다(I am)'[진아]가 행복이라는 결론이 나온다. 그렇다면 이제 우리는 그 행복을 어떻게 얻을 수 있는가? 나아가 어떻게 그것을 영구적으로 누릴 수 있는가? **생각들이 그치는 곳에 더없는 행복이 지배한다. 행복에 대한 진리가 그러하다.** 외부적 대상과의 접촉에 의해서도 한동안 무념의 상태를 얻고 행복을 경험하지만, 그러한 무념의 상태는 오래 가지 않는다. 따라서 오관의 도움으로는 우리가 결코 무념의 행복한 상태를 영구히 성취할 수 없음이 분명하다.

우리는 이미 깊은 잠이 하나의 행복 상태임을 보지 않았는가? 그러면 이 깊은 잠이 결국 인류의 목표인가? 그럴 수는 없다. 왜냐하면 그 또한 얼마 가지 못하며, 그것의 행복은 그에 뒤따르는 생시 상태에 의해 중단되기 때문이다. 누구도 영원히 계속 잠을 잘 수 없다. 생각의 형상을 한 우리의 축적된 원습原習(vasanas-習氣)이 우리를 잠에서 깨울 것이다. 마음은 몸과 결부된 채 하루 종일 쉼 없이 일한다. 그렇게 열심히 일을 하고 난 뒤에는 그것[마음]이 휴식을 필요로 한다. 그저 다시 새롭게 일을 시작할 수 있기 위해서! 그래서 마음—이것은 생각들에 대한 하나의 집합적 이름이지만—은 깊은 잠 속에서 저절로 가라앉는다. 이제 일시적으로 휴식을 취하는 그 마음은 다시 열성적으로 뛰어나와 활동에 들어가지 않을 수 없다! 집으로 돌아가던 사람이 쏟아지는 비를 만나면 어느 집의 현관에서 비를 피하겠지만, 그가 그곳에 언제까지나 머무르지는 않는다. 소나기가 그치면 분명히 가던 길을 갈 것이다. 그와 마찬가지로, 마음은 조금 휴식을 취한다. 잠을 자는 것이다. 그것이 다시 나오는 활동의 상태를 생시나 꿈이라고 할 수 있다. 이처럼 누구도 영원히 잠 속에 머무를 수 없고, 그래서 잠조차도 일시적인 행복일 뿐이다. 잠이라고 하는 이 상태,[21] 곧 두 가지 상相(vrittis)—두 가지 생각 혹은 두 가지 활동적 마음 상태—사이의 상태는 또 하나의 결함이 있다. 잠을 자는 동안은 심식心識(mind-knowledge)[22]이 어둠 속에 가라앉아 자신의 본래적 빛[존재-의식]을 알지 못하는데, 심식이 자신의 의식을 놓침이 없이 (잠 속에) 합일되어야 하는 것이다. 따라서 잠은 결함이 없는 완전한 행복의 상태가 아니다. 그러면 그러한 행복을 체험하는 방도는 무엇인가? 스리 바가반의 말씀으로 돌아가 보자.

"몰입에 두 종류가 있으니, 라야(laya)[일시적 고요함]와 나샤(nasa)[영구적 소멸]가 그것이네. 라야에만 흡수된 것은 다시 일어나겠지만, (나샤 속에서) 그것의 형상이 죽어 버리면 다시는 일어나지 않는다네."   —「우빠데샤 운디야르(가르침의 핵심)」, 제13연

---

[21] '잠'은 일반적으로 모든 사람이 하나의 중간 상태로 간주한다. 그러나 스리 바가반이 밝힌 잠의 진정한 성품은 전혀 다르며, 바가반의 체험이 최종적 권위이다. 그것은 본서의 제8장에 나오지만, 당분간은 잠이 하나의 결함 있는 중간 상태라는 보통 사람들의 가정에 기초해 논의를 진행해 보자.
[22] (역주) 보통의 인식 능력을 가진 마음, 또는 그 마음의 인식 능력.

마음의 몰입에는 두 종류가 있다. 만일 그 몰입이 일시적이면 그것을 '**마노-라야**(mano-laya)', 즉 마음의 침묵이라고 한다. 만일 마음이 라야에 흡수되면 언젠가 때가 되어 다시 일어날 것이다. 두 번째 종류의 몰입은 '**마노-나샤**(mano-nasa)', 즉 마음의 소멸이다. 이러한 소멸에서는 마음이 죽고, 어떤 상황에서도 되살아나지 않는다. 그것은 죽었기에 더 이상 불행을 일으킬 수 없다. 따라서 이 두 번째 종류의 몰입, 곧 마음의 소멸을 통해 얻은 행복은 영원하다. 그것이 지고의 지복이다.

우리가 오관을 통해 즐거운 경험들을 즐기는 생시의 상태에서는 극히 짧은 시간 동안 마음의 침묵이 있다. 잠 속에서는 마음의 침묵 시간이 조금 더 길다.23) 죽음의 상태에서도 마음은 그와 같이 침묵할 뿐이다. 이 모든 것은 마음의 침묵(mano-laya)일 뿐, 마음의 소멸(mano-nasa)은 아니다. 불행[곧, 마음]이 일시적으로 흡수되는 것으로는 충분치 않고, 그것이 소멸되어야 한다. 이것이 인류의 목표이다. **마음의 일시적인 침묵(laya)은 불행의 일시적인 침묵이고, 마음의 영구적인 침묵(nasa)은 불행의 영구적인 소멸이다. 즉, 마음 그 자체가 불행인 것이다!** 따라서 마음을 소멸하기 위해서는 무엇을 해야 할지 알아보자.

마음이란 무엇인가? 스리 바가반이 내린 판정은 이렇다.

마음은 생각일 뿐이니 (…).

— 「우빠데샤 운디야르」, 제18연

우리가 모든 생각을 포기하고 마음이 무엇인지 관찰하면, '마음' 같은

---

23) 지금은 우리가 '더 길다'고 말해야겠지만, 사실 엄밀히 살펴본다면 '길다'와 '짧다'는 말은 적절치 않다. 왜냐하면 시간 그 자체가 하나의 심적 개념이기 때문이다(『진어화만』, 제560연 참조. (역주) 213쪽의 각주 14를 보라).

1-3. 자기탐구가 행복에 이르는 유일한 길이다

것은 아예 없다는 것을 발견하게 될 것이다.

> 마음의 형상을 부주의(pramada) 없이 탐구하면, 마음 같은 것은 없다는 것을 알게 될 것이네! 이것이 모두에게 직접적인 길이라네!
> ―「우빠데샤 운디야르」, 제17연

마음을 소멸하기 위해서는 생각들을 소멸하는 것으로 족하다. 따라서 생각이란 실제로 무엇인지 알아보자. 이 탐색은 한가한 시간 보내기가 아니다. 온 세계가 행복을 위해 분투하고 있지 않은가? 이 탐색조차도 바로 그 행복을 얻기 위해서 하는 것이다. 그렇다면 인류 일반의 노력과 구도자가 하는 노력 간의 차이점은 무엇인가? 세간 사람들의 노력은 어떤 찰나적인 행복 비슷한 것을 가져다 줄 뿐인 반면, 구도자의 이 노력―자기탐구―은 완전하고 영원하며 무한한 행복의 길을 열어준다. **따라서 이 탐색은 다른 모든 종류의 인간적 노력보다 훨씬 더 중요하고 가치가 있다!** 이 탐색 전반에 걸쳐 우리는 매우 예리하게 깨어 있어야 하고, 최선의 노력을 쏟아야 한다. 그럴 때에만 우리의 탐색의 결과―삶에서 얻을 수 있는 최고의 소득―가 지금 여기에서 얻어질 것이다. 이것은 바가반 스리 라마나 자신의 체험에 의해 잘 입증된다!

우리는 생각들을 면밀히 탐색하겠다는 제안으로 시작하지 않았던가? 무슨 이유 때문인가? 그 목표는 모든 생각을 소멸하고, 그럼으로써 완전한 행복을 즐기는 것이다. 우리의 내면에서는 수백만 가지 생각이 일어나는데, 그 중에서 우리는 최초의 뿌리 생각(root thought)을 찾아내야 한다. 그럴 때 우리는 1인칭인 생각, 곧 우리가 잠에서 깨어나자마자 일어나는 '나는 이 몸이다' 하는 생각이 최초의 생각임을 발견한다. 이 '나'라는 생각이 모든 생각의 뿌리 생각이다.

마음은 생각일 뿐이니, 모든 생각 중에서 '나'라는 생각이 실로 뿌리 생각이라네. 따라서 이른바 마음이란 '나'라는 생각['나는 몸이다'라는 느낌]일 뿐이네. ─「우빠데샤 운디야르」, 제18연

세 가지 인칭─1인칭[나], 2인칭[너], 3인칭[그, 그녀, 그것 등]─중에서 1인칭인 '나'가 최초로 일어난다. 1인칭이 일어나지 않으면 2인칭과 3인칭은 생겨나지 않을 것이다. 1인칭은 '나'라는 생각에 지나지 않으며, 이것이야말로 마음이다. 2인칭과 3인칭은 1인칭이 일어난 뒤에야 일어날 것이다. 세계는 2인칭과 3인칭에 지나지 않는다. 잠 속에서는 1인칭의 느낌, 곧 '나는 몸이다'가 존재하지 않는다. 그래서 잠 속에서는 세계[2인칭과 3인칭]가 존재하지 않는 것이다.

'나는 몸이다'라는 형상의 1인칭이 존재해야만, 2인칭과 3인칭도 존재할 것이네. (…) ─「실재사십송」, 제14연

'나'라는 생각이 없으면 다른 어떤 것도 존재하지 않을 것입니다. (…) ─「아루나찰라에 바치는 8연시」, 제7연

'나'라는 생각─모든 생각의 뿌리 생각─을 일어나지 못하게 하면 다른 모든 생각도 일어나지 못하게 될 것이다. 어떤 사람이 한 나무의 수백만 개 잎과 수백 개의 가지를 잘라버리고 싶다면, 그 나무둥치를 잘라버리는 것으로 족하지 않은가? 그와 마찬가지로, 헤아릴 수 없이 많은 모든 생각을 소멸하려는 사람은 그 생각들의 뿌리인 '나'라는 생각을 소멸하면 그 일에 성공한 것이 된다. 우리는 생각들을 면밀히 탐색하려는 목적을 가지고 논의를 시작하지 않았던가? 앞서 우리가 살펴본

대로라면, **생각 하나하나를 탐색할 필요는 없고, 모든 생각의 뿌리인 '나'라는 생각만 탐색하면 충분하다**는 것이 이제 분명해졌다.

어떤 사람은 이렇게 물을지 모른다. "행복은 생각들의 소멸을 통해서 얻어지지 않겠는가? 그렇다면, 왜 어떤 생각을 탐색해야 하는가? 그것은 부질없는 일 아닌가?" 그들은 심지어, 바가반 스리 라마나가 언젠가 (「나는 누구인가?」에서) "단번에 다 내다 버려야 할 쓰레기를 자세히 조사해 봐야 아무 쓸데없다"고 말한 것을 인용할지도 모른다. 그런 부적절한 질문은 스리 바가반의 가르침을 제대로 이해하지 못한 데서 비롯될 것이다. 어째서 그런지 보자. 스리 바가반은 "진아를 은폐하는 모든 원리들[2인칭과 3인칭인 비진아]의 온갖 속성을 자세히 조사해 봐야 부질없다"고 말했다. 2인칭과 3인칭에 속하는 생각들을 우리가 아무리 면밀히 조사해도 그것들은 결코 가라앉지 않고 증가하기만 할 것이다. 바가반은 1인칭에 대한 면밀한 조사[자기탐구]를 포기하라고는 결코 말하지 않았다! **1인칭 생각인 '나'는 이러한 특성을 가지고 있다. 즉, 그것이 무엇인지 알기 위해** ('나는 누구인가?' 하고 탐구하면서) **주의를 그것에 집중하면, 이 '나'라는 생각은 가라앉게 된다**는 것이다. 그러나 반대로, 2인칭과 3인칭에 속하는 생각들에 우리가 주의를 기울이면 기울일수록 그런 생각들은 더 많아질 것이다. 영화관에서는 스크린이 영사기에서 멀면 멀수록 화면이 더 커지고, 스크린이 빛의 근원인 영사기 쪽으로 가까워질수록 화면은 작아져서 심지어 한 점에 불과한 크기까지 된다. 그와 마찬가지로, 마음의 주의가 2인칭과 3인칭 쪽으로 향하면 향할수록 세계라는 화면[생각들]은 몇 배로 늘어난다. 그러나 주의가 마음 빛의 근원인 진아 쪽으로 향하면 마음[첫 번째 생각인 '나'] 그 자체가 가라앉을 것이다. 우리는 제8장 '자기탐구의 기법'에서 이것을 더 깊이 살펴볼 것이다.

'나는 살과 뼈로 된 이 몸이다'라는 생각은 다른 온갖 생각들이 꿰어져 있는 하나의 실이네. 따라서 우리가 내면을 향해 '이 나는 어디에 있는가?' 하고 물으면, ('나라는 생각을 포함한) 모든 생각이 종식될 것이고, 그때 (심장) 동혈 속에서 진아지가 '나-나'로서 저절로 빛날 것이네. ― 「진아지」, 제2연

염주의 실을 자르면 염주알이 모두 떨어지듯이, 모든 생각을 소멸하고 싶은 우리가 모든 2인칭과 3인칭 생각들을 마치 염주알 꿰는 실처럼 꿰고 지탱하는 1인칭 생각, 곧 '나'를 면밀히 조사하면 그 모든 생각이 애씀 없이 소멸될 것이다.

> (…) 1인칭의 진리에 대한 탐구를 통해 1인칭이 사라지면, 2인칭과 3인칭의 존재가 사라질 것이고 (…).' ― 「실재사십송」, 제14연

이와 같이 '나'라는 생각을 소멸하는 방법은 또한 다른 모든 생각을 소멸하는 방법이기도 하다. **따라서 핵심은 1인칭 생각인 '나'를 소멸하는 것이다. 그것을 소멸하는 유일한 방도는 그것의 성품을 면밀히 조사하는 것이다! 다른 어떤 방도도 없다!**

> (…) '나'가 일어나는 근원을 탐색하지 않고서, 달리 어떻게 '나'가 일어나지 않는 상태―에고 없음의 상태―를 성취하겠는가? (…)
> ― 「실재사십송」, 제27연

헌신의 길인 자기순복의 길에서도, 1인칭인 '나'라는 생각을 신에게 내맡겨 그것의 성품이 아무 가치 없는 것임을 알게 됨으로써(에고인 그

'나'가 존재하지 않음을 알거나, 아니면 진아, 곧 진정한 '나'가 유일하게 존재하는 것임을 앎으로써) 그것의 소멸을 성취한다. 그래서 필요한 것은 1인칭인 '나'라는 생각을 탐구하는 것뿐이다. 우리는 제7장 '자기탐구'에서 어떻게 탐구에 의해 그것이 소멸되는지를 살펴볼 것이다.

제4장
나는 누구인가?

이 '나'는 무엇인가? 바꾸어 말해서, '나는 누구인가?' 우리는 모두 보편적으로 '나…, 나…'라고 말하지 않는가? 그렇게 말할 때 우리가 가리키는 것은 무엇인가? 우리가 '나'라는 단어를 말할 때 무슨 뜻으로 그렇게 말하느냐고 질문 받으면, 우리는 이 물음에 대한 정답을 아직 찾지 못했다는 것을 시인해야 할 것이다! 왜인가? '나'라고 말할 때마다 우리는 우리의 몸을 지칭할 뿐이기 때문이다. 그것은 그 몸에 붙여진 하나의 이름 아닌가? 우리는 일반적으로 그 이름을 그 특정인의 이름으로 여긴다. 만일 그 사람에게 "당신은 누구요?"라고 물으면, 그는 "나는 라마요"라고 대답한다. 어떤 사람이 "라마야"라고 부르면 그 사람만 돌아다 볼 것이다. 다른 몸들은 다른 이름을 가지고 있으므로, 이 몸만 라마로 여겨질 것이다. 따라서 그 이름은 그 몸을 의미한다. 그는 자신이 그 몸이라고 믿기 때문에, 자신은 라마이지 다른 누구도 아니라고 느낀다. 우리가 마치 자신이 이 몸일 뿐인 양 행동하는 경우가 그 밖에도 많지 않은가? 그러므로 우리는 각자 이 몸이 '나'라고 확신하고 있음이 분명하다.

그러나 우리가 어떤 사람에게 다가가서 그의 손을 가리키며 "이것은 무엇이오?"라고 물으면 "이것은 내 손이오"라는 대답이 금방 나온다. 마찬가지로 우리가 그의 몸의 각 부분에 대해 물어보면, 그는 "이것은 내 다리요, 이것은 내 배요, 이것은 내 가슴이오, 이것은 내 등이요, 이것은 내 머리요"라는 식으로 말한다. 그래서 그는 궁극적으로 "이 전체 몸은 내 것이오"라는 것을 인정하는 셈이 될 것이다. 그가 그것을 자기 몸이라고 말할 때, 이제 그 몸은 그의 한 소유물에 불과하다는 것, 즉 그는 몸이라는 한 소유물의 소유자라는 것이 분명해진다. 그렇다면, 그가 자신의 소유물인 그 몸일 수 있겠는가? 그는 그것의 소유자 아닌가? 만일 그에게 다시 "만일 이 몸이 당신의 소유물일 뿐이라면, 그 소유자인 당신은 누구요? 당신이 이 몸일 수 있소? 어떻게 소유물이 바로 그것의 소유자일 수 있소?"라고 물으면, 그는 이제 자신이 그 몸은 아니고, 몸은 자신의 소유물에 지나지 않는다는 것을 인정한다.

불과 조금 전에 그 몸이 가진 이름으로 불렸을 때 "나는 실로 이 몸이오"라고 선언했던 바로 그 사람이, 이제 스스로 "나는 이 몸이 아니고, 그것은 내 소유물이오"라고 시인한다. 같은 방식으로 그는 자신의 마음을 가리켜 "내 생각들은 이와 같소. 내 마음은 그와 같소"라고 말한다. 따라서 그가 어떻게 자신의 소유물에 불과한 그 마음이나 몸일 수 있겠는가? 이 모든 논의에서 우리는 무엇을 알게 되는가? **누구도 아직 자신이 실제로 무엇인지 모른다는 것이다!** 자신이 그 자신에게 가장 가까이 있고 가장 소중한 존재이면서도 자신이 실제로 무엇인지 알 수 없어 여전히 의심을 품고 있는 인간이, 세계 안의 멀리 있는 너무나 많은 것들을 알려고 열심히 애쓰고 있다. 이보다 더 우스운 일도 없을 것이다! 그 자신에 대한 앎조차 미혹과 풀리지 않은 의문으로 가득 차 있으니, 다른 온갖 것들[세계와 신]에 대해 자신이 마음을 가지고 공부하거나, 듣거나, 경험하여 습득한 그의 앎 또한 의문투성이라고 해서 놀랄 것이 있겠는가? 자신이 끼고 있는 안경의 색깔도 모르는 사람이 어떻게 그 색안경을 통해서 보는 다른 것들의 올바른 색깔을 판정할 수 있겠는가? 그와 마찬가지로, 어떤 사람이 아무리 많이 배우고, 부유하고, 권력이 있다 하더라도, **만일 그 사람에게 자신이 실제로 무엇인지에 대한 분명한 앎이 없다면, 그의 모든 학식, 위대함, 권력은 허구에 지나지 않는다!** 그래서 우리가 배워야 할 제1과는 우리 자신의 자아에 대한 것이다. 그러므로 '나는 누구인가?' 하는 탐구를 추구해 보자.

어떤 사람들은 위에서 한 조사를 통해 자신이 이 지각력 없는 몸일 수는 없다는 것을 받아들이겠지만, '나'의 참된 성품을 올바르게 알지는 못하므로 여전히 '나'가 몸, 오관, 마음, 생기生氣(prana)[24]의 총합이라고 생각한다. 따라서 우리는 이 '나'가 무엇인지를, 조금의 의문이나 그릇된 동일시도 없이—즉, 어느 하나를 다른 것으로 착각함이 없이—분명하게 알아야 한다. 자신이 살덩어리에 불과한 몸이 아니라는 것을 받아들인다고 해서 충분하지는 않다. 어떤 사람들은 몸이 조용히 누워 있을 때에도 계속되는 호흡과 혈액 순환의 과정을 관찰해 보고 나서, 생기가 '나'라고 생각할지 모른다. 우리가 어떤 특정한 것을 '나가 아닌' 것으로 판정하는 데 사용할 수 있는 어떤 시험기준이 있는가? 그렇다, 있다! **그 시험기준이란, '그 특정한 것이 없을 때도 우리가 존재하는가, 존재하지 않는가?'를 알아내는 것이다!** 우리는 이 시험기준을 사용하여, 바로 우리의 탐구가 끝나는 곳까지 성공적으로 나아갈 수 있다.

'나는 몸이다'라는 그릇된 동일시 자체가 마음(manas), 지성(buddhi), 원습의 저장고(chittam), 에고(ahankara), 무지(ajnana), 공空(manas), 마야(maya) 등 모든 것이다. 생기生氣는 이 마음의 거친 형상이고, 그래서 그

---

24) 생기(prana)라는 단어는 폐에서의 호흡 과정을 의미할 뿐만 아니라, 몸 안의 완전한 신진대사도 포함한다.

것이 곧 육신이다! 마음도 하나의 몸이지만, 그것은 미세한 몸이다. 생기는 마음보다 조금 더 거친 것이다. 살과 피로 이루어진 몸은 생기보다도 더 거친 것이다. 더 미세한 형상인 그 미세한 마음은 그 자체 원습, 혹은 무지의 어둠이다. 마음의 이 모든 형상들을 세 가지 범주, 즉 조대신粗大身(거친 몸), 미세신微細身(미세한 몸), 원인신原因身(원인적인 몸)으로 분류해 보자.25) 마음이 오관을 통해 인식하는 모든 거친 형상들—몸, 혈액 순환, 호흡—이 조대신(gross body)을 구성한다. 이는 이 모든 것을 마음, 곧 우리의 분류에서 두 번째 범주인 미세신이 분명하게 인식하기 때문이다. 경전(sastras)에서는 보통 생기의 껍질(pranamaya kosa)을 미세신의 범주에 넣지만, 우리는 여기서 그것을 조대신의 범주에 넣었다. 왜냐하면 마음이 그것을 마음 아닌 하나의 대상으로 분명하게 지각하기 때문이다. 그리고 이것이 우리의 시험기준을 적용하는 데 있어 우리에게 큰 도움을 줄 것이기 때문이다. 더욱이 이 다섯 껍질 전부는 결국 '나 아닌 것'[비진아]으로서 버려질 터이므로, 조금이나마 상식을 가진 사람이라면 누구도 그것이 그 두 몸 중의 어느 하나와 함께 포함되는 데 반대하지 않을 것이다.26) 그러면 위에서 말한 간단한 시험기준을 사용하여 우리가 이 조대신인지를 살펴보자.

깊은 잠 속에서는 우리가 이 조대신을 의식하지 못한다. 여기서 우리

---

25) 다섯 껍질(kosas)은 세 가지 몸(sariras)으로 다음과 같이 분류된다. 1) 음식으로 이루어진 육신(annamaya kosa)과 생기(pranamaya kosa)가 조대신(sthula sarira)을 이룬다. 2) 마음(manomaya kosa)과 지성(vijnanamaya kosa)이 미세신(sukshma sarira)을 이룬다. 3) 행복이 지배하는 잠의 무無(anandamaya kosa)가 원인신(karana sarira)을 이룬다. 여기서 다음 시구를 기억해 둘 만하다.
　몸은 다섯 껍질의 형상이네. 그러니 '몸'이라는 말은 다섯 껍질 모두를 포함하네. 세계가 몸과 별개로 존재하는가? 말해 보라, 몸 없이 세계를 본 사람이 있는가?　　　　　　　　　　　　　　　　　—「실재사십송」, 제5연
26) 이것이 바로 스리 바가반이 「나는 누구인가?」에서 "단번에 다 내다 버려야 할 쓰레기를 자세히 조사해 봐야(혹은 그것의 분류에 대해 논쟁해 봐야) 아무 쓸데없다"고 했을 때 실제로 말하고자 한 의미이다.

는 무엇을 추론하는가? 우리는 이 살덩어리 없이도 존재할 수 있음이 명백하지 않은가? 어떤 사람들은 스리 바가반과 이렇게 논쟁하곤 했다. "몸은 깊은 잠 속에서도 사라지지 않습니다. 깊은 잠이 든 사람은 그 몸의 존재나 호흡과 혈액 순환의 움직임을 의식하지 못한다 하더라도, 깨어 있는 다른 사람들이 그것을 지각합니다." 그러나 진리를 아는 분(mahanubhavi-위대한 체험자)인 스리 바가반의 판정은 이와 사뭇 반대된다. 당신에 따르면 "깊은 잠 속에서는 몸과 세계가 존재하지 않지만, 우리 자신의 존재인 '내가 있다'는 모든 사람이 경험한다." 화면, 즉 몸과 세계는 마음이 일어날 때만 일어나고, 마음이 존재하는 동안에만 존재하며, 마음이 저물면 사라진다. 그러니 마음과 별개의 어떤 세계가 있는가?27) 소우주가 곧 대우주이므로, 몸이 곧 세계이다. 몸이 없으면 세계도 존재하지 않는다. 세계로서 존재하는 모든 것은 몸에서 투사된다. 그래서 스리 바가반은 (「실재사십송」 제5연에서) "몸이 없이 세계를 본 사람이 있는가?"라고 묻는다. 요컨대 세간 범부들(ajnanis)의 논변은 "몸과 세계는 잠 속에서도 존재하는 반면, '나'라는 의식은 잠 속에 존재하지 않는다"는 것이다. 그러나 스리 바가반의 판정은 그와 정반대이다. "몸과 세계는 깊은 잠 속에서 존재하지 않는 반면, '내가 있다'는 의식은 모두가 경험한다." 그런데, 몸이 깊은 잠 속에서도 정말로 존재하는가? 왜냐하면 만일 몸이 깊은 잠 속에서 존재한다면 세계도 깊은 잠 속에서 존재해야 하기 때문이다.28) 마음이 일어나지 않으면 몸이 존재할 수 없

---

27) "우리가 보는 세계의 형상은 다른 어떤 것도 아닌 다섯 감각 지식이 구성하며, 다섯 감각 지식은 다섯 감관을 통해서 얻어내네. 한 마음이 다섯 감관을 통해 세계를 지각하니, 말해 보라, 마음과 별개로 세계가 존재할 수 있는가?"
— 「실재사십송」, 제5연
28) "세계는 몸과 별개로 존재하지 않고, 몸은 마음과 별개로 존재하지 않으며, 마음은 의식과 별개로 존재하지 않고, 의식은 존재인 진아와 별개로 존재하지 않는다네."
— 『진아화만』, 제99연

는데, 어떻게 그것이 마음이 일어나지 않는 깊은 잠 속에서 존재할 수 있는가? 그리고 깊은 잠 속에서는 몸이 존재하지 않는데, 어떻게 세계가 깊은 잠 속에서 존재할 수 있는가? 따라서 깊은 잠 속에서는 몸과 세계가 존재하지 않는다는 스리 바가반의 판정을 이해하도록 노력하자.

우리가 어떤 사물이 존재한다고 말하면, 그 존재성은 의식과 결부되어야 한다. 즉, 그 사물 자체가 자기 자신의 존재성을 알아야 한다. 그것은 자신의 존재성을 알거나 자신의 존재성을 입증하기 위하여 다른 어떤 사물의 증거나 도움을 필요로 해서는 안 된다. 왜냐하면 존재와 존재함에 대한 앎[즉, 존재와 의식]은 서로 다른 것이 아니기 때문이다.

> 존재(sat)를 아는, 존재 그 자체 아닌 어떤 의식(chit)도 없다네. 따라서 존재가 곧 의식이라네. (…)   ―「우빠데샤 운디야르」, 제23연

그래서 존재가 없는 의식은 전혀 의식이 아니고, 마찬가지로 의식이 없는 존재는 전혀 존재가 아니다. 우리가 잠을 잤다는 앎은 잠을 잘 때 우리가 존재했다는 증거이다. 우리가 잠을 잤는지 안 잤는지를 알기 위해 남들에게 물어봐야 하는가? 우리가 잠을 잤다는 앎을 가지고 있는 것은 우리뿐이니, 바로 이 앎이 우리가 깊은 잠 속에서도 존재했다는 것을 증명하지 않는가? 깊은 잠 속에서의 우리의 존재와 의식은 이처럼 부인할 수 없는데, 만일 몸과 세계도 그러한 부인할 수 없는 존재성과 의식을 가지고 있다면, 왜 그것들[몸과 세계]이 깊은 잠 속에서 존재했다는 것을 증명하기 위해 남들의 증언을 필요로 하는가? 깊은 잠을 자는 동안 몸과 세계가 존재한다는 것을 증명하기 위해서는 남들의 증언이 필요하기 때문에, 그것들의 존재는 자명하지 않음이 분명하지 않은가? 우리는 의식이 없는 존재는 전혀 존재가 아님을 증명했으므로, 그리고

깊은 잠 속에서 몸과 세계가 존재한다는 앎은 자명하지 않으므로, 우리는 그것들의 존재가 거짓이라고 적극적으로 주장할 수 있다. 그러므로 깊은 잠 속에서는 몸과 세계가 존재하지 않는다고 결론 내리자.29) 이와 같이 누구도 잠 속에서 자신이 존재한 것을 부인하지 못하므로, **잠 속에서 우리 자신은 존재하고, 몸은 존재하지 않는다는 것을 모두가 받아들여야 한다.**

많은 사람들은 스리 바가반을 처음 찾아가서, 당신이 밝혔고 위에서 설명한 대로 실재의 성품을 고찰할 때 이해력이 성숙되어 있지 않았던 탓에, 사실을 파악하고 존재와 의식이 같은 하나임을 납득하지 못했다. 그래서 그들은 되풀이하여 당신과 논쟁을 했다. 반면에 분별력과—경전 공부만 하고 어떤 수행도 하지 않아 이미 미혹된 상태가 아닌—예리하고 명석한 지성을 가진 사람들은 스리 바가반의 설명을 듣자마자 그것이야말로 올바르다는 완전한 확신을 가졌다. 그래서 그들은 탐구의 길로 나아갈 수 있었다. 그러나 그런 성숙된 지성을 갖지 못하여 깊은 잠 속에서는 몸과 세계가 존재하지 않는다는 것을 받아들이지 못한 사람들은 거기서 멈추어 더 이상 그 길로 나아가지 못했다.

구도자가 그 자신의 체험에 의해 '나는 몸 없이도 존재할 수 있다'는 완전한 확신을 갖지 못하면 '나는 몸이 아니다(deham naham)'라는 것을 알지 못하고, 그래서 몸에 대한 집착을 놓아 버리지 못한다는 것을 잘 아신 스리 바가반은, 베단타의 진군나팔인 "몸은 내가 아니다. 나는 누구인가? 그가 나다(deham naham koham soham)"를 선언하면서, 당신 자신의 은총의 말씀을 타밀어로 이렇게 말한다.

---

29) 다음과 같은 논리적 추론에 따르면, 몸과 세계는 그것들이 외관상 존재하는 것처럼 보이는 시간 동안에도, 즉 생시와 꿈속에서도 존재하지 않는다. "어느 때는 존재하고 어느 때는 존재하지 않는 것은, 실제로는 그것이 존재하는 것처럼 보일 때에도 존재하는 것이 아니다."

Deham ghatamnihar jadamidar kahamenum tihazhviladal
Naham jadalamil tuyilinil dinamurum namadiyalal (…).

몸은 질그릇처럼 지각력이 없어 '나'라는 의식이 없고,
'나' 아닌 그 몸이 없는 깊은 잠 속에서도 우리의 존재는 ('내가 있다'로서) 매일 경험되네. (…)

— 「실재사십송-보유補遺」, 제10연

하지만 스리 바가반의 일부 헌신자들은 종종 이렇게 반박했다. "이 연의 산스크리트 원문은 '아뻬따 숩띠 사마예(*apeta supti samaye*)'인데, 그 의미는 깊은 잠 속에서는 몸이 없거나, 제거되거나, 드러나지 않을 뿐이라는 것입니다. 그것은 우리가 잠 속에서는 몸이 아예 존재하지 않는 것으로 받아들일 필요는 없다는 의미 아닙니까?" 만일 구도자의 마음이 잠 속에서는 몸이 아예 없다는 확신으로 잘 침윤되어 있지 않으면, 잠 속에서도 '나'-의식 아닌 것들, 즉 몸과 세계가 최소한 어떤 미세한 형태로 존재하고, 장차 그것들이 매우 장엄한 어떤 형상으로 발전할지도 모른다고 생각할 가능성이 주어질 것이다. 이러한 가능성이 마음에 주어질 때만 그것이 몸을 불멸화(인간성을 신격화)한다든가 세계를 천국화하는 것과 같은 무의미한 이론들을 구성할 여지를 갖게 될 것이다! 따라서 이런 구도자들의 의문을 해소해 주기 위해서는 다음과 같은 사건을 다시 들려줄 필요가 있다.[30]

스리 바가반이 1927년에 지은 산스크리트 원문[31]은 다음과 같았다.

---

[30] 이 사건은 스리 무루가나르가 들려준 것이다. 이것은 또한 『바가반과 함께 한 나날』 (1946년 1월 20일자)에도 나온다.
[31] 스리 바가반의 산스크리트 시 원문은 스리 라마나스라맘에서 간행한 『*Revelation*』이라는 소책자에 '스리 라마나 흐리다얌(*Sri Ramana Hridayam*)'의 제56연으로 나와 있다.

Deham mrinmaya vajjadat makamaham buddhir na tasya styato
Naham tattadabhava supti samaye siddhatma sadbhavatah (…).

몸은 질그릇처럼 지각력이 없어 '나'라는 의식이 없고,
'나' 아닌 그 몸이 존재하지 않는 깊은 잠 속에서도 진아는 확실히 존재하네.

여기서 당신이 사용한 정확한 단어는 'abhava'였다. 그러나 헌신자인 까비야깐타 가나빠띠 샤스뜨리가 원문을 'apeta supti samaye'로 바꾸어 놓았다.32) 그것은 아마 당시에 그가 깊은 잠 속에서 몸이 존재하지 않는다는 것을 받아들이지 못하고, 깊은 잠 속에서는 몸이 아예 존재하지 않는 것이 아니라 최소한 어떤 '드러나지 않은(apeta)' 상태로 여전히 존재한다고 믿었기 때문이었을 것이다. 스리 바가반의 체험은 "그것은 존재하지 않는다(abhava)!"였다. "그것은 존재한다, 최소한 어떤 드러나지 않은 상태로는"이라는 것은 이 헌신자의 견해일 수 있다.33) 스리 바가반은 이 시를 타밀어로 번역할 때 타밀어 단어 'jadalamil'을 사용했다. 이것은 **몸이 아예 존재하지 않는다**는 의미이다. 만약 교체된 단어가 의미하는 관념에 스리 바가반이 동의했다면 번역할 때도 그렇게 했을 것이다. 그러나 당신이 원래 산스크리트 시를 지을 때 썼던 단어대로만 번역함으로써 당신의 관념(즉, abhava)을 확실히 한 것이다. 지금 간행되는 ('Sri Ramana Hridayam' 외의 모든 책에 나오는) 산스크리트 시는

---

32) 까비야깐따 가나빠띠 무니는 '몸이 나타나지 않는 잠 속에서'의 의미로만 apeta라는 단어를 사용했지, '몸이 전혀 존재성을 갖지 않는 잠 속에서'의 의미로 사용한 것은 아닌 듯하다. 그가 apeta라는 단어에 부여하는 의미는 「가르침의 핵심」 제30연에 대한 그의 산스크리트 주석을 읽은 사람들은 분명하게 이해할 수 있다.
33) 스리 바가반이 사용한 원래의 단어 abhava에는 작시법상의 어떤 실수도 없으므로 apeta라는 단어는 교체되어야 한다. 다른 이유에서가 아니라 가나빠띠 샤스뜨리의 관념이 스리 바가반의 그것과 상반되기 때문이다. 만약 apeta라는 단어가 abhava와 같은 의미를 제공한다면, (바가반이) 그것을 굳이 교체할 필요가 어디 있었겠는가?

그 헌신자의 교체본일 뿐 스리 바가반의 원문이 아니다!

경전들은 몸과 세계가 참으로 존재한다고 믿는 미성숙한 마음들의 약함에 대한 양보로서 그들을 다독이며 이렇게 말한다. "한때 신 또는 진아에서 창조계[몸과 세계]가 나왔고, 그것이 잠, 죽음 그리고 우주의 해체(*pralaya*) 때 그의 안으로 융해된 뒤에 다시 나온다." 그러나 이런 다독이는 말들은 절대적 진리(*paramarthika satya*)가 아니며, 따라서 오직 절대적 진리만을 열망하고 그것을 알고자 애쓰는 우리를 완전히 만족시켜 주지 못한다. 경전들의 이런 설명은 바가반 스리 라마나의 개인적 체험 앞에서는 설 자리가 없다. 큰 스승(*Maha Guru*)인 당신은 누구에 대해서도 절대적 진리를 조금이라도 결코 유보한 적이 없다. 따라서 우리는 그것을 당신의 직접적인 가르침으로 간주할 필요가 없다. 스리 바가반의 상수제자인 스리 무루가나르의 다음 시에서도 같은 관념이 잘 표현되고 있다.

> 구루 라마나께서는 당신을 찾아온 사람들의 이해 수준에 따라 다양한 교의를 가르치시기는 했으나, 우리는 당신에게서 불생론不生論(*ajata*)34)만이 참으로 당신 자신의 체험이라고 들었다. 이와 같이 여러분은 알아야 한다. — 『진어화만』, 제100연

우리는 몸이 존재하지 않는 잠 속에서도 존재하므로, 앞서 구성한 기본적인 시험기준에 따라 우리는 조대신[육신, 호흡 및 혈액 순환]일 수 없다는 결론을 내려야 한다.

이제 미세신(subtle body)을 살펴보자. 마음[곧 생각들]과 지성이 이 미세

---

34) 불생론은 그 어떤 것도—세계도 영혼도 신도—결코 생겨나지 않는다는, 그리고 '존재하는 것'은 있는 그대로 항상 존재한다는 앎이다.

신을 구성한다. 우리는 마음이 생각들의 집합에 불과하다는 것을 안다. 생시의 상태에서도 우리에게는 가끔 노력 없이도 모든 생각이 가라앉는 고요함의 순간들이 있지 않은가? 그러한 무념의 시간에는 우리가 존재하기를 그치는가? 아니, 그럴 때에도 우리는 존재한다. 그러나 우리는 어떤 사람들이 "나의 생시 상태는 온통 계속 밀려오는 생각들의 파도로만 가득 차 있고, 나는 생각의 가라앉음을 전혀 경험해 보지 못했다"고 불평하는 것을 듣는다. 좋다, 그들의 불평을 반기고 그에 답하는 것이 옳다. 생시 상태에서 생각들의 파도가 저절로 가라앉는 시간들은 '고요히 있음(summa iruttal)'이나 진아안주(Self-abidance, nishtha)의 상태이다. 이런 체험을 해본 구도자들은 '우리는 생각이 없을 때에도 존재한다'는 진리를 쉽게 이해할 수 있다. 하지만 불평하는 사람들을 위하여 더 깊이 살펴보자. 우리는 이미 잠에서 일어나는 모든 생각들 중에서 1인칭 생각인 '나는 몸이다'가 첫 번째라고 말하지 않았던가? 2인칭과 3인칭에 속하는 다른 모든 생각들은 이 첫 번째 생각을 붙들어야만 그 수가 증가한다. 생시 상태에서 생각들이 가라앉지 않는 사람들조차도, 잠이 엄습하면 첫 번째 생각인 '나는 몸이다' 자체가 가라앉기 때문에 모든 생각이 사라지지 않는가? 그래서 우리 모두가 꿈 없는 잠 속의 생각 없는 상태에 접근할 수 있지 않은가? 거기서 우리는 존재하지 않는 것이 아니다!

> (…) 에고인 '나'가 없는 잠 속에서도 우리는 존재하지 않는 것이 아니라네!
> ― 「우빠데샤 운디야르」, 제21연

라고 스리 바가반은 말한다. 그래서 우리의 기본적 시험기준에 따라 우리는 마음이 없을 때에도 존재하므로, 우리는 마음이 아니다.

나아가 이 '나는 몸이다' 하는 의식(*dehatma-buddhi*)이 조대신을 '나'로 여겨 집착하는 것과 같은 방식으로, 그것은 또한 미세한 방식으로 다른 많은 몸에도 집착할 수 있다. 예를 들어, 조대신이 활동하지 않을 때도 마음은 작용하지 않는가? 꿈이 그런 경우의 하나이다. 그것은 우리가 미세신을 취하는 한 예이다. 꿈을 꾸는 동안에 마음은—마치 다른 조대신을 취한 것처럼—그 몸을 통해 기능하면서 많은 것을 안다. 이 꿈의 몸은 단지 하나의 심적인 투사물이다. 그것은 마음 그 자체에 지나지 않는다. 그래서 그것도 미세신이라고 할 수 있다. 그러나 우리는 꿈 없는 잠 속에서도 존재하지 않는가? 그래서 우리는 이 꿈의 몸 없이도 존재할 수 있으므로 그것이 '나'가 아니라는 것을 분명히 이해할 수 있다. 우리는 마음이 이처럼 꿈속에서만 미세신을 가지고 기능한다고 생각해서는 안 된다. 생시의 상태에서도 우리는 백일몽을 꾸지 않는가? 그럴 때도 같은 현상이 일어난다. 우리가 잠자지 않고 앉아서, 어느 먼 나라로 여행하여 그곳에서 어떤 친구를 만나 이야기를 나누고, 삶의 온갖 풍상을 겪는 상상을 한다고 가정해 보자. 그럴 때 우리가 그 몸으로 가고 오고 이야기하는 것처럼 보이는 몸 또한 미세신의 하나이다. 우리는 이와 같이 우리가 지금 취하거나 그때 취하는 이 미세신들이 일시적인 것임을 안다. 우리가 꿈에서 깨어나면 꿈의 몸은 사라진다. 그와 마찬가지로, 백일몽을 꿀 때 취하는 몸도 거짓인[존재하지 않는] 것이 된다. 즉, 이 몸들은 우리에게 다가왔다 떠나는 거짓 형상들이다. 그래서 우리는 이 몸들이 없을 때에도 우리는 존재한다는 결론을 내릴 수 있다. 따라서 그 몸들은 '우리'가 아니다.

이제 더 나아가 면밀히 살펴보면, 우리에게는 미세신보다 더 미세한 또 하나의 몸이 있다는 것을 발견할 것이다. 여기서도 우리 각자는 이 것을 뒷받침하는 그 자신의 경험, 즉 꿈 없는 잠을 가지고 있다. 그런 잠을 잘 때 우리에게는 조대신도 없고 미세신도 없다. 마음이 완전히 가라앉아 있으므로, 우리는 완전한 어둠 속에 잠겨 휴식하며 아무것도 모른다. 마음이 이 어둠에서 다시 일어나면 꿈이나 생시의 상태가 된다. 우리가 깊은 잠에서 깨어날 때는 이와 같이 우리의 경험을 기억한다. '나는 행복하게 잠을 잤고, 아무 꿈도 꾸지 않았다'고. 즉, 우리는 꿈조차 없는, 외관상 어둠으로 보이는 그 상태 속에서도 **우리가 존재했다는 것을 안다.** 그 어두운 상태를 원인신(causal body)이라고 한다.35) **우리가 거기서 존재한다는 것을 알았다는 것을 아는 우리가 진정한 '나'이다.**

깊은 잠 속에서 에고(ahankara)[집착의 형상을 한 마음]는 아주 미세한 원습의 형상으로 여전히 살아 있다. 미세신과 조대신들이 일어나는 토대이자 원인이 바로 이 형상이며, 그래서 그것을 원인신이라고 한다. 죽음의 상태에서도 우리는 이 원인신 속에서 존재한다. 이 원인신은 조대신의 죽음에 의해 소멸되지 않는다. 이 원인신조차도 '나'가 아니라고 주장하는 이유는, 우리가 그 상태조차 우리에게 낯설다는 것을 알면서 그 안에 존재하기 때문이다. 거기서는 **우리의 존재만이 실재하며**, 거기서 우리가 취하는 그 **형상**[어둠 혹은 무지]**은 우리일 수 없다.** 생시 상태의 조대신은 비록 '나'처럼 보이기는 하지만 우리가 그것을 '나는 이 몸이 아니다'라고 배척했고, 같은 이유로 꿈 상태의 미세신도 '나가 아닌 것'으로 배척했듯이, 이제 깊은 잠의 이 원인신[어둠 혹은 무지]도 '나가

---

35) 잠 속에서도 여전히 존재하는 하나의 원인신이 있고, 잠의 어둠 그 자체가 그것의 형상이라고 여기서 말하는 이유는, 우리가 현재 하고 있는 면밀한 조사가 앞의 각주 21)에서 "당분간은 잠이 하나의 결함 있는 중간 상태라는 보통 사람들의 가정에 기초해 논의를 진행해 보자"고 한 데 따라서 이루어지기 때문이다. 물론 85-89쪽에서는 스리 바가반의 체험에 따라, 깊은 잠 속에서는 몸과 세계가 전혀 어떤 형상도 갖지 않는다고 설명했다.

아닌 것'으로 배척하자. 왜냐하면 그것은 우리에게 오고 가는 하나의 형상일 뿐이기 때문이다. 그러므로 이 세 가지 몸 모두를 '내가 아니다, 내가 아니다'로 확고히 제거하고 나서 남아 있는 그 **지**知, 우리의 존재(sat)에 대한 의식(chit)이**야말로 '나'이다**.

우리는 이 세 가지 몸을 제거할 수 있는가? **분명히 그럴 수 있다**. 왜냐하면 그것들은 우리의 껍질일 뿐이며, 우리에게 외부적인 것이기 때문이다. 우리에게 외부적인 것으로부터는 우리가 자신을 분리할 수 있다. 그것은 우리의 능력 범위 내에 있다. 이와 같이 우리에게 외부적인 이 껍질들에서 우리 자신을 분리할 때에만 우리는 자신의 참된 성품을 알게 될 것이다. 우리가 이미 확립한 진리, 즉 **우리의 참된 성품 그 자체가 행복**이라는 진리에 따르면, 우리의 참된 성품을 아는 것 자체가 완전한 행복의 체험이다. 그래서 진아지의 체험(atma-swarupanubhava)은 **바로 행복의 정점**이다. 그것이 바로 모든 살아 있는 존재들이 알게든 모르게든 무수한 노력을 통해 찾고 있는 궁극의 목표인 것이다. '나는 누구인가?' 하는 탐구를 통해서 **완전한 행복**(ananda)**으로서의 우리의 실재**(sat)**에 대한 지**知(chit)를 성취하는 것이 인류의 지고한 목표이다. 우리가 항상 이 존재-의식-지복(sat-chit-ananda)임에도 불구하고, 그러한 껍질들을 우리 자신으로 상상하여 우리 자신을 은폐하는 과오가 모든 불행의 유일한 원인이다.

제5장
'나는 누구인가?' 하는 탐구와 네 가지 요가

　이처럼 우리에게 외부적이고 낯선 그런 껍질들에서 우리 자신을 분리하는 이 과정 자체를 경전에서는 '**요가**'라고 묘사하고 있다. 다만 엄밀한 의미에서 '요가'라는 단어는 단순히 '**결합**'을 뜻할 뿐이며, 앞에서 한 분석을 통해 우리는 이 과정을 '**분리**' 과정으로 부르게 되었다. 그러나 사실상 이 두 가지[분리와 결합]는 똑같은 하나이다! 행복에 이르는 바가반 라마나의 길에서 지금까지 우리가 '우리 아닌 것으로부터의 분리'로 묘사한 것은, 지금까지 우리들 사이에서 널리 받아들여져 온 모든 경전에서 '신과의 결합'이라고 일컫는 것과 동일하다. 그렇다면 이 두 가지 모순적인 단어를 사용하는 이유는 무엇인가? 세계의 큰 스승(*Loka Maha Guru*) 스리 라마나가 '나'라는 단어에 대해 우리에게 제시하는 기본적인 의미는 우리의 참된 본래적 의식, 곧 진아인 반면, 지금까지 경전들이 '나'라는 단어에 대해 부여해 온 기본적인 의미는 '나는 이 몸이다'라는 의식[개아 관념]이다.
　하나의 예를 들어 이 점을 분명히 해 보자. 어떤 사람이 "나는 띠루반나말라이에 왔다"고 말하고, 다른 사람이 "나는 띠루반나말라이에 가보았다"고 말한다고 하면, 둘 다 띠루반나말라이에 당도했다는 똑같은 사실을 말하고 있다. 띠루반나말라이에 당도했다는 같은 사건을 '왔다'와 '가 보았다'는 상반되는 단어로 말하는 그들의 방식에서 우리는 무엇을 추론하는가? 첫 번째 사람은 띠루반나말라이에 있지만, 또 한 사람은 띠루반나말라이에 없고 다른 어디에선가 말하고 있는 것이 분명하지 않은가? 그와 마찬가지로 완전한 행복에 이르는 길을 묻는 구도자에게 주어지는 방법은, '나'라는 단어의 기본적 의미로 무엇을 그에게 주느냐 혹은 무엇을 그가 취하느냐에 따라 '분리(viyoga)'나 '결합(yoga)' 중 어느 하나로 묘사될 것이다.

그래서 경전들이 가르쳐 온 요가와 스리 바가반이 가르친 자기탐구 간에는 하나의 차이점이 있다. "나는 이 몸이다, 나는 별개의 한 존재성을 가지고 있다"는 보통 사람들의 그릇된 이해를 (가르침의) 토대로 받아들이는 경전들은 네 가지 요가, 즉 행위 요가(karma yoga), 헌신 요가(bhakti yoga), 라자 요가(raja yoga), 지知 요가(jnana yoga)를 가르친다.

1. "그 결과에 대한 집착 없이 행위하라"고 행위 요가는 말한다.
2. "다른 어떤 것도 사랑하지 말고 신만을 사랑하라"고 헌신 요가는 말한다.
3. "그대는 자신을 신과 분리함으로써 타락하여 하찮은 개아(jiva)가 되었으니, 돌아가 그와 다시 결합하라"고 라자 요가는 말한다.
4. "신을 알라"고 지知 요가는 말한다.

이 네 가지 요가에는 각기 어떤 '나'가 있을 수밖에 없다. 집착 없이 행위하는 '나', 신을 사랑하는 '나', 그 자신을 신과 분리했다가 이제 다시 돌아가서 그와 결합해야 하는 '나', 그리고 신을 너무나 까마득히 모르고 있다가 이제 그를 알려고 노력하는 '나'이다. 이처럼 이 네 가지 요가 모두에서 "**나는 이것이다**"나 "**나는 이러이러한 사람이다**"라는 형태의 어떤 '나'의 개별적 존재가 필수적이다. **이 '나' 없이는 어떤 요가**

도 수행할 수 없다!

그런데 무엇보다도 먼저 "이 나는 누구인가? 그가 실제로 존재하는가? 그가 별개의 존재성을 가지고 있는가? 그는 실재하는가?"를 알아낼 필요가 있지 않은가? 네 가지 요가를 통해 대망의 신 지위에 도달하려고 하면서 기력을 허비하기보다는, "나는 누구인가? 나의 참된 성품 혹은 존재성은 과연 무엇인가?"를 면밀히 탐색하여 먼저 자기 자신을 아는 것이 더 쉽고, 더 중요하고, 또한 최선일 것이다. 자기 자신에 대한 의심 없는 지知를 얻기 전까지는, 우리가 아무리 신에 대해서 책을 읽거나, 남의 말을 듣거나, 혹은 신의 환영幻影을 보아 신에 대해 알려고 하더라도, 의심과 불행이 거듭거듭 일어날 것이다. 왜냐하면 '나'가 있기 때문이다. 네 가지 요가를 수행해야 하는 이 '나'가 하나의 별개의 개체라는 관념을 우리가 받아들인 뒤에야, 경전은 우리에게 그 요가들에 대한 가르침을 베풀고 있다. 그러나 **바가반 스리 라마나는 우리가 이런 관념을 받아들이는 것을 용납하지 않는다**! "그대의 금고를 열어 그대의 자산을 발견하기 전에는 불필요하게 울면서 '나는 무일푼의 거지야'라고 선언하지 말라." 먼저 그대의 상자를 열어 보라. 그리고 그것을 살펴본 뒤에야 그에 대해 이야기할 수 있다. 그와 마찬가지로, 탐구하여 그대가 실제로 누구인지 알기 전에는, 자신이 하나의 유한하고 하찮은 개아라고 불필요하게 그대 자신을 그릇되게 평가하지 말라. 먼저 탐구를 시작하여 그대 자신을 알고, 그대 자신을 안 다음에 만약 "여전히 무엇[신, 해탈, 행복 등]이 필요하다면, 그때 가서 그것을 살펴봅시다."라고 스리 바가반은 조언한다!

'나는 몸이다'라는 의식이 개아個我(jiva)이다. 바꾸어 말해서 개아의 성품은 '나는 몸이다'라는 그릇된 앎에 지나지 않는다.

지각력 없는 몸은 '나'라고 말할 수 없고, 존재-의식은 일어나거나 스러지지 않지만, 이 둘 사이에서 몸의 한도를 가진 어떤 '나'['나는 몸이다'의 동일시]가 일어난다네. 이것이야말로 의식과 지각력 없는 것 간의 매듭이고, 속박이며, 개아이고, 미세신이고, 에고이고, 이 윤회계이며, 마음임을 알라! ― 「실재사십송」, 제24연

이 '나는 몸이다'라는 의식은 잠이 끝난 뒤에 일어나서, 잠이 들 때까지 존재하면서 활동하다가 다시 잠 속에서 가라앉는다. 몸은 지각력이 없으므로 '나'라는 의식이 없고, 따라서 ('나는 몸이다'로서 일어나는) **이 의식은 몸이라고 할 수 없다**! 그러면 그것이 '나'라는 의식이므로 우리는 그것을 진아라고 부를 수 있는가? 아니, 그럴 수 없다. 왜냐하면 일어나고 저무는 것은 진아의 성품이 아니기 때문이다. 진아의 성품은 일어남과 저묾이 없이 **'내가 있다'**로서 항상 빛나는 존재-의식이다. 그래서 **일어남과 저묾이 있는 '나는 몸이다'라는 이 의식은 진아라고 할 수도 없다**. 그것은 의식인 진아도 아니고, 지각력 없는 몸도 아니다! 그것은 유령 같은 하나의 거짓된 겉모습으로서, 몸의 크기를 자신의 크기로 삼고, 시간과 공간에 의해 한정되며, 몸의 성질[일어나고 저묾]과 진아의 성질['나'-의식으로서 빛남]의 혼합체이지만 그러면서도 그 둘에게 낯선 것이고, 진아와 지각력 없는 몸 사이의 한 매듭(chit-jada-granthi)으로서 일어나는 것이다. 이것이 에고이며, 다른 말로는 속박, 영혼, 미세신, 윤회계(samsara)[세간적 활동 상태], 마음 등으로 불리는 것이다.

이 형상 없고 유령 같은 에고[즉, 그것은 자신의 형상이 없다는 하나의 몸-형상을 붙들면서 생겨난다네! 형상을 붙들어 머무르고, 형상을 붙들고 먹으면서 더 커진다네. 한 형상을 떠나 다른 형상

을 붙들지만, 찾아보면 달아나 버리네. 얼마나 놀라운가! 이와 같이 알아야 하네.　　　　　　　　　—「실재사십송」, 제25연

"에고는 하나의 형상[몸]을 '나'와 동일시함으로써만 생겨날 수 있고, 그 형상을 붙듦으로써만 존재할 수 있습니다. 그것은 (오관을 통해) 형상들을 자신이 먹고살 음식으로 취함으로써 점점 더 커집니다. '나'와 동일시하던 한 형상을 떠나면 또 다른 형상을 '나'로서 붙듭니다! '그것은 무엇인가?' 또는 '나는 누구인가?' 하고 찾아볼 때만 그것은 소멸하고 사라질 것입니다. '나는 몸이다'라는 형상으로 일어나는 이 에고는 이처럼 형상이 없고, 상상적이고, 공허한 유령 같은 겉모습이며, 아무런 실제적 존재성이 없습니다."라고 바가반 스리 라마나는 말한다!

"존재하지 않는 것의 존재성을 전제하고 나서 그 가공적인 '나'의 구원을 얻고 싶다면, 위에서 말한 네 가지 요가의 길을 통해 그렇게 해야 합니다. 여러분의 수행 자체가 그 존재하지 않는 에고를 살아 있게 하는 수단이 되는데, 어떻게 그것을 소멸할 수 있겠습니까? 자기탐구 외의 다른 수행을 하려면 마음[개아]의 존재가 필수적입니다. 마음이 없이 어떻게 그런 수행들을 할 수 있겠습니까? 자기탐구 아닌 어떤 수행으로 에고를 소멸하려고 하는 것은 도둑이 경찰관으로 변장하여 바로 자기 자신인 도둑을 잡으려고 하는 것과 같습니다. 자기탐구만이 에고[마음 혹은 개아]는 어떤 존재성도 없다는 진리를 드러낼 수 있습니다! 그러니 여러분이 아직 면밀한 탐색으로 그것의 진리를 알아내지 못한 이 에고를 받아들이지 마십시오. 그것의 존재성을 무시함으로써 그것을 부인하고, 어떻게 혹은 무엇에서[어디에서] 그것이 일어나는지 주시함으로써 그것을 뿌리 뽑고 불태워 버리십시오! 그러지 않고, 그것이 무엇인지 탐구하여 알아내기도 전에[즉, '나는 누구인가?'를 알아내기 전에] 그것을 하나

의 실체로 받아들인다면, 그 자체가 여러분에게 하나의 족쇄가 되어 실재하지도 않는 많은 장애를 만들어내게 될 것이고, 그런 다음 여러분이 그것을 극복하기 위해 앞서 말한 불필요한 노력을 하도록 만들 것입니다."라고 스리 바가반은 말한다.36)

우리가 먼저 진아 아닌 것을 진아로 받아들이게 되면, 거기서부터 또 다른 어떤 실재와 **결합하기 위해** 노력하는 **어떤 요가**의 필요성이 생겨난다. 이런 식으로 뭔가를 면밀히 탐색해 보기 전에 잘못 받아들이는 것 자체가 무지이다! 그 자체가 속박이다! 그 진리를 제대로 알지 못하는 어떤 것―실은 존재하지 않는 속박―을 먼저 받아들이고 나서 그로 인해 야기되는 불행을 제거하려고 분투하기보다, "그것이 과연 존재하는가? 그것이 무엇인가? 나라고 하는 '그것'은 누구인가?"를 탐구하여 그것을 알아내는 것이 더 현명하고 더 적절하지 않겠는가?

> "업(*karmas*),37) 비헌신(*vibhakti*), 비합일(*viyoga*), 무지(*ajnana*)와 같은 결합들은 누구에게 있는가?"라는 탐구 자체가 행위(*karma*),38) 헌신(*bhakti*), 합일(*yoga*), 지知라네! (어째서 그런가?) 이같이 탐구하면 '나'가 존재하지 않고, (따라서) 이런 결합들도 존재하지 않네. 진리는, 우리가 (결합 없는) 진아로 남아 있다는 것이네.
>
> ―「실재사십송-보유」, 제14연

---

36) 『마하르쉬의 복음』(제2권), 제1장 전체를 참조하라.
37) 이 '업'은 욕업欲業(*kamya karma*), 즉 행위자 의식을 가지고 한 행위를 뜻한다.
38) 이 '행위'는 무욕업無欲業(*nishkamya karma*), 즉 행위자 의식 없이 한 행위를 뜻한다. 스리 바가반은 그 행위를 하는 동안 행위자 의식이 있는 한 무욕업[욕망 없는 행위]은 행할 수 없다고 말하곤 했다. 사람이 그 행위의 결과를 원하든 않든, 그것은 분명히 그에게 그 결실을 안겨줄 것이다. 왜냐하면 그는 하나의 개체, 곧 행위자로 남아 있기 때문이다. 그래서 그것은 무욕업 대신 무위업無爲業(*nishkartritva karma*)[행위자 없는 행위]으로 수정되어야 한다. 그래서 행위의 수행에 있어 실제적인 결함은 행위자 관념이지 어떤 결과에 대한 기대가 아니다.

만일 우리가 "이 네 가지 결함, 즉 무욕업을 행하지 않는 결함, 신을 사랑하지 않는 결함[비헌신], 신과 분리되어 있는 결함[비합일], 신을 모르는 결함[무지]은 누구에게 있는가?" 하고 묻는다면, 그 답변은 "나에게"일 것이다. 그럴 때 "이 나는 누구인가?"라고 탐구하면 그 자체가 참으로 행위 요가, 헌신 요가, 라자 요가, 지知 요가의 네 요가를 하는 것이다. 왜냐하면, 이렇게 우리가 누구인지를 탐구하면 이 결함 있는 '나'가 존재하지 않는다는 것을 발견하기 때문이다. 이렇게 이 '나'가 존재하지 않음을 발견할 때, 이 네 가지 결함도 결코 존재한 적이 없음을 발견할 것이다. 그럴 때 우리의 진정한 체험은, 우리가 결함 없는 진아로서만 항상 빛나고 있다는 것이다.

'나는 누구인가?' 하는 탐구로써 이 상태를 성취할 때, 네 가지 요가 수행을 할 자가 누가 남아 있겠으며, 왜 그렇게 하겠는가? 그래서 **'나는 누구인가?' 하는 탐구가 모든 요가의 정수이다**. 그것이 **마하 요가**(Maha Yoga),[39] 곧 모든 요가 중에서 가장 위대한 요가이다.

바가반 스리 라마나는 '나는 누구인가?' 하는 가르침을 시작하면서, 참된 존재(sat bhava)의 상태인 진아를 우리의 기본적 앎으로 간주한다. 따라서 당신은 존재하지 않는 에고, 곧 개인성의 느낌(jiva bhava)을 우리가 받아들이는 것을 전혀 용납하지 않는다. 그러나 다른 길들, 즉 요가에서는 우리가 면밀한 사전 탐색 없이 받아들여 온 거짓 존재[40]인 개인성의 느낌을 우리의 기본적 앎으로 간주하고 가르침을 준다. 그래서 경전에서 그 과정을 일러 '합일(yoga)'이라고 하는 것이다. 그렇다면 어떤 이들은 이렇게 의심할지 모른다. "모든 베단타 경전이 잘못되었고,

---

39) 자기탐구는 요가가 아니지만 '마하 요가'라고 불려 왔다. 왜냐하면 요가란 결코 존재한 적이 없다는 앎을 그것이 드러내 주기 때문이다. 그러나 '마하 요가'라는 말을 쓴다고 해서, 교정이 필요한 어떤 '큰 요가'가 존재한다는 의미로 생각해서는 안 된다.
40) 103-105쪽의 소년과 유령 이야기를 보라.

구도자들을 속여 왔단 말인가? 경전 말씀이 거짓일 리가 있나? 아니면 우리는 바가반 스리 라마나가 경전을 비난했다고 결론지어야 하나?"

아니, 그렇지 않다. **경전이 거짓말을 하는 것도 아니고, 바가반 스리 라마나가 경전을 비난하는 것도 아니다!** 사실은 이러하다. 즉, 세월이 가면서 경전들의 생명이라고 할 절대적 진리가, 문자적 의미만 터득했지 경전의 참뜻을 이해하지 못한 한갓 책벌레들의 그릇된 설명 때문에 마치 생기가 없는 것처럼 된 것이다. **경전의 참뜻은 진인들**(Jnanis), **즉 실재에 대한 직접 체험을 가졌고, 그 안에서 사는 사람들에게서만 배울 수 있다. 그 누구든 언어에 통달했거나 지성이 예리하고 뛰어난 것만으로는 어느 한 경전 이면의 참된 정신도 이해할 수 없다.** 우리는 두 가지 예로써 이 점을 분명히 할 수 있다.

첫째로, '그대가 그것이다(tat twam asi)'라는 큰 말씀(mahavakya)을 예로 들어 보자. 구도자가 이 같은 신성하고 의미심장한 말씀을 듣는 즉시 무엇을 해야 하는가에 대한 스리 바가반의 판정과 학식 있는 빤디뜨들(pandits)의 판정 간의 차이에 우리는 주목해야 한다. 경전에 통달하여 그들의 특수한 해석을 가지고 재가자들에게 강의하는 이 학자들은 '그대가 그것이다', '나는 브라만이다(aham brahmasmi)', '내가 그다(soham)'와 같은 큰 말씀들의 염송(japa)을 하기 시작하거나, 아니면 '나는 브라만이다'라고 생각하기[명상하기] 시작한다. 그들은 또한 남들에게도 같은 방법으로 염송을 하거나 명상(dhyana)을 하라고 가르친다. 앞서 '나는 사람이다, 혹은 개이다'라고 하던 생각 대신, 그들은 이제 '나는 브라만이다'라는 생각을 갖는다. 이것은 한 생각을 다른 생각으로 대체하는 것에 불과하다! 그것은 진아안주(nishtha)의 무념 상태가 아니다! 이와 같이 큰 말씀들을 듣는 즉시 해야 할 올바른 수행이 무엇인지 모른 채 그에 대한 염송이나 명상을 하게 된다. 그러나 그런 그릇된 수행은 설사 그것을 여러 해 동안 계속해서 한다 해도 결코 진지眞知의 체험을 안겨주지 않을 것이며, 그럴 수도 없다. 그것을 아신 스리 바가반은 이와 같은 가르침으로 즉시 그 구도자를 올바른 길 위에 올려놓는다.

> 경전에서 "그대가 곧 지고자라고 불리는 그것이다"라고 선언하므로, 그리고 그것 자체가 늘 진아로서 빛나므로, "나는 무엇인가?" 하는 탐구를 통해 자기 자신을 알고 진아로서 안주하지 않고, "나는 그것이지, 이것[몸 따위]이 아니다"라고 명상하는 것은 실로 (마음의) 힘이 부족하기 때문이네. ―「실재사십송」, 제32연

경전에서 "그대가 그것이다"라고 선언하자마자 구도자의 즉각적인 반응은 자신의 주의를 진아 쪽으로 돌려 '나는 무엇인가? 나는 누구인가?' 하는 것이어야 한다. 그것은 구도자에게 '나는 이 몸이 아니다, 나는 저 브라만이다'를 명상하라고 한 것이 아니다. 경전에서 "그대가 그것이다"라고 말하는 목적은 구도자로 하여금 주의를 진아 쪽으로 돌려서 '나는 누구인가?'를 하라는 것이다. 반면에 '나는 그것이다', '내가 그다', '나는 브라만이다' 같은 큰 말씀을 염송과 명상으로 바꾸어 놓으면 경전들의 목적 자체가 무산될 뿐 아니라, 구도자들은 경전에서 응당 얻었어야 할 적절한 이익을 스스로 박탈하는 것이다. 그렇지 않은가? 스리 바가반이 구도자를 곧바로 자기주시(Self-attention)로 데려갈 때, 당신은 경전들의 목적을 참으로 성취하면서 경전들에 다시 활력을 불어넣는 것 아닌가? 그렇다면 당신이 경전과 모순된다고 말할 수 있겠는가? 분명코 그럴 수 없다. 여기 이 점을 잘 보여주는 적절한 이야기가 하나 있다.

어느 날 저녁 한 소년이 아버지와 함께 산책을 나갔다. 어스름이 막 깔리기 시작한 상태에서 소년은 가지와 잎들이 잘려나간 나무 둥치를

하나 보았다. 소년은 겁에 질려 외쳤다. "아버지! 저기 보세요, 유령이에요!" 아버지는 그것이 나무 둥치에 지나지 않는다는 것을 알고 있었지만 소년을 이렇게 안심시켰다. "아, 저 유령! 저건 너에게 아무 해도 끼칠 수 없어. 내가 여기 있고 저걸 살펴볼 테니 안심해라." 그렇게 말하면서 그는 소년을 다른 데로 데려갔다. 용기를 북돋우는 아버지의 말을 들은 소년은, 그 의미가 '아버지는 저 유령보다 힘이 세니까 그것이 나에게 해를 끼치지 못한다고 말씀하시는 거다'라고 생각했다. 소년의 이런 결론은 저 빤디뜨들이 요가 경전과 베단타 경전들의 의미를 오해하는 것과 비슷하다.

다음날 저녁, 자기 선생님과 함께 같은 길로 산책을 가던 소년이 외쳤다. "선생님, 보세요! 저기 유령이 있어요. 우리가 어제도 보았어요." 선생님은 소년의 무지를 딱하게 여기며 말했다. "저건 유령이 아니란다." 그러나 소년은 우겼다. "아니에요, 선생님, 아버지도 어제 보시고는, 아버지가 그것을 살펴볼 것이기 때문에 그것이 저에게 아무 해도 끼치지 못할 거라고 하셨어요. 그런데 선생님은 그것이 전혀 유령이 아니라고 하시네요." 선생님이 그렇게 쉽게 양보하겠는가? 그는 말했다. "가까이 가서 직접 살펴보아라. 내가 플래시를 비춰주마. 만약 유령이라면 나도 살펴보마."

경전들은 이 이야기에 나오는 아버지의 말과 같다. 아버지도 그것이 유령이 아니라는 것을 잘 알고 있었다. 그와 마찬가지로, 이런 경전들을 베푼 위대한 진인들도 에고, 몸 혹은 세계 같은 것은 어느 것도 아예 생겨난 적이 없다는 절대적 진리를 잘 알고 있었다. 아버지는 아들이 그때 너무 겁을 먹은 상태여서 더 자세히 살펴볼 엄두를 내지 못할 것을 알고, 자신도 아들이 상상하는 가짜 유령의 존재를 받아들이는 것처럼 이야기한 것이다. 그와 같이 말하기는 했으나 거짓말을 한 것은 아니었다. 그는 아들의 공포심을 얼른 덜어주기 위해 "저 유령은 너에게 어떤 해도 끼치지 못한다"고 말했다. 그것은 실로 진실이었다! 그러나 다음날 선생님이 소년에게 한 말은 절대적 진실이었다. 그것이 유령이 아니라는 선생님의 말은 아버지의 말과 모순되는 것처럼 보이지만, 그것은 사실 유령이 소년에게 아무 해도 끼칠 수 없다고 한 아버지의 말이 목적한 바를 더 뒷받침해 주지 않는가? 결국 그것이 나무 둥치에 불과하다는 것을 소년이 직접 보게 만들었으니 말이다. 이처럼 선생님의 말은 아버지의 목적을 성취시켜 주면서 아버지의 말에 새로운 생명을 불어넣지 않는가? 만약 소년이 이렇게 이해하지 않고 '선생님이 아버지를 비난했다'거나 '아버지의 말씀은 순전한 거짓말이었다'고 결론짓는다면 그것은 완전히 잘못된 것이다. 그와 마찬가지로, **스리 바가반은 경전을 비난하지도 않았고 경전이 거짓이라고 하지도 않았다. 경전들도 비진실을 말한 것이 아니다.** 만약 어떤 독자가 스리 바가반에 대해 이런 그릇된 결론에 이른다면, 그는 이 이야기의 소년만큼이나 잘못된 셈이 될 것이다.

둘째로, 타밀어로 된 표준적인 비이원론적 저작인 『해탈정수(*Kaivalya Navanitham*)』(제1편, 제103-104절)에서는 이렇게 말한다. "진인에게는 미래생에 열매를 맺을 누적된 과거업의 열매(누적업, *sanchita karma*)가 지知의 불에 의해 타 버린다. 그가 금생에 한 행위들의 좋은 열매와 나쁜 열매(미래업, *agamya karma*)는 그를 찬양하는 사람들과 그를 비방하는 사람들[생각, 말, 행위를 통해 그에게 이로움을 주거나 해로움을 주는 사람들]이 각기 가져가서 없어진다. 그리고 남아 있는 세 번째 업, 곧 과거의 행위 중 현생에 열매를 맺는 것(발현업, *prarabdha karma*)만 그의 몸이 존속하는 동안 그가 경험하게 되고, 그의 몸이 죽으면서 끝이 날 것이다." 그러나 스리 바가반은 이렇게 판정한다.

누적업累積業(sanchita)과 미래업未來業(agamya)은 진인에게 붙지 않지만 발현업發現業(prarabdha)은 남는다고 말하는 것은, 남들의 질문에 대한 (피상적인) 답변일 뿐이네. 남편이 죽으면 과부가 되지 않는 아내들이 없듯이, 행위자[에고]가 죽으면 세 가지 업 모두 소멸된다네. 이와 같이 알아야 하네! ― 「실재사십송-보유」, 제33연

스리 바가반은 진인에게 발현업이 남는다는 지知 경전(jnana sastras)의 말은 "남들의 질문에 대한 답변일 뿐"이라고 지적하고 있다. 그러면 스리 바가반은 누구를 '남들'이라고 지칭하는가? "진지(jnana) 그 자체가 진인(jnani)이며, 그는 인간 형상이 아니"41)라는 것을 이해하지 못하고, 진인을 몸을 가진 사람으로―하나의 몸 형상으로, 즉 한 개인으로―보는 무지한 사람들[위 이야기의 소년과 같이 미혹의 상태에 빠져 있는 사람들]을 지칭한 것일 뿐이다! 그런 사람들은 "진인은 어떻게 걷는가, 진인은 어떻게 이야기하는가, 진인은 어떻게 일하는가?" 등등을 거듭거듭 물을 것이다. 진인이 '나는 몸이다'의 동일시가 없는 삶을 영위하는 것이 도대체 어떻게 가능한지는, 그들로서는 이해할 수 없는 새로운 그 무엇이다. 그래서 스리 바가반은 이런 사람들을 '남들'이라고 지칭하면서, 그들에게는 그런 답변밖에 줄 수 없다고 설명한다. 그러나 최종적 진리를 있는 그대로 알 용기를 가지고 당신을 찾아온 성숙한 구도자들에게는 (왜냐하면 그들만이 참으로 당신의 제자들이므로), 스리 바가반이 위 연의 후반부에서 "남편이 죽으면 과부가 되지 않는 아내들이 없듯이, 행위자가 죽으면 세 가지 업 모두 소멸된다네. 이와 같이 알아야 하네!"라고 하여, 아무것도 숨김 없이 진리를 그대로 드러낸다. 아내가 셋인 어떤

---

41) 제1부 부록 2(b), 「누가 진인인가?」, 제10연 참조.

사람이 죽으면 세 아내 모두 과부가 될 것이고, 어느 한 사람도 빠지지 않을 것이다. 그와 마찬가지로, 행위를 한 자[행위자 의식(kartritva)]가 참된 지知 안에서 죽는 순간 세 가지 업의 열매가 모두 끝이 난다. 왜냐하면 그것을 경험하는 자[경험자 의식(bhoktriva)[42]]가 더 이상 살아 있지 않기 때문이다. 그렇다면 어떻게 스리 바가반이 『해탈정수』를 비판했거나 그것과 모순된다고 말할 수 있겠는가? 스리 바가반의 말씀은 확실히 비난이 아니다. 왜냐하면 위 연의 전반부에서 당신은 『해탈정수』에서 그렇게 말한 이유를 분명하게 설명하고 있기 때문이다!

하나의 **지고자**(para vastu)가 여러 베다-리쉬(Veda-rishis)의 형상을 취하여, 사람들의 발전 정도와 그 시대 사람들의 힘과 이해력에 맞추어 세상 사람들에게 경전을 베푼 것이다. 이후 그 **지고자**는 여러 지知-스승(Jnana-Gurus)의 형상으로 나타나, 그 시대 사람들의 지적 발전 정도에 맞는 많은 새로운 방법을 통해서, 이미 경전을 통해 드러냈음에도 그것을 제대로 이해하지 못한 비뚤어진 지성을 가진 사람들에 의해 왜곡되고 생기를 잃은 그 자신의 진리를 분명히 한다. (이러한 맥락에서 독자들은 『바가바드 기타』, 제4장 제1~3절을 참조하기 바란다.)

"이성은 모순되는 것이 아니라 완성시킨다. 어떤 성인도 일찍이 모순된 적이 없다." 예수 그리스도도 같은 의미로, "나는 파괴하기 위해서가 아니라 완성시키기 위해서 왔다"['산상수훈' 중에서]고 말했다!

경전의 모든 우회로들을 피해 구도자들에게 직접적이고 쉬운 길을 보여주는 바가반 스리 라마나의 혁명적인 가르침은, 다음과 같은 빤디뜨들의 눈에만 비난으로 보일 것이다. 즉, 경전의 방대한 숲의 어둠에 끌려 거기에 미혹되고, 자신의 공부에서 한 번도 이익을 얻어 보지 못하

---

42) 행위자 의식, 즉 '내가 행위자다' 하는 느낌과 경험자 의식, 즉 '내가 경험자다' 하는 느낌은 똑같은 하나이다. 더 상세한 설명은 본서 제2부의 제3장과 부록 2를 보라.

고 한갓 경전 광신주의에 빠져 있으며, 또한 자신의 학식을 이용하여 강단에서 지적인 곡예 솜씨만 과시하고, 경전에 대해 허풍스런 문체로 주석들을 써서 이름과 명성을 얻으려 드는 이들 말이다. 그러나 경전에서 실질적 이익을 얻고 싶어 하는 진지한 구도자들은 바가반 스리 라마나의 가르침을, 경전들에 새로운 생명력과 신선한 영광을 부여하면서 경전들의 왕관을 장식하는 정수리 보석으로 여길 것이다!

바가반 스리 라마나의 교수 방식과 경전들의 그것 사이의 차이점은, 그들의 가르침을 따를 토대로서 우리에게 주어지는 근본적인 소견에 있다. 그래서 수행을 하고 있던 구도자들이 경전에서 무엇을 배울 때마다 스리 바가반에게 그들이 진정한 따빠스(*tapas*)라고 생각하는 자신의 수행에 대해 질문했고, 스리 바가반은 그들이 경전에서 얻는 근본적 소견을 바꿔놓으려는 의도만 가지고 답변했다! 예리하고 명석한 지성을 가진 성숙된 제자들은 이 참스승(*Sadguru*)의 의도를 즉시 이해했고, '나는 몸이다'라는 자신들의 그릇된 소견에 대한 탐색에 몰두했다. 그리하여 그들은 치열하게 고요해졌다. 왜냐하면 그들은 따빠스라는 이름으로 해오던 수행에 더 이상 노력을 쏟지 않았고, 그 수행에 대한 의문을 해소하기 위해 질문하기를 그쳤기 때문이다. 이 고요함은 실로 우리가 스리 바가반의 친존에 새로 들어온 많은 구도자들의 체험이라고 이야기 듣는 그 평안이었다. 그러나 이 고요함을 이용하여 내면으로 깊이 뛰어들어 더욱 더 치열하게 진아를 주시하는 진지한 구도자들만이 영원한 평안을 자신의 것으로 만들었다. 스리 바가반의 의도가 그들의 근본적 소견을 바꿔놓기 위한 것임을 이해하지 못한 사람들은, '나는 몸이다'라는 그들의 그릇된 소견을 지지해 주는, 자신들이 경전에서 배운 관념들에 대한 의문을 해소하기 위해 거듭 같은 질문을 하는 것이었다. 스리 바가반조차도 당신의 길로 오지 못하는 사람들의 당혹감을 보고 그들을 딱하게 여겨,43) 어떤 때는 마치 당신도 경전과 같이 '나는 몸이다' 하는 거짓된 의식을 (가르침의) 토대로 받아들이는 것처럼 경전의 용어를 가지고 그들의 의문에 답변하기도 했다. 따라서 **그런 답변들은 결코 스리 바가반의 직접적인 가르침이 될 수 없다!** 스리 바가반이 묵언을 그만두고 헌신자들과 대화를 나눈다는 것을 사람들이 알게 된 초기부터 당신이 생을 마감할 때까지 당신이 헌신자들과 나눈 대화들을 기록한 산문체와 운문체의 여러 책들(예컨대『스리 라마나 기타』,『라마나 마하르쉬와의 대담』,『바가반과 함께 한 나날』,『마하르쉬의 복음』등)을 우리가 주의 깊게 공부해 보았다면, 왜 사람들이 그런 질문을 했고, 왜 스리 바가반이 그런 답변을 했는지가 이제 분명하게 이해될 것이다.

경전에서 묘사하는 '나는 몸이다'라는 근본적 소견(*jiva bhava*)에 기초한 따빠스와 스리 바가반이 당신의 가르침인 '나는 누구인가?'에서 권장하는 순수한 존재의 근본적 소견(*sat bhava*)에 기초한 따빠스 간의 차이점을 분명하게 보여줄 한 사건을 살펴보자. 스리 바가반의 헌신자들 가운데 으뜸가는 산스크리트 시인이었고 최소한의 음식으로 살아가는 따빠스에 능했던 까비야깐타 가나빠띠 샤스뜨리가 한번은 스리 바가반께 이렇게 말했다. "우리가 살아가는 데는 한 달에 3루피만 있으면 충분한 것 같습니다." 스리 바가반의 응수가 곧바로 나왔다. "우리가 살아가는 데는 몸조차 필요 없는데, 3루피는 왜 필요합니까?" 우리는 이 대화의 저변에 함축된 의미를 분명히 이해해야 한다. 가나빠띠 샤스뜨리가 "우리가 살아가는 데는"이라고 했을 때 그것은 몸뚱이가 살아간다는 의미로 말한 것일 뿐이었다. 따라서 그의 근본적 소견은 '몸이 나다'라는 것이었음이 분명하다. 스리 바가반이 "우리가 살아가는 데는"이라고 되받

---

43) 이것은 106쪽에 인용된「실재사십송-보유」제33연에서 '남들'로 지칭된 사람들이다.

앉을 때, 그것은 '진아가 살아가는 데는'의 의미로 말한 것이었다. 따라서 당신의 근본적 소견은 다섯 껍질이 없는 순수한 의식이 '나'라는 것이었음이 분명하다. 이 대화에서 독자들은 그들이 각기 자기 존재에 대한 앎으로써 무엇을 체험하고 있었는지 분명하게 알 수 있지 않은가?

이것으로 볼 때, 스리 바가반 자신이 늘 모든 상황에서 당신의 참된 상태인 진아의식(Self-consciousness) 안에 흔들림 없이 머무르고 있었을 뿐 아니라, 당신에게 전적으로 의지하던 헌신자들에게도 '나는 몸이다'라는 그릇된 동일시가 일어날 여지를 조금도 주지 말라고 가르쳤음이 분명하지 않은가? 그래서 스리 바가반의 가르침은 혁명적 성격을 지닌 그 나름의 특별한 위대함을 가지고 있으며, 이제까지 우리가 참되고, 독특하고, 명료하고, 합리적인 것으로 여기고 따르던 다양한 수행법들보다 더 빼어나다!

그러나 우리들 중 일부는 신심(信心)44)의 부족으로 인해 종종 다음과 같은 반론을 제기한다. "요가적 행법에 의해 마음이 먼저 성숙되어 힘을 얻지 않으면 그것이 자기탐구를 하기에 적합하겠는가? 그것은 생각의 파도로서 헤매지 않겠는가?" 그러나 실은 그렇지 않다! 이 점에 관해 스리 바가반은 당신의 산문체 저작인 「나는 누구인가?」에서 분명한 지침을 제시하고 있다. 거기서 당신은 이렇게 설명한다. "만일 다른 생각들이 일어나면 그것들이 누구에게 일어나는지 보라. '나에게'가 그 답일 것이다(즉, 이 '나'가 그대에게 '나'-의식을 상기시켜 줄 것이다). 그러면 마음은 즉시 자기주시, 곧 '나는 누구인가?'에로 돌아갈 수 있다. **거듭거듭 이렇게 수행하면 마음이 자신의 근원에 머무르는 힘이 증가한다.**"

다른 수행에서 마음이 얻는 힘은 마음이 **그 근원에 머무르는 데 필**

---

44) 신심(sraddha)은 믿음뿐만 아니라, 가르침을 실천에 옮기기 위해 꾸준히 노력하려는 열의와 확신까지도 의미한다.

요한 그런 힘이 아니다! 신성한 명호의 염송(*japa*), 명상(*dhyana*), (라자 요가에서 말하는) 여섯 차크라(*shadchakras*) 중 어느 하나에 대한 집중, 신성한 빛(*jyoti*)이나 소리(*nada*)에 대한 집중—이 모든 행법에서 마음은 어떤 낯선 대상[2인칭이나 3인칭]에 주의를 기울이게 될 뿐이다. 앞에서 말한 낯선 대상들 중 어느 하나를 붙잡도록 훈련하여 마음이 얻는 힘은 진아지를 알기에 유리한 진정한 마음의 힘이 아니다. 그것은 불리한 힘이므로 마음의 '힘'이라고 부르기보다는 '**힘의 부족**(*uran inmai*)'45)이라고 부르는 것이 더 적절할 것이다! 어떤 사람이 소를 한 마리 사서 여러 가지 이유로 그것을 다른 사람의 외양간에 여러 날 동안 매어 둔다고 가정해 보자. 어느 날 주인이, 습관의 힘(*abhyasa bala*)을 통해 이전의 환경에 익숙해져 버린 그 소를 자기 외양간으로 끌고 가려고 하면, 소가 자기 집에 와서 가만히 있겠는가? 아니, 먼저 있던 외양간으로 도로 달아날 것이다. 그래서 영리한 농부라면 새로 산 소를 자기 외양간에만 매어 두어 소가 그곳에 머무르도록 길들일 것이다. 그와 마찬가지로, (진아 아닌) 2인칭과 3인칭 대상에 집중하여 마음의 힘을 기른 구도자들은 애를 써도 자기주시—자기 자신이 존재함을 알기—가 무엇인지, 그리고 자기 자신이 존재한다는 느낌을 어떻게 표적으로 삼는지 이해하는 것조차 어렵다고 느낀다! "먼저 다른 수행으로 마음을 훈련하여 마음의 힘을 얻고 나서 자기탐구를 하겠다"는 말을 흔히 하지만, 다른 수행으로 장기간에 걸쳐 마음을 훈련해 본 사람이면 누구나 경험하다시피, 그런 마음은 다른 어떤 수행도 해 보지 않은 보통의 마음보다도 오히려 진아 쪽으로 향하는 힘이 더 약하다.

가나빠띠 무니로 유명한, 스리 바가반의 중요한 제자들 중 한 사람으

---

45) 이것은 스리 바가반이 「실재사십송」, 제32연에서 쓴 타밀 원문의 어구이다.

로 간주되는 스리 가나빠띠 샤스뜨리의 경험을 예로 들어 보자. 염송에서는 그를 능가할 사람이 없었다. 그는 수천만 번의 염송을 했던 사람이었다. 심지어 그의 제자들도 그를 '진언의 신(Mantreswara)'으로 불렀고, 그 역시 『스리 라마나 기타』(제18장, 제15연)에서 자신을 그렇게 부르고 있다. 그는 또한 아수까비뜨왐(asukavitvam)[어떤 주제에 대해서도 즉흥시를 지을 수 있는 능력], 사따바다남(satavadhanam)[동시에 백 가지 사물에 주의를 기울일 수 있는 능력] 같은 놀라운 마음의 힘들을 계발한 사람이었다. 하지만 그는 종종 "나는 인드라 천天에 가서 인드라(천신들의 왕)가 무엇을 하고 있는지도 말할 수 있지만, 내면으로 들어가서 '나'의 근원을 찾지는 못하겠다"고 말했다. 스리 바가반 자신도 몇 번이나 이렇게 말씀하셨다.46) "나야나(Nayana)[가나빠띠 무니]는 곧잘 이렇게 말했지요. '나는 마음을 앞으로 나아가게 하기는 쉬워도 그것을 뒤로 물러나게, 즉 내면으로 향하게 하기는 불가능하다. 앞쪽으로는[즉, 2인칭과 3인칭들 쪽으로는] 어떤 거리도 어떤 속도로도 나아갈 수 있지만, 뒤로는[즉, 1인칭 쪽으로는] 한 걸음도 물러나기가 어렵다'고 말입니다."

여기서 우리는 무엇을 추론할 수 있는가? 염송의 결과에 대한 미세한 점들은 실제로 그것을 최대한의 열의와 진지함으로 수행하는 사람들만 분명히 이해할 것이고, 단순히 "염송을 하면 우리가 자기탐구를 하는 데 도움이 된다"고 주장하는 사람들은 그렇지 못할 것이다. 스리 가나빠띠 무니는 오랜 세월 동안 염송 수행에 몰입했고, 거기서 최고의 체험을 한 사람이었다. 그러니 그의 경험은 우리가 위에서 말한 것이 옳음을 분명히 증명해 주지 않는가?

이와 관련하여 어떤 사람이 묻는다. "사실이 그렇다면 왜 스리 바가

---

46) 예컨대 『라마나 마하르쉬와의 대담』, 대담 362번, 세 번째 답변과, 『바가반과 함께 한 나날』, 1946년 5월 9일자, 둘째 문단을 보라.

반은 「나는 누구인가?」에서, '신의 형상에 대한 명상이나 진언의 염송의 의해 생각은 더욱 더 가라앉고, 이렇게 하여 일념집중과 힘을 얻은 마음은 자기탐구를 쉽게 성취할 것이다'라고 말씀했는가? 그러니 염송이나 명상을 하는 사람들은 자기탐구를 하기가 더 쉽지 않겠는가?"

우리는 「나는 누구인가?」라는 저작에서 실제로 말하고자 한 바를 깊이 탐색해 보아야 한다. 늘 헤매는 마음은 무수한 생각들로 확산되기 때문에 하나하나의 생각은 힘이 극히 약해진다. 가만히 있지 못하는 코끼리의 코에 쇠사슬을 하나 쥐어주면 코끼리가 그것만 꽉 붙들게 되어 코로 다른 장난을 치지 못하듯이, 마음을 신의 이름이나 형상들 중 어느 하나를 붙들도록 훈련하면 그 마음은 일념집중을 얻을 것이다. 즉, 한 가지만 꽉 붙드는 힘을 얻을 것이다. 이런 식으로 하면 마음이 많은 생각들로 분화하는 성질을 잃게 된다.

마음이 진아안주를 이루지 못하게 방해물 역할을 하는 두 가지 장애가 있으며, 따라서 마음이 그것을 극복하기 위해서는 두 가지 마음의 힘이 필수적이다. 첫 번째 힘은 마음이 감각 대상들 쪽으로 향하는 습(대상습, *vishaya-vasanas*)의 힘을 통해 무수한 생각들로 분화되지 못하게 하는 데 필요한 힘이다. 두 번째 힘은 마음[주의력]을 1인칭, 곧 자기를 향하도록 이끄는 데 필요한 힘, 즉 실제로 진아에 주의를 기울이는 힘이다. 염송이나 명상과 같은 수행으로는 첫 번째 장애, 즉 감각 대상을 향하는 습에서 벗어나는 힘을 얻을 뿐이다. **그러나 처음부터 자기주시를 닦는 마음에게는 필요한 두 가지 힘 모두가 자연스럽게 계발된다.** 염송과 명상을 통해 마음이 많은 생각들로 분화되어 약해지지 않는 힘을 성취하기는 하나, 그것은 여전히 2인칭에만 머무르고 있다. 이처럼 염송이나 명상의 수행은 마음이 이런 저런 2인칭만 큰 집착을 가지고 붙드는 힘을 계발해 준다. 이렇게 하여 두 번째 큰 장애, 즉 마음을 2

인칭에서 1인칭으로 향하지 못하게 하는 습이 자신도 모르는 사이에 증가한다. 따라서 그런 마음이 진아 쪽으로 향하려고 할 때는 그것이 매우 어려운 일임을 알게 될 것이다. 이것이 스리 가나빠띠 무니의 개인적 경험에서 우리가 배워야 할 진리이다. 이제 염송, 명상과 같은 수행으로 마음의 일념집중력을 얻는 것이 자기주시에는 어떻게 큰 장애가 되는지를 하나의 비유로써 설명해 보자.

어떤 사람이 자전거로 띠루반나말라이에서 출발해 북쪽으로 50마일(80킬로미터)쯤 떨어진 벨로르까지 가기로 결심했지만 자전거 타는 법을 모른다고 하자. 만일 그가 띠루반나말라이에서 남쪽으로 20마일쯤 떨어진 띠루꼬일루르까지 도로를 따라가며 자전거 타는 연습을 한다면, 여러 시간이 지난 뒤에는 자전거 타는 법을 익힌 상태일 것이다. 그러나 이제 그는 띠루반나말라이에서 남쪽으로 20마일, 즉 자신의 목적지인 벨로르에서는 70마일이나 떨어진 곳까지 와 있다. 그러니 이제 벨로르에 당도하려면 훨씬 많은 노력을 하고 훨씬 많은 시간을 허비해야 하지 않겠는가? 그러지 않고 처음부터 벨로르로 가는 길을 따라가며 자전거 타는 연습을 했다면, 같은 시간이 지난 뒤에는 벨로르에 20마일이나 더 가까이 가 있었을 것이다. 게다가 그 무렵에는 자전거 타는 기술을 익힌 상태이므로 나머지 30마일은 쉽게 완주하고 불필요한 시간과 노력의 소모 없이 목적지에 당도하게 될 것이다.

우리가 염송과 명상을 수행할 때도 위의 사람이 띠루꼬일루르로 가는 도로를 따라가며 자전거 타기를 연습할 때와 비슷한 일이 일어난다. 염송과 명상을 통해 얻는 힘은 반대 방향으로, 즉 2인칭 쪽으로 계발되는데, 그것은 우리를 자기주시에서 더 멀어지게 하는 활동 아닌가? 반면 우리가 처음부터 자기주시를 수행하면, 그것은 벨로르로 가는 도로를 따라가며 자전거 타기를 연습하는 것과 같다. 자기주시, 즉 자기탐구는 이처럼 모든 불필요한 노력을 피하고 진아성취(Self-attainment)를 직접 안겨주므로, 스리 바가반은 「진아지」 제4연에서 "모든 길 중에서 이 길[자기탐구]이 가장 쉽다네"라고 했고, 「우빠데샤 운디야르」 제17연에서는 "이것이 누구에게나 직접적인 길이라네"라고 하였다.

염송이나 명상의 수행은 마음이 감각 대상에 속하는 다양한 생각들로 분화되어 약해지는 것을 막아주므로, 스리 바가반은 「나는 누구인가?」에서 그런 수행들이 마음에 힘을 준다고 한 것이다. 그러나 당신이 그렇게 말한 것은 한 가지 이익, 즉 감각 대상들로 향하는 습으로 인해 마음이 무수한 생각들로 분화되는 화를 면하게 한다는 점만을 고려해서였다. 더욱이 거기서 스리 바가반이 말한 힘은 자기탐구에 필요한 힘, 즉 앞서 「나는 누구인가?」에서 당신이 "거듭거듭 이렇게 수행하면 마음이 자신의 근원에 머무르는 힘이 증가한다"고 했을 때의 그 힘이 아니다. **그것은 자기 아닌 어떤 대상 위에, 즉 2인칭 위에 머무르는 힘일 뿐이다.** 본서의 여기서 지적하는 것은, **진아성취만을 원하고 그것을 위해 노력하는 사람들에게는 염송과 명상을 통해 얻는 이런 종류의 힘이 하나의 장애에 지나지 않는다**는 것임을 독자들은 이해해야 한다.

염송과 명상에서 나오는 것으로서 자기탐구의 성공에 도움이 되는 것은 띠루꼬일루르로 가는 도로를 따라가며 자전거 타기를 배우는 데서 얻는 도움과 비슷하다. 왜냐하면 띠루꼬일루르로 가는 길을 따라가며 자전거 타기를 연습하는 것은 길게 보면 벨로르에 도착하는 데 하나의 간접적인 보조수단이 될 수 있듯이, 염송과 명상을 수행하는 것도 길게 보면 진아를 성취하는 데 간접적인 보조수단이 될 수 있기 때문이다. 마찬가지로, 염송과 명상에 의해 산출되는 것으로서 자기탐구의 성공에 장애가 되는 것은 띠루꼬일루르로 가는 도로를 따라가며 자전거 타기를 배우는 데서 만들어지는 장애와 비슷하다. 왜냐하면 띠루꼬일루르로 가는 도로 상에서 자전거 타기를 연습하면 그 사람이 목적지에서 멀어지게 되듯이, 염송과 명상을 수행하면 우리가 진아에서 더 멀어지게 되어 장애가 되기 때문이다.47)

여기서 마음의 일념집중을 얻는 것은 자전거 타기의 기술에 숙달되는 것에 비유된다. 이 일념집중의 마음은 날카로운 칼, 불 혹은 원자력 같은 놀라운 무기여서, 그것을 어떻게 사용하느냐에 따라 이익을 줄 수도 있고 해를 끼칠 수도 있다. 날카로운 칼은 사람을 죽일 수도 있고, 외과적 수술에서는 사람의 목숨을 구할 수도 있다. 같은 방식으로, 불과 원자력은 건설적인 목적에 쓰일 수도 있고 파괴적인 목적에 쓰일 수도 있다. 그와 마찬가지로 염송이나 명상과 같은 수행을 통해 계발된 일념집중의 힘은 이익을 줄 수도 있고 해를 끼칠 수도 있다. 만일 어떤 사람이 초능력(siddhis)이나 관능적 쾌락을 좋아한다면, 그는 그런 것들을 성취하기 위해 이 일념집중의 힘을 아주 미묘하고 능란한 방식으로 이용할 수도 있다. 염송이나 명상을 통해 얻은 일념집중의 힘은 어떤 2인칭에 대한 일념집중에 불과하므로—즉, 밖으로 향하는 일념집중이므로—그것은 그 구도자로 하여금 비非진아(non-Self) 쪽으로만 나아가게 유도할 것이다. 그가 영원한 것과 찰나적인 것에 대한 좋은 분별력(nitya anitya vastu viveka)을 가지고 있어야만, 또 그 다음에는 자신의 행로를

---

47) 신에 대한 진지한 헌신자들은, 신의 두 발에 대한 순수하고 가슴 녹는 사랑으로 신의 이름을 염하면서 자신의 주님을 부르는 참된 헌신자의 염송을 우리가 헐뜯고 있다고 생각해서는 안 된다. 여기서 우리가 쓸모없다고 비판하는 것은, 사랑의 기반이 결부되지 않은 채 일념집중의 힘을 얻겠다는 의도만으로 행하는 수행법으로서의 진언염송(mantra-japas)과 명상의 대상(dhyana-lakshyas)이다. 그러나 자신의 주님[애호신(Ishta-deva) 혹은 스승]의 신성한 이름을 강렬한 사랑으로 염송하며 헌신의 길을 가는 구도자는, 본서 제2부 제2장에서 설명하는 우리 학교의 3학년 2)반 또는 4학년의 범주에 들기 때문에(제2부 제2장에서 우리는 스리 바가반이 가르친 두 가지 주된 길—자기탐구와 자기순복—중 하나인 자기순복의 길을 자세히 논한다), 그가 사랑으로 하는 염송은 우리가 비난하지도 않고 만류하지도 않는다. 독자들은 여기서 제1부의 부록 2, 4)를 참조하기 바란다.

2인칭에 대한 주의에서 1인칭에 대한 주의로 바꿀 수 있어야만, 그러한 일념집중의 힘이 그를 자기탐구로 이끌어 줄 것이며, 그렇게 오랫동안 힘써 노력한 뒤에(마치 띠루꼬일루르로 가는 도로상에서 자전거 타기를 배우는 사람이 벨로르까지 70마일을 가려면 오랜 시간 힘들게 노력해야 하듯이) 진아안주—즉, 참된 지知의 성취—를 얻을 수 있게 될 것이다. 그러나 우리는 영적인 길에서 염송과 명상을 하는 구도자들이 통상 초능력을 얻거나, 이름과 명예를 얻거나, 기타 그런 찰나적인 쾌락을 얻는 쪽으로 기울어지는 것을 보지 않는가? 따라서 우리는 염송이나 명상을 통해서 얻는 일념집중의 힘은 아무래도 위험하고, **따라서 처음부터 자기주시의 수행으로 일념집중의 힘을 얻는 것이 현명할 것**이라는 점을 이해해야 한다.

  물론 마음의 일념집중을 성취하는 것은 필수적이다. 염송이나 명상을 할 때에도 마음이 다른 생각들 위에서 헤맬 때는 주의력[마음]을 거듭거듭 돌이켜 단 하나의 생각 위에 고정하기 위해 노력할 필요가 있다. 자기탐구를 수행할 때에도 헤매는 마음을 돌이켜 그것을 우리의 존재-의식에 고정하기 위해서는 같은 정도의 노력이 필요하다. 그래서 두 종류의 수행 모두에서 마음의 일념집중을 얻으려면 진지한 노력이 필요하다. 그렇다면, 구도자가 처음부터 모든 위험에서 벗어나 있는 자기주시를 수행하면 안 될 이유가 무엇인가? 스리 바가반의 친존에서 일어났던 다음 사건이 이 점을 더 잘 조명해 줄 것이다.

  스리 바가반의 친존에서 한동안 앉아 있던 한 헌신자가 당신에게 여쭈었다. "바가반, 저는 자기탐구를 못하겠습니다. 저에게는 어렵습니다. 그 대신 명상을 할까요?" "좋습니다." 스리 바가반이 대답했다. 그 직후 그 헌신자는 회당을 떠났다. 그러자 스리 바가반은 당신 가까이 있던 사람들을 돌아보며 말했다. "그는 자기탐구가 자기한테는 어려워서 못하겠다면서 명상을 해도 되겠느냐고 허락을 구하는군요. 본인이 못하겠다는데 제가 그에게 자기탐구를 하라고 강요할 수 있습니까? 그러니 그가 명상을 하고 싶다고 할 때는 제가 '좋습니다'라고 할 수밖에요. 내일은 그가 와서 이렇게 말할지 모릅니다. '바가반, 제 마음은 명상에 머무르지 않습니다. 그러니 염송을 할까요?' 저는 또다시 '좋습니다'라고 해야겠지요. 마찬가지로 그는 어느 날 이렇게 불평할 것입니다. '제 마음은 염송에 가만히 머무르지 않습니다. 제 혀만 진언을 염하지 마음은 많은 것들 위에서 헤맵니다. 예공(puja)을 올리고, 찬가(stotras)를 하고, 이런 저런 것을 할까요?' 그런 모든 불평에 대해 저는 답변으로 '좋습니다' 외에 달리 무슨 말을 할 수 있겠습니까? 찬가든 염송이든 명상이든 혹은 다른 어떤 수행이든, 어떤 사람이 무엇을 수행하기 위해 진지한 노력을 할 수 있다면, 같은 노력으로 자기탐구를 할 수 있겠지요! 이런 모든 불평은 어떤 수행도 진지하게 하고 싶지 않은 사람들만이 하는 것이고, 그냥 그런 것일 뿐입니다. 어떤 수행에서도 필수적인 것은 달아나는 마음을 수습하여 그것은 단 한 가지 위에 고정하려고 노력하는 것입니다. 그렇다면 왜 그것을 수습하여 자기주시에 고정하면 안 됩니까? 그것이야말로 자기탐구(atma-vichara)입니다. 해야 할 일은 그뿐이지요! 『바가바드 기타』에서도 이렇게 말합니다.

>*Sanaih sanair uparamed buddhya dhriti grihitaya,*
>*Atma samstham manah kritva na kinchid api chintayet.*

이것은 '차츰차츰, 지극히 용기 있는 지성[분별력]으로써 마음을 움직이지 않게 하고, 그 마음을 진아 안에 확고히 고정하여 다른 어떤 것도 생각하지 않게 하라'(제6장 제25절)는 뜻입니다. 그리고,

Yato tato nischalati manas chanchalam asthiram,
Tatas tato niyamyaitad atmany eva vasam nayet.

이것은 '불안정한 마음이 어떤 것 쪽으로 헤매든, 거기서 마음을 거두어 늘 진아에 고정하고 거기에 확고히 안주하게 하라'(제6장 제26절)는 뜻입니다.[48]

'나는 브라만이다'와 같은 생각에 집중하는 것은 명상(*dhyana*)의 최고 형태로 간주되지만, 스리 바가반은 그것조차도 「실재사십송」 제32연에서 '힘이 약한 탓(*uran inmaiyinal*)'으로 묘사하고 있다! 따라서 염송, 명상 등의 대상인 2인칭이나 3인칭을 표적으로 삼아 마음이 얻는 것은 **실은 힘이 아니라 약함에 불과하다!** 앞으로 질주하는 데 익숙한 경주마를 우물에서 물을 길어 오는 데 쓸 수 있겠는가? 물을 길어 오려면 말이 뒤로 움직이는 것이 필수적이므로, 경주마는 아무 쓸모가 없을 것이다! 스리 바가반이 「나는 누구인가?」에서 "거듭거듭 이렇게 수행하면 마음이 자신의 근원에 머무르는 힘이 증가한다"고 했을 때 이야기한 저 **자기주시의 수행만이 마음에게 진정 필요한 힘을 주는 올바른 수행이다!** 진아 아닌 표적들 쪽으로 잘못 훈련되어 버려지지 않은 그런 마음, 나태함의 자취라고는 없고 엄청난 열의와 아이같이 의심 없는 복종의 정신을 지닌 마음을 가지고 스리 바가반을 찾아온 구도자들은, 그들의 마음을 '나는 누구인가?' 형태의 자기주시 수행으로 바로 돌렸고, 그럼으로써 위에서 말한 진정 필요한 힘을 얻었다. 따라서 그들은 자기 자신의 체험을 가지고 "아, 진아를 아는 것은 가장 쉬운 일이네! 실로 그것이 가장 쉽다네!"[49]라고 선언할 수 있었다.

---

[48] 이 두 연은 스리 바가반이 타밀어로 번역하여 「바가바드 기타 요지(*Bhagavad Gita Saram*)」, 제27, 28연으로 하였다.

이처럼 '나는 누구인가?' 하는 탐구가 진아지를 얻는 데 필요한 마음의 진정한 힘을 줄 수 있기는 하지만(사실을 말하자면 자기탐구만이 이 필요한 힘을 줄 수 있고, 다른 어떤 수행도 그렇지 못하다), 스리 바가반의 헌신자들인 우리들 사이에서조차50) 자기탐구의 길은 어렵지만 염송, 명상, 요가 등 다른 방법들은 쉽다는 그릇된 관념이 존재하고 또한 전파되고 있다. 이러한 주장이 얼마나 진실과 거리가 먼지 살펴보자!

그러면 이 주제에 관한 스리 바가반의 견해는 무엇인가? 당신 자신의 말씀을 들어 보자.

(…) **모든 길 중에서 이 길이 가장 쉽다네!**[51]

— 「진아지」, 제4연

(…) **이것이 누구에게나 직접적인 길이라네!**

— 「가르침의 핵심」, 제17연

이와 같이 스리 바가반의 견해는, 이 자기탐구의 길이 모든 길 중에

---

49) 「진아지」의 후렴구. 이 후렴구는 스리 무루가나르가 지은 것이다.
50) '우리'라는 말은 스리 바가반의 모든 헌신자들을 의미하지만, 스리 무루가나르가 「메이 따바 빌라깜(Mey Tava Vilakkam)」, 제68연에서 "남들이 '어렵고, 실로 어렵다'고 선언하는 것은 우리 주님(라마나)의 헌신자들에게는 엄청 쉽다!"고 한 잣대로 가늠해 본다면, '우리'라는 말이 가리키는 이들 가운데 어떤 사람들이 스리 바가반의 참된 헌신자이고 어떤 사람들이 그 '남들'인지 독자들은 잘 이해할 수 있을 것이다.
51) "업 등의 속박을 풀고 탄생 등의 소멸을 성취하려면, 모든 길 중에서도 이 길이 가장 쉽다네! 만일 우리가 마음, 말, 몸을 조금도 움직임이 없이 고요히 머무른다면[즉, 우리가 단지 '있기'만 한다면], 그 얼마나 놀라운 일이 되겠는가! 심장 안의 진아-광명이 항상 존재하는 체험이 될 것이고, 모든 두려움이 종식될 것이며, 지복의 바다가 차오를 것이라네!"   — 「진아지」, 제4연
　여기서 스리 바가반은 당신의 길을 묘사하면서 최상급인 '가장 쉽다'는 표현을 쓰고 있다는 데 유념해야 한다. 다른 길들에서는 마음, 말 혹은 몸을 통해 어떤 일을 하라거나 무엇을 하라고 하며, 그래서 우리는 이런 도구들(마음, 말, 몸)을 사용함에 있어 어떤 어려움을 경험할 수 있다. 그러나 자기탐구의 길에서는 수행의 방편으로 어떤 일도 그들에게 안겨주지 않으므로 이것이 '모든 길 중에서 가장 쉬운' 것이다!

서 가장 쉬운 길일 뿐 아니라 모든 구도자들에게 가장 쉽고 직접적인 길이라는 것임이 분명하다. 우리들 중 어떤 사람들은 '왜 스리 바가반은 그렇게 말씀하셨을까? 당신의 견해를 뒷받침하는 어떤 근거가 있을까? 만약 있다면 그것은 무엇일까?' 하면서 그 이유를 알려고 하는 대신, 도피하듯이 "아, 그것은 바가반께만 쉽지, 다른 사람들에게는 어려워"라고 하면서 낙담하고 용기를 잃는다. 신심이 있어야만 우리가 목표를 확보할 수 있으므로, 이렇게 용기를 잃지 않기 위해 스리 바가반의 견해를 뒷받침하는 근거를 발견해 보도록 하자.

우리가 어떤 것을 '어렵다'거나 '쉽다'고 할 때 그 말의 의미는 무엇인가? 사실 무엇이 어렵고 무엇이 쉬운가? 우리가 좋아하지 않는 것, 우리가 할 수 없는 것, 우리가 모르는 것―그런 것만을 우리는 어렵다고 말한다. 우리가 이미 좋아하는 것, 우리가 이미 해본 것, 우리가 이미 아는 것―그런 것만을 우리는 쉽다고 말한다. 따라서 우리는 다음과 같은 결론에 이른다. 즉, **우리의 사랑하는 힘**(ichcha sakti), **하는 힘**(kriya sakti), **아는 힘**(jnana sakti) **안에 이미 들어 있는 것은 쉬운 반면, 우리의 사랑하는 힘, 하는 힘, 아는 힘 안에 이미 들어 있지 않은 것은 어렵다.** 이것이 실로 어려운 것과 쉬운 것의 올바른 정의이다. 이 정의를 가지고 이제 염송, 명상, 요가 등과 같은 다양한 수행을 하는 데 필요한 노력과, 자기탐구를 하는 데 필요한 노력의 두 가지 중 어느 것이 쉬운지 살펴보자.

우리가 이미 말했듯이 염송, 명상, 요가 등의 길에서 하는 노력은 2인칭과 3인칭 대상들을 향한 주의에 지나지 않는 반면, 스리 바가반이 가르친 자기탐구에서 하는 노력은 1인칭을 향한 주의이다. 염송, 명상 혹은 네 가지 요가 중 어느 하나의 수행을 하기 위해서는 2인칭과 3인칭 대상들에 대해 마음의 일념집중력을 사용할 필요가 있다. 마음의 힘을 그런 식으로 사용하는 것은 '밖으로 향하기(*bahirmukham*)'에 불과하다. 그러나 자기탐구를 하기 위해서는 1인칭에 집중하는 데—주의를 기울이는 데—마음의 일념집중력을 사용할 필요가 있고, 그래서 이것이야말로 진정한 '안으로 향하기(*antarmukham*)'이다. 조금만 분석해 보면 우리 각자에게는(가장 평범한 사람에게조차도) 1인칭을 향한 사랑하기(*ichcha*), 하기(*kriya*), 알기(*jnana*)의 경험들이 내재해 있을 뿐 아니라, 그것은 2인칭이나 3인칭 대상들을 향한 그것보다 더 커다는 것이 드러난다. 어째서 그런지 살펴보자.

우리가 어떤 신의 이름, 신의 형상, 신에 대한 여러 태도(*bhavas*),52) 몸 안의 여섯 군데 차크라 등에 대해(그 모든 것은 어떤 2인칭이나 3인칭 대상을 향해 주의를 기울이는 노력을 요한다) 처음 들을 때, 그것들은 우리에게 새롭다. **아는 것**이 새롭고, **사랑하는 것**이 새롭고, **하는 것**도 새롭다. 남들에 의해 우리의 내면에서 점화되기 전에는 사랑하기, 하기, 알기의 이 모든 경험이 우리가 모르던 것이다. 어째서 그런가?

우리의 부모나 연장자들이 우리를 어떤 신의 이름이나 형상 혹은 가야뜨리(*gayatri*) 같은 어떤 신성한 진언에 입문시켜 준다고 가정하자. 입문하기 전에는 우리가 그런 진언, 명상 혹은 신의 형상을 알지 못했다. 입문한 뒤에야 그런 것들에 대해 알게 된다. 즉, 그런 진언, 명상 등이 있다는 것을 **아는 경험**을 우리가 새로이 습득한다. 그와 마찬가지로, 우리가 그런 염송이나 명상의 위대함, 독특함, 힘에 대해 어떤 스승에게서 가르침을 듣고 난 뒤에야 그런 것에 대한 믿음과 사랑을 얻게 된다. 이것은 우리가 새로 얻은 하나의 **사랑하기 경험**이다. 바꾸어 말해서 이전에는 우리가 그런 것을 사랑하지 않았던 것이다. 마찬가지로,

---

52) 이원적 숭배에서는 헌신자들이 신에 대해 아버지, 어머니, 남편, 자식, 주인, 친구, 하인, 스승 등에 대한 사랑과 같은 여러 가지 관계 유형 중 하나를 계발한다.

우리는 이전에 그런 진언염송이나 명상을 해본 적이 없었고, 신과의 관계에 대한 그런 감정들을 계발한 적도 없었다. 우리는 그 스승의 면전에서 그것을 많이 염하고, 그가 바로잡아 주거나 권하는 대로 해본 뒤에야 염송을 제대로 할 수 있다. 즉, 그 진언을 올바르게 발음하고, 적절한 곳에서 음을 높이고 낮추거나 멈출 수 있다. 이것은 우리가 새로 얻은 **하기의 경험**이다. 바꾸어 말해서 우리는 이전에 그것을 해본 적이 없었다. 같은 이치가 명상, 조식調息(pranayama), 하타 요가, 라자 요가 등에도 해당된다. 이처럼 2인칭과 3인칭 대상들에 기초한 이 모든 수행에 속하는 사랑하기, 하기, 알기의 경험들은 우리에게 존재했던 것이 아니고 우리가 새로이 습득한 것임이 증명되지 않는가?

반면에 1인칭에 속하는 사랑하기, 하기, 알기는 남들이 점화해 줄 필요가 없이 이미 우리의 안에 존재하고 있다! 어떻게? 제2장(64-66쪽)에서 우리는 이미, 모든 사람의 안에 있는 자기 자신에 대한 사랑은 늘 당연히 2인칭과 3인칭 대상들에 대한 것보다 훨씬 크다는 것을 분명하게 증명했다. 그래서 첫째로, 자기 자신 **사랑하기 경험**(ichchanubhava)은 우리에게 내재해 있음이 증명된다. 둘째로, 매일 우리는 잠 속에서 우리 자신을 '나는 몸이다'라는 느낌—곧, '우리' 아닌 것—으로부터 쉽게, 힘들이지 않고, 그리고 자연스럽게 분리할 수 있다. 이처럼 우리 자신을 분리할 수 있는 능력은 진아로서 **머무르기 경험**(kriyanubhava)이 우리에게 내재해 있음을 증명한다. 셋째로, 어떤 사람이 자기 몸조차 볼 수 없는 아주 깜깜한 방 안에 혼자 앉아 있다고 가정할 때, 누군가가 방 밖에서 "내 책이 자네 곁에 있는가?" 하고 물으면 그가 "그게 있는지 모르겠네" 하고 대답한다. 그러나 "자네가 존재하는가?" 하고 물으면 "물론, 분명히 존재하지!"라는 대답이 금방 돌아온다. 그는 2인칭과 3인칭 대상들의 존재를 알기 위해 필요한 빛의 도움 없이도 자신의 진아-

빛[진아-의식]에 의해 그 자신의 존재를 알 수 있다. 더욱이 모든 사람은 몸과 마음이 존재하지 않는 깊은 잠 속에서조차 '내가 있다'는 앎의 경험을 가지고 있으므로,53) 우리 자신의 존재에 대한 앎은 우리에게 내재해 있음이 분명한 반면, 2인칭과 3인칭 대상들에 대한 앎은 그렇지 않다는 것이 분명하다. 이 두 가지 예는 우리 자신이 존재함에 대한 **알기 경험**(jnananubhava)은 가장 평범한 사람에게조차 내재해 있다는 것을 증명한다. 만약 스리 바가반이 우리에게, 우리가 이미 좋아하는 마음을 가지고 있지 않은 어떤 것을 좋아하라고 조언한다면, 우리는 그것이 어렵다고 말할지 모른다. 만약 당신이 우리에게 지금까지 우리가 모르던 것을 알라고 한다면, 우리는 그것이 어렵다고 말할지 모른다. 또 당신이 우리가 이전에 도달해 보지 못했고 그래서 이전에 경험해 보지 못한 상태에 우리가 있기를 바란다면, 그것은 어렵다고 보아야 할지 모른다. 그러나 사랑하기, 하기, 알기의 경험들은 1인칭에 관해서만 우리에게 이미 분명하게 내재해 있다는 것을 우리가 알게 되었으므로, 위에서 말한 '쉽다'와 '어렵다'의 정의의 견지에서 보면 자기탐구의 길에서 하는 노력, 곧 1인칭에 대한 주의 기울이기가, 염송, 명상, 요가 등에서 하는 노력, 곧 2인칭과 3인칭 대상들에 대한 주의 기울이기에 지나지 않은 그것보다 훨씬 쉽다는 것을 명백히 알 수 있다. "모든 길 중에서 이 길이 가장 쉽다"거나 "이것이 누구에게나 직접적인 길"이라는 스리 바가반의 말씀을 뒷받침하는 근거가 실로 그와 같다. 이런 맥락에서 스리 바가반은 "진아는 지금 여기 있고, 늘 성취된다"고 거듭하여 이야기하곤 했다. 스리 바가반은 "**이것은 누구에게나 직접적인 길이다**"라고 하

---

53) 우리는 이미 85-86쪽에서, 누구나 잠 속에서 자신이 존재함을 알고 있다고 설명했다. 어떤 사람이 자신은 잠 속에서 존재하지 않는다거나, 자신은 잠 속에서 자신이 존재함을 모른다고 말하는 것은 잘못이다. 또한 『마하르쉬의 복음』, 제2권, 제5장을 참조하라.

면서, 누구든지—마음의 힘이 아무리 약한 사람이라 해도—이 길을 통해서 자신의 근원에 안주하는 데 필요한 참된 마음의 힘을 얻을 수 있다는 것을 지적한다. 그러므로 자기주시(*aha-mukham*), 즉 진정한 '안으로 향하기(*antar-mukham*)'를 닦는 것 자체가, 마음에게 다른 어떤 표적을 제공하는 것보다 훨씬 낫다. 스리 바가반의 가르침이 갖는 독특한 위대함이 이와 같다!

에고 속으로 탐구하는 길(에서의 노력) 외에는, 행위(*karma*)와 같은 다른 길들에서 하라고 하는 노력을 아무리 많이 해도, 그대는 심장 속의 보물인 진아를 얻어 그것을 즐길 수 없을 것이네.
— 「진어화만」, 제885연

더욱이 신이 2인칭이나 3인칭 대상들 중의 하나일 수 있겠는가? 아니, 그럴 수 없다! 왜냐하면,

2인칭과 3인칭들은 뿌리인 1인칭[에고] 때문에 살아 있는 것일 뿐이고 (…).   — 「자기탐구 11연시」, 제6연[54]

'나는 몸이다'라는 형상의 1인칭[에고]이 존재해야만, 2인칭과 3인칭도 존재할 것이네. (…)   — 「실재사십송」, 제14연

'나'라는 생각이 없으면 다른 어떤 것도 존재하지 않을 것입니다. (…)   — 「아루나찰라에 바치는 8연시」, 제7연

---

54) 본서 제1부의 부록 2, 1), 6을 보라.

라고 한 것이 스리 바가반의 체험이기 때문이다. 즉, 2인칭과 3인칭이 존재하기 위해서는 '나는 이 몸이다'라는 하나의 생각의 형상으로 일어나는 1인칭[거짓된 에고]에 의존해야 하는 것이다. 따라서 만약 신이 2인칭이나 3인칭들 중의 하나라면, 그가 존재하기 위해서는 에고의 은총에 의존해야 할 것이다! 그런데 만약 존재(sat)의 형상 자체인 신이 자신의 존재를 위해 다른 어떤 것에 의존해야 한다면, 그것은 그에게 신성이 결여되어 있음을 의미하지 않겠는가? 그래서 신은 결코 2인칭이나 3인칭일 수 없다. 그렇다면 그는 분명히 이 거짓된 1인칭이 일어나기 위한 근원이자 기반으로서, 즉 **1인칭의 실체(실재하는 측면)로서** 존재하고 빛나야 한다. 신, 곧 브라만은 이처럼 늘 '나'의 실체로서 빛나고 있으므로, 마음으로 하여금 자기를 주시하는 수행을 하게 하는 것이야말로 참으로 신을 추구하는 것이며, 유일하게 실효성 있는 요가이다. 따라서 **자기주시가 참된 신-주시**(God-attention)**이다!**

> 오, 바가반, 당신에 대해 명상하는 것은 '나'를 관하는 것에 다름 아니고, '나'를 관하는 것은 무념으로 머무르는 것에 다름 아니며, 무념으로 머무르는 것은 '나'로서 일어나지 않도록 주의 깊게 깨어 있는 것에 다름 아닙니다. 그러나 바로 저 자신의 존재(sat) 자체가 주시(chit)인데, 굳이 주시할 것이 뭐가 있겠습니까?
> ―「스리 라마나 사하스람(Sri Ramana Sahasram)」,[55] 제990연

우리는 이미 (제3장의 첫 문장에서) '내가 있다'[진아가 완전한 행복이라는 것을 발견했고, 또 이제 우리는 완전한 행복의 바다인 신이 1인칭

---

55) (역주) 저자가 지은 시 작품. 421쪽의 각주 참조.

의 실체로서 빛난다는 것을 알게 되었으므로, 만일 우리가 **자기**(진아)를 탐구하여 우리가 실제로 무엇인지를 알고, 그리하여 비진아[즉, 실제로는 우리가 아닌 것들]를 모두 부인하면, 항상 존재하는 것(*sat*)이 있는 그대로 빛나게(*chit*) 될 것이다. 그러면 경전에서 권하는 다른 수행법들을 통해 불행[어느 때에도 존재하지 않는 속박]을 제거하려고 기울이는 모든 노력이 불필요해지지 않겠는가? 그러니 이제 우리는 자기탐구—즉, 우리를 비진아에서 분리시켜 **우리 자신**을 알 수 있게 해 주는 **마하 요가**—의 방법을 살펴보자.

제6장
'나는 누구인가?'는 상념관[56]이 아니다

 욕조에 물을 채우기 전에 우리는 구멍이나 틈새가 있는지 잘 살펴서 그것을 막지 않는가? 그렇지 않으면 애써 욕조를 채워도 헛수고가 될 것이다. 그와 마찬가지로, **자기탐구의 기법**에 대한 설명을 시작하기 전에 우리가 수행해서는 안 되는 많은 방법들을 찾아내고, 지금까지 우리가 이해하고 수행해 오던 온갖 그릇된 방법들을 물리칠 필요가 있다.

 스리 바가반이 보여준 자기탐구의 기법과 이제까지 경전에서 우리가 배웠던 진아탐구의 기법 간에는 차이가 있다. 지난 오랜 세월 동안 경전들은 "그대는 누구인가? 그대는 몸, 생기, 마음, 지성, 에고 따위가 아니고 진아이다. 그대는 의식, 곧 진아이다"라고 선언해 왔다. 그러나 경전들은 "비진아인 다섯 껍질을 '내가 아니다, 내가 아니다(neti, neti)'로 제거하라"고 우리에게 말하는 것 이상은 하지 않았다. 경전은 누가 그것을 제거하는지, 제거하는 실제적 방법은 무엇인지를 설명하지 않으며, 비진아를 제거하기 위한 적절한 단서를 정확하게 그리고 직접적으로 제

---

56) (역주) 상념관想念觀(*bhavana*)이란 '내가 그다', '나는 브라만이다'와 같이 자신을 신 또는 브라만과 동일시하는 관념을 가지고 명상하는 것이다. 원서의 장 제목은 '내가 그다'의 관觀(*soham bhavana*)만 언급했으나, 본 장의 내용을 고려하여 '상념관'으로 일반화했다.

시하지도 않는다.57) 그래서 베단타를 폭넓게 공부한 사람들조차도 진지(*jnana*)—에고, 곧 '나는 몸이다' 하는 의식의 상실—에 대한 실제적 체험을 결여하고 있다. 이것은 경전을 공부하지만 아직 수행에 착수하지 않은 사람들만 그런 것이 아니라, 경전에서 배운 것을 실천에 옮겨 보려고 열심히 시도하고 있는 진지한 구도자들의 경우에도 마찬가지이다. 그들은 좌절하면서도 거듭거듭 분투하며 시도하지만, 비이원적 지(知)에 대한 직접적 체험을 성취하지 못한다. 반면에 본래적인 진아의식에 영구적으로 자리 잡고 있는 진인들은 "그 진아 체험은 지금 여기에서 늘 성취된다!"고 주장한다. 스리 바가반과 오로지 진아지의 체험을 얻기 위해 당신을 찾아간 제자들이 기뻐하면서 "아! 진아를 아는 것은 가장 쉬운 것이다! 실로 가장 쉬운 것이다!"라고 외치는 까닭은, 자기탐구의 길에서는 세련되고 실천하기 쉬운 어떤 새로운 단서를 스리 바가반이 제시하고 있기 때문임이 분명하다. 이 단서가 무엇인지 살펴보자.

'몸은 내가 아니다. 나는 누구인가? 나는 그다!(*deham naham: koham? soham!*)'—이것이 경전에 나오는 진아탐구의 핵심이며, 그것을 용이하게 하기 위해 경전들은 다음 네 가지 수행법(*sadhanas*)을 제시한다.

1. 영원한 것과 찰나적인 것 간의 분별(*viveka*).
2. 이 세상과 여타의 세상에서의 온갖 즐김에 대한 무욕(*vairagya*).
3. 평온(*sama*) 등 여섯 가지 자질.58)

---

57) 경전은 여기까지만 도움을 줄 수 있다. 예전에는 구도자들이 경전을 공부하고 나면 깨달은 스승(*jnana-Guru*)을 찾아가서 그와 친교(*sat-sang*)를 가지면서 큰 믿음과 사랑으로 그에게 봉사했다. 그런 다음 스승이 비밀스러운 단서들을 보여준 뒤에, 구도자들은 비진아[다섯 껍질]를 제거하는 올바른 방법을 발견할 수 있었다.
58) 여섯 가지 자질: (a) 평온(*sama*): 세간적 대상들의 결함에 대한 성찰에서 일어나는 무욕의 도움으로, 마음을 그 표적에 고정하는 것. (b) 절제(*dama*): 감각기관과 행위기관들을 제어함으로써 그것들이 각각의 자리를 떠나지 않게 하는 것. (c) 물러남(*uparati*): 마음을 그 표적에 확고히 고정하여 그것이 대상들 위에 머무르는 이전의 습에 끌려가지 않게 하고, 모든 불필요한 활동을 포기하는 것. (d) 인내(*titiksha*): 자

4. 해탈에 대한 강렬한 열망(*mumukshtva*).

구도자는 영원한 것과 찰나적인 것 간의 분별을 통해 해탈이 유일하게 영원한 것(*nitya vastu*)임을 알게 되므로 해탈에 대한 강렬한 열망을 얻게 되고, 그렇게 해서 다른 모든 즐김에 대한 무욕을 얻은 다음 평온 등 여섯 가지 자질을 닦는 데 힘을 쏟는다. 따라서 세 번째 수행인 여섯 가지 자질에서 경전은 그가 진아지를 성취할 수 있도록 그들이 줄 수 있는 모든 방편을 그에게 제공한다. 따라서 그가 이 세 번째 수행에 힘을 쏟을 때는, 첫 번째, 두 번째 그리고 네 번째 수행은 이미 완성했음이 분명하지 않은가?

무욕을 통해 감각 기관과 행위 기관을 제어하고, 헤매는 마음을 브라만 위에 고정하려고 노력하는 것은 세 번째 수행의 여섯 가지 항목 중 핵심적인 두 가지 사항이다. 그러나 성숙했고 엄청난 열의를 가진 구도자가 수행으로서 실제로 하는 것은 정확히 무엇인가? 그의 주된 수행은 감각 대상에 대한 욕망과 싸우면서, 그가 '브라만', 곧 절대적 실재라고 생각하는 어떤 2인칭이나 3인칭에 대해 생각하는 것일 수밖에 없다. 이를 위해 경전이 그에게 제시하는 유일한 방편은 '나는 브라만이다(*aham brahmasmi*)', '내가 그다(*soham*)', '그대가 그것이다(*tat tvam brahmasmi*)'와 같은 큰 말씀들뿐이다. 그런 큰 말씀들에 대한 상념관想念觀을 닦을 때, 그 구도자의 노력은 '이 나가 저 브라만이다'라는 한 가지 생각의 형태로 어떤 2인칭이나 3인칭을 향해 흐를 뿐이다. 이 생각은 **마음의 상**相(*mano-vritti*)일 뿐이다. '나는 브라만이다'나 '내가 그것이다'라는 이러한 명상에서 **그가 '나'라고 느끼는 것은 마음에 지나지 않는데**, 그것을 그

신에게 닥쳐오는 어떤 불행도 용기 있게 감내하고, 그것을 회피하려 들거나 그것을 한탄하지 않는 것. (e) 믿음(*sraddha*): 베단타 경전과 스승의 말씀들만이 참되다는 부동의 확신. (f) 집중(*samadhana*): 마음이 헤매지 않게 하고, 그것을 브라만에게만 고정하는 것.

는 그 자신으로 여기는 것이다. 왜냐하면 지금 명상하는 그 사람은 잠이 끝난 뒤에야 일어난 첫 번째 생각인 반면, 그가 명상하는 브라만은 하나의 3인칭 대상이며 그가 일어난 뒤에야 일어날 수 있기 때문이다. 에고['나는 몸이다'라는 의식]가 지속되는 한, 우리는 '브라만'이라는 단어를 들으면 그것이 2인칭이나 3인칭 중 하나를 뜻하는 것으로 여길 수 있을 뿐, 다른 어떤 것을 뜻한다고 여길 수가 없다. 왜냐하면 '나는 브라만이다'라는 문장에서 '나'는 이미 존재하고 1인칭을 의미하므로, '브라만'이라는 단어는 2인칭이거나 3인칭을 의미한다고 여길 수밖에 없기 때문이다. **면밀히 살펴보면 '내가 그다'나 '나는 브라만이다'와 같은 명상은 이처럼 2인칭이나 3인칭을 향해 분화되는 마음의 한 활동에 지나지 않는 것임을 알게 된다.** 따라서 마음의 활동인 이러한 명상들과 바가반 스리 라마나가 가르친 자기주시, 곧 마음의 어떤 고요함 간에는 (산과 계곡만큼) 엄청난 차이가 있다! 어째서 그런지 살펴보자.

'나는 브라만이다' 명상을 수행할 때 '나는'이라는 말에 의해 일어나는 1인칭 느낌은 즉시 '브라만'이라는 단어에 의해 방해 받고 2인칭이나 3인칭으로 전환된다. 바가반 스리 라마나는 「나는 누구인가?」에서 오직 이 문제를 피하기 위해, "**'나, 나' 하고 부단히 생각하기만 해도, 그것이 그곳[브라만의 상태]으로 데려다 줄 것이다.**"라고 하였다. 바늘에 실을 꿸 때 실 끝이 두 가닥으로 갈라져 있으면, 바늘귀에 들어가는 한 가닥조차도 다른 한 가닥에 당겨져 나오게 될 것이다. 그와 마찬가지로 우리가 '나는 브라만이다'를 명상할 때는 '나는'이라는 말에 의해 일어나는 1인칭의 느낌조차도 (진아안주 안에 머무를 수 있기는커녕) '브라만'이라는 단어에 의해 밖으로 끌려 나오게 될 것이다. 왜냐하면 이 단어는 어떤 2인칭 또는 3인칭의 느낌을 일으키기 때문이다. 구도자는 이처럼 1인칭 느낌에서 2인칭으로, 다시 2인칭에서 1인칭 느낌으로 오고가는 자기 내면의 이 미세한 마음 활동을 진아탐구로 착각한다! 또 그런 미세한 활동으로 인해 마음이 너무 기진맥진하여 가끔 쉬고 있으면 구도자는 이 마음의 고요함(mano-laya)을 진아 깨달음(jnana-samadhi)으로 착각한다! 만약 이것이 참으로 진아 깨달음이라면 그가 잠에서 깨어날 때 '나는 몸이다' 하는 동일시가 되살아날 수 없을 것이고, 그러한 몸 동일시가 되살아나지 않으면 '나는 브라만이다'라는 명상의 끈을 다시 이어가지 못할 것이다. 그러나 구도자는 잠에서 깨자마자 명상을 재개하니, 그것은 그 명상을 통해 그가 성취한 것은 잠과 같은 안식 상태인 '라야(laya)'에 지나지 않았다는 것을 입증하지 않는가? 꿈에서 깨어난 뒤에는 우리가 결코 그 꿈의 몸을 '나'와 동일시할 수 없다. 그와 마찬가지로, 진아의식의 상태[진아 깨달음]로 깨어난 진인은 '나는 브라만이다'라고 명상하지 않을 것이다. 왜냐하면 그는 에고가 거짓임을 알기 때문이다. 그래서 스리 바가반은 이와 같이 적절하게 묻는다.

> (…) 우리는 항상 **그것**인데, 왜 계속 '우리가 **그것**'이라고 명상해야 하는가? 사람이 '나는 사람이다'라고 명상하는가?
> ―「실재사십송」, 제36연

사람은 '나는 사람이다, 나는 사람이다'라고 명상해야만 자신이 사람이라는 것을 아는가? 물론 그렇지 않다! 따라서 구도자가 다시 '나는 브라만이다'를 명상하기 시작한다면, 그것은 그가 일시적으로 머물렀던 그 상태가 진아 깨달음, 곧 진정한 깨어남은 아니었던 것이 분명하다!

이러한 맥락에서 스리 라마크리슈나와 스리 또따뿌리(Sri Totapuri-라마크리슈나에게 비이원론을 가르친 유랑 승려) 간의 대화에 주목해 볼 가치가 있을 것이다. 스리 또따뿌리가 "이 놋쇠그릇은 매일 닦아야만 반짝반짝

빛이 날 것이다. 그와 같이 매일 (그런 상념관들을) 명상해야만 우리의 마음이 순수해져서 브라만을 반사하게 될 것이다"라고 하자, 스리 라마크리슈나는 이렇게 말했다. "그릇이 금이라면 왜 닦습니까?"

따라서 '내가 그다', '나는 브라만이다', '그것이 나다(tat aham)' 등의 명상은 마음 활동(pravrittis)에 지나지 않는다. 그러나 진아 깨달음을 위해서는 이 마음이 자취도 없이 소멸되어야 한다. 그런 명상들을 하면 마음이 한량없는 세월 동안 살아남을 것이다. 마음은 활동이라는 음식을 먹고 그것으로 살아가기 때문이다. 마음에 영양을 공급하는 것은 2인칭과 3인칭에 대한 주의뿐이다. 따라서 '내가 그다'와 같은 명상으로는 마음이 절멸되지 않으며, 마음은 이런 명상에 의해서나 그런 활동으로 인해 완전히 지쳤을 때마다 고요함(laya)에 빠지는 것을 통해 영구히 살아남게 될 것이다. 이처럼 그것은 마음의 절멸을 가져오지 않기 때문에, **이런 명상들은 스리 바가반이 가르친 자기탐구일 수가 없다**. 자기탐구는 마음을 단번에 완전히 소멸한다.

> (…) 그러지 않고 '나는 이것이 아니다, 나는 그것이다'라고 명상하는 것은 (어느 면에서) 보조수단일 수는 있으나, 그 자체가 탐구일 수 있겠는가?
> ―「실재사십송」, 제29연

라고 스리 바가반은 묻는다! 어째서 이런 명상들이 보조수단일 수는 있으나 그 자체가 탐구일 수 없는지는 본 장 말미의 적당한 곳에서 설명할 것이다.

스리 바가반은 이런 명상을 자기탐구로 여기지 않는다. **'나는 누구인가?' 형태의 자기주시야말로 스리 라마나의 가르침이다**. 스리 라마나의 탐구법은 '나는 이것이다'나 '나는 저것이다'를 명상하는 것이 아니라 1

인칭에 강렬히 고정되는 하나의 주의(attention), 곧 '이 나는 무엇인가?' 이다. 2인칭과 3인칭에 대한 주의의 형태로 마음에 주어지는 어떤 활동도 그것을 소멸할 수 없을 것임을 잘 아시는 **스리 바가반은**, 큰 말씀들의 목표를 이루기 위하여 **'나는 누구인가?' 하는 당신의 가르침으로 경전들에 새로운 생명을 불어넣는다**. 이전에 경전을 통해서 밝혀지지 않았지만 구도자가 자신의 길을 잃지 않고 자기탐구를 수행할 수 있기 위해 필수적인 하나의 새로운 가르침이, 이제 스리 바가반에 의해 경전들의 세계에 보태진 것이다. 이 가르침이 무엇인가? **마음은 그것이 1인칭 쪽으로 향할 때에만 소멸된다는 것이다!**

신성한 빛, 신성한 소리, 카일라스와 같은 천상계, 시바 등의 형상을 가진 신의 모습을 보는 것, 물라다라(muladhara) 등 몸 안에서 관상하는 여섯 군데 차크라—이런 것들과 기타 이와 비슷한 모든 감각 대상들은 미세한 마음이 미세한 오관을 통해 지각하는 대상들이므로, 이것들은 2인칭과 3인칭 앎(drisya)[보이는 대상]에 지나지 않으며, 그 어느 것도 1인칭 앎(drik)[보는 자]이 될 수 없다! 더욱이 생각들의 집합체인 마음 그 자체가 우리의 지각 대상인 하나의 2인칭이라면, 그 마음이 지각하는 대상들은 2인칭이나 3인칭 외에 달리 무엇일 수 있겠는가? **그러므로 구도자의 주의는 (마음이 존재하지 않을 때에도) 늘 빛나는 진아에만 집중되어야 하고, 그곳에 그것을 붙들어 두어 어떤 2인칭이나 3인칭 대상 쪽으로도 쏠리지 않게 해야 한다.**

> 2인칭과 3인칭을 생각하는 것은 순전히 어리석은 짓이네. 왜냐하면 2인칭과 3인칭에 대한 생각으로 마음 활동이 증대될 것이기 때문이네. (반면에) 1인칭에 주의를 기울이는 것은 자살하는 것과 마찬가지네. 왜냐하면 1인칭을 탐구함으로써만 에고 자체가 죽을

것이기 때문이네.　　　　　　　　—「자기탐구 11연시」, 제7연

　이것은 결코 범상한 단서가 아니다. 구도자들이 어떤 해법을 찾지 못하고 헤맬 때는, 스리 바가반이 주는 1인칭 주시의 이 단서를 마치 가난뱅이의 손에 잔뜩 쥐어준 다이아몬드처럼 더없이 귀중한 것으로 여길 것이 분명하다. (어떤 일을 보살필 때나 강렬한 무욕과 꾸준한 일념집중력을 가지고, 수많은 탄생과 죽음을 거치며 무수한 세월 동안 분투해 온 사람들조차도 헤매기는 마찬가지다. 왜냐하면 그들은 노력을 쏟을 올바른 방향을 몰라서 쓸모없는 2인칭과 3인칭에 주의를 기울여 왔기 때문이다.) 스리 바가반은 이 단서를 밝혔을 뿐만 아니라, 당신의 더없이 귀중하고, 매혹적이고, 단순한 소책자인「나는 누구인가?」에서 초심자들조차도 마음이 2인칭과 3인칭 쪽으로 헤매지 않게 하면서 그것을 자기에만 고정할 수 있게 도와주는 자기탐구의 정확한 실제 과정을 제시했다. 이 과정은 뒤에 이어지는 장들에서 잘 설명될 것이다.

　보물이 우리 자신의 집 마루 밑에 숨겨져 있다 해도, 우리가 그 사실을 알고 파내어서 그 부를 누리기 전까지는 마치 그것이 우리에게 존재하지 않는 것과 같다. 의사가 환자의 집 뜰에서 발견한 약초[59]처럼 말이다. 만일 어떤 사람이 우리에게 그 보물이 있다는 것을 알려주어 우리가 그것을 파내어 부를 누릴 수 있게 해 준다면, 그는 참으로 우리에

---

[59] 약초 이야기: 오랫동안 불치병을 앓다가 임종을 앞둔 한 환자의 친구들이 새로운 의사를 데려왔다. 의사는 병을 진단한 뒤에 환자의 뜰을 여기저기 거닐다가 약초 하나를 뜯었고, 그것을 바르자 오래 앓던 그 병이 즉시 나았다! 이에 모두가 놀라서 의사에게 감사를 표하며, "당신이야말로 그의 목숨을 살렸군요!"라고 찬사의 말을 했다. 그 약초는 환자의 뜰에 늘 있던 것이지만, 그의 고통은 끝나지 않고 있었다. 의사가 그 약초를 발견하여 그것을 발라준 것은 그 환자의 목숨을 살려준 것과 다름이 없지 않은가? 만약 환자나 그의 친구들이 의사가 베풀어준 도움의 가치를 충분히 인식하지 못한 채 "그가 한 일이 뭐지? 이 약초는 늘 우리 뜰에 있던 거잖아"라고 말한다면, 그것은 "진아탐구는 경전에서 이미 이야기한 것인데, 바가반 스리 라마나가 무슨 새로운 발견을 했다는 건가?"라고 하는 사람들의 말과 조금도 다르지 않을 것이다.

게 그것을 새로 안겨준 사람이다. 사실 그 사람이 우리를 부자로 만들어준 것이고, 그 전에는 우리가 확실히 가난했다. 그러나 우리들 가운데는 경전에 있는 진아탐구에 대해 읽어 보기는 했으나 진아 체험을 얻지 못한 사람으로서, 스리 바가반이 가르친 자기탐구의 기법이 가진 더없이 귀중한 도움과 위대함과 새로움을 모른 채 피상적으로 "진아탐구는 이미 경전에서 이야기한 것인데, 스리 바가반이 무슨 새로운 발견을 했다는 건가?"라고 말하는 이들이 있다. 이것은 가난한 사람이 자기 집에 보물이 묻힌 줄을 몰라 그것을 파내어 누리지 못했음에도 "이 보물은 이미 우리 집에 있던 것 아닌가?" 하고 말하는 것과 비슷하다. **그것이 가난한 사람이 한 말과 비슷하다고 우리가 말하는 이유는**, 만약 그가 그 엄청난 보물을 얻고서 그 가치를 알고 그 기쁨을 경험했다면 그는 더 이상 가난뱅이가 아니고, 따라서 친구의 더없이 귀중한 도움을 그렇게 대수롭지 않다는 투로 이야기하지 않았을 것이기 때문이다! 고내 경전들의 문자에만 통달했지 거기서 가르치는 진아탐구를 통해 진아지복의 가장자리조차 체험해 보지 못한 빤디뜨들만이 그런 식으로 이야기할 수 있다. 왜냐하면 그들은 참스승 스리 라마나가 발견하여 세상 사람들에게 안겨준, 진아탐구의 길을 따르기 위한 **그 단서**의 독특한 위대성을 모르기 때문이다. 만일 그들이 그 모든 세월 동안 경전을 공부하여 진아탐구를 닦는 올바른 방법을 발견했다면, 왜 여전히 진아 체험을 얻지 못한 채 분투하고 있어야 한단 말인가? 이와 뚜렷이 대조되지만, 스리 바가반이 안겨준 그 단서의 큰 도움을 통해 실재를 알게 된 모든 사람들은 고대의 경전들에 대해 거의 아는 것이 없었다!

'내가 있다'는 의식이 '나는 이러이러한 사람이다'라는 부가물과 함께 느껴질 때는 하나의 생각이 된다. 모든 생각 중에서 이 생각이 첫 번째이다. 그러나 어떤 부가물도 없이 '나-나'로서만 빛나는 의식은 진아

(*atman*), 곧 절대자(*brahman*)이다. 이것은 하나의 생각이 아니다. 그것은 우리의 '존재(being)'[즉, 우리의 참된 존재성]이다.60) 따라서 경전에서 가르치는 '나는 브라만이다'라는 큰 말씀의 목적은, 브라만이 우리의 순수한 존재성이라는 최종적 체험에 대한 하나의 사전 정보를 우리에게 주기 위한 것이지, 브라만을 우리의 생각들 중 하나로 바꿔 놓기 위한 것이 아니다. 이처럼 '나는 브라만이다'는 우리가 아직 도달하지 못한 우리의 참된 상태에 대한 하나의 사전 정보일 뿐이다. 생각을 넘어선 우리의 존재성에 생각으로 어떻게 도달할 수 있겠는가? 그것은 생각으로 알 수 없으므로, '나는 누구인가?' 하는 탐구를 통해[즉, 자기주시를 통해] '나'라는 생각의 일어남을 종식하고, 그 뒤에 남는 것으로서 안주하는 것이 참으로 '나는 브라만이다'라는 큰 말씀을 실행하는 것이다.

> (…) 실재['나']는 생각을 넘어서 내면에 존재하는데, 누가 그리고 어떻게, 심장이라고 불리는 그 실재에 대해 명상할 수 있는가? 심장 속에서 있는 그대로[즉, 생각 없이] 안주하는 것이 참으로 (그것에 대해) 명상하는 것이라네! 이와 같이 알아야 하네.
> ― 「실재사십송」, 기원시 제1연

참된 브라만 체험(*Brahman-bhava*)을 얻기 전까지는, 우리가 어떤 식으로 브라만에 대해 명상한다 하더라도 그것은 2인칭 또는 3인칭에 대한 하나의 생각에 불과할 것이다. 그러나 그 대신 단순하게 '나, 나'를 명상하면, 그것은 하나의 1인칭 주시이므로 이렇게 명상하기 시작한 그 '나'라는 생각은 그것의 근원 속으로 빠져들어 자신의 형상과 별개의 존재성을 잃어버릴 것이다. 마치 화장터의 장작불을 뒤집는 데 쓰이는 막

---

60) 이것은 다음 장인 '자기탐구'에서 충분히 설명될 것이다.

대기처럼, 그리고 거울에서 반사되어 다시 해 쪽으로 향하는 햇빛의 반사광처럼 말이다. 그래서 만약 우리가 '나는 시바다(sivoham)'나 '내가 그다(soham)' 등을 명상하면 에고가 커지고 강해지는 반면에61) 자기, 곧 '나는 누구인가?'를 주시하면 에고가 죽을 것이다. **그래서 바가반 스리 라마나는 '내가 그다'를 수행법으로서 가르치지 않은 것이다.** 만일 우리가 가려고 하는 어떤 도시에 대한 세부적인 정보가 미리 우리에게 주어진다면 그것은 좋은 보조수단이 될 것이다. 그와 마찬가지로, ('나는 브라만이다'와 같은 큰 말씀으로 우리에게 주어지는) 우리의 최종적 실재가 브라만이라는 사전 정보는 좋은 보조수단이 될 수 있지만, 그것이 수행, 즉 탐구 그 자체일 수 있겠는가? 아니, 그럴 수 없다! 어째서인가? 그 도시에 대한 세부사항을 공부하고, 그것을 거듭 읽어서 암기하고, 그에 대해 명상하는 것은 결코 그 도시로 여행하는 것이 될 수 없다. 큰 말씀들의 경우에도 이와 마찬가지이다! 이것이 바로 스리 바가반이 지은 다음 가르침이 의미하는 바이다.

> (…) '나는 이것이 아니다, 나는 그것이다'라고 명상하는 것은 (어느 면에서) 보조수단일 수는 있으나, 그 자체가 탐구일 수 있겠는가?
> ―「실재사십송」, 제29연

> (…) '우리가 그것이다'라고 명상하는 것은 우리가 진아로서 안주하기 위한 하나의 좋은 보조수단일 수 있다네. (…)
> ―「실재사십송」, 제36연

---

61) "인간은 심지어 '나는 이 하찮은 몸이다'라고 생각할 때조차, 절제 없이 자기가 하고 싶은 대로 잘못 행동하네. 만일 우리가 '나는 브라만 그 자신이다'라고 생각한다면, 어떤 나쁜 짓인들 못하겠는가!"
― 『진어화만절요(Guru Ramana Vachana Mala)』, 제149연

따라서 탐구의 길, 곧 '나는 누구인가?'는 '내가 그다'와 같은 큰 말씀들에 대한 명상이 아니다.

이 진리를 쉽게 드러내는 진지의 두 불길인 스리 바가반의 자비로운 두 눈의 시선에 의한 가르침을 받는 행운도 갖지 못했고, 당신의 가르침을 철저히 탐색해 보려는 의지도 없는 일부 강사들이, 「우빠데샤 사람(Upadesa Saram)」(가르침의 핵심)을 읽은 뒤에 그 제8연의 후반부에서 "'내가 그다'는 다른 모든 명상보다 낫다"고 한 것만 가지고 바가반 라마나도 '내가 그다' 명상만 가르친다고 선전하기 시작한다는 이야기를 우리는 종종 듣는다. 따라서 이 점을 좀 더 깊이 살펴볼 필요가 있다. 타밀어 저작인 「**우빠데샤 운디야르**(Upadesa Undhiyar)」[62]가 그 원본이고, 산스크리트본 「우빠데샤 사람」은 그것을 번역한 것이다. 제8연의 올바른 의미는, 스리 바가반이 어떤 맥락에서 어떤 목적으로 「우빠데샤 운디야르」를 지었는지를 우리가 알면 분명해질 것이다.

스리 바가반의 일편단심 제자이자 위대한 타밀어 시인인 스리 무루가나르는 주主 시바(Lord Shiva)가 그의 헌신자들과 함께 유희하는 것을 묘사하는 『스리 라마나 친존예경親存禮敬(Sri Ramana Sannidhi Murai)』을 지

---

62) 이 저작은 그것을 짓게 된 맥락과 그것을 지은 목적의 견지에서 볼 때에만 우리가 그것을 올바르게 이해할 수 있다. 그것을 「우빠데샤 운디야르」라고 이름 붙인 것은 그것이 '운디야르'라는 타밀시 운율로 지은 '우빠데샤', 즉 가르침이기 때문이다. 스리 바가반은 이 저작을 당신의 타밀어 원문에서 산스크리트로 번역했다. 그것을 「우빠데샤 사람」이라고 이름 붙였는데, 그것은 '가르침의 핵심'이라는 뜻이다. 「우빠데샤 운디야르」의 영역본도 이 제목으로 간행되었다.
  많은 사람들은 스리 바가반이 원래 이 저작을 지은 맥락을 모른 채 제목을 처음 읽으면 이 저작이 스리 라마나의 가르침의 핵심이고, 당신은 세상 사람들의 이익을 위해 자발적으로 그것을 지었을 거라고 짐작한다. 그러나 스리 바가반이 왜, 어떤 맥락에서 이 저작을 지었는지 설명하는 그 다음 문단을 읽어 보면, 당신이 이것을 짓기 시작한 것은 당신 자신의 가르침의 핵심[자기탐구]으로 지은 것이 아니라, 고대의 주主 시바가 주는 가르침의 핵심으로 지은 것임을 독자들은 이해할 것이다. 또한 당신의 다른 모든 저작들도 그렇지만, 「우빠데샤 운디야르」는 당신이 자발적으로 지은 것이 아니라 한 헌신자의 요청에 의해 지은 것이라는 점도 분명히 알게 될 것이다.

을 때, 고대에 다루까(Daruka) 숲 속에 살던 사람들의 이야기를 운디야르(undhiyar)라는 운율로 읊고 있었다. 그 사람들은 의식儀式 행법을 닦으면서 기만적인 에고성 때문에 엄청나게 자만심에 빠져, 욕망의 행위(欲業, kamya karmas)63) 외에는 어떤 신도 없다고 느끼고 있었다. 이리하여 주 시바가 그들을 그릇된 소견을 바로잡고 그들에게 올바른 길을 보여주기 위해 가르침을 주는 대목에 이르렀을 때, 스리 무루가나르는 아루나찰라 시바 자신인 바가반 스리 라마나만이 주 시바의 영적인 조언을 베풀 수 있는 유일한 권위자라는 것을 깨달았다. 그는 바가반께 그 저작에서 30연이 배정되어 남아 있는 자리에 그 가르침을 지어 이 이야기를 완성해 달라고 청했다. 그래서 바가반 라마나는 그 이야기를 이어서, 주 시바가 당시 다루까 숲 속에 살던 사람들에게 주는 가르침인 「우빠데샤 운디야르」를 짓기 시작했다. 처음 두 연에서는 욕망을 가지고 하는 행위를 비난하며, 제3연부터 제15연(도합 13연)까지는 무욕의 행위(nishkamya karmas), 헌신 그리고 라자 요가의 세 길에 대해 경전들이 지금까지 이야기해 온 것 모두를 스리 바가반이 요약하고 있다. 이 15개 연에서는 스리 바가반이 지知의 길에 대해 전혀 언급하지 않는다. 스리 바가반은 제3연 내지 제6연에서 예공禮供(puja)과 염송에 대한 가르침을 준 다음 제7연과 제8연에서 고대의 명상법들을 우선순위에 따라 묘사하며, (제8연에서) "'내가 그다'를 명상하는 것이 타자로서의 그 [신]에 대해 명상하는 것보다 낫다"고 한 것은 단지 이러한 맥락에서이다. 스리 바가반은 주 시바가 고대에 다루까 숲에 사는 사람들에게 준 가르침의 핵심을 다시 들려달라는 청을 받았기 때문에, 고대의 길들도

---

63) 욕망의 행위(kamya karmas): 욕망을 이루기 위하여 하는 행위. 지금 이 문맥에서는 의식의 거행, 즉 베다의 일부인 뿌르와 미망사(Purva Mimamsa)('의식'행위를 다루는 베다의 전반부인 '행위부(Karma Kanda)'—역주)에 나오는 가르침을 가리킨다.

요약할 필요가 있었던 것이다. **따라서 제3연부터 제15연까지[주 시바의 가르침 부분]는 스리 바가반의 직접 체험에 기초한 가르침으로 보면 안 된다. 자기탐구야말로 스리 바가반의 직접적인 가르침이다.**

어떤 이들은 이렇게 물을지 모른다. "좋다, '내가 그다'는 명상은 스리 바가반의 실제적인 가르침이 아닐 수도 있다. 그러나 제9연에서 '그러한 명상의 힘으로써, 명상의 범위를 넘어선 자신의 참된 존재 안에 머무르는 것이야말로 지고한 헌신의 본질이라네'라고 한 것은 해탈, 곧 지고의 헌신이 그러한 명상의 힘으로도 성취될 수 있다는 것을 의미하지 않는가?"라고. 그러면 한 구도자의 수행 노선에서 그러한 명상의 힘이 무엇이며, 그 힘을 통해 그의 내면에서 어떤 변화가 일어나는지 살펴보자. 그 구도자가 예공, 명상 등 제3연부터 제7연까지 묘사된 고대의 방법들을 수행하는 시간 내내 그의 마음은 신이 어떤 2인칭 또는 3인칭 대상이라고 상상하고 있었다. '내가 그다' 명상을 하라고 한 이유는, 이 무지를 제거하고 구도자가 이 큰 말씀의 언구에 대한 완전한 믿음을 얻는 데 도움을 주고, 그럼으로써 그에게 '신은 실로 1인칭의 실체다'라는 확신을 심어주기 위한 것이었다. **그러한 확신의 힘이 제9연에서 말하는 명상의 힘**(bhava bala)**이다.** 그러나 신이나 브라만이 1인칭의 실체라는 확신을 얻기 위해 왜 이렇게 우회로를 택한단 말인가! 다루까 숲 속의 의식주의자들은 막다른 길에 봉착해 있었으므로, 주 시바가 그러한 우회로를 통해 그들을 이끌어 주어야만 했다. 그러나 「실재사십송」 제14연에서 "1인칭이 존재해야만 2인칭과 3인칭이 존재할 것이네"라는 스리 바가반의 가르침을 들을 때, 왜 우리는 즉시 '2인칭과 3인칭은 그 뿌리인 1인칭 때문에 살아 있을 뿐'[64]이라고 확신하고 진아 쪽으로 직

---

64) 여기서 독자들이 기억을 새로이 하려면, "더욱이 신이 ……"로 시작되는 제5장의 끝에서 둘째 문단(125-126쪽) 이하를 보시기 바란다.

접 향하지 않는가? 스리 바가반은 당신의 길로 오지 않고 2인칭과 3인칭 쪽으로 노력을 쏟는 구도자들을 궁극적으로 다시 데려오기 위해, 이것을 고대의 모든 방법들 중에서 가장 나은 것으로 추천한 것이다. 왜냐하면 그것은 하나의 사전 정보로서, 구도자들이 주의를 1인칭 쪽으로 돌리게 하는 보조수단 역할을 하기 때문이다. 남의 외양간에 매어 둔 소의 경우 그 주인이 여러 번 와서 소를 쓰다듬고 먹이를 주면서 소가 자신과 친숙해지고 안면을 익히게 하면, 그 소는 그가 자기 주인이라는 확신이 생길 것이다. 그가 자기 주인이라는 확신의 힘(bhava bala)을 소가 얻고 난 뒤에 그 주인이 소를 자기 외양간으로 데려가면, 소는 이미 그와 친숙해져 있기 때문에 순순히 그곳에 머무르게 될 것이다.

경전에 나오는 말벌과 유충의 비유[65]는 구도자가 수행 중 이 확신의 힘을 얻는 과정을 보여주기 위한 것일 뿐이다. 그것을 개아가 생각을 통해 브라만이 된다는 의미로 받아들여서는 안 된다. 왜냐하면 브라만의 상태는 (애벌레에서 말벌이 만들어지듯이) 다른 어떤 것에서 새로 만들어지는 것이 아니기 때문이다. 그것은 우리의 본래적 상태이며, 어떤 변화도 겪지 않는다.

> 이 존재[즉, 브라만]—당신의 두 발입니다, 오 라마나시여—는 다른 어떤 것과 결합하는 것이 아니고, 다른 어떤 것이 되는 것이 아니며, 지겨워해야 할 것이 아니고, 파괴해야 할 것이 아니고, 어떤 이유로도 뜨고 지는 것이 아닙니다!
> ―「스리 라마나 사하스람」, 제233연

---

65) 말벌과 유충의 비유(bramara kitaka nyaya): 어떤 종류의 인도 말벌은 다른 곤충의 애벌레를 잡아와서 자기 둥지에 넣어둔다. 말벌은 둥지로 돌아올 때마다 그 애벌레를 쏘는데, 때가 되면 애벌레는 말벌로 변한다. 애벌레가 말벌이 되는 것은 그것이 두려움 때문에 끊임없이 말벌을 생각하기 때문이라고 믿어진다.

그러니 어떤 것이 새로 그것이 될 수 있다고 말하면, 그것이 브라만의 완전한 상태의 영원한 본질과 부합하겠는가?

> 수행하는 동안은 이원성이 있고, 성취하고 나면 비이원성이 있다고 하는 주장도 맞지 않네. (…) 　　　— 「실재사십송」, 제37연

그러한 명상의 힘을 통해서 '나의 참된 존재-의식이 곧 신 또는 브라만이다'라는 확신이 구도자의 내면에 잘 자리 잡히고 나면, 적절한 순간에 '나는 항상 존재하지 않는가! 그렇다면 왜 존재하기 위해 명상해야 하나?' 하는 앎이 번뜩일 것이고, 그리하여 그의 주의가 홀연히 거두어들여져 자신의 존재-의식에 고정될 것이다. 이 자기주시가 정확히 자기탐구의 기법이다. 이 자기주시를 통해 '나는 브라만이다' 명상은 이제 불필요한 것이 되므로, 구도자는 자신의 참된 존재, 곧 '내가 있다(aham asmi)'는 무념의 의식 상태 안에 머무른다. 이것이 바로 제9연에서 이야기하는 것이다. 여하튼 구도자 안에서 결국 일어나야 하는 것은 자기주시, 즉 스리 바가반이 가르친 자기탐구이다. **자기**(진아)를 향한 이 사랑이 (제9연에서 말하는) 지고한 헌신의 본질이며, 그것이 해탈이다.

이어서 제16연 내지 제29연에서 스리 바가반은 지知의 길을 설명한다. 여기서도 경전이 가르치는 길과 스리 바가반이 가르치는 길 간의 미세한 차이점에 유의해야 한다. 첫째, 제16연부터 제20연까지 스리 바가반은 '나는 누구인가?'의 탐구[자기에 대한 주시]를 하는 방법을 분명하게 설명한다. 그런 다음 당신은 제21연66)에서 '나'라는 말이 의미하는

---

66) "이것['나-나', 즉 진아]이 늘(세 가지 상태와 과거, 현재, 미래 모두에서) '나'라는 말의 참된 의미라네. 왜냐하면 에고-'나'가 없는 잠 속에서조차 우리는 존재하지 않은 것이 아니므로." 　　　— 「우빠데샤 운디야르」, 제21연

진정한 실체는 진아 그 자체라는 이해를 우리에게 제공하고 나서, '나'의 진리는 진아이므로,

> 몸, 생기, 마음, 지성 그리고 무지의 어둠—이 모든 것[다섯 껍질]은 지각력이 없고(*jada*) 실재하지 않으므로(*asat*), '나', 곧 존재하는 것(*sat*)이 아니라네.　　—「우빠데샤 운디야르」, 제22연

라고 당신의 판정을 내린다. 고대의 경전들은 진아탐구를 다섯 껍질을 '내가 아니다, 내가 아니다(*neti, neti*)'로 부정하는 것으로 묘사한다. 그러나 구도자들은 그것을 하는 법을 모른 채 분투한다. 그래서 스리 바가반은 먼저 우리에게 (제16연부터 제20연까지) 자기를 주시하는 기법, 즉 '나'가 실제로 무엇인지를 아는 수단을 제시하고, 그런 다음 제22연에서 다섯 껍질을 부정하는 것은 진정한 '나'를 아는 결과임을 지적한다. 이와 같이 당신은 '나', 곧 자기(진아)를 주시하는 것 자체가 다섯 껍질, 즉 비진아를 부정하는 방법임을 암시한다. 그래서 스리 바가반은 「우빠데샤 운디야르」에서 지知의 길(*jnana marga*)을 수정하여, 고대의 경전에서 선후가 뒤바뀌어 묘사된 과정을 새롭고 실용적인 순서로 다시 정리한 것이다. 즉, 수행으로 제시되었던 부정법(*neti, neti*)이 이제는 결과로 제시된다! 이와 같이 스리 바가반은 제16연부터 제29연까지 '나는 누구인가?'의 탐구가 올바른 지知의 길임을 가르치고, 제30연에서 진아를 알고 진아 안에 머무르는 것이 유일하게 올바른 따빠스이며, 달리 그 어떤 것도 올바른 따빠스가 아니라고 선언하면서 「우빠데샤 운디야르」를 마무리한다.

제7장
자기탐구

'자기탐구(Self-enquiry, *atma-vichara*)'라는 말을 들으면 사람들은 일반적으로 그것이 (아뜨만인) 진아를 탐구하거나 진아에 대해 탐구하는 것을 의미한다고 여긴다. 그러나 그것을 어떻게 하는가? 누가 진아를 탐구하며, 누가 진아에 대해 탐구하는가? 탐구란 실제로 무엇을 의미하는가? 그런 의문들이 자연스럽게 일어난다. 그렇지 않은가?

자기(진아)탐구나 브라만 탐구(*Brahma-vichara*)라는 용어를 듣는 순간, 우리들 중 많은 사람들은 자연스럽게 우리 몸 안에 (진아라는) 모종의 광휘나 어떤 무형의 힘이 있으며, (탐구를 하면) 그것이 무엇이고, 어디 있고, 어떻게 있는지를 우리가 알아내게 될 거라고 생각한다. 이런 관념은 올바르지 않다. 왜냐하면 진아는 그것을 알려고 하는 우리가 알 수 있는 어떤 대상으로 존재하지 않기 때문이다! 진아는 그것을 알려는 그 사람의 성품으로서 빛나기 때문에, 자기탐구는 어떤 2인칭이나 3인칭 대상을 탐구한다는 의미가 아니다. 우리가 이것을 이해하도록 하기 위해, 바가반 라마나는 처음부터 자기탐구에 '나는 누구인가?'라는 이름을 붙여서 우리의 주의를 1인칭으로 직접 이끌었다. '나는 누구인가?' 하는 이 물음에서 '나'는 자기를 의미하고, '누구'는 탐구를 나타낸다.

자기를 탐구하는 것은 누구인가? 누구에게 이 탐구가 필요한가? 진아에게? 아니다. 진아는 늘 성취되고, 늘 순수하며, 늘 자유롭고, 늘 지복스러운 전체이므로, 그것은 어떤 탐구도 하지 않을 것이고, 그럴 필요도 없다! 좋다, 그렇다면 그 탐구를 필요로 하는 것은 에고일 뿐이다. 이 에고가 진아를 알 수 있는가? 앞 장들에서 말했듯이 이 에고는 하나의 거짓된 겉모습이어서 그 자신의 존재성이 없다. 그것은 잠 속에서는 가라앉아 형상을 잃는 하나의 사소하고 극미한 '나'의 느낌이다. 그러면 진아는 에고가 알 수 있는 하나의 대상이 될 수 있는가? 아니, 에고는 진아를 알 수 없다! 따라서 **진아에게는 자기탐구가 불필요하고 에고에게는 진아지가 불가능하다**는 것이 드러날 때, 이런 의문들이 일어난다. "그렇다면 자기탐구를 하는 실제적 방법은 무엇인가? 왜 경전에는 이 '진아탐구'라는 용어가 나오는가?" 우리는 이렇게 조사하여 답을 알아낼 수 있는가? 그렇게 해 보자.

스리 바가반이 '탐구'라는 용어를 사용할 때의 의미와, 경전에서 그 말을 사용하는 방식은 차이가 있다. 경전들은 다섯 껍질, 즉 몸, 생기, 마음, 지성 그리고 무지의 어둠을 '내가 아니다, 내가 아니다' 하고 부정하는 것을 옹호한다. 그러나 그것을 부정하는 것은 누구이며, 어떻게 부정하는가? 만약 마음(혹은 지성)이 그것을 부정한다면, 그것은 기껏해야 자신이 보는 대상인 지각력 없는 육신과 생기를 부정할 수 있을 뿐이다. 그 이상으로 마음이 어떻게 그 자신, 곧 자신의 형상을 부정할 수 있겠는가? 그리고 그것이 자신을 부정할 수 없는데, 어떻게 그것의 지각 범위를 넘어서 있는 다른 두 껍질, 즉 지성과 무지의 어둠을 부정할 수 있겠는가? 따라서 진아로서 머무르기 위해 탐구를 할 때 마음은 '나는 이 몸이 아니다, 나는 이 생기가 아니다'라고 마음속으로 염하는 것 외에 더 이상 무엇을 할 수 있겠는가? 이것으로 볼 때, '탐구'는 하나가 다른 하나에 대해 탐구하는 과정이 아닌 것이 분명하다. 그래서 스리 바가반이 가르친 '나는 누구인가?'의 탐구는 **자기주시**(Self-attention) [즉, 1인칭인 '나'라는 느낌에 대한 주의]를 뜻한다고 보아야 한다.

마음의 본질은 늘 그 자신 아닌 사물들에 주의를 기울이는 것, 즉 2인칭과 3인칭만을 아는 것이다. 이런 식으로 마음이 어떤 사물에 주의를 기울인다면, 그것은 마음이 그 사물에 고착된다[집착한다]는 것을 의미한다. **주의 자체가 집착이다!** 마음이 몸과 생기에 대해 생각하게 되므로—'이건 아니다! 이건 아니다!'를 판정할 의도로 그러는 것이기는 하나—그 같은 주의는 그것들에 집착하는 하나의 수단일 뿐 그것들을 부정하는 수단은 될 수 없다! 이것은 참된 구도자라면 누구나 수행에서 경험하는 것이다. 그렇다면 여기에 숨겨진 비밀은 무엇인가?

우리가 알든 모르든, 지금 우리가 모른다고 잘못 알고 있는 **진아는 진실로 우리의 실체**이므로, 우리[지고한 진아]의 주의의 성품 자체가 은총(진아의 힘)인 것이다. 이것은 우리가 주의를 기울이고, 주시하고,[67] 관찰하거나 바라보는 것이 무엇이든, 그 사물은 은총의 축복을 받아 길러

---

67) 생각과 사건들을 주시하는 수행은 오늘날 강사들과 저자들이 많이 권하는 것이지만, 스리 바가반은 그것을 결코 조금도 권하지 않았다. 사실 당신은 수행 중에 생각들이 일어날 때는(즉, 주의가 2인칭이나 3인칭 쪽으로 벗어날 때는) 어떻게 해야 하느냐는 질문을 받을 때마다, 예전에 당신이 「나는 누구인가?」에서 스리 시바쁘라까샴 삘라이에게 답변하신 것과 같은 방식으로 답변하곤 했다. 그 책에서 당신은 이렇게 말한다. "만일 다른 생각들이 일어나면, 그것들을 완성하려 하지 말고 그것들이 누구에게 일어났는지를 탐구해야 합니다. 아무리 많은 생각이 일어난다 하더라도 무슨 상관 있겠습니까? 한 생각이 나타나는 바로 그 순간, 깨어 있는 마음으로 '이것이 누구에게 일어났는가?' 하고 탐구하면, '나에게'라는 것을 알 것입니다. 그럴 때 '나는 누구인가?' 하고 탐구하면 마음[우리의 주의력]은 (생각으로부터) 그 근원[진아]으로 돌아갈 것입니다." 더욱이 그 책의 뒤쪽에서 "다른 것에 주의를 기울이지 않는 것이 무집착 혹은 무욕입니다"라고 할 때, 우리는 자기 아닌 어떤 것에 주의를 기울이는[주시하거나, 지켜보거나, 관찰하거나, 보는] 것 자체가 집착이라는 것을 분명히 이해해야 하며, 이렇게 이해할 때 우리는 오늘날의 이른바 구루(스승)들이 가르치는 '무집착으로 모든 생각과 사건들을 지켜보라'거나 '그대의 생각을 주시하되, 거기에 집착하지 말라'와 같은 지침들이 얼마나 무의미하고 비실용적인지 깨닫게 될 것이다.

지고 변성할 것임을 의미한다. 비록 지금은 우리가 자신을 하나의 개아라고 생각하지만, 사실 우리의 주의력은 진아의 '아는 힘(*chit-sakti*)'의 한 반영물에 지나지 않기 때문에, 그 주의력이 미치는 혹은 고정되는 대상은 은총에 의해 길러지고 더욱 더 변성한다! 따라서 마음의 주의력이 2인칭과 3인칭 쪽으로 더욱 더 향할 때, 그 대상들에 주의를 기울이는 힘(*kriya-bala*)과 무지—그것들에 대한 생각의 형태를 한 다섯 감각 지식—둘 다 더욱 더 자라날 것이고, 결코 가라앉지 않을 것이다! 우리는 이미 우리의 모든 생각은 2인칭과 3인칭 대상에 대한 주의에 지나지 않는다고 말하지 않았는가? 따라서 우리가 마음, 곧 세계의 형상들[2인칭과 3인칭 대상들]인 생각에 주의를 기울이면 기울일수록, 그것들은 몇 배로 늘어나며 변성할 것이다. 이것은 실로 하나의 장애이다. 우리의 주의—은총의 시선(*anugraha-drishti*)—를 그 위에 두면 둘수록, 마음의 동요하는 성질과 들뜸이 증가할 것이다. 그래서 마음은 '나는 이것이 아니다, 나는 이것이 아니다'라는 **생각으로 무엇을 부정하기**가 불가능하다.68) 반면에 만약 우리의[진아의] 주의가 우리 자신에게만 향하면 우리의 존재에 대한 앎만이 길러지고 마음에는 주의가 가지 않으므로, 마음은 우리의 은총의 뒷받침이라는 힘을 빼앗긴다. "쇠와 짓궂은 장난은 쓰지 않고 내버려두면 녹이 슨다"는 타밀 속담처럼, 그것들에 주의를 기울이지 않으면 은밀하고 짓궂게 일어나는 성품을 지닌 모든 원습의 씨앗들이 조용히 있을 수밖에 없고, 그래서 그것들은 물기를 빼앗긴 씨앗처럼 말라 버리고 약해져서 생각이라는 식물로 싹이 트지 못한다. 그럴 때 진아지(*jnana*)의 불길이 솟구쳐 나오면 이 원습들은 잘 마른

---

68) 그래서 욕정, 분노 등과 같은 나쁜 생각을 없애기 위해 그것들과 싸우면서 그것들에 대해 생각하는 구도자들은 실패하는 반면, 자신의 생각들에 무관심한 채 자기에게 오롯한 주의를 기울이는 자기탐구 수행자들은 그런 것들을 수월하게 지나친다.

땔나무처럼 다 불타 버린다.

이것이야말로 모든 원습의 완전한 소멸을 가져오는 방법이다.

누가 우리에게 "동쪽을 버려라"고 할 때, 그렇게 하는 실제적 방법은 "서쪽으로 가라"는 말을 들은 것처럼 행동하는 것이다. 그와 마찬가지로, "진아 아닌 다섯 껍질을 버려라"는 말을 들었을 때 우리가 그 비진아를 버리는 실제적 방법은 우리 자신에게 주의를 집중하여 '이 나는 무엇인가?' 혹은 '나는 누구인가?' 하는 것이다. '나는 이것이 아니다, 이것이 아니다'라고 생각하는 것은 **소극적 방법**이다. 스리 바가반은 이 소극적 방법이 '원숭이를 생각하지 말고 약을 마시라'[69]고 말하는 것만큼이나 비실제적임을 알고, 우리에게 '코끼리를 생각하면서 약을 마시라'는 단서를 줌으로써 이제 원숭이를 생각하지 않고 약을 마시는 실제적인 방법을 보여준 것이다. 즉, 당신은 고대의 소극적 방법을 개혁하여 '나는 누구인가?'라는 **적극적 방법**을 우리에게 베풀어 주었다.

> (…) 진실로 에고가 모든 것이네! 그래서 '그것이 무엇인가?'[즉, '이 에고인 나는 누구인가?'] 하는 탐구가 모든 것을 참으로 포기하는 것이네. 이와 같이 알아야 하네! ─「실재사십송」, 제26연

진실로, 모든 것[다섯 껍질과 그것들의 투사물인 이 모든 세계]은 에고이다. 그래서 '나'라는 느낌에 주의를 기울이는 것, 곧 '그것은 무엇인가?' 혹은 '이 나는 누구인가?'야말로 다섯 껍질을 포기하고, 그것들을 내버리고, 제거하고, 부정하는 것이다. 이처럼 바가반 라마나는 자기주시야말

---

[69] 전해지는 이야기에서, 한 의사가 어떤 환자에게 약을 처방하면서 원숭이를 생각하지 않을 때만 약을 먹어야 한다는 조건을 붙였다. 그러나 환자는 그 조건 하에서 약을 먹을 수 없었다. 약을 마시려고 할 때마다 어김없이 원숭이에 대한 생각이 솟아올랐기 때문이다.

로 다섯 껍질을 제거하는 올바른 기법임을 명확하게 선언하고 있다!

그렇다면 경전들은 어떤 목적에서 '탐구'라는 용어를 '아니다, 아니다 (neti, neti)'의 방법을 뜻하는 말로 사용했는가? '아니다, 아니다'에 의해서는 우리가 본서 제4장 네 번째 문단에서 제시한 시험기준—즉, "어떤 사물이 없을 때에도 우리가 '내가 있다'는 경험을 할 수 있다면 그 사물은 확실히 '나'가 아니다"라는 기준을 지적知的으로[즉, 간접지를 통해] 구성할 수 없는가? 앞에서 말한 다섯 껍질이나 세 가지 몸에 속하는 '나는 몸이다'라는 그릇된 앎이 존재하는 한, 1인칭에 대해 우리가 기울이는 주의는 자동적으로 하나의 껍질 또는 하나의 몸—즉, 어떤 2인칭에 대한 주의에 불과한 것이 되지 않겠는가! 그러나 이 시험기준을 사용하면, 그런 모든 주의들은 1인칭에 대한 적절한 주의가 아니라는 것을 발견할 수 있지 않은가? 따라서 우리가 방향을 잃지 않고 자기주시를 수행하기 위해서는 무엇보다 먼저 그런 것들은 '나'가 아니라는 지적인 확신을 가질 필요가 있다. 우리는 분별70)에 의해서만 이러한 확신을 얻는데, 이것을 경전에서는 '탐구'라고 이름 붙였다. 그러면 그와 같이 분별을 하고 난 구도자는 무엇을 해야 하는가? 이 다섯 껍질에 대한 주의가, 설사 그것들을 제거하려는 의도가 있다 해도 어떻게 자기에 대한 주의가 될 수 있겠는가? 그러므로 자기탐구를 수행할 때는 다섯 껍질 중 어느 것도 주의의 대상으로 삼지 말고, 자기 자신으로서, 단일한 것으로서, 그리고 이 껍질들의 주시자이자 그것들로부터 초연한 것으로서 존재하고 빛나는, '나'라는 의식에만 우리의 주의를 고정해야 한다.

이제까지 마음이나 지성으로 불렸던 우리의 주의력은 어떤 2인칭이나 3인칭 쪽으로 향하는 대신, 이제 이와 같이 1인칭 쪽으로만 향해지

---

70) 앞의 제4장에서 다룬 분별도 같은 목표를 염두에 두고 있지만, 그것은 탐구의 실제 과정은 아니다. 뒤의 제8장에서 설명하는 것이야말로 자기탐구의 실제적인 방법이다.

지 않는가? 우리가 공식적으로는 그것을 '향해진다'고 말하지만, 실은 그것은 향하게 하거나 향해지는 형태의 어떤 '함'의 성품(kriya-rupam)을 가지고 있지 않다. 그것은 '있음'이나 '존재함'의 성품(sat-rupam)을 가지고 있다. (생각들을 포함한) 2인칭과 3인칭은 우리에게 낯설거나 외부적이기 때문에, 그것들에 기울이는 우리의 주의는 '함'의 성품을 가지고 있었다. 그러나 바로 이 주의가 낯설지 않은 1인칭의 느낌인 '나'에 고정될 때는, 그것이 '기울임'의 성질을 잃고 '있기'의 형상으로 남으며, 따라서 그것은 '함 아님(akarya)', 곧 무위(nishkriya)의 성질을 갖는다. **우리의 주의력이 2인칭과 3인칭 위에 머무르는 한, 그것은 '마음'이나 '지성'으로 불리며, 그 주의 기울임을 '함**(kriya)**'이나 행위**(karma)**라고 부른다. 마음이 행하는 것만이 행위이다.** 그러나 다른 한편, 주의가 1인칭[자기]에 고정되자마자 그것은 마음, 지성 혹은 에고 의식과 같은 비천한 이름들을 상실한다. 더욱이 그 주의는 더 이상 행위도 아니고, **무위**, 곧 '고요히 있음'의 상태이다. **따라서 자기를 주시하는 마음은 더 이상 마음이 아니다. 그것은 진아의 의식 측면**(atma-chit-rupam)**이다! 마찬가지로, 그것이 2인칭과 3인칭들[세계]에 주의를 기울이는 한, 그것은 진아의 의식 측면이 아니다. 그것은 의식의 반사된 형태**(chit-abhasa-rupam) **인 마음이다!** 따라서 자기주시는 어떤 '함'이 아니고, 행위가 아니다. 즉, 진아만이 진아를 깨닫는다. 에고는 깨닫지 못한다!

자기주시, 즉 자기탐구에 대한 불타는 열망을 얻은 마음을 충분히 성숙된 마음(pakva manas)이라고 한다. 그것은 이제 어떤 2인칭이나 3인칭에 주의를 기울일 뜻이 전혀 없으므로, 무욕의 정점에 이르렀다고 말할 수 있다. 그도 그럴 것이, 온갖 욕망과 집착은 2인칭과 3인칭들에만 속하지 않는가? (앞 장들에서 보았듯이) '나'로서만 빛나는 의식이 완전하고 진정한 행복의 원천임을 아주 잘 이해한 이 마음이 이제 **행복에**

대한 자신의 자연적인 갈망 때문에 진아를 추구하므로, 자기에게 주의를 기울이려는 이 강렬한 욕망은 실로 최고 형태의 헌신이다. **그러한 헌신과 무욕을 통해 그와 같이 충분히 성숙된 마음의 바로 이 자기주시야말로, 바가반 스리 라마나가 가르친 '나는 누구인가?'의 탐구라고 해야 하는 것이다!** 그러면 적어도 스리 라마나의 길로 들어와서 기꺼이 자기주시를 하기로 동의한 그런 성숙된 마음이라면, 진아를 깨닫게 되지 않겠는가? **아니, 아니, 그것은 자신의 죽을 운명을 개시한 것이다!** 자살하기로 동의한 그것은 (자기주시를 통해) 자기 목을 자신이 희생될 단두대 위에 올려놓는다! 어떻게? 그것이 2인칭과 3인칭들에 주의를 기울이는 한에서 그것은 '마음'이라는 이름을 가졌지만, 자기주시가 시작되자마자 그것의 이름과 형상[마음이라는 이름과 생각이라는 형상]이 상실된다. 그래서 우리는 더 이상 마음이 자기주시나 자기탐구를 한다고 말할 수 없다. 자기에게 주의를 기울이는 것은 마음이 아니고, 마음이 아닌 진아의 의식 측면의 자연스럽고 자발적인 자기주시도 활동이 아니다!

> 만일 어떤 사람이, 자신은
> 적절한 탐구를 통해 내면으로 뛰어들어
> 진아를 깨달았다고 말한다면,
> 그것은 새빨간 거짓말일 것이네!
> 알기는커녕 죽게 되어 있는
> 아무짝에도 쓸모없는 에고의 가치여!
> 오직, 진아인 아루나찰라에 의해서만
> 진아가 알려진다네!
> ─ 「스리 아루나찰라 벤바(*Sri Arunachala Venba*)」,71) 제39연

---

71) (역주) 아루나찰라를 찬양하여 저자가 지은 시 작품. 100연으로 되어 있다.

'내가 있다(I am)'는 느낌은 우리 모두에게 공통되는 경험이다. 여기서 '있다(am)'는, 의식 혹은 앎이다. 이 앎은 외부적인 어떤 것에 대한 앎이 아니라 자기 자신에 대한 앎이다. 이것이 **의식**(*chit*)이다. 이 의식이 '우리'이다. "우리는 진실로 의식이라네"라고 스리 바가반은 「우빠데샤 운디야르」 제23연에서 말한다. 이것이 우리의 '있음'[우리의 참된 존재성], 곧 **존재**(*sat*)이다. 이것을 '**존재하는 것**(*ulladhu*-실재)'이라고 한다. 그래서 '내가 있다'에서 '나'는 존재이고, '있다'는 의식이다. 진아, 곧 우리의 존재-의식의 성품이 '내가 있다'는 순수한 의식으로서만 빛나지 않고, 어떤 부가물(*upadhi*)과 혼합되어 '나는 사람이다, 나는 라마다, 나는 이것 또는 저것이다'로서 빛날 때, **이 혼합된 의식이 에고이다**. 이 혼합된 의식은 하나의 이름과 형상을 붙들어야만 일어날 수 있다. 우리가 '나는 사람이다, 나는 라마다, 나는 앉아 있다, 나는 누워 있다'고 느낄 때, 우리는 몸을 '나'로 착각하고 있고, 그 몸의 이름과 자세를 '내가 이것이고, 내가 이러하다'고 여기고 있음이 분명하지 않은가? 지금 일어난 '이것이다'와 '이러하다'는 느낌이 '내가 있다'는 순수한 의식과 혼합된 것을 '**생각**'이라고 한다. **이것이 최초의 생각이다**.

'나는 사람이다, 나는 아무개다'라는 느낌은 하나의 생각일 뿐이다. **그러나 '내가 있다'는 의식은 하나의 생각이 아니다. 그것은 우리의 '있음'의 성품 자체이다**. '나는 이것이나 저것이다'라는 혼합된 의식은 우리의 '있음'에서 일어나는 하나의 생각이다. 이 생각이 일어난 뒤에야 혼합된 의식(1인칭), 2인칭과 3인칭들에 대한 앎인 저 다른 모든 생각들이 생겨난다.

> 1인칭이 존재해야만 2인칭과 3인칭이 존재한다네!
> ― 「실재사십송」, 제14연

이 혼합된 의식, 곧 1인칭을 우리의 '일어남' 혹은 에고의 일어남이라고 한다. 이것이 원초적인 사고(adi-vritti)이다! 그래서 이렇게 말한다.

> 생각하기는 하나의 사고 작용(vritti)이지만, 있음은 사고 작용이 아니라네! (…)
> ―「자기탐구 11연시」, 제1연

순수한 존재-의식인 '내가 있다'는 하나의 생각이 아니다. 이 의식은 우리의 성품(swarupam)이다. '나는 사람이다'는 우리의 순수한 의식이 아니다. 그것은 우리의 생각일 뿐이다! 이와 같이 무엇보다도 우리의 '있음'과 우리의 '일어남' 간의[즉, 존재와 사고 간의] 차이를 이해하는 것이 '나는 누구인가?'의 탐구에 착수하는 구도자들에게 필수적이다.

바가반 스리 라마나는 자기탐구를 '나는 누구인가?' 형태로 할 수도 있고, '나는 어디서 오는가(Whence am I)?' 형태로 할 수도 있다고 조언했다. 이 두 의문문을 들은 많은 구도자들은 지금까지 그에 대해 다양한 의견들을 가졌고, 그 중의 어느 것을 수행하고 어떻게 수행할지에 대해 헷갈려 하고 있다! 두 문장이 동일하다고 생각하는 사람들 중에서도 많은 사람들은 피상적인 이해만 지닌 채 그것이 어째서 동일한지 깊이 살펴보지 않았다. 전자의 물음인 '나는 누구인가?'를 따르고자 하는 사람들 중 일부는 단순히 '나는 누구인가? 나는 누구인가?' 하고 소리 내어 혹은 마음속으로, 마치 그것이 하나의 진언염송인양 앵무새처럼 되풀이하기 시작한다. 이것은 완전히 잘못된 것이다! 이런 식으로 '나는 누구인가?'의 염송을 하는 것은 '나는 브라만이다' 등과 같은 큰 말씀에 대해 명상하거나 그것을 염송하는 것만큼이나 좋지 않으며, 그리하여 그것을 가르쳐 준 목적 자체를 망치게 된다! 스리 바가반 자신이 "'나는 누구인가?'는 염송을 하라는 게 아닙니다!"라고 되풀이해서 이야기했다.

또 어떤 사람들은 자신들이 두 번째 의문형인 '나는 어디서 오는가?'를 따르고 있다고 생각하고, 가슴 오른쪽(그들이 영적인 심장으로서 어떤 것을 상상하는 곳)에 집중하려고 애쓰면서 '나는 여기서 나온다'와 같은 어떤 답을 기대한다! 이것은 몸 안의 여섯 차크라 중 하나에 대해 명상하는 고대의 방법보다 결코 나을 것이 없다! 그도 그럴 것이, 몸 안의 어떤 곳을 생각하는 것은 하나의 2인칭 주시[대상적 주시]에 불과하지 않은가? 우리가 자기탐구의 기법을 설명하기 전에 그런 모든 오해를 제거하는 것이 무엇보다 중요하지 않겠는가? 따라서 그런 오해들이 어떻게 제거될지 보기로 하자.

산스크리트어로 '아뜨만(atman)'이라는 말과 '아함(aham)'이라는 말은 둘 다 '나'를 뜻한다. '아뜨마-비짜라(atma-vichara)[자기탐구]'는 '이 나는 누구인가?'를 추구하는 하나의 주의 집중을 의미한다. 그것을 **나-주시**, **자기주시** 혹은 **진아안주**라고 할 수도 있다. 이처럼 여기서 말하는 '나'라는 의식은 1인칭 느낌이다. 그러나 우리가 이미 말했듯이, '나는 이것이다'나 '나는 저것이다'와 같은 부가물들과 혼합된 그 의식은 에고 혹은 개아(jiva)인 반면, 부가물들이 없이 '나-나'(혹은 '나는 내가 있다는 것이다')로서만 빛나는 **순일 무잡한 의식**은 진아(Atman), **절대자**(Brahman) 혹은 신(Iswara)이라는 것을 이해해야 한다. 그렇다면 그것은 1인칭 의식인 '나'가 에고일 수도 있고 진아일 수도 있다고 말하는 것과 다름없지 않은가? 모든 사람들이 일반적으로 에고의 느낌['나는 몸이다]을 '나'라고 여기기 때문에 에고에 '자아(atman)'라는 이름도 붙고, 일부 경전에서는 지금도 이를 개별적 자아(jivatman)로 부르기도 한다. 경전들이 에고에 대한 주시인 '그것은 무엇인가?'나 '그것은 누구인가?'에도 '진아탐구(atma-vichara)'라는 이름을 붙인 것은 오직 이 이유 때문이다. 그러나 진아, 곧 존재-의식은 어떤 탐구도 필요로 하지 않고, 어떤 탐구의 대상도 될 수 없다는 것이 분명하지 않은가? 바가반 라마나가 고대의 용어인 '진아탐구'를 사용하기보다는 그것을 '**나는 누구인가?**'로 이름 붙인 것은 이러한 결함을 시정하기 위한 것일 뿐이다! 에고, 즉 사람들이 일반적으로 1인칭 의식으로 여기는 '나'라는 느낌은 진정한 1인칭 의식이 아니며, 진아만이 진정한 1인칭 의식이다. 그것의 한 그림자에 불과한 에고의 느낌은 하나의 거짓된 1인칭 의식이다. 우리가 이 에고에 대해 그것이 무엇인지, 혹은 누구인지 탐구해 들어가면 그것은 실제로는 존재하지 않기 때문에 사라져 버리고, 더 이상 할 일이 없는 탐구자는 진아로서 진아 안에 자리 잡는다.

위에서 말한 이 거짓된 1인칭 의식은 진아에서 솟아나 일어나기 때문에, 일어나는 어떤 장소와 시간을 가져야 한다. 따라서 '나는 어디서 오는가?'라는 물음은 '에고는 어디서 일어나는가?'를 의미할 뿐이다. 일어나는 장소는 에고에게만 있을 수 있다. 그러나 일어남도 저묾도 없는 진아에게는 어떤 특정한 장소나 시간이 있을 수 없다.

> 자세히 살펴보면 항상 알려지는 존재자인 우리만이 있는데, 시간이 어디 있고 공간이 어디 있는가? 우리가 몸이라면 시간과 공간에 말려들겠지만, 우리가 몸인가? 우리는 지금, 그때, 늘 하나이고 여기, 저기, 도처에서 하나이므로,[72] 무시간 무공간의 진아인 우리만이 있다네!
> ―「실재사십송」, 제16연

라고 스리 바가반은 말한다. 따라서 '나는 어디서 오는가?'라고 묻는 것

---

[72] 시간과 공간은 외관상 우리[진아] 안에 존재하지만, 우리는 그것들 안에 있지도 않고 그것들에 속박되지도 않는다. 진인의 체험은 '내가 있다'일 뿐이며, '나는 도처에 있고 모든 시간에 있다'가 아니다.

은 '에고는 어디서 오는가?'라고 묻는 것이다. 시간과 공간에 의해 조건 지워지는 에고의 일어남에 대해서만 '나는 어디서 오는가?' 하는 물음이 해당될 수 있다. 스리 바가반이 '어디서?' 혹은 '어디로부터?'라는 단어에서 우리가 이해하기를 기대하는 의미는 **무엇으로부터?**'이다. 이러한 의미로 이해될 때는, 어떤 공간이나 시간이 답으로 나오기보다는 자기존재, '우리', 실재만이 그 답으로서 체험될 것이다. 반면에 우리가 '어디서?'라는 물음에 대한 답으로 어떤 장소를 예상한다면, 시간과 공간에 조건 지워지는 한 장소는 (「실재사십송-보유」 제18연에서 말하듯이) 몸 안의 '가슴 중앙에서 오른쪽으로 손가락 두 개 폭' 위치에서 체험될 것이다. **하지만 이 체험은 궁극적인 혹은 절대적인 체험**(paramarthikam)**이 아니다.** 왜냐하면 심장(hridayam)은 진실로 무시간, 무공간, 무형상이고 이름이 없는 진아의식이라고 스리 바가반이 적극적으로 주장하고 있기 때문이다.

> 진아 안에 몸이 있는데도, 진아[혹은 심장]가 지각력 없는 몸 안에 있다고 생각하는 사람은, 영화 화면을 받쳐주는 스크린이 그 화면 안에 있다고 생각하는 사람과 같네!
> ― 「진아에 대한 5연시」, 제3연

'어디서?'라는 물음에 대해 몸 안의 한 장소를 에고가 일어나는 점으로 발견하는 것은 스리 바가반의 가르침이 갖는 목적이 아니며, 그것은 **자기탐구로써 얻는 결실도 아니다.** 스리 바가반은 당신이 설하는 가르침의 목적과, 에고가 일어나는 장소를 추구하여 얻는 결실을 다음과 같이 분명하게 선언하고 있다.

'나로서 그것이 일어나는 곳은 어딘가?' 하고 내면에서 찾아보면,
'나'[에고]는 죽을 것이네! 이것이 지知의 탐구(jnana-vichara)라네.
— 「실재사십송」, 제16연

따라서 에고가 일어나는 곳을 추구할 때 목표하는 결과는 그 에고의 절멸이지, 몸 안의 어떤 장소에 대한 체험이 아니다. 경전에서는, 또 때로는 스리 바가반조차도 "(가슴 중앙에서) 손가락 두 개 폭의 오른쪽에 심장이 있다"[73]고 말해야 했지만, 그것은 시간과 공간에 의해 한정되지 않고(실로 그와 절대적으로 무관하고) '브라만은 도처에 있고, 브라만은 항상 있으며, 브라만은 모든 것이다(sarvatra brahma, sarvada brahma, sarvam brahma)'라는 형태로도 한정되지 않는, 하나이면서 비이원적인 것으로서 홀로 빛나는 진아의 성품에 대해 지적인 이해(paroksha jnana-간접지)조차 갖지 못하고 늘 "몸 안에서 진아의 자리는 어디입니까?"라고 질문하는 미성숙한 사람들에 대한 대답으로만 하는 것이다. 따라서 이 심장의 장소(hridaya-stanam)는 궁극적이거나 절대적인 실재가 아니다. 독자들은 여기서 『마하르쉬의 복음』, 제2권 제4장 '심장이 진아이다'를

---

73) 심장의 위치에 대해 "가슴 중앙에서 손가락 두 개 폭의 오른쪽"이라고 말하는 것은 스리 바가반의 독창적이고 직접적인 가르침을 담고 있는 「실재사십송」에는 들어 있지 않고 「실재사십송-보유」에만 있다. 왜냐하면 이것은 미성숙한 구도자들의 약함에 양보하여 수준을 낮추어 답하는 희석된 진리이기 때문이다. 더욱이 이 제18연과 제19연의 두 연은 스리 바가반의 독창적 작품이 아니라 『아쉬땅가 흐리다얌(Ashtanga Hridayam)』이라는 말라얄람어 저작에서 번역한 것일 뿐이다(이 책은 영적인 텍스트도 아니고 한 권의 의서醫書에 불과하다). 또한 여기서 이 두 연은 가슴 중앙에서 오른쪽으로 손가락 두 개 폭 위치에 있는 몸 안의 이 지점에 주의를 집중하는 수행을 전혀 권장하지 않으며, 언급조차 하지 않고 있다는 점에 주목해야 한다. 실로 어디에서도—당신의 독창적 저작이든, 다른 사람들의 저작에서 당신이 번역한 것이든, 심지어 헌신자들이 당신과의 대화를 기록한 책이든—스리 바가반은 결코 이 수행을 권장하지 않았고(왜냐하면 가슴 오른쪽이든, 찰나적이고 지각력 없고 낯선 몸의 다른 어느 부위든, 그런 곳에 대한 명상은 2인칭, 곧 '나' 아닌 어떤 대상에 주의를 기울이는 것에 지나지 않기 때문이다), 누가 물으면 당신은 사실 그것을 비난하곤 했다(『라마나 마하르쉬와의 대담』, 대담 273번 참조).

참조하기 바란다.

그래서 '나는 어디서 오는가?'의 형태로 자기 자신에게 주의를 기울이는 것은 에고, 즉 '일어나는 나'를 탐구하는 것이다. 그러나 '나는 누구인가?'를 탐구할 때 '나'라는 느낌을 그들의 '일어남'이 아니라 그들의 '**있음**'[존재]으로 여기는 구도자들이 있다! 만일 그렇게 여긴다면 그것은 진아에 대한 주시이다. 우리의 '일어남'과 우리의 '있음' 간의 차이를 이 장의 앞쪽에서 설명했던 것은 이러한 두 가지 탐구 형태 간의 차이점을 분명히 이해하기 위해서일 뿐이다. 지금까지 경전들이 사용해 온 '브라만에 대한 명상(*brahma-dhyanam*)'이라는 용어의 올바른 의미를 스리 바가반은 「실재사십송」의 기원시 제1연 마지막 두 행에서 '심장 안에서 있는 그대로 안주하는 것'(다시 말해서, 진아로서 안주하는 것이 그것에 대해 명상하는 올바른 방법이라는 것)으로 설명하듯이, '자기탐구'라는 용어의 올바른 의미를 여기서는 '**자기 쪽으로 향하기**'(곧, 자기에게 주의를 기울이기)로 올바르게 설명한다.

이 두 가지 탐구('나는 누구인가?' 또는 '나는 어디서 오는가?') 중 어느 것에서도 구도자의 주의는 그 자신에게만 집중되므로, '나'라는 말의 참된 의미인 진아 외의 그 어떤 것도 최종적으로 체험되지 않을 것이다. 따라서 '나는 어디서 오는가?'와 '나는 누구인가?'의 두 가지 탐구 모두의 궁극적 결과는 동일하다! 어째서 그런가? '나는 어디서 오는가?'를 추구하는 사람은 '나는 아무개다'라는 형태의 에고를 따라가며, 그러는 동안 아무런 실제적 존재성이 없는 부가물인 그 '아무개'는 도중에 죽어 버린다. 이렇게 하여 그는 진아, 곧 남아 있는 '**내가 있다**' 안에 자리 잡게 된다. 반면에 '나는 누구인가?'를 추구하는 사람은 자신의 진정한 본래적 '있음'[진아] 안에 힘들이지 않고 빠져죽고, 그 '있음'은 '**나는 내가 있다는 것이다**(I am that I am)'로서 늘 빛난다. 그러므로 '나는 어디서 오는가?'로 하든 '나는 누구인가?'로 하든, 절대적으로 필수적인 것은 끝까지 자기주시를 추구해야 한다는 것이다. 더욱이 진지한 구도자라면, '나'라는 느낌을 에고라 하든 진아라 하든 미리 이름을 붙일 필요도 없지 않겠는가? 그도 그럴 것이, 그 구도자에게 에고와 진아라는 두 사람이 있는가? 이 말을 하는 이유는, 우리는 누구나 '나는 단 하나이며 둘이 아니다'라는 체험을 가지고 있으므로, 에고와 진아를 '낮은 자아'와 '높은 자아'로 구분하여—하나의 '나'가 다른 '나'를 추구하는—상상적인 두 가지 느낌이 일어날 여지를 주지 않아야 하기 때문이다.

> (…) 하나가 다른 하나의 아는 대상인, 두 개의 자아가 있는가?
> 모든 사람의 참된 경험은 '나는 하나다'인데!
>
> —「실재사십송」, 제33연

라고 스리 바가반은 묻는다.

그래서 우리가 끝까지 '나'라는 느낌을 중단 없이 붙들고 가면 그것으로 족하다. 누구나 일상 속에서 공통적으로 경험하는 '나'라는 느낌에 대한 그러한 주시가 바로 자기주시라는 것이다. 그것[에고]의 존재성을 의심할 수 없어서, '나는 몸이다'라는 의식을 자신의 기본적 앎으로 받아들이는 사람들은 '나는 어디서 오는가?' 형태의 자기주시를 하는[즉, 자기탐구를 하는] 것이 알맞다. 반면에 자신이 '나는 아무개다'나 '나는 이것이다'와 같은 개인성을 가지고 있다고 여기는 대신, '"내가 있다"로서 빛나는 이 느낌은 무엇인가?' 하고 주의를 기울이는 사람은 '나는 누구인가?' 형태의 자기주시 안에 고정되는 것이 알맞다. 수행 중에 확실히 알고 있어야 할 중요한 점은, 우리의 주의가 '나'라는 1인칭 단수의 느낌 쪽으로만 향해져야 한다는 것이다.

제8장
자기탐구의 기법

바가반 스리 라마나는 '이것이 브라만의 체험을 직접 하사하는 자기탐구 수행이다'라는 사실조차 알지 못하던 16세의 어린 나이에, 우연히 어느 날 어떤 사전 의도도 없이 이 희유한 수행에 착수했다! 그날, 마치 자신이 금방 죽을 것 같은 큰 죽음의 공포가 돌연 그를 사로잡았다. 그래서 죽음을 면밀히 살펴봐야겠다는 충동이 그의 내면에서 자연발생적으로 일어났다. 그는 급속히 다가오는 죽음에 동요되지 않았고, 그에 대해 남들에게 알리고 싶은 마음도 없었다! 차분히 그것을 맞이하여 혼자서 그 문제를 풀기로 작정했다. 그는 드러누워 마치 송장처럼 사지를 뻗은 채 죽음과 맞대면하고 그것을 실제적으로 살펴보기 시작했다. 참 스승인 스리 바가반이 행했던 자기탐구의 기법을 독자들이 아는 것은 대단히 중요하므로, 여기서 그것을 당신이 훗날 자신의 체험을 들려준 바로 그 말씀으로 살펴보자.

"'좋다, 죽음이 찾아왔다! 죽음이 무엇인가? 죽어가는 게 뭐지? 죽어가는 것은 이 몸이다. 그건 죽게 내버려두자!' 이렇게 결심하고 입을 꼭 다문 채 마치 시체처럼 숨도 쉬지 않고 말도 하지 않고 가만히 있으면서 내면을 바라보자, 이러한 앎이 나에게 다가왔다. '이 몸은 죽었다.

이제 그것은 화장터로 실려 가서 불태워지고, 재가 될 것이다. 좋다, 그러나 이 몸이 소멸하면 나도 소멸하는가? 내가 실제로 이 몸인가? 이 몸뚱이는 말도 없고 숨도 쉬지 않는 하나의 시체로 누워 있지만, 이 죽음에 영향 받지 않고 분명히 **내가 존재하고 있다!** 또렷하게 장애 없이 **내 존재가 빛나고 있다!** 그러니 이 사멸할 몸은 '나'가 아니다! 나는 진실로 불멸의 '나'[진아]이다! 모든 것 중에서 나야말로 실재다! 이 몸은 죽음을 겪지만, 몸을 초월해 있는 나는 영원히 살아 있다! 이 몸에 찾아온 죽음조차도 나를 건드릴 수 없다!' 이와 같이 그 앎이 직접적으로 밝아왔고, 그와 함께 처음에 찾아왔던 죽음의 공포도 사라져 다시는 결코 나타나지 않았다! 이 모든 것은 직접적인 앎(pratyaksham)으로서 순식간에 체험되었고, 단순한 추론적 사고가 아니었다. 그때부터는 몸을 초월한 내 존재(sat)의 의식(chit)이 늘 똑같은 상태로 지속되었다."라고 스리 바가반은 이야기했다.

훗날 스리 바가반은 이 모든 것을 우리에게 많은 말씀으로 설명해 주면서, 너무나 중요한 이 사실을 강조했다. 즉, "**이 모든 일은** 마음이나 말의 작용 없이, 하나의 직접 체험으로서 **일순간에 일어났다**"는 것이었다.

이 죽음의 공포로 인해, 스리 바가반은 '내 존재란 무엇인가? 죽는 것은 무엇인가?'를 알아내기 위해 자기주시에 집중하고 거기에 깊이 몰입했다. 그래서 스리 바가반 자신이 한 탐구 과정을 볼 때, 우리가 이제까지 설명해 왔듯이, 자기(진아)에 대해 우리의 주의를 그처럼 확고히 고정하는 것만이 **자기탐구**라는 것이 입증된다. 「나는 누구인가?」에서도 당신은 이러한 관념을 확인해 주고 있다. 거기서 당신은 이렇게 말한다. "**마음**[주의력]**을 늘 진아**['나'라는 느낌] **안에 고정해 두는 것이야말로 자기탐구라는 것이며,** (…) **진아에 대한 생각 외에는 다른 어떤 생각이**

일어날 여지를 조금도 주지 않고(즉, 자기 외에 2인칭이나 3인칭에는 조금도 주의를 기울이지 않고) **진아안주에 확고히 머무르는 것이 신에게 자기 자신을 내맡기는 것이다**(이것이야말로 지고의 헌신이라고 하는 것이다)[74]." 누군가가 스리 바가반께 "'나'라는 의식을 부단히 붙드는 수단과 기법은 무엇입니까?" 하고 묻자, 당신은 위에서 설명한 바와 같이 당신이 소년 시절에 했던 자기탐구의 기법을 밝히면서, 자신의 저작들 속에서 더 자세하게 다음과 같이 설명했다.

"진아는 '**나는 내가 있다는 것이다**'의 형상으로 스스로 빛나는 것입니다. 우리는 그것이 이것이나 저것[빛이나 소리]과 같은 어떤 것이라고 상상해서는 안 됩니다. 그렇게 상상하거나 생각하는 것 자체가 속박입니다. 진아는 빛도 아니고 어둠도 아닌 의식이므로, 그것을 모종의 빛으로 상상하지 않도록 하십시오. 그런 생각 자체가 하나의 속박이 될 것입니다. 에고[최초의 생각]의 절멸이야말로 해탈입니다. 다섯 껍질로 이루어진 세 가지 몸 모두가 '나는 몸이다'라는 느낌 안에 들어 있습니다. 따라서 '이 나는 누구인가?' 하는 탐구에 의해[자기주시에 의해] 거친 몸(에 대한 집착)과의 동일시만 제거되면, 다른 두 가지 몸과의 동일시는 자동적으로 사라질 것입니다. 미세신·원인신과의 동일시가 살아 있는 것은 이것(조대신)에 대한 집착에 따른 것일 뿐이므로, 이 동일시들을 별도로 절멸할 필요는 없습니다."

"어떻게 탐구합니까? 나무토막 등과 같이 지각력이 없는 몸이 '나'로서 빛나고 작용할 수 있습니까? 그럴 수 없습니다.

---

[74] '나는 누구인가?'의 탐구[지知의 길]와 자기순복[헌신의 길]은 바가반 스리 라마나가 그 자신의 체험을 통해 발견하여 인류의 구원을 위해 가르친 두 갈래 큰 왕도이다. 본서의 제1부에서는 순수한 비이원적 지知의 길인 '나는 누구인가?'의 탐구만 다루는 반면, 제2부의 제2장에서는 이 지고한 헌신의 본질에 대한 충분한 설명이 나온다.

몸은 '나'라고 말하지 못하고 (…).　　— 「실재사십송」, 제23연

따라서 송장 같은 몸을 실제 송장인양 내버리고, '나'라는 말조차 소리 내어 말하지 않고 머무르면서,

송장인양 몸을 내버리고, '나'라고 입으로 말하지도 않으며, 내면으로 뛰어드는 마음으로 '이 나가 어디서 일어나는가?' 하고 탐구하는 것이야말로. 지知의 길이라네.　　— 「실재사십송」, 제29연

지금 '나'로 빛나는 그 느낌이 무엇인지 예리하게 관찰하면, 심장 속에서 어떤 **스푸라나**(sphurana)75)를 '나-나'로 소리 없이 체험할 것입니다."

'나는 누구인가?' 하고 내면을 탐구하여 마음이 심장에 도달하면, 그인 '나'[에고]는 부끄러워 쓰러지고, 하나[실재]가 '나-나'['나는 내가 있다는 것이다']로서 자연히 나타나며, (…).

　　— 「실재사십송」, 제30연

'그것이 나로서 일어나는 곳은 어디인가?' 하고 내면을 추구하면, '나'[에고]가 죽을 것이네. 이것이 자기탐구라네.

　　— 「우빠데샤 운디야르」, 제19연

이 '나'가 죽는 곳, 거기서 **하나**가 '나-나'로서 자발적으로 비춰 나온다네. 그것이야말로 **전체**(puranam)라네.

　　— 「우빠데샤 운디야르」, 제20연

---

75) 스푸라나: 자신의 존재에 대한 새롭고 명료하고 신선한 앎의 한 체험.

"만약 그것을 떠남이 없이 우리가 그저 존재하기만 하면, 그 스푸라나가 개인성의 느낌을 완전히 절멸하면서 에고, 즉 '나는 몸이다'는 마치 장뇌 불길이 꺼지듯 최종적으로 종식될 것입니다. 이것이야말로 진인들과 경전이 해탈이라고 선언하는 것입니다."

"처음에는 오랜 세월 되풀이되어 온 감각 대상들로 향하는 습 때문에 생각들이 바다의 파도처럼 무수히 일어나겠지만, 앞에서 말한 자기주시가 점점 더 강렬해짐에 따라 그것들은 모두 소멸될 것입니다. '이것들을 모두 소멸하고 진아로서만 머무르는 것이 과연 가능할까?' 하는 의심조차도 하나의 생각이기 때문에, 그런 생각도 일어날 여지를 주지 말고 끈질기게 자기주시를 단단히 붙들어야 합니다. 아무리 큰 죄인이라 할지라도, '아, 나는 죄인이다! 내가 어떻게 구원을 얻을 수 있겠는가?' 하고 한탄하지 않고, 자신이 죄인이라는 그 생각마저도 완전히 포기하고 **확고히 자기주시를 해나가면 그 사람은 반드시 구원받을 것입니다**. 따라서 누구나 무욕을 가지고 자기 내면으로 깊이 뛰어들어 진아라는 진주를 얻을 수 있습니다."

"마음속에 감각 대상들을 향한 습이 있는 한, (그것들이 늘 어떤 미세하거나 거친 세계라는 겉모습을 창조할 것이므로) '나는 누구인가?' 하는 탐구가 필요합니다. 생각들이 저절로 일어날 때마다 **그것들이 일어나는 바로 그 자리에서** 즉시 탐구를 통해 그것들을 절멸해야 합니다. 그것들을 절멸하는 수단은 무엇입니까? 만일 다른 생각들이 일어나서 자기주시를 방해하면, 그 생각들을 완성하려 하지 말고 '이것은 누구에게 일어나는가?' 하고 물으십시오. 그러면 그것이 '나에게'라는 것을 알 것입니다. 이때 즉시 '생각하는 이 나는 누구인가?' 하고 관찰하면 마음[이제까지 2인칭과 3인칭들을 생각하던 우리의 주의력]은 그 근원[진아]으로 돌아갈 것입니다. 따라서 (그 생각들에 주의를 기울일 사람이 없으므로) 일어났던 다른 생각들도 가라앉을 것입니다. **거듭거듭 이렇게 수행하면 그 근원에 머무르는 마음의 힘이 증가합니다.** 이와 같이 마음이 심장 안에 머무르면, 다른 모든 생각의 뿌리인 첫 번째 생각 '나'['나는 몸이다', 곧 '나'의 일어남] 자체가 사라지면서, 늘 존재하는 **진아**[있음인 '나']만이 빛날 것입니다. '나'라는 생각['나는 이것이다, 저것이다, 몸이다, 브라만이다' 등]의 자취가 조금도 존재하지 않는 곳[혹은 상태]이야말로 진아입니다. 그것이 바로 **침묵**(*maunam*)이라는 것입니다."

"모든 경전의 최종 판정은 마음의 그러한 소멸이야말로 해탈이라고 하는 것임을 알고 나면, 한없이 경전을 읽는 것은 부질없는 일입니다. 마음을 소멸하기 위해서는 자신이 누구인지 탐구해야 합니다. 그렇다면 어떻게, 자기 내면에서는 탐구하지 않고 경전 속에서 자신이 누구인지를 탐구하여 알 수 있겠습니까? 라마가 자신이 라마임을 알기 위해 거울을 필요로 합니까?(다시 말해서, 우리가 자기주시를 통해 자신이 '내가 있다'임을 알기 위하여 경전이 필요한가?) '자기 자신'은 다섯 껍질 안에 있는 반면 경전은 그것의 바깥에 있습니다. 따라서 다섯 껍질조차도 젖혀두고 내면에서 우리가 주의를 기울여야 할(탐구해야 할) 자기 자신을, 어떻게 경전에서 발견하겠습니까? 경전탐구는 부질없으므로, 우리는 그것을 포기하고 자기탐구를 해야 합니다."

이와 같이 바가반 스리 라마나는 말씀하신다.[76]

하나의 비유를 들어 스리 바가반의 위의 말씀에서 묘사한 대로 주의를 자기에게만 고정하는 이 기법(*sadhana*)을 더 분명히 해 보자. 그러나 진아의 성품은 독특하고 비교를 넘어서 있기 때문에, 누구도 어떤 비유

---

[76] 「자기탐구(*Vichara Sangraham*)」 제1장과 「나는 누구인가?」 전체를 참조하라. (163쪽 이하의) 위 여섯 개 문단은 이 두 저작을 풀어 쓴 것이다.

를 통해서도 그것을 충분히 그리고 정확하게 설명할 수 없다는 것을 처음부터 인정해야 한다. 사람들의 지적인 발전 정도와 그 시대의 여러 가지 상황에 맞추어 제시하는 비유의 대부분은 상당히 적절할 수도 있지만, 이 지각력 없는(jada) 비유들은 지각력 있는(chit) 진아를 결코 충분히 설명할 수 없다. 스리 바가반은 영사기의 비유를 종종 들었으나, 다음에 나오는 거울에서 반사되는 햇빛의 비유는 오로지 독자들의 많은 의문을 해소하고 그들의 이해를 분명히 해 주기 위해 드는 것이다. 그러나 "젖은 희다"는 말을 들은 장님이 "우리 아이가 두루미를 삼켰다"고 말하듯이,77) 이 비유를 지나치게 확대 적용하는 오류에 떨어져서는 안 된다.

깨진 거울조각 하나가 열린 공간의 땅바닥에 놓여 햇빛을 온통 받고 있다. 그 거울조각에 비치는 햇빛이 반사되고, 그 반사광이 근처의 한 어두운 방으로 들어가 안쪽 벽 위에 비친다. 거울에서 그 어두운 방의 안쪽 벽으로 들어오는 그 빛은 햇빛의 반사광이다. 이 반사광으로 인해 어두운 방 안에 있는 사람이 그 방 안의 사물들을 볼 수 있다. 벽 위에 보이는 그 반사광은 거울 조각과 같은 형상[삼각형, 사각형 혹은 둥근 모양]을 하고 있다. 그러나 열린 공간에 직접 내리쬐는 햇빛[반사광의 근원인 원광]은 나눌 수 없이 단일하고 도처에 편재하며, 어떤 특수한 형상이나 모양에 의해 제한되지 않고 비친다. 진아, 곧 우리의 존재-의식도 열린

---

77) 장님 이야기: 한번은 태어날 때부터 앞을 못 보는 어떤 사람이 자기에게 아들이 태어났다는 말을 들었다. 그 경사스러운 일을 아직 기뻐하고 있던 다음날, 그는 그 아이가 죽었다는 충격적인 소식을 들었다. 그는 슬퍼하면서 물었다. "내 아이가 어떻게 죽었소?" "젖을 먹고 죽었습니다." "젖은 어떤 것이오?" "젖은 흰색입니다." "흰색이란 어떤 것이오?" "흰색은 두루미 같은 것입니다." "두루미는 어떤 것이오?" 소식을 전한 사람은 참다못해 자신의 손을 두루미처럼 구부려 장님에게 그 손을 만져보게 하고는 말했다. "두루미는 이와 같습니다." 그러자 장님이 즉시 한탄하면서 외쳤다. "아, 내 어린 아이가 이렇게 큰 것을 먹었으니 죽을 수밖에!"

공간에 직접 내리쬐는 햇빛과 비슷하다. 에고-느낌(ego-feeling) 혹은 심식心識인 '나는 몸이다'라는 의식은 거울에서 반사되어 그 방의 안쪽 벽까지 뻗어간 빛살과 비슷하다. 진아의식은 광대하고 도처에 편재한 직접적인 햇빛처럼 무한하므로, 그것은 어떤 형상 부가물(rupa-upadhi)도 없다. 그 반사광이 거울조각의 한계와 크기를 그대로 갖듯이, 에고-느낌은 한 몸의 크기와 형상을 '나'로서 경험하기 때문에 부가물들을 갖는다. 어두운 방 안의 사물들이 반사광에 의해 인식되듯이, 몸과 세계는 심식에 의해 인식된다.

> 세계와 마음은 함께 일어나고 지지만, 세계는 마음에 의해서만 빛나네. (…)
> ─「실재사십송」, 제7연

어두운 방 안에 있는 사람이 그 반사광에 의해 보이는 방 안의 사물들을 관찰하기를 그만두고, 대신 '이 빛이 어디서 오는가?' 하고 그 빛의 근원을 보기를 갈망한다고 가정하자. 그렇다면, 그는 반사된 빛이 벽에 닿는 바로 그 자리로 가서, 거기에 눈을 두고 그 광선이 나오는 곳을 되돌아보아야 한다. 그러면 무엇을 보게 되는가? 해이다! 그러나 그가 지금 보는 것은 진짜 해가 아니라 해의 반사된 모습일 뿐이다. 더욱이 그에게는 **마치 방 바깥에 있는 땅바닥의 특정한 지점에 해가 놓여 있는 것처럼 보일 것이다**! 바깥에 해가 놓여 있는 것처럼 보이는 그 특정 지점은 방의 오른쪽이나 왼쪽에서 몇 자 거리에 있다고 말할 수도 있다(마치 "가슴 중앙에서 손가락 두 개 폭의 오른쪽에 심장이 있다"고 하듯이). 그러나 해가 실제로 땅바닥의 그 자리에 그렇게 놓여 있는가? 아니, 그것은 그 반사광이 일어나는 곳에 불과하다! 진짜 해를 보려면 어떻게 해야 하는가? 눈을 그 반사광이 나오는 일직선상에 두고,

눈을 어느 쪽으로도 움직이지 않은 채 이때 보이는 반사되는 해 쪽으로 따라가야 한다.

　어두운 방 안에 있는 사람이 방 안에 들어온 반사광의 근원을 보기로 작정하면, 그 반사광의 도움으로 사물들을 즐기거나 그것들에 대해 탐색하려는 욕망을 포기하듯이, 진정한 빛[진아]을 알고 싶어하는 사람은 오관을 통해 작용하는 마음-빛(mind-light)에만 의지하여 빛나는 다양한 세계들을 즐기거나 그에 대해 알려는 모든 노력을 포기해야 한다. 왜냐하면 만약 그가 (세속인들처럼) 외부적인 대상들을 인식하고 그것을 욕망하는 것에 미혹되거나, (우리의 현대 과학자들처럼) 그것들을 탐색하는 일에 종사하게 되면 진아를 알 수 없기 때문이다. 외부의 감각 대상들에 주의 기울이기를 포기하는 것이 무욕(vairagya), 곧 내적인 포기이다. 그 반사광이 어디를 통해 방 안으로 들어오는지 알려는 열의는 에고인 '나', 곧 마음-빛이 어디서 일어나는지 알려는 열의에 상응한다. 이 열의가 진아에 대한 사랑(swatma-bhakti)이다. 눈을 광선이 나오는 일직선상에 두고 어느 쪽으로도 시선이 벗어나지 않는 것은 '나'-의식에 흔들림 없이 고정된 일념집중의 주시에 상응한다. 이제 그 사람은 그 반사광의 일직선을 따라 어두운 방에서 바깥에 놓여 있는 거울조각 쪽으로 움직이고 있지 않은가? 이 움직임은 심장을 향해 내면으로 뛰어드는 것에 상응한다.

　　마치 물에 빠진 물건을 찾기 위해 잠수하듯이, 예리한 마음으로
　　호흡과 말을 제어하면서 내면으로 뛰어들어, 에고가 일어나는 곳
　　을 알아야 한다네. 이렇게 알라!　　—「실재사십송」, 제28연

　어떤 사람들은 '호흡과 말을 제어하면서 내면으로 뛰어든다'는 말만

취하여, 조식調息(pranayama) 수련을 닦기 시작한다. 탐구 과정에서 호흡이 멎는다는 것은 사실이지만, 그것을 멎게 하기 위한 조식이라는 우회로는 필요하지 않다. 자신에게 빛을 주는 근원을 발견하려는 **엄청난 열망을 가진 마음이 내면으로 향하면 호흡은 자동적으로 멎는다**![78] 탐구자의 마음이 이처럼 외부의 감각 대상들을 알기를 포기하고 자신의 본래적인 빛의 형상, 곧 진아에 주의를 집중하기 시작할 때 그가 숨을 내쉬면, 그것은 다시 들이쉬어지지 않은 채 자동적으로 바깥에 머무른다. 마찬가지로, 그럴 때 숨을 들이쉬면 그것은 다시 내쉬어지지 않은 채 자동적으로 안에 머무른다! 이것을 각기 '외적 지식止息(bahya kumbhaka)'과 '내적 지식止息(antara kumbhaka)'이라고 할 수 있다. 자기주시를 놓침(pramada-망각)으로 인해 어떤 생각이 일어날 때까지는 탐구자 안에서 이 지식止息이 아주 수월하게 계속될 것이다. 조금만 자세히 살펴보면, 우리의 일상생활 속에서도 어떤 놀라운 소식이 갑자기 우리에게 전해지거나 우리가 잊어버린 물건을 어디 두었는지 기억해 내려고 온 정신을 집중할 때도, 그때 일어나는 **마음의 예리함**[집중의 강렬함]으로 인해 숨이 자동적으로 멎는다는 것을 누구나 분명하게 이해하지 않겠는가? 그와 마찬가지로, 마음이 자신의 본래적인 빛의 형상을 보려는 강렬한 열망과 진지한 일념집중으로 예리하게 내면을 향하여 그곳에 머무르기 시작하면, 이내 호흡이 자동적으로 멎을 것이다. 이 지식止息의 상태에서는 그것이 아무리 오래 계속되어도 탐구자는 숨 막힘을 경험하지 않는다. 즉, 숨을 내쉬거나 들이쉬려는 충동을 느끼지 않는다. 그러나 조식을 닦을 때는 지식의 시간 단위(matras)가 늘어나면 숨 막힘을 경험한다. 만약 탐구자의 주의가 진아에 워낙 강렬하게 고정되어 있어 숨이 멎었

---

[78] "따라서 마음을 심장, 곧 순수 의식 안에 고정하는 수행에 의해, 원습의 소멸과 호흡 제어 둘 다 자동적으로 이루어진다네."　　　　　　—「실재사십송-보유」, 제24연

는지 어떤지를 알려고 하지도 않는다면, 그의 지식 상태는 자발적이며 전혀 힘이 들지 않는다. 그러나 그럴 때 숨이 멎었는지 여부를 알려고 하는 구도자들이 있다. 이것은 잘못이다. 왜냐하면 이와 같이 주의가 호흡에 고정되므로 자기주시를 놓치게 될 것이고, 그러면 온갖 생각들이 솟아올라 수행의 흐름이 중단될 것이기 때문이다. 그래서 스리 바가반은 "예리한[내면으로 향한] 마음으로 호흡과 말을 제어하라"고 조언한 것이다. 그래서 이 연은 세 곳 모두에 '예리한 마음으로(kurnda matiyal)'를 덧붙여, '예리한 마음으로 호흡을 제어하고, 예리한 마음으로 내면으로 뛰어들어, 예리한 마음으로 그 일어나는 곳을 알라'고 이해하는 것이 현명할 것이다.

그 반사광에 시선을 둔 사람이 그 빛살을 따라 움직이면 그 길이가 줄어들지 않는가? 그가 나아감에 따라 빛살의 길이가 줄어들듯이, 구도자가 꾸준한 자세로 마음의 근원을 진지하게 추구해 가면, 확장되려는 마음의 습도 더욱 더 줄어든다.

> (…) 주시가 (반사된) 빛살 '나'를 따라 내면으로 점점 더 깊이 들어갈 때 그 길이는 점점 더 줄어들고, 그 빛살 '나'가 죽을 때, '나'로서 빛나는 것이 진지(*Jnana*)라네.
>
> ―「자기탐구 11연시」, 제9연

그 사람이 마침내 거울조각에 아주 가까이 당도할 때, 그는 반사광의 바로 근원에 도달했다고 말할 수 있다. 이것은 구도자가 내면으로 뛰어들어 자신이 일어난 근원[심장]에 도달하는 것과 유사하다. 그 사람은 이제 그 반사광의 길이가 없어져 버린 상태, 곧 그가 거울에 너무 가까이 있어 어떤 반사도 일어날 수 없는 상태에 도달하지 않는가? 그와 마찬가지로, 구도자가 강력한 자기주시의 노력에 의해 내면으로 점점 더 깊이 뛰어듦으로 인해 자신의 근원에 너무 가까워져서 털끝만큼의 에고도 일어날 수 없게 되면, 그는 이제까지 주시의 목표였던 '나는 몸이다'라는 느낌의 **큰 해체 속에 흡수되어** 머무른다. 이 해체가 바로 스리 바가반이 「우빠데샤 운디야르」 제19연에서 "'나'가 죽을 것이네"라고 한 것이다.

그 사람은 햇빛의 반사광이 나오는 근원을 추구한 것만으로도 이제 어두운 방을 나와, 그 반사광이 존재하지 않음으로써 생겨난 공空의 상태에서 그 열린 공간에 서 있지 않는가? 이것이 바로 구도자가 단순한 자기주시를 통해 에고-'나'가 없어짐으로써 생겨난 대공大空(maha sunya)의 상태에서 심장공간(hridayakasa) 안에 머무르는 상태이다. 방을 나와 열린 공간에 나선 그 사람은 눈부셔 하면서 탄식한다. "아아! 이제까지 나를 인도한 해[반사된 해]가 이제 사라졌다!" 이 순간, 열린 공간에 서 있던 그의 친구가 다가와서 이런 위안의 말을 건넨다. "자네 그동안 어디 있었나? 어두운 방 안에 있지 않았나! 지금은 어디 있나? 열린 공간에 있지 않나! 자네가 어두운 방에 있을 때 자네를 밖으로 인도한 것은 단 한 줄기의 빛뿐이었지만, 여기서는[이 광대한 열린 공간에서는] 빛살이 무수하고 무한한 양 아닌가? 자네가 앞서 본 것은 직접 비치는 햇빛도 아니고 하나의 반사광일 뿐이었네! 그러나 자네가 지금 경험하는 것은 직접적인(sakshat) 햇빛이네. 자네가 지금 있는 곳이 무한한 빛의 공간일 뿐일 때, 그 반사광이 사라짐으로써 생겨난 공空 때문에 어둠이 생겨날 수 있겠는가? 그것이 사라진 것이 상실일 수 있겠는가? **그것의 사라짐 자체가 참된 빛이라는 것을 알게. 그것은 어둠이 아니네.**"

그와 마찬가지로, 에고의 절멸에 의해 생겨난 대공을 체험하면 구도자는 다소 놀란다. "아아! 지금까지 내 수행에서 하나의 등댓불로 삼아

주의를 기울였던 '나'-의식[에고]마저 잃어버렸구나! 그러면 실제로 '진아' 같은 것도 없단 말인가?" 바로 그 순간, 그의 심장으로서 늘 빛나고 있는 참스승이 그에게 이와 같이 지적해 준다. "하나의 극미한 반사광에 불과한 에고가 소멸되는 것이 정말 상실일 수 있겠는가? 그대는 이전에 그것이 존재했다는 것뿐만 아니라, 그것이 사라짐으로써 생겨난 지금의 대공大空도 분명히 인식하고 있지 않은가? 그러니 그 공空조차 '이것은 하나의 공이다'라고 아는 **그대야말로 참된 지知라는 것을 알라. 그대는 하나의 공이 아니다!**"79) 참스승은 심장 안에서 심장으로서 (그 구도자와) 접촉함[스푸라나로서 번뜩임]으로써 그 자신의 **존재-의식**의 빛남이라는 직접적인 체험으로 일순간에 그것을 지적한다! '나는 어디서 오는가?'나 '나는 누구인가?' 하는 탐색을 시작했던 구도자는 이제 비이원적인 진아 지知, 곧 특정한 장소나 시간의 한계가 없는 '**나는 내가 있다는 것이다**' 라는 참된 지知를 성취한다.

'나'라는 의식을 꽉 붙들고 그럼으로써 그것에 대한 점점 더 강렬한 집중을 얻는 것이 곧 **내면으로 뛰어드는 것**이다. 많은 사람들은 이와 같이 내면으로 뛰어드는 대신, 자신들이 자기탐구를 하고 있다고 생각하면서 여러 시간 동안 앉아서 "나는 누구인가?"나 "나는 어디서 오는가?" 하고 단순히 마음속으로 또는 소리 내어 염하기만 한다. 또 어떤 사람들은 탐구를 하려고 앉으면 자신들의 생각과 대면하여 마음속으로 끝없이 스리 바가반이 가르친 다음의 질문을 되풀이한다. "이 생각들은 누구에게 오는가? 나에게. 나는 누구인가?" 아니면 어떤 때는 심지어 다음 생각이 일어나기를 기다렸다가 그 생각에게 이런 질문을 던지기까지 한다! 이것도 부질없는 것이다. 우리가 무슨 사문회查問會 석상에 앉

---

79) "(…) 나[진아]가 참된 지知임을 알라. 그것은 하나의 공이 아니다!"
— 「실재사십송」, 제12연

아서 생각을 하나하나 호출하는 것이던가? 이것이 내면으로 뛰어드는 수행인가? 따라서 우리는 '다음 생각은 뭘까?' 하고 지켜보고 있어서는 안 된다. 이런 식으로 계속 질문하기만 하는 것은 자기주시가 아니다. 이처럼 생각의 파도 위 표면을 떠다니기만 하는 사람들, 즉 예리한 마음으로 존재-의식에 주의를 기울이면서 내면으로 뛰어들어 마음, 호흡 및 몸과 감각 기관들의 모든 활동을 제어하지는 않고, 그런 질문들에만 마음을 쓰는 사람들에 대해서 스리 바가반은,

> 그 자신이 항상 진아로 존재하는데도, 스스로에게 "나는 누구인가?"나 "나는 어느 곳에서 오는가?" 하고 묻는 사람은, 술에 취해 "나는 누군가?", "나는 어디 있나?" 하고 묻는 사람에 비견되네.
> ― 「진아에 대한 5연시」, 제2연

라고 하였고, 나아가 이렇게 묻는다.

> (…) (이와 같이 떠다니는 대신) 우리가 그 '나'가 일어나는 곳을 추구하지 않는다면, '나'가 일어나지 않는 상태인 에고 없음의 상태를 어떻게 성취하겠는가? 그리고 그것[에고 없음]을 성취하지 않는다면, 말해 보라, '우리가 그것'(soham)인 진아의 상태 안에 어떻게 안주하겠는지? ― 「실재사십송」, 제27연

그러므로 **우리가 수행해야 하는 것은 '나'라는 느낌에 대한 기억을 가지고 고요히 있는 것**(summa iruppadu)이다. 자기주시를 하는 동안 자각이 느슨해질 때에만 그것의 한 징표인 생각들이 일어날 것이다. 바꾸어 말해서, 만약 생각들이 일어난다면 그것은 우리가 자기주시를 놓쳤음을

의미한다. 스리 바가반이 우리에게 "이런 생각들은 누구에게 나타나는가?" 하고 물으라고 조언한 것은 생각-주시에서 자기주시를 회복하도록 하기 위한 하나의 장치일 뿐이다. 그 답인 "나에게"는 '나'의 여격與格 형태에 불과하므로, 그것은 주격主格 형태인 '나'라는 느낌을 쉽게 상기시켜 줄 것이다. 그러나 (질문 형태를 약간 달리하여) "이런 생각들을 누가 하는가?"라고 물으면, 주격 형태인 '나'라는 느낌이 하나의 답으로서 얻어지므로 자신도 모르게 놓쳤던 자기주시가 곧바로 회복되지 않겠는가? 자기주시의 이 회복은 실은 **자기로 있음**[즉, 자기로서 머무르거나 안주하기]이다! 그러한 '있음'이야말로 올바른 수행(sadhana)이다.80) **수행은 함이 아니라 있음이다!**

어떤 사람들은 불평한다. "잠에서 에고가 일어나는 것 자체가 워낙 은밀해서 우리가 알아차리지 못하는데, 그것이 어디서 일어나는지 우리가 어떻게 알 수 있겠는가? 그것은 불가능할 것 같다!" 맞는 말이다. 왜냐하면 잠 속에서는 마음 자체가 아예 없어 주시하는 마음의 노력이 없기 때문이다! 보통 사람들은 그들의 '있음'에 대한 앎에는 친숙하지 않고, '함'에 대한 앎[즉, 자신이 노력한다는 앎]에만 친숙하므로, 그런 사람들이 잠에서 에고가 일어나는 것을 잠을 통해 알기는 불가능하다. 그들이 필요하다고 여기는 **노력**이 잠 속에서는 없으므로, 그들이 잠 그 자체에서는 탐구를 시작하지 못하는 것이 놀라운 일은 아니다! 그러나 생시 상태 전체가 에고의 유희에 지나지 않고, 이 상태에서는 마음의 노력을 누구나 경험하므로, 최소한 생시 상태에서는 '나는 아무개다'라는 형태로 빛나는 사이비 '나'를 향해 주의를 기울일 수 있다.

---

80) "우리의 주 라마나께서는, 가장 위대하고 가장 강력한 따빠스로서 '고요히 있으라'(summa iru)만 하면 되고, 다른 어떤 것[명상, 요가 등]도 마음이 해야 할 일로서 하지 말라고 우리에게 확고히 조언하시네." ─ 『진어화만』, 제773연

"내면으로 돌아서서 안으로 향한 시선으로 매일 그대 자신을 보면 그것을[실재를] 알게 될 것이다"라고, 당신께서 저에게 말씀하셨지요, 오, 아루나찰라!

— 「아루나찰라에 바치는 문자혼인화만」, 제44연

탐구는 생시 상태에 우리가 앉아서 수행하는 여가 시간에만 시작된다. 사물은 우리가 그 이름을 생각할 때 기억에 떠오르듯이, 1인칭 느낌도 '나'라는 그 이름[대명사]을 생각하자마자 모두의 기억에 떠오르지 않는가? 이 1인칭 느낌은 에고, 곧 사이비 '나'-의식에 불과하기는 하지만, 그것은 중요하지 않다. **2인칭과 3인칭들에서 우리의 주의를 거두어들여 1인칭을 붙드는 것—그것이야말로 수행이다.** 주의가 1인칭 느낌으로 향하자마자 다른 생각들이 사라질 뿐만 아니라 첫 번째 생각, 곧 일어나고 확장되는 **사이비 '나'-의식** 자체도 줄어들기 시작한다!

다른 대상들[2인칭과 3인칭들]만 알고 밖으로 헤매는 마음, 곧 에고가 그 자신의 성품에 주의를 기울이기 시작하면, 다른 모든 대상들은 사라질 것이고, 우리가 그것의 참된 성품[진아]을 체험하면서 사이비 '나' 또한 죽을 것이네.   — 『진어화만』, 제193연

(…) 변덕스런 마음이 1인칭 쪽으로 향하면, 그 1인칭[에고]은 존재하지 않게 되고, 실제로 존재하는 것이 빛을 발할 것이네. (…)

— 「자기탐구 11연시」, 제6연

(…) 1인칭에 주의를 기울이는 것은 자살을 하는 것과 같네. (…)

— 「자기탐구 11연시」, 제7연

이것은 베단타를 실제 수행으로 쉽게 옮길 수 있도록 하기 위하여 바가반 스리 라마나가 드러낸 가르침이자, 그가 구도자들의 세계에 하사한 값을 헤아릴 수 없는 은택恩澤이다.

고무공이 계단을 튀어 내려올 때는 튈 때마다 힘이 커지듯이,[81] 1인칭 의식을 붙드는 집중력이 강해지면 강해질수록 첫 번째 생각의 줄어듦도 빨라지다가 마침내 그것이 자신의 근원에 합일된다. **지금 이와 같이 합일되는 것은 부가물**(upadhi), **곧 '아무개'라는 느낌일 뿐**인데, 그것은 잠에서 깨어나는 순간 나타나서 잠 속에서 '내가 있다'로서 빛나고 있던 순수한 존재-의식과 혼합되어 에고의 형상, 곧 '나는 아무개다', '나는 이것이다' 혹은 '나는 저것이다'를 구성한 것이다. 즉, 나타나서 혼합된 것이 이제 빠져나간다. 수행의 초기에 구도자가 경험할 수 있는 것은 에고의 이 빠져나감[가라앉음]뿐이다. 구도자는 에고가 가장 활발한 생시 상태에서 에고를 추적하므로, 처음에는 그것이 제거되는 것만 인식할 수 있다. 이 단계에서 그것이 잠에서 일어나는 것을(그것이 어떻게 일어나서 '내가 있다'를 붙드는지를) 인식하기는 한결 어려울 것이다.

자기주시가 생시의 의식인 '나는 아무개다'에서 시작될 때는 빠져나는 것이 하나의 부가물인 '아무개'라는 느낌에 지나지 않으므로(왜냐하면 그것은 존재하지 않는 비실재적 사물에 불과하므로[비실재는 죽고 실재만이 살아남는다(satyameva jayate)]), 구도자는 지금도['아무개'가 떨어져 나갔을 때도] 자신이 생시의 상태에서 경험한 '내가 있다'는 의식에 아무런 상실이 없

---

[81] 고무공 하나가 계단 꼭대기에서부터 튀면서 내려가는데, 계단들의 높이가 한 자라고 가정해 보자. 공이 두 번째 계단에 떨어진 뒤 튀어 오르는 높이가 반 자라고 하면, 세 번째 계단에는 한 자 반 높이에서 떨어지지 않겠는가? 그런 다음 그것은 3/4자 높이까지 튀어 오를 것이다. 따라서 공이 다음 계단에 떨어질 때는 1과 3/4자 높이에서 떨어질 것이다. 따라서 그것은 갈수록 더 큰 힘을 얻지 않겠는가? 그와 마찬가지로, 첫 번째 생각인 '나'의 줄어듦도 갈수록 큰 힘을 얻다가 마침내 그 근원에 합일된다.

다고 느낀다. 이제 그는 자신이 매일 경험해 온 잠과 비슷한, 그리고 일체가 없는(왜냐하면 '에고는 진실로 일체(sarvam)이고'[82], 생각에 지나지 않는 전 우주는 에고의 한 확장이므로) 어떤 상태를 성취한다. 그러나 몸과 마음이 완전히 피로한 탓에 이제까지 그가 모르는 사이에 찾아와서 그를 엄습해 온 잠과, 지금 생시 상태의 완전한 의식을 가지고 임의로 유발하여 경험하는 이 잠 사이에는 큰 차이가 있음을 그는 이제 경험하게 된다. 어떻게?

> 의식이 있으므로 이것은 잠이 아니고, 생각이 없으므로 생시도 아니네. 따라서 그것은 존재-의식, 곧 시바의 단절 없는 성품이라네. 그것을 떠남이 없이, 큰 사랑으로써 그 안에 안주하라.
> ―「수행의 핵심(Sadhanai Saram)」[83]

구도자가 수행 도중 임의로 야기한 이 잠과 같은 상태에서 밖으로 나갈 때는 언제나 '나는 잠자지 않았고, 내내 나 자신을 완전히 자각하고 있었다'는 것을 절대적으로 확실히 느낀다. 그러나 매일 그가 잠에서 밖으로 나갈 때는, '나는 잠을 잤다. 잘 때는 나 자신을 몰랐다'고밖에 말하지 못한다. 그의 진정한 측면[존재-의식]은 잠 속에서도 그 자신의 존재성이 '내가 있다'임을 한 점의 의심도 없이 늘 알고 있지만, '내가 있다'를 생시 상태에서부터 계속 아는 경험은 그가[마음이] 단 한 번도 가졌던 적이 없기 때문이다. 진실은 이러하다. 즉, 생시 상태에서부터 계속되는 완전한 의식(prajnana)을 가지고 임의로 야기한 잠 속에서 '아무개'라는 부가물이 없는 그의 자기존재(Self-existence) 상태를 추적하고

---

82)「실재사십송」, 제26연 참조.
83) 저자가 질문자들의 의문을 해소하기 위하여 운문체로 준 답변들을 담고 있는 책.

그것을 꽉 붙들기 때문에, 그 순수한 존재-의식이 그 자신을 '내가 있다'로서 알고 있다는 것을 이 잠의 상태에서는 또렷이 인식한다는 것이다. 그래서 구도자는 이제 이렇게 말한다. "나는 내내 존재했다. 잠자지 않았다." 그러나 수행을 하기 전에는 그가 생시 상태 내내 '아무개'라는 부가물의 형상인 **마음을 '나'와 동일시**하고 있었으므로, 일상적으로 매일 자는 (마음이 존재하지 않는) 잠에서 **깨어난 뒤에는** 이 마음[그 사람]이 이렇게 말한다. "**나는 잠 속에서 존재하지 않았다!**" 그게 전부다!

  수행을 통해 이 에고가 제거됨을 여러 번 체험해 본 사람들은, 에고가 제거된 뒤에도 '내가 있다'로서의 자신의 순수한 존재-의식을 체험하는 데 익숙하므로, 잠에서 막 깨어나는 순간에도 '아무개'라는 부가물이 어떻게 들어와서 혼합되는지를 세밀하게 인식할 수 있다. 그러한 수행력을 갖지 못한 사람들은, 잠에서 깨어날 때는 에고를 그것이 일어나는 장소에서 인식할 수 없다. 그들에게 쉬운 일이 있다면, 생시 상태에서 시작된 노력을 통해 에고가 가라앉는 곳(에고가 일어나는 곳이기도 하다)을 발견하는 것뿐이다. 어느 경우나 목표와 성취는 동일할 것이다. 주의가 '내가 있다'는 느낌을 향해 내면으로 점점 더 깊이 집중되고, 그럼으로써 에고가 더욱 더 줄어들어 무無가 될 때, 우리의 주의력은 가장 미세한 원자보다도 더 미세해지며, 그래서 더 예리하고 더 밝아진다. 따라서 이제 두 상태 사이에서, 즉 잠이 끝난 뒤 깨어나기 전—바꾸어 말해서, 첫 번째 생각에 사로잡히기 전—의 상태에서 균형을 잡고 머무르는 **안주의 힘**(*nishtha-bala*)을 성취하게 될 것이다. 이 힘을 통해 구도자는, (잠에서 깨어날 때) 나타나서 혼합되는 '아무개'라는 부가물이 2인칭에 지나지 않음을 발견하는 기술을 얻게 될 것이다(즉, 지금까지는 그것이 흡사 1인칭처럼 보였지만, 이제는 분명하게 그것이 자신의 그림자에 불과한 것, 비진아, 원초적 껍질, 낯선 것으로 보일 것이다). 이것이 바로 진인인 자나까 왕이 "지금까지 나를 망쳐 온 도둑을[도둑이 드는 때를, 곧 에고가 일어나는 때와 곳을] 찾아냈다. 그에게 응분의 벌을 가하겠다."고 했을 때 말하고자 한 바였다. 지금까지 마치 1인칭인양 행동해 온 에고가 우리에게 낯선 2인칭임이 밝혀졌으니, 그것에 대한 응분의 벌은 바가반 스리 라마나가 가르친 자기주시를 회복하는 방법("누구에게? 나에게. 나는 누구인가?")을 통해 **진정한 1인칭**['나'라는 말의 진정한 의미], 곧 존재-의식**을 확고히 붙듦으로써**, (마치 반사광이 그것이 일어난 곳에서 소멸되듯이) **에고를 바로 그것이 일어나는 곳에서 소멸시키는 것**이다.

> 그대가 이 존재-의식 안에 더 많이 안주하면 할수록[즉, 잠과 생시 사이의 상태 안에 머무르면 머무를수록] 앞서 그대를 장악했던 보통의 잠은 융해되고, 감각지(知(vishayas)로 가득 찬 생시가 다시 슬며시 기어들 것이네. 그러니 거듭거듭 지칠 줄 모르고 그 안에 안주하라. ―「수행의 핵심」

이 존재-의식 안에 안주하는 수행을 더 크게 더 확고하게 해 나가면, 우리가 일상 업무에서 벗어날 때마다 이 상태가 종종 찾아와서 우리를 저절로 장악하는 것처럼 보이는 것을 체험할 것이다. 그러나 **이 존재-의식의 상태는 사실 '우리'일 뿐**이므로, 그런 상태가 찾아와 우리를 장악한다고 생각하는 것은 잘못이다! 일을 하는 동안에는 우리가 다른 것들에 주의를 기울이고, 일이 끝난 뒤 다른 어떤 2인칭이나 3인칭에 주의를 기울이기 전에는 자연스럽게 **우리의 진정한 상태**, 곧 존재-의식**에 안주한다**. 이런 일은 매일 우리 모두에게 일어나지만, 앞에서 말한 수행을 통해 진아의식을 체험하는 사람들에게만, 하나의 2인칭 생각을 떠난 뒤 다른 생각을 붙잡기 전에[즉, 두 생각 사이에서] 진아안주의 상태가 분명히 식별될 것이다.

> (「수행의 핵심」의 위 두 연에서) 왜 우리는 그 상태[우리의 존재-의식]에 있으려고 거듭 노력해야 하고, 더욱 더 많은 사랑으로써 그 안에 안주해야 한다고 말하고 있는가? 왜냐하면, 우리를 거기서 몰아내는 모든 원습이 완전히 고갈되기 전까지는 이 상태가 오고 가는 것처럼 보일 것이기 때문이네.[84] 그래서 진아에 안주하기 위한 지속적인 노력과 사랑이 필요한 것이네. (…)
>
> 이 수행을 통해 우리의 존재-의식 상태가 피할 수 없이 자연스러운 것으로 체험될 때는, 설사 생시, 꿈, 잠이 지나간다 해도 아무 해가 없다네. (…)
>
> 이 이른바 세 가지 상태[생시, 꿈, 잠]에 편재하며 그것을 초월하는 끊임없는 진아의식 안에 잘 자리 잡고 있는 사람들에게는 단 한 가지 상태, 곧 **전체**, **일체**만 있으며, 그것만이 실재한다네! '나는 노력하고 있다'는 느낌조차도 없는 이 상태가 그대의 본래적인 존재 상태라네! 존재하라! ―「수행의 핵심」

어두운 방에 있던 사람이 반사광을 확고히 붙들고 그것을 따라 열린 공간으로 나왔듯이, 탐구자는 '내가 있다'는 느낌을 근면하게 붙듦으로써 감옥―신경(*nadis*)을 통한 몸에 대한 집착―에서 나와 심장의 열린 공간에 도달한다. 이제 이 과정이 진보된 탐구자의 몸 안에서 어떻게 일어나는지 살펴보자.

잠에서 막 깨자마자 '나'라는 의식이 심장에서 뇌로 번개같이 솟구쳐

---

[84] 구름이 움직이면 달이 반대 방향으로 움직이는 듯이 보이듯이, 원습이 오고 감에 따라 우리의 본래적인 존재-의식이 종종 다가와서 저 스스로 우리를 장악했다가 다시 우리를 떠나는 듯이 보이게 된다.

오른다. 그런 다음 그것은 뇌에서 전신으로 신경을 따라 퍼져나간다. 이 '나'-의식은 전기 에너지와 같다. 그것의 추동력 혹은 전압은 그것이 몸을 '나'로 동일시하는 집착의 힘(abhimana-vega)이다. '나'로서 엄청난 추동력과 속도로 전신으로 퍼져나가는 이 의식은 심장 속에서 아무런 부가물도 덧붙여지지 않은 채 순수한 상태로 머물러 있다가 뇌로 올라간다. 그러나 그것의 집착의 힘이 워낙 커서 그것이 심장에서 뇌로 솟구쳐 오르는 데 걸리는 시간은 백만 분의 1초라고 할 정도로 극히 짧아서, 보통 사람들은 아무 부가불이 덧붙지 않은 순수한 상태의 그것을 인식할 수 없다. 일어나는 '나'-의식의 이 순수한 상태가, 스리 바가반이 『마하르쉬의 복음』 제1권 제5장 '진아와 에고'에서 "두 상태 혹은 두 생각 사이의 틈에서 순수한 에고[에고의 순수한 상태 혹은 참된 성품]를 경험한다"고 했을 때 지적한 그것이다.

엄청난 속도로 뇌에서 전신으로 퍼져나가는 이 '나'-의식에게는 신경이 전기력을 나르는 전선과 같은 전달선이다(이 신경이 얼마나 많은지는 여기서 중요하지 않다). '내가 있다'는 순수한 의식이 뇌에 도달한 뒤 '나는 이것이다, 나는 아무개다, 나는 몸이다'와 같은 부가물과 혼합되는 것이 이른바 속박 또는 매듭이다. 이 매듭에는 두 가지 형태가 있으니, **신경속박매듭**(nadi-bandha-granthi)과 **집착매듭**(abhimana-granthi)이 그것이다. 이 힘, 곧 '나'-의식과 거친 신경체계의 연관을 '신경속박매듭'이라고 하며, 그것과 원숭의 형상을 한 원인신의 연관[집착]을 '집착매듭'이라고 한다. 신경속박매듭은 생기에 속하고, 집착매듭은 마음에 속한다.

> 마음과 호흡[생기]은 생각과 활동을 각기 작용으로 갖는 한 나무의 두 갈래 가지와 같지만, 그것들의 뿌리[활동력]는 하나라네.
> ―「우빠데샤 운디야르」, 제12연

마음과 생기의 근원은 하나[심장]이므로, 자기탐구를 통해 마음이 절멸되어 집착매듭이 끊어지면 신경속박매듭도 끊어진다. 라자 요가에서는 호흡제어를 통해 신경속박매듭을 제거한 뒤, 그렇게 하여 제어된 마음이 뇌[사하스라라라(sahasrara)]에서 심장으로 들어가면, 그것이 자신의 근원에 도달하게 되어 집착매듭도 끊어진다.

> 호흡제어에 의해 조복된 마음이 유일한 길[자기탐구의 길][85]을 통해 (심장으로) 유도되면, 그것의 형상도 죽을 것이네.
> ―「우빠데샤 운디야르」, 제14연

그러나 집착매듭은 기본적인 것이므로, 진아를 앎으로써 집착의 소멸을 이루기 전까지는 잠, 기절, 죽음 혹은 마취제를 사용했을 때와 같이 신경속박매듭이 일시적으로 끊어질 때도 집착매듭은 영향을 받지 않고 (원인신을 이루는) 원습 형태로 머무르며, 따라서 환생을 피할 수 없다. 그래서 스리 바가반은 라자 요가를 통해 목석무상삼매(kashta-nirvikalpa-samadhi)[86]에 도달하는 사람은 거기서 멈추면 안 되고(왜냐하면 그것은 마음이 일시적으로 흡수된 마노-라야일 뿐이므로), 그렇게 흡수된 마음을 심장으로 이끌어 마음 소멸, 곧 몸에 대한 집착의 소멸인 본연무상삼매(sahaja-nirvikalpa-samadhi)를 성취해야 한다고 주장한다. 그렇게 진아를 깨달은 자(본연적 진인, sahaja jnani)의 몸 안에서는 집착매듭의 소멸 후에도 '나'-의식의 흐름이 신경을 따라 이동하지만, 그것은 연잎 위의 물

---

[85] 이 연의 타밀 원문에서 스리 바가반은 'or vazhi'라는 단어를 사용했는데, 이는 '유일한 길'과 '앎의 길'이라는 두 가지 뜻이 있다. 여기서 '유일한 길'은 자기탐구이지 명상의 길 중의 어느 하나가 아니다. 『진어화만』 제392연에서 이 점을 분명히 하고 있다. 여기서 스리 바가반은 "호흡을 제어하여 마음의 침묵(mano-laya)을 얻으면, (…) 몸이 아닌 존재-의식을 예리하게 탐구하여 그것을 알아야 한다"고 힘주어 말한다.
[86] 목석木石무상삼매: 몸이 마치 통나무처럼 지각력 없는 상태로 있는, 잠과 같은 상태.

이나 불타 버린 노끈과 같고, 따라서 그것은 속박을 야기할 수 없다. 따라서 어떤 식으로든 본연상태(sahaja sthiti), 곧 원습의 소멸 상태를 성취하려면 집착매듭의 소멸이 필수 불가결하다.

신경들은 거칠지만 그 속을 흐르는 의식의 힘(chaitanya-sakti)은 미세하다. '나'-의식과 신경들의 연관은 전기력과 전선의 그것과 비슷하다. 즉, 그것은 워낙 불안정하여 일순간에 단절될 수도 있고 연결될 수도 있다. 이 연관이 잠 속에서는 매일 끊어지고 생시 상태에서는 작동한다는 것은 우리 모두가 경험하는 것 아닌가? 이 연관이 작동되면 육체의식이 일어나고, 그것이 끊어지면 육체의식이 상실된다. 여기서 우리는, 이미 말했듯이 육체의식과 세계의식은 똑같은 하나라는 것을 기억해야 한다. 그래서 우리가 매일 입고 벗는 옷이나 장신구와 같이 이 매듭은 우리에게 낯선 것이고, 우리에게 느슨하게 매달려 있는 하나의 찰나적인 거짓 물건이다! 스리 바가반이 "우리는 우리가 아닌 것에서 우리 자신을 분리할 수 있다"고 한 것은 이를 두고 한 말이다! 그 매듭이 다시는 생겨나지 않도록 그 연관을 끊는 것을 '매듭 단절(granthi-bheda)', '마음 소멸(mano-nasa)' 등과 같은 많은 이름으로 부른다. '그 매듭이 다시는 생겨나지 않도록'이라는 것은 다음과 같은 의미이다. 즉, 그것[에고]이 정말 생겨난 적이 있는지를 알아내기 위하여 '그것이 참으로 현재 존재하는가?'라는 탐구를 통해 그것에 주의를 기울이면, 지知(jnana)의 여명, 곧 진정한 깨어남이 일어난다. **여기서 우리는 그런 어떤 매듭도 생겨난 적이 없고, 그런 어떤 에고도 일어난 적이 없으며, '존재하는 것'만이 늘 존재하고, '내가 있다'로서 존재하던 것이 늘 '내가 있다'로서 존재하고 있다는 것을 분명하고도 확고하게 알게 된다! 이 지知[진아지(atma-jnana)], 곧 매듭이나 속박은 그 어느 때에도 존재하지 않았고 결코 일어난 적이 없다는 앎의 성취가 그 매듭의 영원한 단절이다.** 작은 이야기 하나로 이것을 설명해 보자.

"아아, 감옥에 갇혔다! 나는 이 삼각형 방 안에 붙잡혀 있다! 어떻게 벗어나지?" 하면서 어떤 사내가 두 벽이 만나는 구석에 서서 불평하며 울고 있었다. 그는 자기 앞의 두 벽을 두 손으로 더듬으면서 한탄했다. "출입문도 없고 빠져나갈 수 있는 구멍도 없다! 어떻게 빠져나가지?"

조금 떨어진 열린 곳에 서 있던 한 친구가 그 한탄을 듣고 그 방향으로 몸을 돌려 친구의 상태를 보았다. 그 열린 공간에는 벽이 두 개밖에 없었다. 그 벽들은 두 방향만 막은 채 각기 한 쪽이 서로 만나고 있었다. 열린 곳에 있던 친구는, 자기 앞의 두 벽만 마주하고 서 있는 그 친구가 세 번째 벽이 뒤에 있다는 그릇된 관념 때문에 자신이 벽이 세 개인 방 안에 갇혔다고 잘못 판단하고 있음을 이내 알아차렸다. 그래서 그가 물었다. "왜 벽을 더듬으면서 한탄하고 있나?" "이 삼각형 방의 감옥에서 빠져나갈 길을 찾는데, 길이 안 보여!" 사내가 대답했다.

친구: 그러면 자네 뒤의 세 번째 벽을 찾아보지 그래?

사내: (뒤를 돌아보며) 아, 여기는 아무 장애가 없군! 이 길로 달아나야지. (그렇게 말하면서 그는 달아나기 시작했다.)

친구: 아니, 왜 달아나나? 그럴 필요가 있나? 달아나지 않으면 감옥에 갇혀 있게 되나?

사내: 아하! 그래, 그래! 나는 전혀 갇혀 있지 않았군! 뒤에 벽이 아예 없는데 어떻게 내가 갇힐 수 있었지? 내가 갇힌 것은 나 자신의 망상에 불과했어. 나는 결코 갇히지 않았고, 지금도 풀려난 게 아니야! 그래서 지금 내가 있는 이 벽 근처에서 달아날 필요도 없어. 뒤를 돌아보지 않은 것이 나의 이른바 속박의 이유였군. 그리고 내가 주의를 뒤로 돌린 것이 실제로 나의 이른바 해탈을 위한 수행이었어! 실은 나는 어떤 투옥이나 석방도 없이, 내가 있는 그대로 늘 남아 있다!

이와 같이 진실을 알게 되자 그는 침묵을 지켰다.

이 이야기에서 두 벽은 2인칭과 3인칭들을 의미한다. 1인칭은 사내의 뒤에 있다고 하는 세 번째 벽이다. 2인칭과 3인칭에 대한 주의에 의해서는 전혀 해탈의 길이 없다. 1인칭에 주의를 기울이는 '나는 누구인가?'에 의해서만 에고인 1인칭이 결코 존재하지 않는다는 올바른 앎을 얻게 될 것이며, 이와 같이 1인칭이 절멸될 때에만 속박과 해탈이 거짓이라는 진리를 깨닫게 될 것이다.

> 미친 사람처럼 '나는 속박된 자다'라고 생각하는 한 속박과 해탈의 생각이 지속되겠지만, '이 속박된 자는 누구인가?' 하고 자기 자신을 들여다보면, 영원히 자유롭고 늘 빛나는 진아만이 존재할 것이네. 이처럼 속박에 대한 생각이 더 이상 머무르지 않는데, 해탈에 대한 생각이 지속될 수 있겠는가! ─「실재사십송」, 제39연

우리가 세 벽이 세 장소,[87] 곧 1인칭, 2인칭, 3인칭을 대표한다고 설

---

87) 산스크리트를 포함한 대다수 언어의 문법에서 1인칭인 '나', 2인칭인 '너', 3인칭인 '그, 그녀, 그것 등'은 인수으로 지칭된다. 그러나 타밀어 문법에서는 이 세 가지를 각기 첫째, 둘째, 셋째 장소로 부른다. 이같이 장소로 분류하는 것은 구도자들에게 매우 유익한 단서이다. 왜 그런가? 실재를 향해 나아가는 진지한 구도자들의 유일한 목표는 마야를 초월하여 브라만, 곧 지고자에 도달하는 것 아닌가? 그렇다면 마야를 어떻게 건너가거나 초월하는가? 시간과 공간은 마야가 투사하는 으뜸가는 두 관념이다. 시간과 공간이라는 두 관념의 형태로 마야에 결박되어 있지 않은 단 하나의 생각도 형성될 수 없다. 각 생각은 어떤 과거와 미래의 시간과 관계될 수밖에 없다(왜냐하면 각 생각은 시간의 어떤 순간에 형성되고, 시간의 매 순간은 과거에서 미래로의 변화에 지나지 않기 때문이다). 반면에 우리가 현재 시간이나 1인칭에 대한 생각을 형성하려고 들면(즉, 둘 중의 하나에 주의를 기울이면), 모든 생각이 그칠 것이다. 왜냐하면 세 가지 시간 중의 현재와 세 가지 장소 중의 1인칭은 뿌리관념이며, 이 두 뿌리관념의 중요한 특징은 주의를 기울여 그것들을 추구하면 그 존재성을 상실하고 사라진다는 것이기 때문이다. 이처럼 이 1차적 시간[현재]과 1차적 장소[1인칭]가 존재성을 상실할 때, 그것들의 근원인 마야('존재하지 않는 것'이라는 뜻) 자체도 사라진다. 그것은 독자적인 참된 존재성이 없기 때문이다. 이것은 마야를 초월하는 상태이며, 따라서 이때는 늘 존재하는, 하나이고 전체이며 무한한 진아만이 빛난다!

명했듯이, 그것이 현재·과거·미래의 세 시간을 대표한다고 설명할 수도 있다. 현재에 대한 진리가 무엇인지를 알기 위하여—과거와 미래에 대한 모든 생각을 피하면서—현재에 주의를 기울이는 것을 통해서도 모든 생각이 가라앉고 '현재' 자체가 사라질 것이다. 어째서 그런가? 지금 이전의 한 순간에 일어난 일을 우리는 과거로 간주하고, 지금 이후의 한 순간에 일어날 일을 우리는 미래로 간주한다. 그러므로 만약 우리가 지금 이전이나 이후의 어느 시간에도 한 순간도 주의를 기울임이 없이 지금 존재하는 그 한 순간이 무엇인지를 알려고 노력하면, 이른바 현재 순간의 백만 분의 일조차도 과거 아니면 미래임을 알게 될 것이다. 만일 그러한 극히 미세한 과거와 미래의 순간들에도 주의를 기울이지 않고 그 둘, 곧 과거와 미래 사이에 무엇이 있는지를 알려고 노력하면, 정확한 현재로서 아무것도 발견할 수 없다는 것을 알 것이다. 그래서 현재라는 시간의 관념은 존재하지 않는 것이 되어 사라질 것이고, 시간과 장소를 초월하는 자기존재(Self-existence)만이 뒤에 남게 될 것이다.

> 과거와 미래는 매일 경험되는 현재와 관련해서만 존재할 수 있네, 그것들도 일어날 때는 현재였고, 현재일 것이네. 따라서 (세 가지 시간 중에서) 현재만이 존재하네. 현재의 진리[즉, 그것의 비존재]를 모르면서 과거와 미래를 알려고 하는 것은 하나(라는 단위의 가치에 대한 인식) 없이 숫자를 세려는 것과 같네.
>
> ― 「실재사십송」, 제15연

자세히 살펴보면 우리—항상 알려지는 존재자—만이 있는데, 시간이 어디 있고 공간이 어디 있는가? 우리가 몸이라면[몸으로 착각된다면] 시간과 공간에 말려들겠지만, 우리가 몸인가? 우리는 지금, 그때, 늘 하나이고 여기, 저기, 도처에서 하나이므로, 무시간 무공간의 진아인 우리만이 있다네! —「실재사십송」, 제16연

따라서 세 장소 중 첫째 장소[1인칭]에 주의를 기울이거나, 세 시간 중 현재 시간에 주의를 기울이는 것이 해탈에 이르는 유일한 길이다. 스리 라마나의 길인 이것마저도 실은 속박의 제거나 해탈의 성취를 위한 것은 아니다! 스리 라마나의 길은 오로지 우리가 결코 속박된 적이 없다는 올바른 앎의 깨달음을 통해 해탈에 대한 생각까지도 포기함으로써, 우리의 영원한 순수 지복의 상태에 우리가 늘 안주하도록 하기 위한 목적으로 닦여져 있다.

첫째 장소 혹은 현재 시간에만 주의를 기울여야 한다네. 예리하게 그렇게 하면 모든 요가를 완수하고 지고의 성취를 이룬 뒤에 진아의 지복을 즐기게 될 것이네. 그것을 알고 그것을 즐기라!
—「수행의 핵심」

이제 다시 우리의 원래 논점을 다뤄 보자. 구도자의 주의가 2인칭과 3인칭 쪽으로 향할 때는 '나'-의식이 **확산력**의 형태로 신경들(*nadis*)을 통해 뇌에서 전신으로 퍼지지만, 같은 주의가 1인칭에게 집중될 때는 그것이 반대 방향으로 사용되므로 '나'-의식은 확산력의 형태로 작용하는 대신 **자기주시력**의 형태를 취한다(즉, '함'의 힘이 '있음'의 힘으로 변환된다). **이것이 소위 '나디의 휘저음**(*nadi-mathana*)**'이라는 것이다.** 나디들 안에서 이와 같이 휘저음(churning)이 일어나면서 나디들 전반에 흩어져 있던 '나'-의식이 도로 회수되어 확산의 출발점이었던 뇌 안으로 모이고, 거기서 심장으로 돌아가 가라앉아 그것이 일어났던 근원인 심

장, 곧 순수한 의식 속에 자리 잡는다.

라자 요가에서는 호흡 제어(prana-kumbhaka)의 압력으로 생긴 힘을 통해, 모든 나디에 편재하는 '나'-의식을 그 확산의 출발점으로 강제로 되밀어 낸다. 그러나 이것은 폭력적인 방법이다. 다음은 스리 바가반이 가끔 말씀하신 것이다. "라자 요가에서 하듯이 호흡 제어로써 '나'-의식을 강제로 되밀어 내는 것은, 도망간 소를 쫓아가서 때리고 붙들어 외양간까지 강제로 끌고 가 결국 거기에 매어 두는 것과 같은 폭력적 방법입니다. 반면에 탐구로써 '나'-의식을 그 근원으로 도로 데려가는 것은, 한 줌의 푸른 풀을 보여주며 소를 꾄 다음, 소를 어르고 어루만지면서 소가 제 발로 따라와 외양간으로 들어가게 하여 결국 거기에 매어 두는 것과 같이 부드럽고 평화로운 방법입니다." 이것은 안전하고 즐거운 길이다. 라자 요가의 호흡 제어 방법을 통해 이루어 내는 나디의 휘저음을 견뎌내려면 그 몸이 젊고 튼튼해야 한다. 만일 그런 휘저음이 약하거나 늙은 몸 안에서 일어나게 되면, 그 몸이 그것을 견뎌낼 힘이 없어 신경장애, 신체적 질병, 정신이상 등과 같은 많은 문제가 일어날 수 있다. 그러나 탐구를 통해 그 휘저음이 일어나게 되면 그런 어떠한 위험의 여지도 없다.

> '진아, 곧 의식에 대한 주의를 붙들고 그 안에 안주하는 수행을
> 하더니 정신이상이 되었다'고 말하는 것은 '불멸의 감로를 마시고
> 그는 죽었다'고 말하는 것과 같네. ─ 『진어화만』, 제745연

탐구의 길에서는 나디에서의 철수가 아무런 긴장 없이, 마치 잠이 찾아오듯이 평화롭게 일어난다. 따라서 일부 경전에서 그 목표에는 서른 살 이전에 도달해야 한다고 하는 규칙은 라자 요가의 길에만 해당될 수

있고, 스리 라마나의 길인 탐구에는 해당되지 않는다![88]

심장에서 일어나 전신으로 확산된 '나'-의식이 철수할 때 체험되는 그 통로는 **수슘나 나디**(*sushumna nadi*)라고 불린다. 부수적인 사지에 불과한 팔과 다리를 고려하지 않을 때, 몸통 안의 척추 기저부(*muladhara*)에서 머리 정수리(*sahasrara*)에 이르는, **'나'-의식이 체험되는 그 통로야말로 수슘나이다.**

'나'-의식이 수슘나를 통해 철수할 때 구도자는 그 경로상의 여섯 차크라가 있는 곳들을 체험할 수도 있고, 그런 체험 없이 바로 심장에 도달할 수도 있다. 기차를 타고 델리로 여행할 때 도중에 역들과 경치들을 보아야 할 필요는 없다. 그런 것에 신경 쓰지 않고 즐겁게 잠을 자도 델리에 도착할 수 있지 않은가? 그러나 시간과 공간에 속박되는 신들의 여러 이름과 형상들에 대한 과거의 헌신 습으로 인해, 어떤 구도자들은 여섯 차크라와 거기서 나타나는 신들의 환영幻影, 소리 등을 체험할 수도 있다. 그러나 습의 형태를 한 그런 장애가 없는 사람들에게는 그 여행이 즐겁고 어떤 별다른 특징(*visesha*)도 없을 것이다. 전자의 경우 그런 체험들은 자기주시 안에서의 놓침(*pramada*)에 기인한다. 왜냐하면 그런 것들은 거기서 일어나는 하나의 2인칭 주시에 지나지 않기 때문이다! 이것 자체가 진아에 대한 주시를 놓쳤음을 드러낸다! 자기주시 안에서 놓침이 일어날 여지를 전혀 주지 않는 엄청나게 진지한 구도자들에게는 그런 대상적 체험들이 결코 일어나지 않을 것이다! 이런 맥락에서 스리 라마크리슈나가 한 다음 답변들은 유념할 가치가 있다. 스와미 비베카난다가 그에게 "다들 환영을 보았다고 말하는데, 저는 아무것도 보지 못했습니다!"고 하자, 스승은 "그건 좋지!"라고 말했다.

---

[88] 이것은 『냐나 바쉬슈타(*Jnana Vasishta*)』(『요가 바쉬슈타』)에 나오는 쭈달라(Chudala)의 이야기에서 잘 드러난다.

또 한 번은 스와미 비베카난다가 자신이 수행 과정에서 투시력 같은 어떤 초능력들을 얻은 것 같다고 말하자, 스승은 그에게 "한동안 수행을 중단하라. 그런 것들이 너를 떠나게 하라!"고 경고했다. 따라서 이것으로 비추어 볼 때, 그런 체험들은 깨어 있음의 부족으로 자기주시가 방해받는 탓에 도중에 종종 멈추어 진보가 지체되는 사람들만이 갖는 것임이 분명하다.

'나'-의식이 철수할 때 수슘나 나디를 따라서 흐르기는 하지만, 그것은 극히 찬연하기 때문에 수슘나 근처에 있는 다섯 감관(jnanendriyas)을 비추며, 그래서 위에서 말한 체험들이 일어난다. 어떻게? 수슘나 안에 자리한 '나'-의식의 빛이 시각 기관인 눈을 비출 때는 신들과 많은 천상 세계를 보게 될 것이고, 그것이 청각 기관인 귀를 비출 때는 신의 악기(deva dundubhi) 연주, 신의 종소리, 옴 소리(Omkara) 등과 같은 천상의 소리들이 들릴 것이다. 또 그것이 후각 기관을 비출 때는 감미로운 신들의 향기를 맡게 될 것이고, 그것이 미각 기관을 비출 때는 맛난 천상의 감로를 맛보게 될 것이며, 그것이 촉각 기관을 비출 때는 지극한 쾌감이 온 몸에 스미거나 즐거움의 바다 위에 둥둥 떠 있는 느낌을 체험하게 될 것이다. 이런 체험들이 보통의 생시 상태에서의 감각 경험들보다 더 또렷하고 더 실재감이 있어 보이는 것은 놀라운 일이 아니다. 왜냐하면 현재의 생시 세계 경험들은 전신에 퍼져 있는 불순수한 '나'-의식에 의해 작용하는 거친 오관을 통해 얻어지는 반면, 천상 세계의 이런 체험들은 순수하고 집중된 '나'-의식에 의해 작용하는 미세한 오관을 통해서 얻어지기 때문이다. **하지만 이 모든 것은 제한적인 마음의 체험들**(visesha-mana-anubhavas)**일 뿐, 무제한적인 진아체험**(nirvisesha-ekatma-anubhava)**이 아니다.**

마음이 다른 모든 나디에서 철수하여 수슘나 속으로 들어가기 때문에 그것은 이제 매우 미세하고 찬연한데다가, 세간적 욕망에서 벗어나 있어 지극히 순수하다. 따라서 그것은 이제 미세한 오관을 통해서 위에서 묘사한 것과 같은 과거의 좋은 습들만 투사할 수 있다. 그러나 이런 환영 등을 체험한다고 해서 마음이 진아로 변환되었다고 단정해서는 안 된다. 아직은 마음 소멸이 일어나지 않았다. 마음은 여전히 좋은 습들을 가진 채 살아 있으므로 더 미세하고 더 찬란한 2인칭과 3인칭 대상들을 창조하고 지각하며, 그런 것들에게 즐거움을 발견한다. **그래서 이것은 참된 지知의 무제한적 체험**(nirvisesha-ekatma-anubhava), **즉 원습소멸**(vasanakshaya)**이 전혀 아니다**. (이때) 나타나거나 체험되는 그 어떤 것도 2인칭 지知일 뿐이다. 이것은 그럴 때 수행을, 곧 **1인칭 주시를 놓쳤음**을 의미한다! 맛, 빛, 소리 등의 이런 제한적 체험을 최종적인 진아지의 성취로 여기는 사람들이 많다. 그들은 자신이 이런 체험을 했기 때문에 해탈을 성취했다고 생각하여 2인칭과 3인칭들에 대한 주시에 점점 더 말려들며, 그리하여 자기주시에 대한 발판을 잃어버린다. 그런 구도자들을 '요가 실패자(yoga-bhrashtas)'라고 한다. 이것은 델리로 가는 사람이 어느 중간역에서 그 매력적인 장관에 혹하여 '진실로 여기가 델리다'라고 생각하고 기차에서 내리는 것과 유사하다! 수행 과정에서 올 수 있는 싯디(siddhis), 곧 초능력조차도 해탈을 향한 우리의 진보를 가로막고 우리를 어떤 미지의 장소에 내려놓는 **환상**에 불과하다.

우리가 그러한 위험에 빠지지 않으려면 어떻게 해야 하는가? 이런 어려운 상황에서도 바가반 스리 라마나가 준 단서만이 적합한 약의 구실을 한다! 어떻게? 그런 제한적인 체험이 엄습할 때마다 '이런 체험들은 누구에게 있는가?'라는 **라마나의 무기**(Ramanastram)를 사용해야 한다! 그 답은 '나에게'일 것이다! 여기서 '나는 누구인가?'라는 탐구로써 우리는 즉시 자기주시의 끈을 회복할 수 있다. 이와 같이 자기주시를 회복하면 2인칭과 3인칭의 그런 제한적인 체험들은 저절로 사라질 것이다. 왜냐하면 그런 것들에 주의를 기울일 자가 없기 때문이다(마치 어떤 사람에게 붙은 귀신이 다른 사람들이 그 사람에게 주의를 기울이고 그를 붙잡으려고 하면 할수록 더 날뛰지만, 그에게 주의를 기울이는 사람이 아무도 없으면 그를 떠나는 것과 같이). 그런 제한적인 **외부적 감각 대상들을 알기를 포기하고, 마음이 자신의 빛의 형상**[의식]**을 향해 다시 돌아서면**,[89] 그것은 자신의 근원인 심장 속으로 가라앉아 자신의 형상을 영원히 잃어버릴 것이다. 따라서 '나는 누구인가?' 하는 탐구야말로 우리를 지켜주면서 끝까지 안내하여 우리를 구원해 줄 최상의 수행법이다(라자요가의 길을 걷는 구도자들에게조차 그러하다). 그것은 참스승 스리 라마나의 은총에 의해서만 하사되는 **무적의 위없는 무기**(brahmastram)[90]이다! 그것은 온 세상 사람들의 목표인 영원한 행복을 얻는 길에서 우리가 벗어나지 않게 지켜주는 횃불이다! **스리 라마나의 길**이야말로 우리를 진아, 곧 '나는 내가 있다는 것이다'로 변환시킨다!

  수행 과정에서 구도자는 이제 수행력에 의해, 무엇이 에고의 흡수 상태(마음의 일시적 가라앉음)이고, 정확히 어떤 것이 자신이 이제까지 목표로 해 온 진아의식인지 구체적으로 인식할 수 있게 될 것이다. 그는 육체의식이나 다른 어떤 부가물이 없는 순수한 자기존재를 종종 체험하겠지만, 이것은 여전히 수행 단계이지 최종적인 성취가 아니다! 왜인가? 여전히 번갈아드는 두 가지 느낌, 즉 어떤 때는 밖으로 향하고 있다는 느낌과 어떤 때는 안으로 향하고 있다는 느낌이 있기 때문에, 그리고

---

[89] "외부적 감각 대상들을 알기를 포기하고, 마음이 자신의 빛의 형상을 알면(veli vidayangalai vittu manam tan oliyuru ordale)"은 「우빠데샤 운디야르」, 제16연을 참고하라.

[90] (역주) '아스트라(astram)'는 『라마야나』나 『마하바라타』 등에 나오는 신들의 미사일 무기이다. 그 중에서 브라마가 쓰는 브라마아스트라가 가장 강력하다.

안으로 향하기 위해 노력한다는 느낌과 밖으로 향하고 있을 때는 그런 노력을 놓치고 만다는 느낌이 있기 때문에, 이 단계를 '최종적인 성취가 아니다'라고 하는 것이다. 이와 관련하여 스리 바가반은, "마음[주의]이 이처럼 수행[자기에 대한 주시] 안에 잘 고정되어 있으면, 신의 은총의 어떤 힘이 내면에서 저절로 일어나 마음을 조복시키고 그것을 심장 속으로 데려갈 것"이라고 밝혔다. 이 신의 은총의 힘이 무엇인가? 그것은 **우리 존재의 완전한 명료함**, 곧 심장 안에서 넘치는 은총과 함께 '**나-나**'로서 항상 빛나는 지고아(paramatman)의 형상에 다름 아니다.

자기장 안에 놓여 있는 바늘의 성품은 그 녹을 제거했을 때만 자석에 끌리는 것이다. 그러나 이것을 가지고 우리가 자력은 바늘에서 녹을 제거한 뒤에야 생겨난다고 결론지으면 안 된다. 자력은 그 자기장 내에 자연적으로 늘 존재하지 않는가? 바늘은 그 자기장 내에 내내 놓여 있었지만, 녹을 잃어버리는 정도만큼만 자석의 끌어당김에 영향을 받는다. 우리가 2인칭과 3인칭에 대한 주의를 포기하고 자기주시를 붙드는 방식으로써 하려고 하는 모든 일은 녹을 벗겨내는 일과 비슷하다. 그래서 우리의 모든 노력의 결과는, 진아광휘(Self-effulgence)의 **퍼져 나가는 빛살로써 일체를 삼키며**[91][즉, 전 우주를 비존재로 만들며] 항상 빛나는 심장, 곧 순수 의식의 자기장이 끌어당기는 힘에 우리 자신이 적합한 먹이가 될 수 있도록 만드는 것이다. 성숙한 구도자들은 기꺼이 그리고 반발심 없이 진아광휘의 은총이 가진 이 자력에 자신을 내맡길 것이다. 반면에 다른 사람들은 이 힘의 끌어당김을 두려워하여 외향적으로 될 것이다 [즉, 그들의 주의가 밖으로 향할 것이다]. 따라서 우리는 진아를 알려는 열렬한 사랑(bhakti)으로써, 그리고 어떤 2인칭이나 3인칭에도 주의를 기울

---

91) "퍼져 나가는 빛살로써 일체를 삼키는": 「아루나찰라에 바치는 5보송(Sri Arunachala Pancharatnam)」, 제1연 참조(『저작 전집』, 152쪽).

이려는 욕망이 없는 엄청난 무집착(vairagya)으로써, 먼저 우리 자신을 적합하게 만들어야 한다. 그러면 (구도자로서의) 우리의 개인성 자체가 그 힘에 의해 먹히므로, 이른바 '우리의 노력'이라는 것마저도 영靈이 된다. 이처럼 전신에 퍼져 있던 '나'-의식이 심장 안으로 가라앉게 되면 진정한 생시인 지知(jnana)의 밝아옴이 일어난다. 이것은 순식간에 일어난다!

"죽음은 순식간의 일이다! 잠에서 나오는 것은 순식간의 일이다! 마찬가지로, '나는 한 개인적 영혼(jiva)이다'라는 망상이 제거되는 것도 순식간의 일이다! 참된 지知가 밝아옴은 그것을 한 번 언뜻 보고 나서 잃어버리는 그런 것이 아니다! 만일 어떤 구도자가 그것이 나타나고 사라진다고 느낀다면 그것은 수행 단계에 불과하며, 그는 참된 지知를 성취했다고 할 수 없다. 완전한 지知의 밝아옴은 순식간에 일어나는 일이며, 그것을 성취하는 것은 장시간의 과정이 아니다. 유구한 모든 수행법들은 성숙을 이루기 위한 것일 뿐이다. 예를 들어 보자. 사원에서 포탄 발사를 준비할 때는 먼저 포신에 화약을 넣고, 도화선을 박고, 돌 몇 개를 넣은 다음 그것을 다지는 데 오랜 시간이 걸린다. 그러나 그것이 점화되면 천둥소리를 내며 순식간에 폭발한다. 그와 마찬가지로, 오랜 기간의 청문(sravana), 성찰(manana), 일여내관一如內觀(nididhyasana)과 (들은 대로 실천하지 못하는 무능함 때문에) 울면서 한 기도 끝에 마음이 그와 같이 완전히 순수해졌을 때, 오직 그럴 때만 진아지의 밝아옴이 '나는 내가 있다는 것이다'로서 홀연히 순식간에 터져 나온다! 이 밝아옴이 시작되자마자 실재에 대한 명료한 지知를 통해 진아의식의 공간은 시작이 없고, 본래적이며, 영원하다는 것을 발견하게 되므로, 이때는 자기를 주시하는 노력조차도 그쳐 버린다! 더 이상 할 일이 없고 더 이상 성취할 것이 없이 이와 같이 안주하는 것이야말로 진정한 지고의 상태이다."

— 「수행의 핵심」

우리가 지금 생시의 상태로 경험하고 있는 것은 진정한 생시의 상태가 아니다. 이 생시의 상태도 하나의 꿈이다! 이 생시와 꿈 간에는 아무 차이가 없다. 이 두 상태 모두에서 '내가 있다'는 느낌이 몸을 '나는 이것이다'로서 붙들고, 외부적 대상들을 보면서 활동에 개입한다. 위에서 본 것처럼 이 생시 상태라는 꿈에서 깨어나는 것이 지知의 밝아옴, 곧 우리의 진정한 상태 혹은 **진정한 생시**이다.

이와 관련하여 어떤 사람들은 다음과 같은 의문을 제기한다. "만약 우리가 한 꿈에서 깨어나 또 하나의 꿈인 현재의 생시 상태로 왔다고 하면, 우리가 이 생시 상태에서 깨어난 뒤에는 그것조차도 이와 같은 또 하나의 꿈이 아니라는 법이 있겠는가? 어떻게 우리가 '또 하나의 깨어남은 더 이상 필요치 않다. **이것이 진정한 생시다**'라고 판정할 수 있는가?" 우리가 깨어난다고 느끼는 것이 어떤 상태이든, **어떤 2인칭이나 3인칭들의 존재에 대한 경험이 있는 한, 그것은 전혀 진정한 생시가 아니다. 그것은 하나의 꿈일 뿐이다!** 진실로 우리의 진정한 생시[우리의 진정한 상태]는 (어떤 종류의 몸에도 결부됨이 없이) 우리의 존재만이, 다른 것의 도움도 없이, 그리고 '우리' 아닌 그 어떤 것도 인식함이 없이 빛나는 상태이다. **올바른 생시의 정의는 자기와 별개의 어떤 것의 존재도 앎이 없이, 완전한 진아의식과 자기존재의 단일성이 있는 그런 상태라는 것이다! 이것을 가지고 우리는 진정한 생시를 판정할 수 있다.**

스리 바가반이 다음 시구에서 말하는 것이 바로 이러한 생시다.

자기를 잊어버린 채 육신만을 자기로 여기며 무수한 탄생을 거듭
하다가 마침내 자기를 알고 자기가 되는 것은, 온 세상을 헤매고
다니던 꿈에서 깨어나는 것과 같네. 이와 같이 알라.

— 「진아에 대한 5연시」, 제1연

하나의 장소인 큰 홀 안에 벽 두 개를 새로 세우면 홀이 세 개의 방
으로 나누어지듯이, 영원하고 비이원적이고 본래적이며 부가물이 없는
우리의 존재-의식도, 두 가지 몸 부가물[생시의 몸과 꿈의 몸]에 기인하는
생시와 꿈이라는 상상적인 벽 두 개가 그 가운데서—원습으로 인해—
외관상 일어날 때는 생시, 꿈, 잠이라는 세 가지 상태로 보인다. 만약
이 두 가지 새로운 상상적 일어남인 생시와 꿈이 없다면, 남아 있는 것
은 진아의식이라는 한 가지 상태뿐일 것이다. 경전에서 우리의 본래적
인 진정한 상태, 곧 진지眞知-생시(jnana-waking)를 '**네 번째 상태**(turiya
avastha)'라고 부르는 것은, 세 가지 상태가 실재한다고 생각하는 미성숙
한 구도자들을 위해서이다. 그러나 다른 세 가지 상태는 참으로 실재하
지 않으므로, 이 상태[네 번째 상태]가 실은 유일하게 존재하는 상태인 첫
번째 상태이다. 그러니 그것을 '네 번째(turiya)'로 부를 필요가 전혀 없
고 하나의 '상태(avastha)'라고 할 것도 없다. 따라서 그것은 '상태들을
초월하는 것(avasthatita)'이다. 이를 뚜리야띠따(turiyatita), 곧 '**네 번째를
넘어선 것**'이라고도 한다. 그래서 뚜리야띠따를 어떤 다섯 번째 상태로
꼽아서는 안 된다. 스리 바가반이 이것을 분명히 말하고 있다.

깨어 있는 잠의 상태를 뚜리야띠따, 곧 그것들을 넘어선 상태라고
부르는 것은 생시, 꿈, 잠의 상태를 경험하는 이들을 위한 것일
뿐이네. 뚜리야만이 실제로 존재하며, 외관상의 세 가지 상태는

존재하지 않으므로, 뚜리야 그 자체가 뚜리야띠따라네. 이와 같이
용감하게 이해해야 하네!　　　　　　—「실재사십송-보유」, 제32연

처음 세 가지 짙은 상태와 네 번째, 다섯 번째 상태가 (경전에서
받아들여지고) 있는 것은, 잠의 어두운 무지를 뚫고 빛나는 뚜리야
[진아의 상태] 안에 잠겨 거기에 확고히 안주하지 못하는 사람들을
위한 것일 뿐이네.　　　　　　　　　　—『진어화만』, 제567연

앞에서 말한 자기주시를 통해 우리가 자신의 존재-의식 안에 점점 더 확고하게 고정되면 원습들은 소멸될 것이다. 왜냐하면 그것들에 주의를 기울일 자가 없기 때문이다. 그리하여 이 상상적인 원습에 의해 외관상 창조되어 왔던 생시와 꿈의 상태도 소멸할 것이다. 그럴 때 살아남는 하나의 상태를 더 이상 '잠'이라는 이름으로 불러서는 안 된다.

생시와 꿈의 원인이었던 시작 없는 불순수한 원습이 소멸하면, 나
쁜 결과[즉, 따마스]를 가져오는 것이(라고 여겨지)고 하나의 공백이
며 무지라고 조롱받던 잠이, 뚜리야띠따 그 자체임을 알게 될 것
이네!　　　　　　　　　　　　　　　—「진어화만」, 제460연

이제까지 보통 사람들이 잠으로서 경험해 오던 것은 생시와 꿈에 의해 방해받고 제거되기 쉬웠으므로, 그것은 사소하고 일시적인 것으로 보였다. 그래서 본서의 74쪽에서 잠은 결함이 있는 상태라고 했고, 같은 쪽의 각주에서 잠의 진정한 성품은 나중에 제8장에서 설명할 것이라고 했다. 따라서 우리의 본래적 상태인 **진정한 생시**야말로 지고의 실재이다.

이 진정한 생시는 새로이 얻은 어떤 상태로서 경험되지는 않으므로, 해탈자(*jivanmukta*)에게 그 해탈의 상태는 하나의 생각이 되지 않는다! 즉, 그에게는 속박이 실재하지 않으므로 해탈에 대한 어떤 생각도 있을 수 없다. 그러니 속박에 대한 생각이 그에게 어떻게 다가올 수 있겠는가? 속박과 해탈이라는 생각은 자신이 속박되어 있다고 생각하는 무지한 사람(*ajnani*)에게만 일어날 수 있다. 그러므로 **지고의 지복**(제1장에서 지적한, 모든 살아 있는 존재들의 유일한 목표인 영원한 행복)**을 성취하여 속박도 해탈도 없는 진아의 상태 안에 머무르는 것이**, 바가반 라마나가 명하는 방식으로 **참으로 주님께 봉사하는 것이다**. 이것이야말로 우리가 해야 할 일이다. 이것이야말로 **스리 라마나의 길**이다.

> 지고의 지복을 성취하여 속박도 해탈도 없는 이 (진아의) 상태 안에 머무르는 것이 참으로 주님께 봉사하는 것이네.
> ―「우빠데샤 운디야르」, 제29연

스리 라마나께 이것이 공양이 되기를
(Sri Ramanarpanamastu)

부록 1
나는 누구인가?(Nan Yar?)

머리말

바가반 스리 라마나 마하르쉬님이 성산 아루나찰라 위의 비루팍샤 산굴에 사시던 1901-1902년에, 스리 M. 시바쁘라까샴 삘라이라는 헌신자가 당신에게 끌렸고, 몇 가지 질문을 가지고 당신을 찾아갔다. 당시 말수가 아주 적었던 스리 바가반은 어떤 맹세 때문이 아니라 말씀을 하고 싶은 마음이 없었기 때문에, 그의 질문 대부분에 대해 모래 위나 석판 위 혹은 종이쪽지에 글로 써서 답변했다. 스리 시바쁘라까샴 삘라이가 이렇게 받은 가르침은 1923년에 문답 형식의 『난 야르(Nan Yar)』[「나는 누구인가?」]라는 제목으로 처음 출간되었다. 얼마 후 스리 바가반 자신이 이 질문과 답변들을 재배열하여 하나의 에세이 형태로 다시 씀으로써, 『난 야르』를 하나로 연결된 일관성 있는 글로 만들었다.

28개의 질문이 들어 있는 문답형 판본―오늘날 별도의 소책자로 출간된다―외에도, 『스리 라마나 비자얌(Sri Ramana Vijayam)』[스리 바가반의 타밀어판 전기]에는 14가지 질문만 들어 있는 다른 판본이 있고, 그 영역본은 『진아 깨달음(Self-Realisation)』에 나온다. 그러나 『스리 라마나

누뜨리라뚜(*Sri Ramana Nutrirattu*)』[타밀어판 스리 라마나 저작전집]에 수록된 것은 에세이 판본뿐이다. 이 판본은 스리 바가반 자신이 정리한 것이므로, 이것을 주된, 진정한 그리고 권위 있는 판본으로 보아야 한다.

에세이 판본은 대체로 28개 문답을 수록한 판본에 기초한 것이지만, 스리 바가반은 그것을 정리하면서 어떤 부분은 새로 써서 추가하고(예컨대 첫째 문단 전체), 어떤 부분은 생략했으며(예컨대 질문 4와 5에 대한 답변들, 질문 6에 대한 답변의 첫째 문장, 질문 20에 대한 답변 일부 등), 어떤 부분은 수정하고, 확장하고, 향상시켰다(예컨대 질문 27에 대한 답변). 그러나 대부분의 문장들은 당신이 전혀 바꾸지 않고 단지 그 관념들을 재배열하여 더 논리적이고 일관성 있는 순서로 연결했다.

스리 시바쁘라까샴 삘라이가 드린 첫 번째 질문은 "난 야르?"(나는 누구입니까?)였고, 이에 대해 스리 바가반은 "아리베 난(*Arive nan*)"이라고 답했다. 이것은 '앎이야말로 나다', '앎 그 자체가 나다' 혹은 '앎이 실로 나다'라는 뜻인데, 타밀어 단어 '아리부(*arivu*)'는 산스크리트 단어 '냐나(*jnana*)'나 영어 단어의 '앎(knowledge)'에 대략 상응한다. 시바쁘라까샴 삘라이는 이어서 "(이) 앎의 성품은 무엇입니까?"라고 물었고, 스리 바가반은 "앎의 성품은 존재-의식-지복입니다(*Arivin swarupam sat-chit-anandam*)"라고 답했다. 이 두 답변을 제외하고 두 번째 문단의 나머지 전체는 실제로 스리 바가반이 하신 답변이 아니었다. 따라서 스리 시바쁘라까샴 삘라이의 제자인 스리 마니깜 삘라이가 이 저작의 원고를 처음 당신께 갖다드렸을 때, 당신이 의아해 하며 물었다. "이 부분은 내가 한 답변이 아닌데 왜 여기 들어 있지요?"1) "시바쁘라까샴 삘라이

---

1) 스리 바가반의 성품상 경전의 모호한 용어를 사용하여 독자들을 혼란시키는 것은 피하고 싶었을 것이므로, 당신은 이 부분에서 비진아에 대한 경전상의 온갖 분류를 들고 있는 것을 좋아하지 않았을 것이다.

님이 바가반의 답변들을 자신의 공책에 옮겨 적을 때, 이것이 첫 번째 답변을 자신이 더 분명하게 이해하는 데 도움이 될 거라고 생각하고 이 부분을 덧붙인 것입니다." 마니깜 삘라이가 설명했다. "아, 예, 그는 이미 경전 가르침인 '네띠, 네띠'에 친숙하고, 그래서 그렇게 생각했겠군요." 스리 바가반이 말했다. 나중에 스리 바가반은 에세이 판본을 정리할 때 이 추가된 부분을 빼지 않고, 단순히 당신 자신의 답변들만 굵은 글씨로 표시해 두었다.

스리 바가반의 모든 산문체 저작들 중에서도 『난 야르』는 자타가 공인하는 독보적 위치를 점한다. 실로 그것은 스리 바가반의 가르침의 초석 자체라고 간주해도 될 것이다. 왜냐하면 이 스무 개의 간략한 문단 속에 당신의 모든 기본적 가르침이 명료하고 희석되지 않은 방식으로 요약되어 있기 때문이다. 그러므로 스리 시바쁘라까샴 삘라이[2]에게 우리가 큰 빚을 지고 있는 이 저작의 중요성을 감안하여, 여기 하나의 영어 번역본을 제시한다.

이 번역을 준비하면서 그것을 가능한 한 정확하게 그리고 타밀어 원문에 충실하게 하려고 노력했다. 그럴 경우 때로는 영어의 우아한 문체를 살릴 수 없다 해도 말이다. 본문을 문단과 문장들로 나누었고, 문장 순서를 원문과 정확히 대응시켰으며, 가능한 한 각 문장의 구조를 원문의 그것과 같은 형태로 했다. 원문에서 굵은 글씨로 인쇄된 모든 부분 또한 이 번역에서 굵은 글씨로 되어 있으며, 타밀어본에서 굵은 글씨가 아닌 다른 핵심 문장들은 여기서는 이탤릭체로 인쇄되어 있다(이 한국어

---

[2] 독자들은 이 진지하고 오롯한 마음의 제자가 자신이 그토록 열심히 추구한 목표를 성취했다는 것을 말해주는 다음 사건을 듣고 싶어할지 모른다. 1948년 스리 바가반에게 스리 시바쁘라까샴 삘라이가 세상을 떠났다는 소식을 전하는 전보가 왔을 때, 당신은 "시바쁘라까샴 시바쁘라까샴나르(Sivaprakasam sivaprakasamanar)"라고 말했다. 이것은 "시바쁘라까샴이 시바의 빛(Siva-prakasam)이 되었군요!"라는 뜻이다.

판에서는 위에 방점이 찍혀 있다. ―역자). 원문 전체에서는 단어 하나만 괄호 안에 들어가 있는데, 그것은 네 번째 문단의 '진아가 나타날' 뒤에 나오는 '빛날(prakasikkum)'이다. 이 번역에서 괄호 안에 든 다른 모든 말들은 원문에서 사용된 정확한 타밀어 또는 산스크리트어 단어를 보여주기 위해서나, 그 문장의 의미를 더 분명히 하기 위하여, 혹은 문자적으로 번역하면 완전한 또는 분명하게 이해되는 영어 문장이 되지 못할 때 어떤 문장의 의미를 완성하기 위하여 넣은 것이다. 그와 마찬가지로 이 번역에는 각주들도 덧붙였는데, 그 어느 것도 원문에는 없는 것이다. 번역하면서 이 저작에 대한 기존의 모든 번역들을 면밀히 대조하여, 그 번역들의 좋은 점들(예컨대 적절한 단어, 문장 구성 등)은 이 번역에서 하나도 빠트리지 않게 하였다.3)

본문

모든 개아들(jivas)은 어떤 불행도 없이 늘 행복하기를 바라고, 각자에게는 그들 자신에 대한 지고의 사랑(parama priyam)이 존재하며, 행복이야말로 그 사랑의 이유이므로, 바로 우리의 성품인 그리고 마음이 없는 깊은 잠 속에서 우리가 매일 경험하는 그 행복을 얻으려면 우리 자신을 알아야 한다. 그러기 위해서는 **'나는 누구인가?' 하는 지**知**의 탐구**(jnana vichara)**야말로 주된 수단**(mukhya sadhana)**이다**.

나는 누구인가? 일곱 가지 구성 요소[유미乳糜, 피, 살, 지방, 골수, 뼈, 정액]로 된 거친 몸은 '나'가 아니다. 소리, 감촉, 형상, 맛과 냄새의 다섯

---

3) (역주) 이 한국어판의 우리말 번역은 영어 번역문을 옮기되 타밀어판에 더 가깝도록 어순을 바꾸는 등 약간의 수정을 가했다.

가지 감각 지식을 아는 귀, 피부, 눈, 혀와 코의 다섯 가지 지식 기관(jnanendriyas)은 '나'가 아니다. 말하고, 걷고, 주고, 배설하고, 즐기는 입, 다리, 손, 항문과 생식기의 다섯 가지 행위 기관(karmendriyas)은 '나'가 아니다. 호흡 등의 다섯 가지 생명 기능을 수행하는 쁘라나(prana)를 위시한 다섯 가지 생명 기운은 '나'가 아니다. 생각하는 마음도 '나'가 아니다. 모든 감각 지식과 모든 행위가 없을 때 감각 지식을 향한 습(대상습, vishaya-vasanas)만 남아 있는 (깊은 잠의) 무지도 '나'가 아니다. 위에서 말한 모든 것을 "'나'가 아니다, '나'가 아니다"라고 부정해 버렸을 때, 홀로 남아 있는 **앎 자체가 '나'이다**(arive nan). (이) **앎의 성품은 존재-의식-지복**(sat-chit-anandam)**이다.**

모든 앎[모든 대상적 앎]과 모든 행위의 원인인 마음이 가라앉으면 세계에 대한 지각(jagat-drishti)도 그칠 것이다. 덧씌움(상상된 것)인 뱀에 대한 앎이 사라지지 않으면 바탕인 밧줄에 대한 앎이 얻어지지 않듯이, 덧씌움인 세계에 대한 지각이 그치지 않으면 바탕인 진아에 대한 깨달음(swarupa-darshana)도 얻어지지 않을 것이다.

마음이라는 것은 진아 성품(atma-svarupa) 안에 존재하는 놀라운 힘이다. 그것이 모든 생각을 투사한다. 생각들을 모두 제거하고 나서 보면 따로 마음이라고 할 것이 없으며, 따라서 생각이야말로 마음의 성품[또는 형상]이다. 생각들 외에는 세계라고 할 다른 것이 없다. 잠 속에서는 생각이 없고, (따라서) 세계도 없다. 생시와 꿈 속에서는 생각이 있고, (따라서) 세계도 있다. 거미가 그 자신 안에서 실을 자아내었다가 다시 그 자신 속으로 거두어들이듯이, 마음도 그 자신 안에서 밖으로 세계를 투사했다가 다시 그 자신 속으로 흡수한다. 마음이 진아 성품에서 밖으로 나오면 세계가 나타난다. 따라서 세계가 나타날 때는 성품이 나타나지 않고, 성품이 나타날(빛날) 때는 세계가 나타나지 않는다. 마음의 성품을 탐구해 들어가면 '자기(tan)'야말로 마음인 것으로 끝난다. (여기서) '자기'라고 하는 것은 진아 성품이다. 마음은 늘 하나의 거친 사물을 좇아서[즉, 늘 하나의 거친 이름과 형상, 곧 몸을 '나'와 동일시함으로써] 존립하며, 독자적으로는 존립하지 않는다. 마음이야말로 미세신(sukshma sarira)이라고 하는 것이고, 개아라고 하는 것이다.

이러한 몸 안에서 '나'['나는 몸이다']로서 일어나는 그것이야말로 마음이다. '나'라고 하는 생각이 몸 안에서 처음 일어나는 곳이 어디인지를 탐색해 보면 심장(hridayam) 안에서라는 것을 알게 된다.[4] 그곳이야말로 마음의 근원[문자적으로는, 탄생지]이다. '나, 나' 하고 계속 생각하기만 해도 그것이 (우리를) 그곳[우리의 참된 상태, 곧 진아]으로 이끌어줄 것이다. 마음 속에서 일어나는 모든 생각 중에서 **'나'라는 생각**['나는 몸이다' 하는 느낌]**이 최초의 생각이다**. 이것이 일어난 뒤에야 다른 모든 생각이 일어난다. 1인칭['나는 이 몸이다' 혹은 '나는 아무개다'라는 느낌의 주체인 '나']이 나타난 뒤에야 2인칭과 3인칭[대상들, 곧 '너', '그', '그녀', '그것', '이것', '저것' 등]이 나타나며, 1인칭 없이는 2인칭과 3인칭이 존재하지 않을 것이다.

'나는 누구인가?' 하는 탐구에 의해서만 마음이 가라앉을 것이며, '나는 누구인가?' 하는 생각[이것은 주의를 진아 쪽으로 돌리는 수단에 불과하다]

---

4) 일반적으로 스리 바가반이 '곳(idam)'이라는 단어를 쓸 때는 늘 시간과 공간에 의해 한정되는 어떤 장소보다는 우리의 참된 상태, 곧 진아를 가리킨다. 이것은 이 저작의 다음 문단에서 당신이 "나라는 생각이 티끌만큼도 없는 곳이 성품이다"라고 하는 데서 확인된다. 따라서 당신이 이 문장에서 "몸 안에서 처음 일어나는 곳이 어디인지를 탐색해 보면 ..."이라고 할 때, 당신은 사실 우리가 '무엇으로부터?'를 탐구할 것을 기대하는 것이고, 그 경우 그 답은 몸 안의 어느 장소가 아니라 '우리', 진아, '참으로 존재하는 것'이 될 뿐이다(157-158쪽 참조). 그래서 스리 바가반 자신이 종종 설명했듯이, '심장'이라는 말의 참된 의미는 몸 안의 어떤 한정된 곳이 아니라 무한한 진아일 뿐이다(「영적인 가르침(Upadesa Manjari)」, 제2장의 질문 9에 대한 답변 참조). 그러나 마음, 곧 에고는 하나의 몸을 '나'와 동일시함으로써만 일어날 수 있으므로, 그것이 일어나는 하나의 장소로 몸 안의 '가슴 중앙에서 손가락 두 개 폭의 오른쪽'을 가리키는 것이다. 물론 그런 장소는 결코 절대적 실재일 수 없지만 말이다.

은 다른 모든 생각을 소멸한 뒤에 그 자체도 화장터의 부지깽이 막대기처럼 소멸될 것이다. 만일 다른 생각들이 일어나면[자기주시를 놓치는 것을 말함], 그것을 완성하려 하지 말고 '그것들이 누구에게 일어났는가?'를 탐구해야 한다. 아무리 많은 생각이 일어난다 하더라도 무슨 대수인가? 깨어 있는 마음으로, 한 생각이 나타나는 즉시 '이것이 누구에게 일어났는가?'를 탐구하면 '나에게'라는 것이 분명할 것이다. 그럴 때 '나는 누구인가?' 하고 탐구하면 마음[주의력]은 그 근원[진아]으로 돌아갈 것이며, (이때는 그 생각에 주의를 기울일 자가 없으므로) 일어난 생각들도 가라앉을 것이다. 이런 식으로 거듭하여 수행하면 마음이 그 근원에 안주하는 힘이 증가할 것이다. 미세한 마음[주의력]이 두뇌와 (거친) 감각 기관의 문을 통해 나가면 거친 이름과 형상들[세간의 대상들]이 나타나고, 그것이 심장[마음의 근원인 진아] 속에 안주할 때는 이름과 형상들이 사라진다. (주의를 진아 안에 고정하는 수단을 통해) 마음을 밖으로 나가지 못하게 심장 안에 붙들어 두는 것을 '나를 향하기(*ahamukham*)' 혹은 '안으로 향하기(內向, *antarmukham*)'라고 부른다. 그것이 심장 밖으로 나가게 하는 것을 '밖으로 향하기(外向, *bahirmukham*)'라고 부른다. 이와 같이 마음이 심장 안에 안주할 때 모든 생각의 뿌리인 '나'['나'라는 생각, 곧 에고]가 사라지고, 항상 존재하는 **자기**만이 빛나게 될 것이다. '나'라는 생각이 티끌만큼도 없는 곳[상태]이야말로 성품(*swarupam*)이다. 그것이야말로 '침묵(*maunam*)'으로 불린다. 이와 같이 고요히 있음(*summa iruppadu*)을 '지견知見(*jnana-drishti*)'이라고 부른다. 고요히 있음이란 (자기주시를 통해) 마음을 진아의 성품(*atma-swarupam*) 안에 가라앉게 하는 것이다. 그 외에 남들의 생각을 안다든가, 과거·현재·미래를 안다든가, 멀리 떨어진 곳에서 무슨 일이 일어나는지를 아는 것 등은 결코 지견일 수 없다.

실제로 존재하는 것은 진아의 성품뿐이다. 세계, 영혼, 하느님은 자개 속의 은과 같이 그것 안의 덧씌움(상상된 것)이다. 이 셋은 동시에 나타나고 동시에 사라진다. 성품이야말로 세계이고, 성품이야말로 '나'이며, 성품이야말로 하느님이다. 모든 것은 시바의 성품(Siva-swarupam)이다.

　마음을 가라앉히는 데는 탐구(vichara) 외에 다른 적합한 수단이 없다. 다른 수단으로 제어하면 마음이 가라앉은 듯이 보이다가도 다시 일어날 것이다. 조식(pranayama)으로도 마음은 가라앉겠지만, 생기(prana)가 가라앉아 있는 동안만 마음이 가라앉을 것이고, 생기가 일어나면 그것도 일어나서 원습의 지배 하에 돌아다니게 될 것이다. 마음과 생기의 근원은 같은 하나이다. 생각이야말로 마음의 성품이다. '나'라는 생각이 마음의 최초의 생각이며, 그것이야말로 에고(ahankara)이다. 에고가 일어나는 바로 그곳에서 생기도 일어난다. 따라서 마음이 가라앉으면 생기도 가라앉고, 생기가 가라앉으면 마음도 가라앉는다. 그러나 잠(sushupti) 속에서는 마음이 가라앉아 있어도 생기가 가라앉지 않는다. 이는 몸의 보호를 위하여, 그 몸이 죽었다고 다른 사람들이 오인하지 않도록 하려는 하느님의 뜻에 따른 것이다. 생시와 삼매(samadhi)에서 마음이 가라앉으면 생기도 가라앉는다. 생기는 마음의 거친 형태라고 말해진다. 죽을 때까지는 마음이 생기를 몸 안에서 유지하다가, 몸이 죽는 순간 그것을 가지고 가 버린다. 따라서 조식은 마음을 제어하는 하나의 보조 방편일 뿐, 마음 소멸(mano-nasa)을 가져오지는 않는다.[5]

　조식과 마찬가지로 형상명상(murti-dhyana), 진언염송(mantra-japa), 식사조절(ahara-niyama) 등은 마음을 제어하는 보조 방편에 불과하다[즉,

---

[5] 사람이 죽을 때 마음은 생기를 강제로 가져갈 수 있으므로, 우리는 생기가 마음보다 힘이 약하다는 것을 알아야 한다. 그래서 스리 바가반은 조식이 마음을 제어하는 하나의 보조 수단에 불과하며, 그것이 마음 소멸을 가져오지는 못한다고 말하는 것이다. 반면 마음이 자기탐구와 올바른 지知를 통해 제어되면[가라앉혀지면], 그것만으로 충분하며, 우리는 생기를 제어하는 데 신경 쓸 필요가 없다.

그 자체로는 결코 마음 소멸을 가져오지 않을 것이다]. 형상명상과 진언염송에 의해서도 마음은 일념집중(ekagram)을 얻는다. 마치 (무엇을 붙들려고 이리저리) 늘 움직이는 코끼리의 코에 쇠사슬을 쥐어주면 코끼리는 그것만 쥐고 있지 다른 것을 붙들지 않듯이, 늘 움직이는 마음도 하나의 이름이나 (신의) 형상으로 훈련시키면 그것만을 붙들고 있게 된다. 마음이 무수한 생각들로 확산되기 때문에 하나하나의 생각은 아주 약해진다. 생각이 점점 줄어들면서 일념집중을 얻게 되고, 그렇게 하여 힘을 얻은 마음에게는 자기탐구(atma-vichara)가 쉽게 성취될 것이다.6) 모든 규율 중에서 으뜸인 '적량 순수성 식사조절(mita sattvika ahara-niyama)'7)에 의해 마음의 순수성이 증가하면 자기탐구에도 도움이 될 것이다.

헤아릴 수 없는 옛적부터 되풀이되는 대상습對象習(vishaya-vasanas: 감각 대상들을 향하는 습)이 바다의 파도처럼 무수히 일어난다 해도, 자기주시(swarupa-dhyana: 자기 성품에 대한 명상)가 늘어나고 늘어나면 그것들은 소멸될 것이다. '이 모든 원습을 해소하고 진아로서만 머무른다는 것이 과연 가능할까?' 하고 의심하는 생각이 일어날 여지조차 주지 말고 자기주시를 끈질기게 붙들고 나가야 한다. 어떤 사람이 아무리 큰 죄인이라 하더라도, '나는 죄를 지은 사람이다! 어떻게 구원받을 수 있겠는가?' 하고 한탄하며 울기보다는, 자기가 죄인이라는 생각을 아예 내버리고

---

6) 독자들은 여기서, 염송이나 명상의 수행이 어떤 식으로 보조수단이 되어 진아안주, 곧 자기탐구를 쉽게 성취하게 해줄 수 있는지를 설명하는 112-116쪽을 참조하라. 이와 관련하여 우리는 스리 바가반의 다음 가르침을 기억하는 것이 좋을 것이다. "헌신의 감정 없이 신의 명호를 기계적으로 그리고 피상적으로 사용해서는 안 됩니다. 신의 명호를 사용하기 위해서는 그리움으로 그분을 부르고, 그분에게 자신을 무조건적으로 내맡겨야 합니다."(『마하르쉬의 복음』, 제1권, 제4장). 또한 부록 2의 4)를 참조하라.
7) 음식을 적당량만 섭취하고 비순수성 식품, 즉 계란, 생선, 육류, 술이나 담배 같은 모든 도취제, 지나치게 자극적인 맛, 신맛, 짠맛, 과도한 양파와 마늘 등의 모든 비非채식 식품을 엄격히 피함으로써 우리의 식사를 조절하는 것을 뜻한다. 나아가 산스크리트 단어 'ahara'는 '섭취되는 것'을 뜻하므로, 더 넓은 의미에서의 식사조절은 음식조절뿐만 아니라 마음이 오관을 통해 받아들이는 모든 것의 조절도 의미한다.

열심히 자기주시를 하면 그는 반드시 구원될 것이다.[8]

마음 안에 어느 정도의 대상습이 존재하는 한, 그에 상응하는 정도의 '나는 누구인가?' 하는 탐구가 필요하다. 생각들이 일어날 때는, 일어나는 바로 그 자리에서 그것들을 모두 탐구에 의해 소멸해 버려야 한다. 다른 것(anya)[어떤 2인칭이나 3인칭 대상]에 주의를 기울이지 않음이 무집착 또는 무욕이며, 자기를 떠나지 않음이 지(知)이다. 실은 이 둘[무욕과 지知]은 하나이다. 진주를 캐는 잠수부가 허리에 돌을 달고 잠수하여 바다 속의 진주를 캐내듯이, 누구든지 무집착(vairagya)을 가지고 자신의 내면으로 깊이 가라앉으면 진아라는 진주를 얻을 수 있다. 끊임없는 자기기억(swarupa-smarana)['나'라는 느낌만을 기억하거나 주시하기]을 꽉 붙들고 나가면 진아를 성취하며, 그것만으로 충분하다. 성채 안에 적들이 있는 한 그들이 계속 나올 것이다. 나오는 대로 그들을 계속 다 죽여 버리면 성채는 (우리의) 수중에 떨어질 것이다.

신과 스승은 실로 다르지 않다. 호랑이의 입 안에 떨어진 먹이가 빠져나갈 수 없듯이, 스승의 은총의 시선 아래로 들어온 사람들은 그에 의해 확실히 구원받을 것이며 결코 버림받지 않을 것이다. 그렇기는 하나, 스승이 보여준 길을 어김없이 따라가야 한다.

진아안주(atma-nishtha) 안에 확고히 머물러 진아내관(atma-chintanai)[9]

---

[8] 여기서 '구원될 것이다'는 뜻으로 쓰인 타밀어 단어는 *uruppaduvan*이다. 이것은 보통의 의미로는 '제대로 형태를 갖출 것이다', '모습이 일신될 것이다' 혹은 '노력이 성공할 것이다'라는 뜻이지만, 더 깊은 의미에서는 '진아를 성취할 것이다'라는 의미이다 (uru=진아 혹은 본래성품; paduvan=성취할 것이다, … 안에 자리 잡을 것이다).

[9] '진아내관(atma-chintanai: 진아에 대한 생각)'은 자기주시를 의미할 뿐이다. 여기서 스리 바가반이 자기주시라는 뜻으로 '생각(chintanai)'이라는 단어를 쓰고 있기는 하나, 자기주시는 어떤 마음 작용이 아니라고 이해해야 한다. 자기(진아)에 대한 주시는 진아로서 머무르는 것일 뿐이며, 따라서 그것은 어떤 '함'이 아니라 '있음'이다. 즉, 마음 작용이 아니라 우리의 본래적인 단순한 존재 상태이다. 스리 바가반이, 진아를 '생각하는' 올바른 방식은 진아로서 진아 안에 안주하는 것임을 밝힌 「실재사십송」, 기원시 제1연(본서 137쪽)을 참조하라.

아닌 어떤 생각도 일어날 여지를 조금도 주지 않는 것이, 신에게 우리를 내맡기는 것이다. 신에게 아무리 많은 짐을 지워 드린다 해도, 그는 모든 짐을 져 줄 것이다. 지고한 하느님의 힘(*paramaswara sakti*)이 모든 행위를 주관하고 있는데, 왜 그 힘에 우리 자신을 맡겨 버리지 않고 늘 '나는 이렇게 해야 한다, 저렇게 해야 한다'고 생각해야 하는가? 기차가 모든 짐을 날라 준다는 것을 알면서, 왜 기차를 타고 여행하는 우리가 우리의 작은 짐을 기차에 내려놓고 편히 행복하게 있지 않고, 그것을 머리 위에 이고 있어야 하는가?

행복이라는 것은 진아의 성품일 뿐이며, 행복과 진아의 성품은 다르지 않다. 진아 행복(*atma-sukha*)만이 존재하고, 그것만이 실재한다. 세간의 대상들 중 어느 하나 안에도 행복은 전혀 없다. 그런 것들에서 우리가 행복을 얻는다고 생각하는 것은 우리의 분별 부족(*aviveka*) 때문이다. 마음이 밖으로 나올 때는 불행(*duhkham*)을 경험한다. 사실 우리의 생각들[욕망들]이 충족될 때마다 마음은 자신의 근원으로 돌아가 진아의 행복을 체험하는 것일 뿐이다. 그와 마찬가지로 잠, 삼매, 기절 상태와, 바라던 것을 얻었을 때, 싫어하던 것이 소멸될 때는 마음이 안으로 향해져서 진아의 행복을 경험하는 것일 뿐이다. 이런 식으로 마음은 진아를 떠나 밖으로 나갔다가 (다시) 안으로 들어오기를 반복하며 쉼 없이 요동한다. 나무 밑의 그늘은 시원하다. 바깥의 햇볕은 뜨겁다. 밖에서 헤매던 사람이 그늘 안으로 들어가면 시원해진다. 조금 있다가 다시 밖으로 나가면 더위를 참지 못하게 되고, 그래서 다시 나무 밑으로 들어온다. 이런 식으로 그는 그늘을 떠나 햇볕 속으로 나갔다가 햇볕을 떠나 그늘로 들어오기를 반복한다. 이와 같이 행동하는 사람은 분별이 없는 사람(*aiveki*)이다. 그러나 분별이 있는 사람(*viveki*)은 그늘을 떠나지 않을 것이다. 그와 마찬가지로, 진인의 마음은 브라만[진아]을 떠나지 않는다. 그러나 무지한 사람의 마음은 세계 속을 배회하며 계속 불행을 겪다가, 잠시 브라만으로 돌아와서 행복을 즐긴다. 세계라는 것은 생각에 지나지 않는다. 세계가 사라질 때, 즉 생각이 없을 때, 마음은 지복을 경험한다. 세계가 나타날 때 마음은 불행을 경험한다.

욕망(ichcha), 의도(sankalpa), 노력(yatnam) 없이 떠오르는 태양이 있기만 해도, 일장석[확대경]은 화기를 뿜어내고, 연꽃은 만개하며, 물은 증발하고, 세상 사람들은 그들의 일을 시작하고, 수행하고, 그치듯이, 또한 자석 앞에서 바늘이 움직이듯이, 의도 없는 신의 존재라는 특별한 성품 때문에 일어날 뿐인 신의 세 가지 기능(muttozhil) 또는 다섯 가지 기능(panchakrityas)10)에 의해 지배되는 개아들은, 그들 각자의 업에 따라서[그들의 발현업에 따라서 뿐만 아니라 과거의 行爲習에 따라서도] 활동을 하고 그친다. 그렇기는 하나, 신은 의도를 가진 존재가 아니다. 단 하나의 업도 그에게 영향을 주지[문자적으로, 닿지] 않는다. 그것은 세간의 행위들이 태양에게 영향을 주지 않고, 다른 4대 원소[지수화풍]의 좋고 나쁜 성질들이 일체에 편재한 허공[다섯 번째 원소]에 영향을 주지 않는 것과 같다.

모든 경전에서 해탈을 얻기 위해서는 마음을 제어해야11) 한다고 말하고 있으므로, 그 마음 제어(mano-nigraha)만이 경전들의 최종적 판정임을 알고 나면 경전들을 끝없이 공부해 봐야 이익이 없다. 마음을 제

---

10) 경전에 나오는 여러 분류에 따르면, 신의 기능은 세 가지, 곧 창조(sristhi), 유지(sthiti), 파괴(samhara) 혹은 이 셋 가지에 은폐(tirodhana)와 은총(anugraha)을 보탠 다섯 가지라고 한다.
11) 스리 바가반이 '제어하다'에 쓴 타밀어 단어는 '아다꾸(adakku)'인데, 이것은 문자적으로 '가라앉게 하다' 또는 '활동을 그치게 하다'라는 뜻이다. 그러한 제어(adakkam) 또는 가라앉음(odakkam)은 스리 바가반이 「우빠데샤 운디야르」 제13연에서 말하듯이, 일시적일 수도 있고(mano-laya) 영구적일 수도 있다(mano-nasa). 그러나 이 맥락에서 '제어하다(adakku)'라는 단어는 '소멸하다'를 의미할 뿐이다. 왜냐하면 스리 바가반은 「실재사십송」 제40연에서 에고[마음]의 소멸만이 해탈임을 밝히고 있기 때문이다.

어하기 위해서는 자기가 누구인지를 탐구해야 하는데, 그러지 않고 어떻게 경전에서 (자기가 누구인지를) 탐구하겠는가? 자기를 아는 것은 자신의 지知의 눈에 의해서이다. 라마가 자신이 라마임을 알기 위해 거울이 필요한가? '자기'12)는 다섯 껍질(pancha kosas)의 안에 있는 반면 경전은 그것들의 밖에 있다. 따라서 다섯 껍질을 젖혀두고 탐구해야 하는 자기를 저작들 안에서 탐구하는 것은 부질없는 짓이다. 속박되어 있는 자기가 누구인지를 탐구하여 자신의 참된 성품(yathartha svarupa)을 아는 것만이 해탈이다. 언제나 마음[주의]을 진아 안에 고정하는 것만을 '자기탐구'라고 하며, 명상은 자기를 존재-의식-지복(sat-chit-ananda)인 브라만으로 생각하는 것이다. 언젠가는 배운 것을 모두 잊어버려야 할 때가 올 것이다.

쓰레기를 쓸어 담아 내버려야 할 사람이 그것을 자세히 조사해 봐야 아무 이익이 없듯이, 자기를 알아야 할 사람이 진아를 은폐하고 있는 범주들(tattvas)[세계, 영혼, 신을 구성하는 원리들]을 모두 한데 모아 내버리지 않고, 그 수를 헤아리고 그것들의 성질을 자세히 조사해 봐야 아무 이익이 없다.13) 세간[세상 속에서의 우리의 삶 전체]은 하나의 꿈과 같다고 보아야 한다.

---

12) 이 문맥에서 '자기(tan)'라는 단어는 에고—즉, '안'이나 '밖'과 같은 모든 한계를 넘어서 있는 진아 대신, 다섯 껍질을 '나', '나의 집'으로 동일시하는 그것—을 뜻한다. 라마는 '라마'라고 불리는 그 몸이 자신임을 알기 위해 거울을 필요로 하지 않는다. 왜냐하면 '나는 라마, 이 몸이다'라는 느낌이 그 몸 안에 있기 때문이다. 그와 마찬가지로, 우리는 우리가 존재한다는 것을 알기 위해 경전을 필요로 하지 않는다. 왜냐하면 우리가 존재한다는 느낌은 경전 안에 있지 않고 지금 '나'로 느껴지는 다섯 껍질의 안에만 있기 때문이다. 따라서 우리가 누구인지를 알기 위해서는 다섯 껍질의 밖에 있는 경전이 아니라, 다섯 껍질의 안에 있는 '나'라는 느낌에만 주의를 기울여야 한다. 더욱이 다섯 껍질은 우리의 참된 성품을 은폐하고 있으므로, 우리가 이와 같이 자기를 탐구할 때는 그것들조차 젖혀두어야(주의를 기울이지 말아야) 한다.
13) 이 문장에 표현된 스리 바가반의 견해로 볼 때, 독자들은 이제 왜 앞의 각주 1)에서 "당신은 이 부분에서 비진아[우리의 참된 성품을 은폐하는 범주들]에 대한 경전상의 온갖 분류가 나오는 것을 좋아하지 않았을 것"이라고 했는지 이해할 수 있을 것이다.

생시는 길고 꿈은 잠깐이라는 것 말고는14) (둘 사이에) 아무 차이가 없다. 생시에 일어나는 모든 사건이 실재하는 것처럼 보이는 만큼이나 꿈속에서 일어나는 사건들도 그때는 실재하는 것처럼 보인다. 꿈속에서는 마음이 다른 몸을 취한다. 생시와 꿈 모두에서 생각 및 이름과 형상들[대상들]이 동시에 일어난다(따라서 두 상태 간에 아무 차이가 없다).

좋은 마음과 나쁜 마음이라는 두 가지가 있지는 않다. 마음은 하나일 뿐이다. 원습에 좋은 것과 나쁜 것이 있는 것이다. 마음이 좋은 원습의 영향 하에 있을 때는 좋은 마음이라 하고, 그것이 나쁜 원습의 영향 하에 있을 때는 나쁜 마음인 것이다. 다른 사람들이 아무리 나쁘게 보여도 그들을 싫어해서는 안 된다. 좋아함과 싫어함 둘 다를 싫어해야 한다. 세간적인 문제에 마음이 머무르게 해서는 안 된다. 가능한 한 다른 사람들의 문제에 개입하지 말아야 한다. 우리가 남들에게 주는 것은 모두 우리 자신에게 주는 것이다. 이 진리를 안다면 실로 누가 베풀기를 꺼리겠는가?

자기[에고]가 일어나면 일체가 일어나고, 자기가 가라앉으면 일체가 가라앉는다. 우리가 겸허하게 행동하면 할수록 그만큼 (그리고 그만큼만) 선善이 있을 것이다. 마음을 제어하고 있을[가라앉혀 둘] 수 있으면 우리는 어디든지 있을 수 있다.

---

14) 여기서 스리 바가반은 '생시는 길고 꿈은 짧다'고 말하지만, 『진어화만』 제560연에서는 실제적인 진리를 이렇게 드러낸다. "'생시는 길고 꿈은 짧다'는 대답은 질문자에 대한 (공식적인) 답변으로서만 해준 것이네. (그러나 실은 그런 어떤 차이도 없으니, 왜냐하면 시간 자체가 하나의 심적인 개념이기 때문이고) 시간상의 차이라는 개념(예컨대 '길다'와 '짧다')이 참인 것처럼 보이는 것은 마야의—마음의—기만적인 유희 때문일 뿐이네."

부록 2
수행의 핵심 4제題

다음 네 편의 시는 스리 사두 옴의 타밀어 저작인 『수행의 핵심(*Sadhanai Saram*)』에서 뽑은 일부 연들을 번역한 것이다.

1) 자기탐구 11연시(*Atma Vichara Patikam*)

1. 생각은 하나의 마음 작용(*vritti*)이나, 있음(being)은 마음 작용이 아니네! '누가 생각하는가?' 하고 탐구하면 생각은 끝이 날 것이네! 생각들이 존재하지 않을 때는 그대가 존재하지 않는가? 이와 같이 생각들의 근원에 머무르는 것이 진아안주(*nishtha*)의 상태라네! 그렇게 있으라!

2. 생각하는 자는 개아(*jiva*)이나, 있는 자는 지고자(*brahman*)라네! 만약 생각하는 자가 '고요한 그것'에 대한 큰 사랑을 가지고 생각하면, 이 생각, 곧 있음에의 사랑은 모든 생각을 죽이는 무념의 생각이 될 것이네. 이와 같이 생각하는 자가 모든 생각과 함께 죽을 때, 살아남아 머무르는 것은 지고자와의 합일(*siva-sayujyam*)이라네!

3. '나(는 아무개이다)'를 생각하는 그 자신이 생각들 중의 하나라네. 모든 생각들 중에서 '나(는 아무개이다)'라는 생각이 최초이네. '나(는 아무개이다)'를 생각하는 개아는 우리의 반사일 뿐이네. 왜냐하면 우리가 **그것**[지고자]으로 빛날 때는 결코 '나(는 아무개이다)'를 생각하지 않기 때문이네.

4. '나(는 몸이다)'라는 이 생각은 깊은 잠 속에서는 존재하지 않네. '나(는 몸이다)'라는 이 생각은 참된 지知의 상태 안에도 존재하지 않네. 그것은 (이 두 상태) 사이에서 일어나고 스러지므로 이 '나'는 실재하지 않으며, 따라서 이 '나'는 하나의 생각일 뿐이네.

5. 이 '나'라는 생각의 커짐은 실로 불행의 커짐이네! 이 '나'라는 생각이야말로 에고라고 불리는 것이네. 이 '나'가 생겨나서 번성하는 것은 탐구를 하지 않기 때문일 뿐이네! 그것을 총애하지 않고 '이것은 무엇인가?' 하고 탐구하면 그것은 존재성을 잃고 사라질 것이네.

6. 2인칭과 3인칭들[대상들]은 그 뿌리인 1인칭[주체, 곧 에고] 때문에 살아 있을 뿐이네. 만일 그 변덕스런 마음이 1인칭 쪽을 향하면, 1인칭은 존재하지 않게 되고 진정으로 존재하는 **그것**이 빛을 발할 것이네. 이 파괴 불가능한 진정한 자아가 곧 지知(*Jnana*)라네.

7. 2인칭과 3인칭들을 생각하는 것은 순전히 어리석인 짓이니, 왜냐하면 2인칭과 3인칭들을 생각함으로써 마음 작용(*mano-vrittis*)이 커질 것이기 때문이네. (반면에) 1인칭에 주의를 기울이는 것은 자살을 하는 것과 같네. 왜냐하면 1인칭을 탐구해야만 에고 자체가 죽을 것이기 때문이네.[1]

---

1) 다른 번역: (…) 에고가 자동적으로 죽을 것이기 때문이네.

8. 1인칭 쪽으로 향하여 주의를 기울이지 않고 2인칭과 3인칭들에 주의를 기울이는 것은 무지(ajnana)에 기초한 주의라네. 만일 그대가 "그러면 에고에 대한 주의도 무지한 기초한 주의 아닌가? 그러니 왜 우리가 이 '나'에 주의를 기울여야 하는가?"라고 묻는다면, 잘 들어 보라.

9. '나는 무엇인가?'를 탐구하면 이 '나'가 죽는 이유는 다음과 같네. 즉, 이 '나'라는 생각은 지知[진아]의 한 반사광인데, (그것만이 진아와 직접 연관되는 반면 다른 생각들은 그렇지 않으므로) 그 '나'라는 빛살을 따라 주의가 점점 더 깊이 내면으로 들어가면 그 거리가 점점 더 짧아지며, 그 '나'라는 빛살이 죽을 때 '나'로서 빛나는 것이 지知이기 때문이네.

10. '내가 이것을 해야 한다'고 생각하면서 어떤 행위를 하지는 말라. 그대가 하는 일이란 없으니, (왜냐하면) 그대는 그냥 아무것도 아니기 때문이네! 먼저 이것을 알고 행위자 의식의 일어남을 피할 수 있으면, 모든 일은 그에 의해 잘 이루어질 것이고 그대의 평안은 방해받지 않을 것이네!

11. '실재하는 것은 무엇인가?' 하고 면밀히 탐색하면 세상의 그 어느 것도 실재하지 않(음을 알게 되)네. 진아만이 실재한다네. 따라서 일체를 포기하고 늘 흔들림 없이 실재(sat)로서 머무르세. 이것이야말로 우리의 영원한 주님 스리 라마나가 우리에게 권하신 봉사라네!

2) 누가 진인인가?(*Yar Jnani?*)

1. '그는 진인이다, 그는 진인이 아니다'를 판정하는 마음은 지知인가 무지인가? 진인(*Jnani*)[진아를 아는 자]은 오직 하나라네! 따라서 하나 이상의 진인들을 보는 무지한 마음이 본 진인조차도 그 무지한 마음의 소산이라네.
2. 그대 자신은 하나의 생각에 불과하네. 따라서 그대가 마하트마(*Mahatma*)[진인]로 여기는 사람은 그대의[그 생각의] 생각들 중 하나에 지나지 않네! 그렇다면 어떻게 그런 환상적 생각이 하나의 진아지자眞我知者(*Atma-Jnani*), 곧 지고자일 수 있겠는가? 이와 같이 알아야 하네.
3. "그는 위대하다, 그는 진인이다, 나는 안다"고 말하는 것은 잘못이네. "모두가 진인이다"라고 말하는 것조차 잘못이네. 왜냐하면 많은 사람이 존재하는 것처럼 보는 것은 무지의 한 표지이기 때문이네. 존재하는 자는 오직 하나이니, **그것**이 곧 그대라네. 이와 같이 알아야 하네!
4. 진인의 견지에서는 비非진인(*ajnani*)이 아무도 없네. (마찬가지로, 비진인의 견지에서는 진인이 결코 있을 수 없네.) 비진인은 진인의 몸을 진인이라고 부를 뿐이네! 이런 식으로 진인을 봄으로써, 비진인은 진인조차도 비진인으로 본 사람이 되어 버리네!
5. 그대가 아무리 많은 마하트마들을 찾아가고, 설사 그들이 여덟 가지 싯디를 보여준다 하더라도, 참된 마하트마는 그대의 주의를 자기 쪽으로 돌려주면서 "이런 요술에 신경 쓰지 말고, 내면으로 돌아서라"고 조언해 주는 사람일 뿐임을 알라.
6. 히말라야로 가서 숲 속에서 마하트마를 찾는 이 영혼(*atma*)[그 사

람은 먼저 자신의 내면으로 들어가 '나는 어디서 오는가?' 하고 탐구하여 행복한 영혼(*Sukhatma*)이 되어야 하네. 그러면 그의 앞에 나타나는 모든 마하트마가 그 자신의 진아(*Atma*)임을 알게 될 것이다! 이와 같이 스리 라마나는 말씀하셨네!

7. 자신의 진아를 알기 전에 진인들을 아는 것은 결코 가능하지 않네. 따라서 유일하게 가치 있는 노력, 즉 '나는 한 사람의 개아다'라는 느낌을 소멸하는 노력을 확고히 붙들라.

8. 따라서 만약 내면에서 어떤 사람이 진인이냐 비진인이냐 하는 생각이 다시 일어난다면, 즉시 그것을 물리치고 '나는 누구인가?' 하는 탐구를 통해 그대의 주의를 그 생각이 일어난 근원에 예리하게 고정하라.

9. 아무개가 진인인지 비진인인지를 알려고 하기를 포기하고, '아무개가 있다고 아는 자는 누구인가?'를 탐구하라. 그 답은 '나'일 것이네. 더 나아가 '이 나는 누구인가?' 하고 탐구할 때만 참된 진인이 ('나는 내가 있다는 것이다'로서) 나타날 것이네.

10. 누가 진인이건, 그것이 우리에게 뭐란 말인가? 우리의 진아를 알기 전에는 그런 것이 우리에게 아무 쓸모없을 것이네. 자세히 살펴보면 진아 자체가 진인임을 알게 된다네. 그는 인간의 형상이 아니니, 그는 진실로 지고한 (의식의) **공간**이며, 우리가 **그것**이라네.

11. 따라서 탐구에 의해 '이 사람 혹은 저 사람은 진인이다'라고 알려고 드는 그 마음을 소멸하라. 그러므로 **침묵**을 통해, '나는 이것이나 저것이다'로서 결코 일어나지 않는 지知[의식] 그 자체가 진인임을 아는 것이 옳다네!

3) 의심하는 자를 의심하라!(*Sandehi Yarendru Sandehi!*)

1. 일어난 의심들에 대한 어떤 적절한 답변, 혹은 의심들이 일어나지 않는 어떤 상태 중 그대는 어느 쪽을 선호하는가? 지혜로운 이들은 의심이 일어날 여지가 없는 순수한 지知가 되라고만 권할 것이네!
2. 일어난 의심이 어떤 적절한 답변에 의해 해소된다 하더라도 또 다른 의심이 그대의 마음속에서 솟아날 것이네. 그런 귀찮은 것을 다시 갖고 싶지 않다면, 내면에서 '이 의심은 어디서 일어나는가?'를 탐구하라.
3. 의심들은 자기 아닌 것들의 존재에 대해서만 일어나며, 자기의 존재에 대해서는 어떤 의심도 일어나지 않네. 만일 우리의 존재를 몸의 존재로 착각하면 ('나는 몸이다'라는 그릇된 동일시가 일어날 때만 생겨나는) 세계와 신에 대한 의심들이 일어나겠지만, 우리의 존재가 진아, 곧 유일한 존재임을 알면 어떤 의심도 일어나지 않을 것이네!
4. '나는 이 몸인가 아니면 다른 어떤 것인가?' 하는 의심이 해소되기 전에, 왜 (세계와 신과 같은) 다른 것들에 대해 의심을 일으켜야 하는가? 참된 구도자에게 허용되는 유일한 물음[의심]은 내면에서 '나는 누구인가?' 하고 탐구하는 것이네.
5. 어떤 의심이 일어나든, 그것을 일으킨—최초로 일어난 자인—그대의 일어남 없이는 그것이 일어날 수 없네. 따라서 최초의 의심, 즉 그대가 누구인지 모르는 그 의심이 모든 의심의 뿌리라네!
6. 이 최초의 의심이 해소되기 전에 다른 의심들에 답변하는 것은 나뭇가지의 잎들을 잘라내는 것과 같네. 왜냐하면 잎들은 거듭거듭

다시 날 것이기 때문이네! 그러나 그 뿌리를 잘라 버리면 잎들은 다시 나지 않는다네!

7. 세계와 신의 실재성에 대한 의심들은 자기의 실재성을 모르는 우리의 결함 때문에 일어날 뿐이네. 우리의 실재성이 다른 어떤 것 없이 진아로서 빛나는데, 무슨 의심이 일어날 수 있는가?

8. 잠 속에서는 의심이 일어나지 않네. 잠이 끝나면 어떤 자가 마치 그대인양 거기서 일어나네. 지금 여기에[생시 상태에] 있는 이 '그대'는 의심하는 자이네. 그는 잠 속에서 존재하지 않았지만 그대는 잠 속에서도 존재했네. 따라서 (잠 속에서도 존재하는) 그대는 그 의심하는 자가 아니네!

9. 그 의심하는 자가 존재하는 것은 생시와 꿈의 상태에서일 뿐이며, 잠 속에서는 그가 존재하기를 그친다네. 그때[잠 속에서] 존재한 그대에게 어떤 의심이 있었던가? (잠 속에서도) 존재하는 그대가 곧 그것[브라만 혹은 진아]이네.

10. 그 의심하는 자는 존재 자체가 의심스럽지만, 그대의 존재는 의심할 수 없는 절대적 존재라네! '나는 몸이다'로서 일어나는 자는 의심하는 자이지만, 그대는 지知의 공간이라네. 달리 그대가 알아야 할 어떤 것이 있는가?

11. 이런 이유로, 나를 당신 자신의 것으로 취하신 자애로운 주 라마나, 곧 지知의 화신께서는, 진지한 제자들의 많은 질문에 대해 "'이 질문을 하는 그 의심하는 자는 누구인가?'를 의심하라"고 답변하셨다네.

4) 염송(*Japa*)

1. 신의 신성한 명호名號를 염송함으로써 얻는 이익은 일념집중만이 아니라네. 주된 이익은, 신에 대한 가슴 절절한 그리고 넘치는 사랑으로 인해 그에게 자신을 완전히 내맡기는 것이라네.
2. 동요하지 않는[일념 집중된] 마음으로 신의 이름을 한 번 기억하는 것이, 산란한 마음으로 백억 번의 염송을 하는 것보다 더 가치 있다네. 가슴 가득한 사랑으로 (마음속으로 또는 소리 내어) 신의 이름을 염하며 그를 부르는 것이, 고요한[일념 집중된] 마음으로 백억 번 염송을 하는 것보다 더 가치 있다네.
3. (마음속으로 또는 소리 내어) 신의 이름을 염하는 동안 그것과 섞어야 할 핵심적인 것이 하나 있으니, 곧 '사랑'이라네. 염송에 사랑을 어떻게 섞을지를 잘 알면, 그것이 일념집중은 물론이고 불사不死까지도 하사해 줄 것이네!
4. 사랑을 신의 이름과 결합하는 것은 자신을 그에게 완전히 바치는 것이라네. 어떻게? '우리'가 곧 사랑이며, '신의 이름'은 곧 신 그 자신이라네. 이와 같이 여기에는 자기순복의 원리가 작용하며, 그 때문에 진아의 상태를 성취하게 된다네!
5. 훌륭한 염송은 두 가지 범주로 분류할 수 있으니, 지知 염송(*jnana japa*)과 헌신 염송(*bhakti japa*)이라네. '나, 나'[혹은 '내가 있다'나 '나는 내가 있다는 것이다']가 지知 염송이고, 사랑을 가지고 하는 명호염송(*nama japa*)[즉, 신의 이름을 한 번이라도 염하는 것]이 헌신 염송이라네. 지知 염송을 하는 사람은 '나'라는 말의 참된 의미를 알려고 노력하고, 헌신 염송을 하는 사람은 사랑으로 녹는다네.
6. 지知 염송을 통해 '나'라는 말의 참된 의미에 주의를 기울이는 마

음은, 자신의 개인성을 잃으면서 진아 안에서 죽는다네. 순수한 의식인 신의 이름을 품는 마음은, (헌신 염송을 통한) 절절한 사랑으로 그 자신을 끊임없는 지복의 형상으로 변환시키므로, 그것은 별개의 한 개체로 머무를 수 없다네.

7. 지知 염송은 그 탐구자에게 필요한 모든 도움과 안내를 하사하고, 헌신 염송은 그 헌신자가 신과 결합하게 만든다네. 이 두 가지 중 어느 쪽으로든 어떤 사람에게서 자연스럽게 사랑이 일어나는 그것이 그 사람에게 맞는 길일 것이네.

8. 우리의 신성한 스승 아뜨마-라마나(Atma-Ramana)께서는 우리에게 두 가지 길만 주셨으니, 자기탐구[지知의 길]와 자기순복[사랑 또는 헌신의 길]이 그것이라네. 그러니 이 두 길과 부합하게 염송에도 두 가지가 있음을 알라. 어느 길이든 따라가서 목표[진아안주, 곧 에고 없음의 상태]를 성취하라!

부록 3
수행과 일[1)]

인류에 대해 가할 수 있는 비판은, 평생토록 모든 사람은 2인칭과 3인칭['너, 그, 그것, 이것, 저것' 등]에만 주의를 기울이지, 결코 1인칭[주체인 '나'] 쪽으로 주의를 기울여 '나는 누구인가?'를 알아내려 하지 않는다는 것이다. 잠에서 깨어난 순간부터 잠자리에 드는 순간까지, 태어나서 죽을 때까지, 우주가 창조되어 해체될 때까지, 모든 사람들―실로 모든 살아 있는 존재들―은 2인칭과 3인칭에만 주의를 기울인다. 그런데 그러한 주의의 최종 결과는 무엇인가? 말할 수 없는 불행의 더미이다!

모든 불행은 1인칭에 주의를 기울여 그 참된 성품을 알지 않고, 2인칭과 3인칭에만 주의를 기울이는 근본적 오류―원죄―의 결과로서 일어날 뿐이라는 것을 아신 바가반 스리 라마나는, 자비롭게 지상에 출현하여 인류에게 이렇게 조언했다. "여러분은 생시와 꿈의 상태에서 내내 2인칭과 3인칭에만 주의를 기울이고, 그 결과 끝없는 불행을 경험한다. 그러나 어떤 2인칭이나 3인칭에도 주의를 기울이지 않는 잠 속에서는

---

1) 이 글은 스리 사두 옴이 다음과 같은 질문을 한 친구에게 답변으로 쓴 편지를 손질한 것이다. "하루 중 다양한 활동에 우리가 주의의 일부나 전부를 기울여야 하는데, 어떻게 끊임없는 자기주시를 유지하며 수행할 수 있습니까?"

어떤 불행도 경험하지 않는다. 여러분은 잠을 자는 동안 경험한 그 평화로운 행복을 간과한 채, 생시의 상태에서 무수한 외부의 대상들에 주의를 기울이면서 행복을 찾는다. 그러나 그런 대상들이 없는 잠 속에서 여러분이 행복을 경험했다는 사실은, 행복이 그 대상들에 있는 것이 아니라 1인칭 혹은 주체인 여러분 안에 있다는 것을 말해주지 않는가? 그러니 생시의 상태에서도 2인칭과 3인칭에 주의를 기울이지 말고 1인칭인 '나'에 주의를 기울여 보지 않겠는가?"

완벽한 영적 의사인 스리 바가반은 우리의 괴로움의 정확한 원인을 진단하고, 완벽한 치료 과정을 처방했다. 즉, 자기주시라는 약을 복용하고 2인칭과 3인칭에 대해 주의를 기울이지 않는 식사조절을 지키라는 것이다.

우리들 중 스리 바가반의 이 조언에 귀를 기울이고, 그래서 당신이 처방한 치료 과정을 따르고 싶어 하는 사람들은 해탈열망자(*mumukshus*)라고 불린다. 우리가 구도자의 자격을 갖추기 위해서는, 모든 살아 있는 존재들의 유일한 목표인 행복은 외부의 대상들에서가 아니라 우리 자신의 가장 깊은 내면에 있는 진아에서만 얻어질 수 있다는 절대적 확신을 가져야 한다. 이 자격요건을 가지고 있을 때, 우리의 심장 속에서는 진아에 주의를 기울여 그것을 알고자 하는 강렬한 열망이 일어날 것이다. 사실 참된 구도자에게는 진아를 알고자 하는 욕망과 노력이 그의 삶에서 가장 중요한 부분이 될 것이고, 다른 모든 것들은 2차적인 중요성밖에 없는 것으로 간주될 것이다. 그런 강렬한 열망이 우리의 안에서 일어나면 성공은 보장된 것이다. 왜냐하면 '뜻이 있는 곳에는 길이 있기' 때문이다.

그러나 이런 말을 들으면 어떤 헌신자들은 자기주시를 수행할 수 있으려면 모든 활동에서 물러날 필요가 있지 않을까 하는 의문을 갖는다.

"만일 우리가 아주 열심히 이 자기주시의 수행을 따르려고 하면, 일이 하나의 장애가 되지 않겠는가? 그러나 모든 일을 포기하면 우리가 어떻게 몸이 필요로 하는 의식주를 조달할 수 있는가?"라고 묻는다. 그러나 헌신자들이 스리 바가반께 그런 질문을 할 때마다 당신은, 일이 수행에 방해가 될 필요는 없다고 답변하곤 했다. 이것은 물론 구도자가 세속적인 사람과 같은 정신으로, 혹은 같은 목표를 가지고 일을 해야 한다는 의미는 아니다. 구도자가 세간에서 일을 할 때 가져야 할 정신과 목표는 다음의 예에서 잘 드러난다.

어떤 실업가가 대도시의 도심에서 월 1,000루피에 가게 하나를 임차한다고 생각해 보자. 그가 자신의 사업에서 가게 월세를 지불하기에 족한 돈만 벌기로 목표한다면 그것은 가치 없는 사업 아니겠는가? 그가 가게를 세낼 때의 목표는 월 10,000루피의 수익을 얻겠다는 것이어야 하지 않겠는가? 반면에 월세를 낼 돈도 벌지 못한다면, 수익을 얻기 위해 그 가게를 유지할 수 있겠는가?

우리의 몸은 그 실업가가 임차한 가게와 같다. 우리가 이 몸을 세낸 목표는 진아를 깨달으려는 것인데, 그 몸에 대해 지불해야 할 월세는 곧 의식주이다. 이 월세를 내기 위해 우리는 마음, 말, 몸을 도구로 사용하여 일을 할 필요가 있다. 만일 월세를 내지 못하면 우리는 이 몸 안에 살면서 진아지라는 큰 수익을 얻지 못한다. 그러나 월세를 내기 위해 우리의 모든 삶―우리의 모든 시간과 노력―을 소비해서는 안 된다. 마음, 말, 몸은 월세를 내는 데 필요한 만큼―즉, 몸을 위하여 의식주를 조달하는 만큼의 시간 동안만, 그 만큼의 노력으로만 일해야 한다. 그러지 않고, 만약 세상 사람들이 그렇게 하듯이 우리의 모든 시간과 노력을 몸의 안락과 편의를 축적하는 데 바친다면, 우리는 월세만 내기 위해 일하고 결코 수익을 내려고는 하지 않는 가치 없는 실업가나 마찬가지일 것이다. 따라서 진지한 구도자는 몸을 유지하는 데는 자기 시간과 노력의 일부만 소비하는 방식으로 자신의 일을 조정하여, 나머지 시간과 에너지는 진아지라는 큰 수익을 얻기 위해 노력하는 데 사용할 수 있어야 한다.

어떤 구도자들은 그들이 몸을 유지하기 위해 일을 거의 또는 전혀 할 필요가 없도록 신이나 스승이 발현업(prarabdha)[2]을 정해 주겠지만, 어떤 구도자들은 몸을 유지하기 위해 자신의 시간 대부분을 써야 하는 방식으로 발현업이 정해질 수도 있다. 그러나 발현업이 어떤 식으로 정해지든, 그것은 그 구도자 자신에게 이익이 되도록, 즉 그가 궁극적으로 진아지를 성취할 수 있도록 정해질 뿐이다. 더욱이 발현업은 몸과 마음의 외부적 활동만 결정하므로, 진아지를 향한 내면의 욕망과 열망은 그것이 장애하지 못한다. 만일 어떤 사람이 진아지에 대한 강렬한 열망을 가지고 있으면, 그가 진아를 성취할 수 있도록 스승의 은총이 안팎으로 모든 면에서 분명히 그를 도와줄 것이다.

하지만 어떤 사람들은 자신이 평생 너무나 많은 활동에 종사하지 않을 수 없기 때문에 자기주시를 할 시간이 없다고 하소연한다. 그러나 너무나 많은 다른 중요한 활동들 속에서도 우리는 밥을 먹고, 목욕을 하고, 용변을 보고, 잠을 잘 시간 등을 얻지 않는가? 그와 마찬가지로, 다른 모든 활동 속에서도 열성적인 구도자는 최소한 매일 몇 분씩은 자기주시를 할 시간이 있을 것이다. 처음에는 가능하면 최소한 아침저녁으로 10분씩은 자기주시를 수행하는 데 바쳐야 한다. 스리 바가반은 「아루나찰라에 바치는 문자혼인화만」 제44연에서 그런 정규적인 일과 수행을 권장하면서, "'자기 쪽을 향하여, 매일 안으로 향한 시선으로 그

---

[2] 발현업은 우리의 과거업 중에서 이번 생에 우리가 경험하도록 신에 의해 정해져 있는 부분이다.

대 자신을 보라, 그러면 그것[실재]을 알게 될 것이다'라고, 당신은 말씀하셨지요, 오 아루나찰라!"라고 노래한다. 그런 정규적인 수행을 한동안 할 수 있으면 자기주시가 더욱 더 친숙해질 것이고, 그러면 일상 활동의 와중에서도 한 가지 활동이 끝나고 다음 활동이 시작되기 전에 잠시 틈이 날 때마다 우리의 주의를 2인칭과 3인칭에서 1인칭으로 돌리는 것이 가능하다는 것을 알게 될 것이다. 이와 같이 잠시 틈이 날 때마다 우리의 주의를 1인칭으로 돌리려고 노력하면, 하루가 끝날 때쯤이면 비록 간헐적이기는 해도 많은 시간을 자기주시에 바친 것이 될 것이다. 그러한 간헐적인 자기주시도, 우리가 정해진 시간에 앉아서 수행할 때, 곧 우리의 수행을 방해하는 어떤 외부적 장애도 없을 때는 큰 도움이 된다는 것을 알게 될 것이다.

처음에는 단 몇 분도 단절 없는 자기주시를 유지하기 어려울지 모른다. 오랜 습으로 인해 마음은 아주 당연히 2인칭이나 3인칭 대상들을 생각하기 시작할 것이다. 이렇게 주의가 밖으로 향할 때마다 구도자는 다시 그것을 1인칭 쪽으로 돌리려고 노력한다. 자기주시가 느슨해지면 다시 그것을 회복하려고 애쓰는 이 과정은 거듭거듭 되풀이될 것이다. 만일 진아를 알려는 사랑이 부족한 탓에 그 구도자의 마음이 약하면 자기주시가 느슨해지는 일이 자주 일어날 것이고, 그럴 경우 (내면적) 분투가 수반되어 마음이 피로해질 것이다. 이처럼 계속 자기주시를 회복하려고 분투하지 말고, 1인칭에 주의를 고정하려는 처음의 시도가 불안정해지면 즉시 한동안 마음을 이완한 다음 다시 새롭게 시도해야 한다. 이와 같이 간헐적인 시도를 하다 보면, 매번 시도할 때마다 어떤 새로운 힘과 더 정확한 주시의 명료함이 있음을 발견하게 될 것이다.

우리가 압력저울을 엄지손가락으로 누르면 처음에는 다이얼이 10킬로그램의 압력을 가리킬지 모른다. 그러나 오랜 시간 그 압력을 유지하려고 하면 다이얼은 압력이 점차 느슨해지고 감소하는 것을 보여줄 것이다. 반면에 압력을 놓아주었다가 잠시 쉰 뒤 다시 새로운 힘으로 누르면, 다이얼은 10킬로그램보다 조금 더 많은 수치를 보여줄 것이다. 자기주시도 그와 마찬가지다. 오랜 시간 동안 자기주시를 유지하려고 분투하면 주시의 밀도와 명료함이 점차 느슨해지고 감소할 것이다. 그러나 자신의 자기주시가 느슨해지는 것을 발견하는 즉시 이완해 주면, 그리고 잠시 쉬고 나서 새롭게 진아에 주의를 고정하면, 그 새로운 시도는 더 큰 밀도와 명료함을 가지게 될 것이다. 따라서 중요한 것은 자기에게 주의를 기울이려고 애쓰면서 쓰는 시간의 길이라기보다는, 매번 새롭게 시도할 때의 열의와 밀도이다.

  수행하는 시간 동안은, 2인칭과 3인칭 대상에 집중되어 있던 우리의 주의가 이제 180도 방향을 돌려서, 말하자면 1인칭에 그 자신을 집중시켜야 한다. 하지만 처음에는 우리의 주의가 5도, 10도 혹은 15도밖에 돌아가지 않을지 모른다. 이것은 하나의 강력한 원천—즉, 세간적 대상을 향하는 우리의 원습 혹은 미세한 욕망이라는 원천에 의해 그 방향 돌림이 저항을 받기 때문이다. 우리가 1인칭 쪽으로 돌아서려고 할 때마다 우리의 세간습(世間習)이라는 이 원천이 우리의 마음을 다시 2인칭과 3인칭 대상들로 끌어당기려 할 것이다. 따라서 우리가 방향을 돌릴 수 있는 각도의 크기는 세간적 대상들에 대한 우리의 무욕(vairagya)의 확고함과, 진아를 알려는 열망(bhakti)의 힘에 달려 있을 것이다. 그러한 무욕과 헌신이 우리에게서 늘어나려면, 정규적으로 자기주시를 수행하고, 스리 바가반께 열심히 기도하고, 우리에게 거듭하여 다음 사실을 상기시켜 주는 사람이나 책들을 부단히 가까이해야 한다. "진아를 알아야만 우리가 진정한 그리고 지속적인 행복을 성취할 수 있다. 진아를 모르는 한 우리는 끝없이 불행을 자초하고 경험하게 될 것이다. 따라서 삶에서 우리의 첫 번째이자 으뜸가는 임무는 진아를 아는 것이다. 다른 모든 노력은 헛수고로 끝나고 말 것이다."

우리의 무욕과 진아를 알려는 열망이 이와 같이 스승에 대한 기도, 그의 가르침에 대한 공부(청문, sravana)와 성찰(manana), 그리고 자기주시의 수행에 의해 증장되면, 주의를 1인칭에 기울이는 능력도 증장될 것이고, 결국 매번 새로이 시도할 때마다 그것을 90도, 120도, 심지어 180도 돌릴 수 있게 될 것이다. 주의를 자기 쪽으로 돌리는 능력이 이처럼 증장되면, 우리는 활동을 하고 있을 때에도 자기자각의 희미한 흐름을 경험할 수 있게 된다. 즉, 우리의 마음, 말 혹은 몸이 무슨 일을 하고 있든, 그에 방해받지 않는 자신의 존재(being)에 대한 자각을 경험하게 될 것이다. 바꾸어 말해서, 자신의 모든 활동의 저변에 늘 있는 '내가 있다'는 느낌을 기억할 수 있게 될 것이다. 하지만 이 희미한 자기자각의 흐름을 부단한 자기주시의 상태로 여겨서는 안 된다. 왜냐하면 우리가 그러고 싶을 때에만 그것을 경험할 것이기 때문이다.

그러면 부단한 자기주시의 상태, 벗어남이 없는 진아안주의 상태는 어떻게 체험할 수 있는가? 진아를 알려는 큰 사랑(bhakti)으로 이와 같이 거듭거듭 자기주시를 수행하는 구도자들에게는 스승의 은총이 점점 더 많은 도움을 줄 것이다. 이글거리는 불과 불어오는 바람이 합쳐지면 놀라운 일이 일어난다. 그와 마찬가지로 진아지에 대한 이글거리는 사랑의 불과 불어오는 스승의 은총의 바람이 합쳐지면, 크게 놀라운 일이 일어난다. 구도자가 새롭게 자꾸 시도하다 보면 어느 때 자신의 주의를 자기 쪽으로 완전히 180도 돌릴 수 있게 될 것이고(즉, 어떤 2인칭이나 3인칭에 대한 최소한의 자각에 의해서도 전혀 오염되지 않은, 완전히 명료한 자기자각을 성취할 수 있게 될 것이고), 이때 그는 어떤 큰 변화가 자연발생적으로, 자신이 노력하지 않아도 일어나는 것을 느낄 것이다. 이제까지 자기 쪽으로 돌리기 위해 그렇게 애를 써도 2인칭과 3인칭들 쪽으로 늘 도로 빠져 버리곤 하던 그의 주의력이 이제는 어떤 강력한 손아귀의 장악력에 붙들리는데, 그것은 그의 주의가 다시 어떤 2인칭이나 3인칭 쪽으로 향하는 것을 허용하지 않으려 할 것이다. 이 장악력이 은총의 장악력이다. 은총은 늘 우리를 돕고 인도해 왔지만, 이처럼 우리가 그것의 장악력에 붙들릴 때에만 우리가 완전히 그것의 먹이가 된다. 일단 주의를 자기 쪽으로 완전히 180도 돌릴 수 있게 되면 틀림없이 이 은총의 장악력에 붙들리며, 이때는 그것이 우리를 그 자신의 것으로 만들고, 우리가 다시는 2인칭과 3인칭 대상들 쪽으로 향하지 못하게 우리를 보호할 것이다. 마음이 이와 같이 은총의 장악력에 붙들리고, 그리하여 자신의 근원에 영구히 빠져 버리는 이 상태를 일러 진지체험(Atjnananubhuti), 진아 깨달음(Atma-sakshatkaram), 해탈(moksha) 등이라고 한다. 이것만을 부단한 진아주시의 상태라고 할 수 있다.

어떤 사람들은 이렇게 의심한다. "만약 그렇다면, 그때는 마음이 삼매에 영구히 빠져 있게 되는가? 그것은 다시 나와서 세간의 모든 2인칭과 3인칭을 알 수 있지 않겠는가? 바가반 스리 라마나조차도 근 54년을 진아 깨달음 상태에서 보냈고, 그 시간의 대부분은 2인칭과 3인칭들에 주의를 기울이는 것으로 보인 것이 사실 아닌가?" 그렇다, 스리 바가반이 늘 진아 깨달음 상태에 머물러 있기는 했으나, 다른 사람들이 보기에는 세간의 대상들을 알고 있는 것처럼 보였다는 것은 사실이다. 이것은 어떻게 설명할 수 있는가?

전혀 지각력이 없는 몸과 마음을 가지고 머물러 있다는 것은 삼매의 유일한 표지가 아니다. 어떤 진인들은 진아 깨달음을 얻은 뒤 몸과 세계를 완전히 망각한 채 평생을 보내기도 하지만, 모든 진인이 반드시 그런 상태로 머무르지는 않을 것이다. 진아 깨달음을 성취한 뒤 육체의식이(또 결과적으로 세계의식이) 돌아오는 것은 그 몸의 발현업에 따른 것이다. 어떤 사람들의 경우에는 그것이 아예 돌아오지 않을 수도 있고, 어떤 사람들의 경우에는 일순간에 혹은 몇 시간이나 며칠 뒤에 돌아올 수도 있다. 그러나 그것이 돌아오는 경우라 해도, 그것은 2인칭이나 3인칭에 대한 앎으로서 경험되지는 않을 것이다! 다시 말해서, 진인은 몸과 세계를 2인칭과 3인칭들—그 자신 아닌 대상들—로서 경험하는 것이 아니라, 그 자신의 무한하고 불가분한 진아로서 경험한다.

우리가 구도자인 한 자신의 몸이라는 유한한 형상을 자기로 착각하고, 결과적으로 자신의 무한한 진아의 나머지 부분은 세계로서—2인칭과 3인칭의 집합체로서—경험된다. 그러나 진아 깨달음을 성취한 뒤에는 자신이 무한한 **전체**임을 체험하므로, 우리가 이전에 자기가 아닌 것으로 느끼던 모든 2인칭과 3인칭들이 참으로 자기 자신의 진아에 지나지 않는다는 것을 발견한다. 따라서 진인이 (남들의 견지에서는) 2인칭과 3인칭 대상들에 주의를 기울이고 있을 때도, 그는 (그 자신의 견지에서는) 진아에 주의를 기울이는 것이다. 그래서 그는 신체적으로나 정신적으로 많은 활동에 종사하는 것처럼 보일지 모르지만, 사실 그는 부단한 자기주시의 자연적 상태 안에 늘 안주하고 있는 것이다.

따라서 부단한 자기주시는 진아 깨달음 상태에서만 가능하지, 수행의 상태에서는 가능하지 않다. 수행기간 동안 우리가 해야 할 일은 진아지를 성취하려는 갈수록 커지는 사랑을 계발하고, 자신의 주의를 자기 쪽으로 180도 돌리려는 간헐적이지만 거듭된 시도를 하는 것이다. 이렇게 하는 데 일단 성공하면, 부단한 자기주시가 자연스럽고도 애씀 없는 과정이라는 것을 발견하게 될 것이다.

스리 라마나의 길

제2부

제3판 간행사

우리는 '스리 라마나의 길'을 걷는 구도자들에게 여기 스리 사두 옴 스와미의 이 개정 제3판 『스리 라마나의 길—제2부』를 내놓게 되어 매우 기쁘다.

이전 제2판에서는 스리 마이클 제임스의 도움으로 전반적인 체제와 인쇄를 향상시키려고 했지만, 처음 30쪽의 초기 단계 이상은 그렇게 하지 못했다.

이제 본서의 초판 발행인으로서 1976년에 이 책을 처음 발간한 스리 N. 샹까란 씨의 귀중한 도움과 세심한 작업으로 우리는 마침내 이 새로운 재판再版을 더 아담한 형태로 내놓을 수 있게 되었다(외부적 형태로만 그렇고 내용은 변함이 없다. 달리 어떻게 그럴 수 있겠는가!).

우리는 또한 재단 창립자인 전 총재 고故 스리 함사지(J.J. 데 레데 씨)께도 매우 고마움을 느낀다. 당신은 우리에게 영감을 주고 내면으로 밀어넣어 주는 한편, 당신 그리고 당신과 뜻을 같이하는 친구들이 시작한 이 일을 우리가 계속할 수 있도록 외적인 자원을 베풀어 주었다. 이전 판에서는 당신이 '발행인의 경고'를 넣어 "추구하지 말라! 발견하라! 그것이 바로 이 극히 위험한 책의 내용이다"라고 했다. 운명적으로 그리고 치명적으로 나[에고]에게 위험한 이 책은, (에고를) 정말 '끝장내 버릴' 수 있다! 왜냐하면 스리 바가반 라마나가 저자의 입을 통해 우리에게 조언하듯이, '진정한 행복'은 우리가 안다고 생각하는 것과 정반대이기 때문이다. 그러니 우리는 **행하되**, 보지 말자! 그저 **존재하라**! '고요히 있으라(*Summa Iru*)'가 신과 스승에 대한 진정한 봉사이다.

  많은 신세를 진 아리드라 인쇄소의 빤두랑가 씨에게 많은 감사를 드린다. 그는 이 저작의 간행을 위해 아주 열정적이고 사심 없이 헌신해 주었다. 감사합니다!

2006년 9월 1일, 110주년 바가반 도래일(Advent Day)에
깐와아쉬라마 재단 총재
스깐다 박따 C. 로시

제2판 간행사
발행인의 경고

추구하지 말라! **발견하라!**

그것이 바로 이 극히 위험한 책의 내용이다.

운명적으로 그리고 치명적으로 에고에게 위험한 것이 사실인데, 왜냐하면 (진정으로) 행복한 것이 최고의 지혜이기 때문이다.

그러나 무조건적 행복을 발견하려면 우리가 내면의 갈림길에 직면해야 한다. 즉, 우리 자신의 상태를 더 낫게 만들고자 영화 속의 배우가 되고 싶어하거나, 아니면 스크린이 되는 체험을 얻고 싶어하는 것이다.

사례: 어떤 순진한 사람이 스리 라마나 마하르쉬를 찾아와 말하기를, 자신은 "해탈은 상관하지 않지만" "그 상태에서 그것을 즐기고 싶다"고 했다. 마하르쉬는 신적인 인내심으로, 그것은 불가능하다고 설명했다. 왜냐하면 해탈은 어떤 '사람'이 존재하지 않는다는 것, 즉 우리의 개인성이 사라졌거나 '내맡겨진' 것을 뜻하기 때문이라는 것이었다.

이 책의 초판이 나온 지 21년이 지나 주로 언어 면에서 약간의 개선이 이루어졌다. 그것은 마이클 제임스가 헌신의 열정으로 해낸 일이다.

늘 그렇지만, 이 재단의 공동 창립자인 스깐다 박따(C. 로시)는 이 간행을 추진한 사심 없는 원동력이었다. 감사합니다, 바가반.

1997년 까르띠까이 디빰 날에
깐와아쉬라마 재단 총재 함사난단 **J.J.** 데 레데(de Reede)

초판 간행사

　R. 샨따남 박사는 타밀어판 『스리 라마나의 길—제1부』에 쓴 서문에서 그 책이 탄생하게 된 배경을 서술했다. 그는 또한 스리 바가반의 많은 헌신자들이 박띠(Bhakti)와 행위(Karma)의 길에 관해, 그리고 현대인이 궁금해 하는 세계의 '창조' 기타 사항들에 대해 한 질문들에 대한 스리 사두 옴의 답변으로 이루어진 원고들의 나머지 부분이 타밀어로 간행되는 것을 보고 싶다는 소망을 피력했다. 샨따남 박사는 1973년 6월 11일 스리 바가반의 발아래로 떠나 더 이상 우리 곁에 없지만, 그분의 뜻이 강력한 힘을 발휘하여 『스리 라마나의 길—제2편』의 타밀어판이 간행을 앞두고 있다.

　제1부의 타밀어판이 나왔을 때, 은퇴한 마드라스 대법원장 스리 M. 아난따라나야난 판사가 한 부를 받아 보고는 즉시 '영역본이 필요하다'고 느껴, 스리 바가반의 많은 서양인 헌신자들이 그 책을 평가하고 거기서 이익을 얻을 것이라는 의견을 피력했다. 이 역시 1971년에 깐뿌르의 시티출판사에서 『스리 라마나의 길—제1부』의 영역본을 출판하면서 현실이 되었다. 이제 또 다른 헌신자가—이번에는 해외의 리처드 오소리오 씨가—그 책의 제2부를 영어로 출간할 필요가 있다고 느꼈다(타밀어판이 아직 나오지 않았을 때였다). 그래서 스리 사두 옴은 다시 한 번 그 장들을 번역해야 했다. 왜냐하면 당신만이 그 주제의 정확한 의미와 정신을 타밀어에서 영어로 전달할 수 있었기 때문이다. 그리고

다시 한 번 당신은 스와미 다카빠지와 다른 친구들의 능숙한 도움을 받았다.

우빠데샤(*Upadesha*)[가르침]는 실재가 다른 데 멀리 있다고 착각할 때와 그것을 구도자 가까이로 가져올 필요가 있을 때에만 해줄 수 있다(Upa+desham=멀리 있는 것처럼 보이는 것이 가까이 있음을 보여주기). 스리 라마나는 "(…) 나 외에 달리 누가 있는가?(「실재사십송-보유」, 제32연)"라는 비이원론의 진리를 살아냈다. 당신의 순수한 진리의 견지에서는 당신과 별개의 어떤 세계도, 어떤 개아도 존재하지 않았다. 따라서 당신에게서는 세상 사람들을 가르치고 싶다는 의향이 조금도 일어나지 않았다. 왜냐하면 당신의 견지에서는 세계가 당신 자신과 다르지 않았기 때문이다.[1] 그렇다면 어떻게 우리가 시의 형태로 당신의 가르침을 얻을 수 있었는가? 우리는 우주를 창조하고 유지하고 파괴하는 **지고자**가 존재함을 믿지 않는가? 바로 **그것**이 헌신자들의 의문, 질문, 기도를 받는 것을 원인으로 하고, 스리 라마나의 몸, 밀, 마음을 수단으로 하여, 세상 사람들의 무지를 몰아내고 그들을 구원하기 위해 그런 시들을 베풀어 준 것이다. 그래서 스리 라마나는 스리 아루나찰라를 떠나지도 않았고, 당신 스스로 남들을 가르치지도 않았던 것이다.[2]

저자는 그러한 스승의 발자취를 따르는 사람들이 어떻게 자신의 삶을 살아가야 하는지를 보여주는 하나의 모범이다. 그는 자진하여 책을 쓸 의도도 없었고, 남들을 가르치려고 하지도 않는다. 구도자들이 영적인

---

[1] 우리가 참스승 스리 라마나에 대해 이야기하거나 글을 쓸 때 과거 시제를 쓰기는 하지만, 늘 현존하는 참스승에게 '살아 있는 스승'이라는 용어는 해당되지 않는다는 것을 기억해야 한다. 당신의 친존(Presence)은 단순한 신체적 현존이 아니다.
[2] (역주) 스리 라마나는 개별적인 질문이나 요청에 답하는 형식으로 가르침을 베풀었고, 헌신자들 일반을 상대로 대중 법문을 한 적이 없다는 뜻이다. 아루나찰라를 떠나지 않은 것도 그가 그런 대중적 가르침을 펼 필요성을 느끼지 않았기 때문이다.

문제들에 관해 의문이 있다고 하면, 그는 보통 이렇게 대답한다. "그대가 물으니 제가 스리 바가반의 가르침의 견지에서 답변해야겠군요. 묻고 나서 어떤 답변으로 위안을 얻을 거라고 기대하지는 마십시오. 저는 위안이 되는 답변으로 그대를 기쁘게 하고 싶지는 않습니다. 그대에게 드리는 것은 제가 스리 바가반에게서 배운 것입니다. 누가 물으면 제가 자기탐구 외의 길에 대해서도 이야기해 드릴 수 있지만, 그것도 스리 바가반의 가르침의 견지에서만 그렇습니다. 스리 바가반이야말로 저의 권위 있는 경전입니다. 세상 사람들이 저의 견해에 동의하지 않는다 해도 상관없으니 제 견해는 던져 버리라 하십시오!" 스리 사두 옴은 남들이 그의 견해에 대해 어떻게 생각하고 어떻게 평가하든 조금도 걱정하지 않는 듯하다. 독자들은 그가 이 책에 서문도 쓰지 않고 남들의 서평도 구하지 않은 이유를 여기서 찾으면 될 것이다. 이 책은 스리 바가반이 제시한 명료한 길을 비타협적으로 고수하는 그의 태도를 평가하는 사람들에 의해, 그런 사람들을 위하여 간행된다.

스승이 제자에게 주는 '우빠데샤'[영적인 가르침]에 대한 우리의 개념은, 스승이 우리의 귀에 속삭여 주는 진언의 은밀성과, 그가 주는 많은 '하라'와 '하지 말라'는 규율, 그리고 깨달음이라는 막연한 심적 이미지에 대한 높은 기대라는 베일에 잘 싸여 있다! 우빠데샤의 비밀은 '스리 라마나의 길' 제1부와 제2부에서 공개적으로 드러난다. 구도자는 많은 '하라'와 '하지 말라'의 가르침을 받고 나서 그것을 수행한 뒤 자신이 아무 것도 해낼 근기가 되지 못한다고 느끼게 될 때, 에고는 완전히 무능하다는 것을 알고 그것과의 동일성을 유지하는 것이 쓸모없다는 것을 경험할 때, 즉 그가 겸허함의 상태에 도달할 때, 거기서 모든 수행의 종식과, 그에게 행위자 의식이 있는 동안은 얻을 수 없었던 모든 수행의 열매를 성취한다.

저자에 대하여

스리 사두 옴은 타밀 학문과 문화의 중심지로 유명한 (타밀나두의) 탄자부르(Thanjavur) 군郡 출신이다. 그는 어려서부터 영적인 성향의 마음을 지녀 성자와 진인들에 대해 큰 존경심을 보였다. 10대 초반에 이미 신의 은총을 받은 타밀 시인이 되었으니, 그 영감은 앳된 나이인 14살에 그에게 다가왔다. 그 후 바가반 스리 라마나 마하르쉬를 만나 당신과 친교하면서부터 그의 시적 천재성이 만개했다. 오늘날까지 그는 근 6천 송의 노래와 시들을 지어 자신의 스승 라마나에 대한 헌신을 노래하거나, 당신의 삶이 갖는 독특한 영광과 아름다움을 묘사하거나, 혹은 당신의 철학을 놀라운 단순성과 명료함을 보여주는 언어로써 가장 희석되지 않은 형태로 설명해 왔다. 이 작품들은 어김없이 우리의 가슴을 감동시켜 우리로 하여금 스리 바가반 라마나에 대해, 그리고 당신의 가르침에 대해 더 많이 알고 싶게 만든다.

스리 사두 옴이 질문들에 답할 때의 그 답변들은, 스승 라마나의 은총을 통해서만 그가 다양한 청문자들의 관점에서 신선하고 즐거운 독창성을 가지고 많은 미세한 점들을 충분히 올바르게 다루어 낼 수 있는 것을 보여준다. 그가 스리 바가반 라마나와 친교한 기간은 (햇수로) 5년밖에 지속되지 않았지만, 스리 바가반 라마나는 "석탄은 점화하는 데 시간이 걸리지만, 숯은 비교적 빨리 점화되고 화약은 즉시 점화됩니다.

진인의 강력한 시선 아래 있는 사람들도 마찬가지입니다"라고 말한다 (『한 사두의 라마나 마하르쉬에 대한 회상』1)). 『스리 라마나의 길』이라는 이 책에서 보이는 깊은 통찰력은 그가 다음의 범주에 떨어지지 않음을 증명한다.

    (…) 위없는 지知 스승 가까이에
    흔들림 없이 머무르는 사람도
    그들의 에고의 어둠이, 마치 등잔 밑의
    그림자가 그대로 머무르듯 머물러 있으면,
    그렇게 늙어서 죽는다네.
    그것은 아마 전생부터의 미성숙이
    그대로 계속되기 때문일 것이네.   —『진어화만』, 제152연2)

  스리 사두 옴은 스리 바가반과의 친교를 통해 당신 말씀의 의미를 흡수할 수 있었고, 위대한 타밀 시인이자 스리 라마나의 고참 상수제자인 스와미 무루가나르와의 오랜 친교를 통해서는 스리 바가반이 당신이 가르침을 담아 우리에게 전해준 간결한 고전 타밀어에 바로 접근할 수 있었다. 더욱이 그는 스승 라마나를 향한 오롯한 헌신과 당신의 가르침을 일념으로 고수하는 자세로 인해 당신의 은총이 그를 통해 흐르기 좋은 그릇이 되었고, 그 은총이 넘칠 정도로 워낙 풍부하게 그를 속속들이 채운 탓에 독자들은 자신도 그 은총에 참여한다고 느끼지 않을 수 없을 정도이다. 이와 같이 스리 사두 옴은, 바가반 스리 라마나의 가르

---

1) (역주) 사두 아루나찰라(채드윅 소령)의 회상록이다.
2) (역주) 여기 인용된 연은 *Mountain Path*, 1969년 10월호에 실린 Swaminathan 교수의 『진어화만』 번역 제101연을 가져온 것인데, 지금 완역본으로 나오는 『진어화만』에서는 제152연이다.

침을 분명하게 설명해 달라고 찾아온 사람들에게 그 가르침을 설명해 줄 수 있는 세 가지 핵심적 요건을 갖추었다. 스리 사두 옴은 자신이 영어를 능숙하게 구사하지 못한다고 말하기는 하지만, 세 가지 핵심적 요건의 도움을 받는 그는 스리 라마나 마하르쉬의 가르침에 접근할 때 어쩔 수 없이 영어판에 의존해야 하는 사람들의 잘못된 이해를 잘 포착할 수 있다.

독자들에게 드리는 말

어떤 책들은 맛만 보아야 하고
어떤 책들은 꿀꺽 삼켜야 하며
소수의 책들은 잘 씹어서 소화해야 한다. — 베이컨

이 책은 소화해야 할 뿐만 아니라 완전히 자기 것으로 하고, 그 내용을 일상생활에 적용하여 마침내 그것이 우리 자신의 존재의 핵심적인 부분이 되게 해야 한다.

『스리 라마나의 길』 제1부와 제2부 모두, 특히 맹목적 신념에 속지 않을 만큼 준비된 고도로 성숙된 영혼들을 위한 것이다. 이것을 반복해서 공부하고 치우침 없이 깊이 성찰하면, 피상적으로 읽을 경우에는 대개 놓치게 될 많은 미세한 점들이 드러날 것이다. 예컨대 운명과 자유의지에 대한 설명, 경전들의 깊은 의미(경전들은 때로 서로 모순되지만, 그것은 우리가 경전의 참된 가치를 이해할 수 있게 하기 위한 것일 뿐이다), 그리고 어째서 올바른 자기순복은 하나의 자기탐구일 뿐이며, 그 역도 그러한지 등이다.

이 책은 어떻게 '스리 라마나의 길'이라는 제목이 적절함을 밝히는가? 스리 라마나의 헌신자들에게는 자기탐구와 자기순복만이 당신의 참된 가르침이고, 이 두 길은 당신의 독창적인 타밀어 운문과 산문체 저작들에서 잘 묘사되고 있다는 것이 주지의 사실이다. 스리 라마나의 저작들에 정통한 사람들은 「실재사십송」, 「우빠데샤 운디야르」의 후반 15연, 「압빨람의 노래」, 「진아지」, 「진아에 대한 5연시」, 그리고 「아루나찰라에 바치는 다섯 찬가」 중 일부와 『진어화만』이 자기탐구를 위한 하나의 전거가 되며, 자기순복은 「다섯 찬가」의 다른 연들에서 잘 묘사되어 있다는 것을 분명하게 알고 있다.1) 독자들은 『스리 라마나의 길』(제1부와 제2부)이 스리 바가반의 이 모든 시구들로만 포장鋪裝되어 있다는 데 주목해야 한다.

스리 사두 옴이 때로는 재미있고 때로는 가슴 아픈 이야기들을 이용하여 스리 바가반의 말씀의 핵심을 우리에게 전달하기는 하지만, 이 책은 단순한 이야기책이 아니다. 남데브 이야기와 '청결(Acharas)' 이야기와 같이 뿌라나(Puranas)에서 가져온 이야기들을 통해서도—특히 그런 이야기들을 통해서—스리 사두 옴은 1인칭인 '나'에 주의를 기울이는 요령을 우리에게 제시한다.

현대인에게는 경전 말씀들 대부분이 실제적이기보다는 학문적인 것으로 보이지만, 이 책에서는 구도자의 최종 목표에 대한 접근 방법이 학문적이기보다는 실제적이다! 스리 라마나는 우리에게, 경전 지식은 우리의 목표에 도달하는 데 필요치 않고 오히려 하나의 장애라는 것을 보증해 준다!2) 그 점이 이 책에서 잘 부각된다. 본서에서 무엇을 표현하든 그것은 우리 자신의 관찰로 입증될 수 있고, 우리의 일상생활에 적용될 수 있다. 사실 그것을 적용해야 한다. **스리 바가반의 가르침을 읽는 것만으로는 진리를 그 참된 빛 속에서 드러낼 수 없다. 올바른 이해**

---

1) (역주) 바가반의 이런 저작들은 『라마나 마하르쉬 저작 전집』을 참조하라.
2) 『마하르쉬의 복음』(탐구사), 78-80쪽 참조.

는, 자신이 배운 수행을 진지하게 그리고 일념으로 고수하는 사람들에게만 가능하다**. 스리 바가반 라마나는 헌신자들에게 '열 번째 사람'의 이야기를 들려주면서, 그것을 이렇게 매듭지었다. "(…) 그들은 '잃어버린' 동료를 찾을 수 있겠다는 생각에 기뻐하면서 나그네가 제안한 방법을 받아들였고, 그것을 따랐습니다."3) 우리도 당신의 길에 관해 '나그네'를 뒤따르자!

종교들이 우리에게 제시하는 창조의 이론들은 그것들의 서로 모순되는 비논리적 진술들로 인해 고도로 성숙한 영혼들의 추론 능력을 만족시키지 못하고, 그럴 수도 없다. 이 책의 우주 창조에 대한 접근 방법, 즉 어떻게 진아가 창조주이고, 유지주이고, 파괴주인지는 새로운 것이며, 저자는 스리 바가반의 체험과 견해에 따라 이것을 과학적으로 설명한다. 피상적인 독자에게는 이러한 접근 방법이 신의 가치를 줄어들게 하는 것처럼 보일지 모르지만, 실은 그것은 **지고자의 영광을 온전히 드러내 준다**. 제1장의 목적 자체가 그와 같다. 결론에 이를 때까지 세계와 신의 성품에 대해 거듭하여 올바른 탐색을 하다 보면, 우리는 자기 탐구의 필요성을 느끼게 된다. 어떻게? 그런 올바른 탐색을 통해 그 탐색하는 마음이 탐색의 대상들—즉, 세계와 신이라는 2인칭과 3인칭들보다 더 크고, 더 강력하고, 상대적으로 더 실재한다는 이해에 이르게 될 것이다. **2인칭과 3인칭들에 대한 탐색의 끝은 1인칭에 대한 탐색의 시작이다! 1인칭에 대한 탐색의 결말은 참된 '앎'의 밝아옴이다!**

스리 사두 옴은 신과 창조에 관한 문제들에 대한 하나의 새로운 접근 방법을 지적한 뒤 박띠(*bhakti*)[헌신 또는 사랑]의 참된 성품을 이해하는 역시 새로운 하나의 접근 방법을 보여주면서, 일찍이 듣지 못한 많은

---

3) 「실재사십송-보유」, 제34, 35, 36연 참조.

관념을 우리에게 보여준다. 즉, 박띠와 지知는 브라만의 지복(ananda)과 의식(chit) 측면이며, '나'와 '내 것'이라는 불순물들을 제거하는 일은 지知의 길과 사랑의 길을 통해 성취될 수 있다는 것이다. '박띠'라는 단어는 일반적으로 신을 향한 사랑의 느낌을 의미하는 것으로 받아들여진다. 그러나 무엇이 박띠인가? 성자의 신에 대한 사랑 속에서든 아니면 개미가 먹이를 얻고자 하는 열망 속에서든, 저자는 모든 중생들 속에 동일한 사랑의 참된 측면이 존재함을 본다. 뿌리 그 자체인 이 사랑의 느낌을 가지고 있을 때 **지고의 사랑**(Para bhakti)에 대한 이 새로운 접근법이 열린다. 즉, "**사랑은 우리의 있음**이고, **욕망은 우리의 일어남이다**."

박띠는 힌두교의 전통에 따라서만 묘사되는 것처럼 보일지 모르지만, 여러 종교의 다양한 헌신자들이 경험하는 신을 향한 사랑의 느낌도 드러난다. 왜냐하면 그 사랑의 느낌은 똑같은 하나이기 때문이다. 박띠의 여러 유형에 대한 분류는 실로 모두에게 해당된다.

스승, 인간, 애호신 크리슈나, 스승 스리 라마나는 어떤 특정한 종교에 속하지 않으며 세계 보편적이다. 우리의 근기와 우리의 취향에 따라 우리들 각자는 박띠에 관한 스리 바가반의 가르침을 갖가지 방식으로 받아들일 수 있다. 그러나 바가반에 따르면 무엇이 참으로 박띠 혹은 사랑인지가 이 책에서 분명히 제시된다.

건성으로 읽는 독자는 '박띠의 길'에서의 모든 행법(즉, 1학년부터 4학년 수준까지의 박띠)은 진아에 대한 사랑, 곧 지고의 사랑에 비해 아무 가치가 없다고 느낄지 모른다. 그러나 더 깊이 읽어 보면 그 장의 전반에 걸쳐 저자가 그런 행법들을 비난하지 않고 그것들의 필요성을 잘 이해하고 있으며, 구도자들의 상이한 성숙도 수준에 따라 그 모두를 충분히 승인하고 있다는 것을 발견할 것이다. 그러나 최고 형태의 박띠, 곧 진아에 대한 사랑이야말로 박띠의 진정한 형태임이 인정되며, 우리 모두 이의 없이 거기에 동의할 수밖에 없다. 진아를 더 중시한다는 것은 저자가 베다를 어떻게 보며 어떻게 평가하는지를 보여준다. 즉, 베다는 처음에는 학교 선생님(1학년, 2학년, 3학년 수준), 그 다음은 헌신자의 애호신, 마지막으로 스승에 해당한다. 이와 같이 저자는 진아가 베다의 참된 핵심임을 지적하면서 스리 바가반의 말씀을 우리에게 상기시킨다.

> 베단타 안에서 다른 것 없이 하나로서 빛나는
> 베다의 그 핵심을 저에게 하사해 주세요, 오 아루나찰라!
> ─ 「문자혼인화만」, 제99연

이 장에 나오는 박띠의 분류는 우리가 이 길의 정확히 어디쯤 있는지 알아내고, 그 길을 더 나아가는 데 큰 도움이 될 것이다. **우리가 우리 자신에 대해 편파적이지 않다면** 말이다.

스리 사두 옴은 종종 행위(業, karma)의 뿌리, 행위자(karta), 행위의 결과(業果, karma-phala)에 대해 많은 질문을 받았다. 저자는 앞쪽의 두 장에서와 마찬가지로, 업(행위)이라는 주제를 새로운 각도에서 바라본다. 많은 사람들은 발현업[운명]이 숙명론, 절망, 도피주의라는 둔한 상태를 가져온다고 믿는다. 그러나 운명과 환생(Punar-Janma)의 참된 성품에 대한 올바른 이해를 얻으면 절망의 상태가 즐거운 희망의 상태로 바뀐다. 그 수용은 더 이상 숙명론이 아니라 행복이다. 우리가 의지意志하고 행위할 완전한 자유를 어떻게 두 가지 방식으로 잘못 사용하는지, 그리고 이런 실수를 어떻게 교정할 수 있는지가 이 장에서 잘 설명된다. 그리하여 우리는 운명과 자유 의지가 서로 모순되는 요소가 아님을 이해하게 된다. 우리는 마침내 어떤 기도도 할 여지가 없는 무조건적 자기 순복이 최상의 행위라는 결론에 이른다. 이처럼 스리 사두 옴은 최상의 행위, 최상의 박띠[헌신], 최상의 지知는 자기탐구를 통해 진아, 곧 우리의 참된 성품 안에 안주하는 것에 지나지 않음을 우리에게 납득시키면서, 스리 바가반의 다음 시구들이 옳음을 증명한다.

그것이 일어난 근원으로 흡수되어 영구히 머무르는, 이것이 행위이고 헌신이며, 이것이 요가이고 지知라네.
— 「우빠데샤 운디야르」, 제10연

"행위(karma), 비헌신(vibhakti), 비합일(viyoga), 무지(ajnana)가 누구에게 있는가?"라는 탐구 자체가 행위, 헌신, 합일(yoga), 지知라네! (…) 진아로서 안주하는 것이 진실로 진리라네.
— 「실재사십송-보유」, 제14연

이 책의 세 장을 다 읽고 난 뒤에 이 '독자들에게 드리는 말'을 되새겨 보는 것이 독자들에게는 매우 유용할지 모른다.

제1장
세계와 신

지복스럽게 침묵하는, 실재하는 원리[진아 혹은 브라만]야말로 마야의 참된 경기장 혹은 토대이니, 큰 의식의 힘($maha$-$chit$-$sakti$), 곧 실재하는 완전한 원리에 다름 아닌 마야는 세 가지 원리[세계, 영혼, 신]를 장난감으로 가진 채 영원히 그녀의 기만적 게임을 벌인다네. 이 얼마나 놀라운 일인가!　　— 『진어화만』, 제1215연

세계, 영혼, 신은 마야가 놀라운 미혹의 게임에서 다루는 세 가지 장난감이다. 세 가지 원리라는 이 장난감들이 없으면 그 유희($lila$)는 계속될 수 없다. 모든 종교가 이 세 가지 원리에 기초해 세상에 생겨났다.

　세계, 신, 영혼의 세 가지 원리를 모든 종교가 처음에 전제하지만
　(…).　　　　　　　　　　　　　　　— 「실재사십송」, 제2연

어떤 사람들은 "예컨대 불교와 같은 일부 종교들은 신에 대해서 이야기하지 않는다"고 반론을 제기한다. 그러나 그렇지 않다. 다른 종교들이 "인간이 찬미하고, 사랑하고, 성취해야 할 신이라는 실체가 있다"고 말

하듯이, 불교와 같은 종교들도 "불행으로 가득 찬 세간을 포기함으로써 인간이 성취해야 할 반열반般涅槃(Parinirvana)이라는 지복스러운 상태가 있다"고 하여 인류에게 어떤 목표를 제시하지 않는가? 반열반이라는 그 목표는 다른 종교들이 '신'이라는 이름으로 지칭하는 그것이므로, 우리는 불교를 포함한 모든 종교가 세계, 영혼, 신이라는 세 가지 실체를 기초로 하고 있고, 그래서 좋은 목적을 위해 마야가 벌이는 자비로운 신적 게임의 궤도 내에 든다고 이해해야 한다.4) 인간이 그 자신과 세계를 각기 뚜렷한 개별적 존재성을 가진 별개의 두 실체로 경험하는 한, 마음을 초월하는 반열반의 상태조차도 실제상 그 자신 및 세계와 별개인 제3의 것 외의 것으로는 생각하지 못한다.

이 세 가지 실체 중 영혼 혹은 개아로 불리는 것이 '우리', 곧 1인칭이다. 우리가 오관을 통해 목전에서 지각하는 이 세계는 하나의 2인칭 대상인 반면, 신과 우리가 오관을 통해 직접 지각하지 못하는 세계의 대상들은 3인칭 대상들이다.5)

영혼, 세계, 신의 이 세 가지 실체를 놓고 본다면, 이 셋 중 어느 것에게 문제들이 일어나는가? 지금 우리의 목전에 지각력 없는 어떤 것으로 나타나는 세계는 우리가 아는 대상이다. 세계에게는 영혼이나 신의

---

4) (역주) '반열반'은 보통 깨달은 성자의 입적을 뜻하는 말로 사용되지만, 원래 '완전한 또는 최종적 열반'이라는 의미이며 본질상 '열반'과 동의어이다. '열반'은 절대적인 비이원적 깨달음의 상태이므로 우리의 본래적 상태이고, '신'도 궁극적 의미에서 세계나 개별 영혼들과 분리되어 있지 않은 만물의 본질적 실체이며 참으로 무한한 것이므로, 비이원론의 관점에서는 둘 다 같은 절대적 실재, 곧 우리의 진아를 의미한다. 한편 '신'이나 '열반'이 세 가지 '실체' 중 하나라고 한 것은, 범부들이 성취하려는 목표로서 그러하다는 것이다. 우리가 실제로 무엇인지를 탐구하여 열반, 곧 신을 실현하면, 그것이 곧 우리 자신임을 알게 된다. (이 주석은 마이클 제임스의 설명에 따른 것이다.)
5) (영역자 주) 2인칭에 대한 타밀어 단어는 '문닐라이(munnilai)'로, 어원상 '목전에 있는 것'을 의미한다. 그래서 스리 바가반의 가르침에서 '2인칭'이라는 용어가 사용될 때 그것은 늘, 오관을 통해 우리의 목전에서 직접 지각되는 대상들을 의미한다. 한편 '3인칭'은 지금 우리의 목전에서 지각되지 않고 마음으로 생각하는 대상들을 의미한다.

어느 쪽에 관해서도 아무 문제가 일어나지 않는다. 왜냐하면 세계는 그런 문제들을 해결하지 못하는 자신의 무능력을 슬퍼할 필요가 없기 때문이다. 그런 다음 우리가 신에 대해 "그는 어디 있는가? 그의 본질은 무엇인가? 그는 세계와 영혼에 관해 어떤 문제를 가지고 있는가? 만일 어떤 문제가 그에게 존재한다면 그것은 우리가 주의를 기울여야 할 첫째가는 가장 중요한 것인가?" 우리는 거기서도 신에게는 어떤 문제도 없다는 결론을 내려야 할 것이다. 그래서 세계나 신에게는 여하한 문제도 존재하지 않는다는 것이 분명하다. 그러므로 영혼, 곧 아는 주체인 우리에게만 세계와 신에 관해 무수한 문제가 일어난다. 왜인가?

우리는 세계를 본다. 하지만 우리는 가능한 한 많이 세계를 연구하고 있음에도, 그에 대한 사실들은 워낙 한정되어 있어 우리의 지성이라는 좁은 범위 안에서는 모두 파악되지 않는다. 신의 경우에도 마찬가지다. 우리의 종교들은 신에 대해 끝없이 많은 묘사를 우리에게 제공해 왔다. 그러나 보통의 인간 지성은 이러한 어떤 묘사의 이면에 있는 진리도 인식할 수 없고, 신에 대한 무수한 질문과 의문이 늘 우리의 안에서 일어나고 있다. 이처럼 세계와 신에 대한 문제들은 우리, 곧 영혼에게만 엄청나게 일어난다. 따라서 우리는 무엇보다도 먼저 '영혼인 나는 누구인가?' 하는 탐구만 하는 것이 적절할 것이다. 2인칭과 3인칭인 세계와 신에 대해 어떤 말을 하여 더 많은 혼란을 만들어내지 않기 위해, 본서의 제1부에서는 1인칭인 '나'를 탐구의 주제로 삼았다.6)

붓다는 신에 대하여 질문한 사람들에게 아무 대답도 하지 않았다. 그러나 신에 대해서는 물론이고 세계와 그것의 본질에 대해서도 무슨 말

---

6) 제1부로만 된 본서의 초판을 읽고 난 일부 친구들이 이렇게 물었다. "왜『스리 라마나의 길』이 세계, 세계의 창조, 신, 신의 상태를 성취하는 위대함, 신에 대한 헌신 등에 대해서는 아무 말도 하지 않고 끝나는가?" 그런 친구들은 여기서 말하는 것을 그들의 질문에 대한 답으로 여겨도 될 것이다.

을 하는 것이 실제상 아무 쓸모가 없다는 것을 아신 스리 바가반은, 그런 것에 대해 질문한 사람들에게 거듭하여 이렇게 말했다. "신과 세계에 대해서는 나중에 살펴봅시다. 먼저 그대 자신을 아십시오."

> '세계는 실재한다', '아니다, 실재하지 않는 겉모습이다', '세계는 지각한다', '그렇지 않다', '세계는 행복이다', '아니다'—헛되이 이와 같이 논쟁하는 것이 무슨 소용 있는가? 세계(에 주의를 기울이기)를 포기하고 자기를 알아서 하나와 둘 다 끝이 날 때, '나'가 사라진 그 상태가 모두에게 좋은 것이네. ─「실재사십송」, 제3연

이처럼 스리 바가반은 우리가 자기, 곧 1인칭을 아는 것이 무엇보다 먼저 필요한 일이라고 가르친다.

석기시대부터 현대의 우주시대에 이르기까지, 무수한 질문과 의문으로 가득 찬 인간은 지성을 이용하여 2인칭과 3인칭 대상들만 탐색해왔다. 인간의 질문과 의문들은 세계와 신에 대한 것뿐이다. 왜인가? 어떤 사람도 자기에 대해, 즉 자기가 자신의 존재(sat)를 아는 것(chit)에 대해서는 "나는 존재하는가, 존재하지 않는가?" 하는 어떤 질문이나 의문도 결코 제기하지 않기 때문이다. 모든 의문은 인간이 세계와 신의 존재에 대해 가지고 있는 앎에 대해서만 일어나므로, 여태껏 인간은 이 두 가지 실체에 대해서만 열심히 탐색하고 자기 자신에 대해서는 탐색하지 않고 있는 것이다.

인류가 자신이 이룩한 지식의 진보에서, 그 지식 자체를 두 가지 큰 부분으로 나누고 위에서 말한 두 가지 넓은 방향에서 탐색함으로서 무슨 이익을 얻었는가? 세계에 대한 탐색을 시작한 인간 지성은 이제 세계를 구성하고 있다고 하는 원자와 소립자까지 구분하는 경이로운 물질

과학을 발견했다. 과학 연구가 이룩한 발견들은 무수하다. 그러나 우주 공간의 행성이나 별과 같이 우리에게 아직 알려지지 않은 세계 안의 무한한 대상들이 있음을 고려할 때, 과학적 연구에는 끝이 있을 수 없고, 인간의 지성으로는 과학적 지식의 광대한 바다 저쪽 끝을 결코 볼 수 없을 것이 분명하다. 과학적 연구는 자기력, 물, 불, 증기, 바람, 석유, 전기, 원자력과 같은 자연 안에 숨겨진 무수한 힘들을 발견하고, 그 힘들을 사용하는 온갖 장치, 기계, 무기들을 발명함으로써 끔찍한 큰 전쟁들을 가져와 전 세계를 전율시켰고, 지금까지 전례 없는 규모의 파괴와 살상을 야기했다.

그리고 위에서 말한 두 방향 중 다른 한 방향에서 이루어진 연구는 어떤가? 신에 대한 연구를 시작한 인간 지성은 많은 종교를 산출했다. 이들 각 종교는 서로 다른 그 나름의 많은 교리와 도그마를 형성하고 수용했고, 그들 자신 안에서 사람들을 여러 종파로 나누었으며, 자신들의 도그마를 전파하여 모든 사람들이 그것을 따르게 하려고 애써 왔다. 무지한 사람들은 모든 종교의 저변에 있는 공통의 진리를 이해하지 못하기 때문에, 자기 종교에 대한 집착으로 인해 종교적 광신주의에 사로잡혀 다른 모든 종교를 비난하면서, 다른 종교의 사람들을 자신의 종교로 개종시키려 한다. 심지어는 종교 전쟁에 말려드는 수준까지 전락하며, 그리하여 과학이 발명한 무기의 도움으로 인간의 유혈사태를 가져오기까지 한다. 세계사 자체가 이 사실을 증명한다.

우리는 최소한 우리의 '일어남'과, 우리가 지성을 사용하여 2인칭과 3인칭 대상들인 세계와 신에 대해 연구하는 결과로서 인류에게 닥쳐 온 모든 악과 불행을 이제는 끝내려고 노력해야 하지 않겠는가?

우리는 세 인칭, 곧 1인칭, 2인칭, 3인칭의 존재에 대해 알지 않는가? 그러나 우리는 이 세 인칭 모두에 대해 연구해 보고, 그 각각의 본질을 알아내려고 노력해 본 적이 있는가? 아니, 우리는 지금까지 2인칭과 3인칭에 대해서만 연구했지, 1인칭에 대해서는 면밀히 조사하거나 연구해 보지 않았다. 어떻게 말인가? 우리가 잠에서 깨어날 때 주의력을 사용하는 방식을 보라. 잠에서 깨자마자 우리가 맨 먼저 아는 것은 우리의 몸이고, 이어서 우리가 누워 있는 장소와 주위의 사물들, 바깥 세계 등을 인식한다. 이 모든 것을 아는 것은 2인칭 주의일 뿐이다. 이와 같이 잠에서 깨어날 때 우리의 주의력은 2인칭과 3인칭 대상들 쪽으로만 솟아나온다. 그런 다음 다시 잠이 들 때까지 우리의 주의력은 계속 2인칭과 3인칭에만 머무르며, 오관을 통해 알게 되는 그 대상들에 집착하고 그것들을 경험한다. 밤에는 잠이 우리를 엄습하자마자 2인칭과 3인칭들에 대한 우리의 주의는 사라진다. 잠 속에서 그 주의력이 정확히 어떻게 되는지는 진아지를 성취한 사람들 외에는 누구도 제대로 알지 못한다. 이런 식으로 잠에서 깨어나는 순간부터 잠자리에 드는 순간까지, 태어나서 죽을 때까지, 우주의 창조에서 해체에 이르기까지, 모든 사람들—실로 모든 살아 있는 존재들—은 자신의 주의력을 2인칭과 3인칭 대상들 쪽으로만 돌리며, 누구도 그것을 결코 1인칭 쪽으로 돌리지 않는다! **이 큰 과오가 소위 '원죄'라는 것이다.**

이렇게 묻는 사람들이 있다. "어떻게 아무도 1인칭 쪽으로 주의를 돌리지 않는다고 말할 수 있겠는가? 동서양의 많은 사람들이 마음의 본질에 대해 숙고한 경우가 너무나 많고, 그 결과 그들은 심리학에 관한 무수한 책을 썼다. 이것은 1인칭에 대한 연구 아닌가?"

만일 어떤 연구자가—그가 누구이든—올바른 1인칭 쪽으로 주의력을 돌렸다면 분명히 진아지를 성취했을 것이다. 인도의 모든 고대의 진인들은 이 1인칭의 진정한 성품을 앎으로써 결국 진리를 깨달았다. 서양에서도 이따금 여기저기서 같은 방식으로 진아지를 성취한 사람들이 있었다. 따라서 심리학에 관해 산더미같이 책을 쓴 사람들 중 어느 누구도 그들이 한 모든 연구 끝에 베단타가 선언하는 것과 같은 결론, 즉 '나'만이 절대적 진리라는 결론에 이르지 못했다면, 또 그렇게 하여 진아에 대한 참된 체험을 얻지 못했다면, 우리는 그들의 연구가 올바른 1인칭에 대한 면밀한 조사는 아니었다고 결론 내려야 할 것이다. 그들이 한 일은 '마음'이라는 하나의 2인칭 대상에 주의를 기울인 것뿐이다.

본서의 앞에서 보았듯이, '마음'이라는 단어는 일반적으로 무수한 생각들 전체에 대한 하나의 집합적 명칭이다. 다만 실제상 근본적이고 본질적인 마음의 특징은 뿌리 생각인 '나', 곧 1인칭 단수의 느낌일 뿐이다. 그래서 '마음'이라는 단어는 두 가지 의미를 갖는다고 할 수 있다. 그 1차적 의미는 마음의 주관적 측면, 즉 1인칭 생각인 '나'이고, 2차적 의미는 마음의 객관적 측면, 즉 무수한 다른 생각들이다. 그 생각들 모두는 이 첫 번째 생각인 '나'에 의존해서만 존재한다. 이 무수한 생각들은 한 무리의 2인칭 대상들에 지나지 않는다.

심리학자들이 해 온 연구는 모두 마음의 이 객관적 측면이며, 그들은 그 주관적 측면, 곧 1인칭 생각인 '나'에 대해서는 결코 연구해 보지 않았다. 마음의 객관적 측면을 구성하는 모든 생각들은 2인칭일 뿐이므로, 그것들에 대한 어떤 연구도 1인칭에 대한 면밀한 조사일 수 없다. 그것은 아는 주체(*drik*)인 '나' 아닌 것으로서 우리에게 알려지는 어떤 대상(*drisya*)에 대한 연구일 뿐이다. 심리학, 초상超常심리학 기타 마음의 본질과 관련되는 그런 학문들에 관한 책들은 이 2인칭 마음의 신비에 대해 이루어진 연구들의 결과에 지나지 않는다. 왜냐하면 그런 학문들은 하나의 대상으로서의 마음을 탐색하여 아는 것에만 관련되기 때문이다. 즉, 그 학문들은 마음이 작용할 수 있는 다양한 방식이 무엇이고, 마음의 내면에 숨겨진 비밀스러운 힘이 무엇이며, 그런 경이로운 힘들을 불러일으키고 계발하여 그것을 초능력으로 사용해 자신의 이기적인 목적을 성취할 수 있는 수단이 무엇인지 등을 알려고 할 뿐이다. 이와 같이 심리학 같은 학문들조차도 2인칭 대상에 대한 연구일 뿐임이 드러난다. 다른 과학자들이 원자와 같은 거친 2인칭과 3인칭 대상들을 연구하는 것과 마찬가지로, 심리학자들은 마음이라고 하는 미세한 2인칭 대상을 연구한다. 그리고 다른 과학 분과들을 통해 성취한 결과들이 선과 악의 혼합체일 뿐이듯이, 심리학적 연구를 통해 성취한 결과들도 선과 악의 혼합체일 뿐이다. 따라서 심리학적 연구는 '선과 악'과 같은 모든 이원성을 초월하는 진아라는 지복스러운 평안을 가져오지 못했으므로, 그러한 연구는 올바른 1인칭 대상에 대한 주의가 아닌 것이 분명하다. **'마음을 아는 나는 누구인가?'를 알아내기 위하여 자기 쪽으로 주의를 돌리는 것만이 올바른 1인칭 주의이다.** 누구든지 이런 방식으로 자기 자신에게 주의를 기울이는 사람은—그가 어떤 사람이든—분명히 참된 진아지를 성취할 것이다.

  이것은 예외가 있을 수 없는 원칙이다. 바가반 스리 라마나가 현시대에 지상에 태어났던 것은, 1인칭에 대한 올바른 탐색인 자기주시의 수행법이야말로, 지금까지 2인칭과 3인칭 대상들에 관해 연구하느라고 자기 마음의 광대하고 귀중한 힘을 허비하고, 그 결과 너무나 많은 전쟁과 살상과 파괴를 가져온 인간에게 평안과 고요와 행복을 어김없이 안겨줄 유일한 길임을 보여주기 위해서였다. 기계가 제대로 작동하지 않는 정확한 이유를 발견하고 바로잡을 수 있는 전문 기계공처럼, 스리 바가반은 인간의 마음이 진행한 그 연구가 어디서 어떻게 잘못되었는지를 즉시 파악하고, 그것을 바로잡을 수 있는 수단을 발견할 수 있었다. 당신은 마음 작용의 극히 미세한 성품이 갖는 모든 측면을 분명히 아시기에, 일체를 아는 세계의 큰 스승(*Loka Maha Guru*), 곧 우리가 겨냥해야 할 그 하나의 목표를 보여줌으로써 인류를 구원할 수 있는 인류 보편의 스승인 것이다. 그래서 온 세상 사람들에게 당신이 제시한 주된 가르침은 자기주시의 수행뿐이다. 이것은 쉽고 직접적인 길이며 너무나 합리적이어서, 모든 사람들이 받아들여 따를 수 있는 것이다.

바가반 스리 라마나는 인류가 과학이나 종교에서 얻어낸 이익을 헐뜯거나 비난하지 않는다. 그러나 동시에 당신 자신은 특정한 종교나 학파에 속하지 않는다. 또한 당신은 자신의 이름으로 어떤 종교를 창립하거나 전파하는 것을 전혀 좋아하지 않았다. 종교들(*matas*)은 마음(*mati*)의 한계 내에서만 존재하는 반면, 스리 바가반이 보여준 목표는 진아, 곧 마음의 한계를 초월하고 마음을 넘어서 빛나는 실재뿐이다.

> 종교는 마음이 존재하는 한에서 존재할 것이네. 그 마음이 내면을 향하여 그 자신을 면밀히 살펴서['이 마음인 나는 누구인가?' 하고 탐구하여] 심장 안에 흡수되면, 그 풍성하게 평화로운 큰 **침묵** 안에서는 그런 어떤 종교도 성립할 수 없네.
> ―『진어화만』, 제993연

따라서 스리 라마나의 길은 하나의 종교가 아니다. 그것을 비이원성의 종교라고 부르는 것조차 잘못이다. 왜냐하면 이원성과 비이원성은 두 가지 종교라고 볼 수 없으며, 그것들은 각기 하나가 다른 것 때문에만 존재성을 갖는 하나의 이원자二元子(dyad), 곧 상대물들의 쌍에 지나지 않기 때문이다. 즉, '비이원성'이라는 단어는 '이원성'이라는 단어와 관련해서만 의미를 갖고, 따라서 그 둘 다 같은 정도의 실재성을 갖는다. 스리 라마나의 가르침은 우리가 거기서 그 길과 목표가 똑같은 하나임을 알게 되는 절대적 진리(*paramarthika-satya*)일 뿐이다.

영원한 진아는 비이원적이고, 진아(에 주의를 기울여 그것으로서 안주하는 것) 외에는 (그것을 성취하는) 다른 어떤 길도 없으므로, 성취해야 할 목표도 진아이고 그 길도 진아일 뿐이네. 그것들[그 목표와 길]이 서로 다르지 않음을 알라.　—『진어화만』, 제579연

스리 바가반은, 인간이 2인칭과 3인칭 대상들, 즉 세계와 신의 진리에 대한 올바른 지(知)를 가질 수 없었던 것은 1인칭에 대한 올바른 지(知)를 아직 얻지 못했기 때문일 뿐이라는 것과, 세계의 사람들 사이에 너무 많은 불필요한 혼란과 갈등이 만연해 있고 그 결과 너무 많은 불행과 재난이 인류에게 닥쳐온 것도 인간이 2인칭과 3인칭에 대한 참된 지(知)를 아직 얻지 못했기 때문일 뿐임을—즉, 인간이 2인칭과 3인칭들이 1인칭의 진리와 다르다는 그릇된 지(知)를 계속 가지고 있기 때문임을—우리에게 보여주었다. 스리 바가반은 완벽한 영적 의사이기에, 이처럼 인류의 마음속에 존재하는 그 위험한 질병의 본질을 명료하고도 정확하게 진단해 냈다. 더욱이 당신은 완전히 새로운 치료법—즉, 자기주시의 약을 먹고 2인칭과 3인칭 대상들에 주의를 기울이는 것을 완전히 그만두는 식사제한을 지킬 것—도 처방했고, 그럼으로써 인류의 원초적 질병, 곧 '원죄'라고 하는 질병을 확실히 제거해 줄 완벽한 요법을 우리에게 제공해 주었다. 우리가 이 치료법을 더 깊이 살펴보면, 그 약은 헌신(*bhakti*)이고 그 식사제한은 무욕(*vairagya*)임을 알게 된다. 스리 바가반은 또한 자기탐구의 약을 먹는 올바른 방법은 자기에게 주의를 기울여 '나는 누구인가?'를 발견하는 것이라고 분명하게 설명하고, 이 수행을 돕는 많은 단서들을 우리에게 제공했다. 당신은 이 모든 가르침을 자신의 진아지 체험에 근거하여 우리에게 가르쳤다. 그 체험은 당신이 어떤 경전도 공부하지 않고 어떤 사람도 스승으로 모시고 가르침을 받

지 않은 상태에서 내면에서 홀연히 밝아온 것이었다. 따라서 스리 바가반의 가르침에 대한 이러한 설명은, 인류가 그들의 주의라는 화살을 겨누어야 할 올바른 표적을 알 수 있게 하고, 그럼으로써 그들의 탐색이 제대로 된 목표 쪽으로 향하게 하려는 것이 유일한 목적이다.

 이 시점에서 어떤 사람들은 물을지 모른다. "그러면 세계와 신에 대해서는 우리가 전혀 어떤 것도 알 필요가 없는가? 우리가 그것들에 대해 알려고 하는 것조차 쓸데없는 것인가?" 아니, 쓸데없지 않다. 구도자가 세계와 신에 대해 올바르게 분별하고 이해한다면, 그것은 그에게 매우 유익할 것이다. 그러나 성숙된 마음과 올바른 분별력이 없이 그것들을 탐색하면, 그런 탐색의 결과는 매우 위험할 것이다. 스리 바가반이 우리는 세계와 신에 대한 탐색을 포기하고 먼저 자기를 알려고 노력해야 한다고 종종 말한 것은, 대부분의 사람들이 그러한 탐색에서 보통 얻는 좋지 않은 결과로부터 우리를 보호하기 위해서 그런 것일 뿐이다. 하지만 우리가 올바른 분별력을 가지고 세계와 신에 대해 탐색하면, 그러한 탐색에서 우리가 얻게 될 지식으로 인해 우리는 진아를 알아야 할 필요성을 분명하게 이해하게 될 것이고, 또한 진아에 주의를 기울이고 진아 안에 확고히 안주하려는 큰 열의와 힘을 얻게 될 것이다. 뿐만 아니라 그런 탐색은 인류가 지금까지 세계와 신에 대해 탐색하기 위해 쏟은 노력이나 그러한 노력에서 얻은 결과들을 우리가 모조리 걷어찰 필요가 없음을 보여주고, 우리가 인류의 이익을 위해 그 결과를 최대한 선용하는 법을 이해할 수 있게 해줌으로써 우리에게 도움도 될 것이다. 따라서 이러한 의도만 염두에 두고 이제 세계와 신에 대해 조금 더 면밀히 검토해 보자. 많은 경우에 여러 부류의 사람들이 스리 바가반에게 세계의 본질에 대해, 그것이 어떻게 생겨났는지에 대해, 그리고 신의 본질에 대해 매우 다양한 질문을 했다. 이제 그런 질문에 대해 당신이 답변으로 내놓은 가르침의 핵심을 살펴보자.

산스크리트 단어로 '세계'는 로까(*loka*)인데, 이것은 어원상으로 '보이는 것'이라는 뜻이다. 고대의 진인들이 세계에 이런 이름을 붙인 것은, 세계가 참으로 존재하는 것이 아니라 그렇게 보이는 것일 뿐이라는 진리를 그들이 알고 있었기 때문이다. 스리 바가반이 「실재사십송」 제1연의 첫 구절에서 "우리가 세계를 보기 때문에, 다양한 힘을 가진 하나의 원리(의 존재)를 받아들이는 것이 불가피하네"라고 한 것도 같은 관념을 내포하고 있다. 타밀어에서 이 문장의 첫 단어는 '우리'인데, 이것은 세계, 영혼, 신의 세 가지 실체 중 영혼, 곧 개아를 의미한다. "우리가 세계를 보기 때문에"라는 구절에서는 세 가지 실체 중 두 번째인 세계가, 우리의 눈에 보이는 하나의 겉모습에 불과하다는 것을 이해해야 한다. "다양한 힘을 가진 하나의 원리"라는 구절에서 '하나의 원리'는 **브라만**, 곧 세 가지 실체가 일어나고 가라앉는 근원이자 토대이며, 그것 자체가 세 가지 실체를 초월하여 빛나는 절대적 실재를 뜻한다. 1인칭 느낌인 '나는 사람이다'가 잠에서 일어난 뒤에야 우리의 목전에 보이는 세계가 나타난다. 그런 다음 마음, 곧 이 세계를 보는 사람은 너무나 광대하고 다종다양한 이 세계를 창조할 수 있는 전능한 신이 존재한다고 추론하고, 자신이 그것을 받아들여야 한다고 느낀다. 즉, 누구나 잠 속에서는 존재하지 않던 1인칭 느낌인 '나는 아무개다'가 생시의 상태에서 일어난 뒤에는 다른 두 가지 실체, 곧 2인칭과 3인칭인 세계와 신의 존재를 받아들여야 한다는 것이다. 세계와 신은 이 1인칭 느낌인 '나는 사람이다'가 존재하지 않을 때, 즉 잠 속에서와 참으로 깨달은 진아지의 상태에서만 존재하지 않는다. 그럴 때에는 세계와 신을 받아들일 필요성이 일어나지 않는다. 이것은 스리 바가반의 다음 가르침에서 우리가 분명하게 이해할 수 있는 사실이다.

(…) '나'가 일어난 뒤에 일체가 일어나니 (…).
— 「실재사십송」, 제23연

에고가 생겨나면 모든 것이 생겨나고, 에고가 없으면 모든 것이 없다네. 에고 자체가 모든 것이네. — 「실재사십송」, 제26연

'나'라는 생각이 없으면 다른 어떤 것도 없을 것입니다.
— 「아루나찰라에 바치는 8연시」, 제7연

이 세계는 어떻게 생겨나고, 어떻게 계속 존재하며, 어떻게 사라지는가? 인간의 마음은 모든 결과에는 어떤 원인이 있고, 모든 현상에는 어떤 근원이 있으며, 모든 행위에는 어떤 행위자가 있다고 추론하기 좋아하므로, 이와 같이 광대하고 경이로운 우주를 볼 때는 창조, 유지, 파괴의 행위를 수행하는 어떤 신의 존재를 추론하면서, 그에 대해 알고 싶어하지 않고는 배기지 못한다. 그러므로 베다는 대다수 사람들의 마음속에 존재하는 이러한 태도를 받아들이고 그에 따라 그들을 인도하지 않을 수 없다. 그래서 베다는 점진적 창조의 과정에 대해 극히 정교한 묘사를 제시하고 있다. 즉, 이 세계와 그 안의 모든 살아 있는 존재들이 어떻게 신에게서 생겨나게 되었는지를 묘사한다. 한번은 어떤 헌신자가 스리 바가반께 여쭈었다. "왜 베다의 여러 곳에서 창조의 과정을 그토록 서로 모순되는 여러 가지 방식으로 묘사하고 있습니까?" 당신은 이렇게 답변했다.

"만일 창조가 실재한다면, 베다는 창조의 과정을 단 한 가지 방식으로 묘사했겠지요. 그러나 베다가 그 과정을 너무나 많은 서로 모순되는 방식으로 묘사하고 있으니, 창조가 실재하지 않는다는 것이 분명하지

않습니까? 베다의 참된 목표는 창조의 과정을 올바르게 묘사하는 것이 아닙니다. 베다의 참된, 궁극적인 그리고 내적인 목표는, 항상 부존재하는 이 세계는 실재하지 않는다는 것과, 항상 존재하는 진아, 곧 브라만이 유일한 실재라는 것을 우리가 이해하게 하는 것뿐입니다."

같은 관념을 스리 바가반은 『진어화만』 제102연에서도 표현한다.

> 경전에서 창조의 양상을 (서로 다르고 모순되는) 여러 가지 방식으로 묘사하는 의도는, 창조의 양상을 확립하려는 것이 아니라 (이 세계라는 겉모습의) 근원 또는 뿌리인 실재를 (구도자가) 탐구하게 하려는 것일 뿐이네.

「자기탐구(*Vichara Sangraham*)」의 문답형 판본에는 "전 우주가 마음의 형상으로만 되어 있다면, 우주는 실재하지 않는다는 것 아닙니까? 만약 그렇다면 왜 베다에서는 우주의 창조를 이야기합니까?"라는 열 번째 질문에 대해, 스리 바가반이 다음과 같이 답변한 것으로 기록되어 있다.

> 우주가 전적으로 실재하지 않는다는 것은 의심할 여지가 없습니다. 베다의 주된 취지는 비실재인 세계가 실재하지 않음을 보여준 다음, 실재하는 브라만을 알게 하려는 것뿐입니다. 베다에서 세계 창조를 인정하는 것은 이 때문이지 다른 이유가 없습니다. 더욱이 둔한 근기의 사람들에게는 점진창조(*krama-srishti*)의 과정으로서 원질原質(*prakriti*), 대지성大知性(*mahat-tattva*), 미세원소(*tanmatras*), 조대粗大원소(*bhutas*), 세계, 육신 등이 브라만에서 점진적으로 생겨난다고 말하고, 한편 예리한 근기의 사람들에게는 동시창조(*yugapat-srishti*)의 과정으로서 이 세계가, 자신이 진아인 줄을 모르는 결함으로 인해 일어나는 우리 자신

의 생각들 때문에 하나의 꿈처럼 생겨났다고 말합니다. 이와 같이 베다에서 세계 창조를 여러 가지 많은 방식으로 묘사한다는 사실을 볼 때, 베다의 취지는 어떤 식으로든 우주가 실재하지 않음을 확립하고 나서 브라만을 알게 하려는 것일 뿐임이 분명합니다. 세계가 실재하지 않는다는 사실은, 진아 지복의 체험을 그 형상으로 하는 깨달음의 상태에서는 누구나 직접 알 수 있습니다.

스리 바가반은 여러 번에 걸쳐, 베다와 여타 경전들이 너무나 많은 상이한 창조론들을 가르치는 것은 사람들의 서로 다른 성숙도와 이해력 수준에 맞추어 주기 위한 것이며, 이 모든 무수한 창조론들은 다음 세 가지 범주로 분류할 수 있다고 설명하곤 했다. (1) 현견론現見論(*srishti-drishti vada*), 곧 이 세계의 창조는 우리가 그것을 보기(見, *drishti*) 전에 일어난다는 이론, (2) 견현론見現論(*drishti-srishti vada*), 곧 우리의 봄이 세계 창조(現, *srishti*)의 원인이라는 이론, (3) 불생론不生論(*ajata vada*), 곧 창조도 봄도 결코 일어난 적이 없다는 이론이 그것이다.

미성숙한 사람들의 마음은 이 세계가 나타난 원인으로서 창조의 과정을 가르치지 않으면 만족하지 않는다는 것을 아는 베다는, 먼저 점진창조의 여러 이론들을 가르쳐야 한다. 베다에 묘사되어 있는 온갖 다양한 점진창조의 과정은 현견론의 범주에 속할 뿐이다. 실로 거의 대다수 종교와 과학적인 창조론 및 우주론들은 이 폭넓은 첫 번째 범주에 속한다. 왜냐하면 그 이론들은 모두, 세계는 우리가 그것을 보기 이전에, 그리고 보는 것과 독립하여 존재한다는 것을 받아들이기 때문이다.

더 예리하고 더 성숙된 마음들을 위해서는 베다가 동시창조론을 가르친다. 이것은 견현론이라고 하며, 이에 따르면 우리가 세계를 보는 것과 세계의 창조는 동시에 일어난다. 베다는 이 동시창조가 어떻게 일어나는지를 설명하기 위해, 이름과 형상들의 이 세계는 마치 밧줄에서 뱀이 나타나듯이, 신기루에서 물이 나타나듯이, 혹은 하늘에서 푸른색이 나타나듯이, 그것을 보는 사람의 결함 있는 소견(dosha-drishti)으로 인해 나타날 뿐이라고 말한다. 그래서 동시창조론 혹은 견현론은 가환론假幻論(vivarta-drishti)이라고도 불린다. 왜냐하면 이 이론은, 이 세계가 단지 우리의 결함 있는 소견으로 인해 외관상 일어나는 하나의 거짓된 겉모습에 지나지 않는다고 가르치기 때문이다. 나아가 한층 더 성숙된 마음의 소유자들에게 동시창조가 왜 일어나는지를 설명할 때는, 이 세계의 겉모습은 우리가 무탐구(avichara) 또는 부주의(pramada)로 인해 진아를 잊어버렸기 때문에 일어날 뿐이라고 베다는 말한다.[7] 그래서 베다가 동시창조론을 가르칠 때는 세계가 최소한 하나의 거짓된 겉모습으로서는 존재한다는 것을 받아들인다.

그러나 완전한 용기와 명료한 지성을 지닌 가장 진보되고 성숙한 구도자들에게는 베다가 '불생不生(ajata)'이라고 하는 최종적 진리만을 가르치는데, 그 취지는 다음과 같다. "세계 같은 것은 생겨난 적이 없다. 그대가 보는 것은 세계가 아니라 그대, 곧 진정한 자기(진아)일 뿐이다. 그대 아닌 그 어떤 것도 존재한 적이 없다. 창조, 유지, 파괴 같은 그 어떤 것도 없었다. 그대만이 존재한다." 즉, 베다가 불생의 진리를 가르칠 때는 세계의 존재를 거짓된 겉모습으로서도 전혀 받아들이지 않는다. 베다가 결국 세계의 존재성을 그같이 전적으로 부인할 수밖에 없는 이유는, 세계는 그것을 보는 어떤 마음이 있어야만 거짓된 겉모습으로서 존재할 수 있는데, 실제적 진리에서는 마음 같은 것이 전혀 없기 때문이다.

---

[7] 독자들은 여기서 『진어화만』, 제40연과 제156연, 그리고 『해탈정수』, 제2편, 제95연을 참조할 수 있을 것이다.

마음의 형상을 망각 없이 살펴보면, 마음 같은 것은 존재하지 않으니, (…).　　　　　　　　　　　—「우빠데샤 운디야르」, 제17연

이처럼 마음이 항상 존재하지 않음을 알게 되면, 그것이 보는 세계라는 겉모습 또한 존재하지 않음을 알게 된다. 그래서 불생이야말로 절대적 진리인 것이다.

스승 라마나께서 당신을 찾아온 사람들의 이해 수준에 따라 다양한 원리들을 가르치시기는 했으나, 우리는 당신에게서 '불생'만이 참으로 당신 자신의 체험이라고 들었네. 이와 같이 알아야 하네.
　　　　　　　　　　　—『진어화만』, 제100연

그러나 당신이 체험한 절대적 진리는 오직 불생론이었음에도, 누가 스리 바가반에게 가르침을 청하면 당신은 헌신자들을 위해 마치 동시창조론—세계는 거짓된 겉모습이라는 것—을 참된 이론인양 받아들이고 그에 따라 가르침을 주었다. 당신이 불생론의 관점에 따라 가르침을 주지 않은 이유는, 불생의 상태에서는 진아, 곧 단순한 존재-의식인 '**내가 있다**'만이 존재하며, 다른 어떤 것도—세계도, 마음도, 속박도, 제자도, 스승도—존재하지 않고, 따라서 그 상태에서는 어떤 가르침도 필요하지 않고 가능하지도 않기 때문이다.

어떤 가르침이 필요해지는 것은 우리가 세계를 보기 때문에, 즉 우리가 타자성他者性을 경험하기 때문일 뿐이다. 따라서 세계가 최소한 거짓된 겉모습으로라도 존재한다는 것을 받아들여야만 어떤 가르침이 실제적 가치가 있을 것이다.

그래서 스리 바가반은 「실재사십송」의 첫 번째 연을 "남 울라감 깐달

랄(Nam ulagam kandalal)"이라는 말로 시작하는데, 그것은 "우리가 세계를 보기 때문에"라는 뜻이다.

> 당신이 "우리가 세계를 보기 때문에"라고 조심스럽게 말씀하셨으므로, 영혼들에게 가장 도움 되는 것을 가르치시는 스승 라마나께서는, 다른 이론들은 젖혀두고 가현설(vivarta-siddhanta)[동시창조론]만을 유익한 참된 이론으로 가르치셨네.
> ― 『진어화만』, 제83연

동시창조의 과정에서 이 세계는 어떻게 생겨나는 것처럼 보이는가? 이런 질문을 받을 때마다 스리 바가반은 영사기의 예를 들어 창조의 과정을 설명하곤 했다. 한번은 이렇게 말했다. "아디 샹까라(Adi Sankara)는 이 동시창조의 과정을 설명하려고 했을 때 거울에 비친 도시의 예를 들었지요. '우주는 마치 거울에 비치는 도시처럼(Visvam darpana drisyamana nagari …)'[「다끄쉬나무르띠 송찬」, 제2연 첫머리]이라고 말입니다. 그의 시대에는 더 나은 비유를 사용할 수 없었습니다. 그러나 만약 그가 오늘날 살아 있다면, 아주 적절한 비유인 영사기의 예를 분명히 들었을 것입니다." 따라서 스리 바가반이 영사기의 예로서 세계 창조를 어떻게 설명하는지 살펴보자.[8]

영사기에는 밝은 아크등이 있고, 그 앞을 필름이 지나가며, 그 앞에는 렌즈가 있다. 아크등에서 나오는 빛살들이 필름을 통과하면 렌즈에 의해 확대되어 멀리 떨어진 스크린에 큰 화면을 만들어낸다. 영사기의

---

[8] 독자들은 여기서 권말의 부록 4의 1)을 참조해야 할지 모른다. 이것은 스리 바가반이 세계라는 겉모습이 외관상 어떻게 생겨나는지를 가르치기 위해 영사기의 예를 든 「아루나찰라에 바치는 8연시」, 제6연에 대한 주석이다. 또한 같은 예를 상세히 설명하는 「가르침의 핵심」, 제2장, 질문 13에 대한 스리 바가반의 답변도 참조하라.

아크등은 우리의 몸 안에서 빛나는 진아와 비슷하다.9)

아크등에 가까이 있는 필름은 우리의 내면에 축적된 원습과 비슷하다. 이 원습이 확대되어 거친 형상이 되게 하는 렌즈는 오관이다.

아주 미세한 씨앗 형태를 한 생각들인 이 원습이 진아의 빛에 의해 오관을 통해 투사되면, 거친 형상이 되어 온갖 다양한 이름과 형상들로 이루어진 이 바깥 세계라는 화면으로 보이지만, 이것들은 다섯 감각 지식에 지나지 않는다. 즉, 우리의 내면에 무수히 존재하는 아주 미세한 원습들을 우리가 광대한 바깥 우주로서 보게 되는 것이다. 따라서 바깥에서 보이는 모든 것은 실은 이미 내면에 존재하고 있던 것일 뿐이다.

> 마음(과 오관)을 통해 나와서 지각되는 모든 것은 마치 숨겨진 보물처럼 이미 심장 속에 원습으로 존재하고 있었고, (따라서 단지) 옛날이야기가 나타나서 보이는 것일 뿐임을 분명하게 알라.
>
> ―『진어화만』, 제84연

영사기 안에 아크등이 없으면 스크린에 영화가 나타날 수 없다. 그와 마찬가지로, 만약 진아가 없다면 이 세계의 창조, 유지는 일어날 수 없을 것이다. 그 진아의 빛은 흔히 '신'이라는 이름으로 알려진 것이고, 그것이 존재하지 않으면 창조와 유지의 행위가 일어날 수 없다. 그래서 점진창조론에서는 충분한 성숙도와 이해력을 갖지 못한 사람들을 위해

---

9) 여기서 우리가 '몸'이라는 용어를 쓸 때, 그것이 조대신만 뜻한다고 여겨서는 안 된다. 왜냐하면 스리 바가반에 따르면, '몸'이라는 용어는 다섯 껍질 중의 어느 하나를 의미할 수 있기 때문이다. "몸은 다섯 껍질의 한 형상이니, 다섯 껍질 모두가 '몸'이라는 말 안에 들어있네. 몸이 없이 세계가 존재할 수 있는가? 몸을 포기하고 나서 세계를 본 사람이 누가 있는지 말해 보라."고 스리 바가반은 「실재사십송」, 제5연에서 말한다. 따라서 우리가 다섯 껍질 중의 어느 하나를 '나'와 동일시할 때마다, 우리는 분명히 그 껍질에 상응하는 세계를 보게 될 것이다.

이 진리를 비유적으로 표현하여, 신이 이 세계를 창조하고 유지한다고 말하는 것이다. 발현업의 힘에 의해 원습이라는 필름 릴이 돌아갈 때 개인은 그 원습에 상응하는 세계를 보며, 하나의 몸을 '나'와 동일시한 다음 그 세계 안에서 그 자신을 위한 하나의 외관상 삶을 경험한다. 만일 영사기 안에 필름 릴이 없다면 이름과 형상들로 이루어진 그 영화는 스크린 상에 나타나지 않을 것이고, 그 대신 스크린에는 하나의 밝은 빛만 보일 것이다. 그와 마찬가지로, 모든 원습이 소멸해 버린 진인의 소견 안에서 빛나는 것은 이름과 형상들의 이 세계라는 화면이 아니다. 진인이 경험하는 것은 진아의식의 무한한 빛인 그 자신뿐이다. 그래서 스리 아디 샹까라는 「아빠록샤아누브후띠(*Aparokshanubhuti*)」 제116연에서, "소견을 지知의 성품을 지닌 것으로 만들어 세계를 브라만으로 보아야 한다(*drishtim jnanamayin kritva pasyet brahmamayam jagat*)"고 말한다. 같은 진리를 스리 바가반도 『진어화만』에서 이렇게 표현하고 있다.

> 우리의 소견을 지知의 성품으로 바꾸어 진정한 지知의 성품으로 된 그 소견을 통해서 보면, 공空을 위시한 다섯 원소로 이루어진 세계는 지知의 성품인 지고의 실재 그 자체로서 실재하는 것으로 보일 것이네. 이와 같이 보라. —『진어화만』, 제52연

> 보이는 것은 보는 눈과 다를 수 없으므로, (모든 마음의) 활동이 종식되어 존재-의식-지복(*sat-chit-ananda*)이 되어 버린 소견을 가지고 보는 '실재지자(*mey-jnani*)'에게는, 이 세계도 그것[존재-의식-지복]일 뿐임을 분명히 알라. —『진어화만』, 제54연

시공의 한계 없이 빛나는 진아인 우리가, 자신을 '나는 이 작은 몸일

뿐이다'라는 불완전하고 한정된 느낌을 형상으로 하는 개인적 영혼이라고 상상하여 우리 자신을 온갖 한계 안에 가두어 버린 것처럼 보일 때, 그 몸의 한계 안에 갇히지 않는 우리의 무한한 존재-의식의 나머지 부분은 우리의 개인적 의식에게 이 한량없는 우주로 나타나며, 그것은 우리와 다른 것으로, 이 우주의 전능한 하느님인 신으로 느껴진다.

> 자기가 형상[몸]이라면, 세계와 신도 마찬가지일 것이네[즉, 그것들도 형상일 것이다]. 자기가 형상이 아니라면 그것들의 형상을 누가 어떻게 볼 수 있으며, 보이는 모습이 눈[보는 자]과 다를 수 있겠는가?
> ─「실재사십송」, 제4연

> 에고, 곧 '나는 몸이다'라는 느낌 때문에, 의식에 다름 아닌 모든 세계들을 마치 그 의식인 자기 자신과 다른 것인양 경험하게 되는 것은, (자신의 참된 성품에 대한 무지라는) 짙고 광대한 미혹의 창조물이라네.
> ─『진어화만』, 제67연

이름과 형상 혹은 시간과 공간에 속박되어 있지 않고, 탄생과 죽음과 같은 어떤 변화에 의해서도 오염되지 않는 무한하고 나뉘지 않은 진아 의식인 우리가, 자신을 태어나는 한 사람으로, 곧 한 인간의 몸이라는 이름과 형상을 가지고 특정한 시간과 특정한 공간이라는 한계 내에서만 존재하다가 언젠가는 죽어서 사라질 그런 사람이라고 느낀다면, 우리 자신의 진아의 그 무한한 나머지 부분은 이 무한한 우주로서 우리의 목전에 나타날 것이다. (이 우주는 무수한 행성과 별들을 포함하지만, 이것들은 모두 이름과 형상 및 시간과 공간에 속박되며, 아무리 많은 과학적 연구를 해도 그 한계를 발견할 수 없다.) 따라서 이 전 우주는 실은 우리 외에 아무것도 아니다. 이 광대한 우주를 창조하고 유지하는 전능한 지고의 하느님인 신의 경우도 마찬가지이다. 그 또한 우리 자신의 진아의 갇히지 않은 나머지 부분에 지나지 않으므로, 비록 지금까지 수많은 종교, 리쉬들, 예언자들, 경전들이 신의 이름, 형상, 기타 특징들을 수많은 방식으로 묘사해 오기는 했지만, 그는 여전히 그런 모든 묘사를 초월하고 그에 속박되지 않으면서 빛난다.

> 나의 신적인 영광에는 끝이 없다, 오 아르주나여 (…)
> (…) 나는 이 전 우주를 (나 자신의) 한 부분으로써 지탱하고 있다.
> — 『바가바드 기타』, 10:40, 42

세계와 신이 창조되는 원인은 우리가 자신을 몸의 한계 안에 국한되어 있다고 잘못 상상하는 과오 때문일 뿐이며, 이 과오는 우리의 자기주시의 느슨함, 즉 우리의 자기에 대한 망각(pramada) 때문일 뿐이다. 그렇다면 경전에서 창조, 유지, 파괴의 세 가지 작용이 신의 유희(lila)라고 하는 말의 진리는 무엇인가? 이 말의 참된 의미는, 이 세 가지 작용이 우리 자신의 유희일 뿐이어서, 우리는 자기 자신을 이와 같이 제한하여 보는 그릇된 소견을 창조하고 유지할 수도 있고, 진아안주, 곧 자기주시(atma-drishti)에 의해 이 그릇된 소견을 종식할 수도 있는 무한하고 완전한 자유(paripurna-brahma-swatantra)10)를 사용할 수 있다는 것이다. 절대적 진리에서는 이 전체적인 신의 유희는 진아인 우리 외에 아무것도 아니다. 우리는 진실로 어떤 식으로도 결코 국한되지 않지만, 외관상 우리는 자신이 몸의 한계 안에 국한되어 있다고 상상하며, 그렇

---

10) 우리의 '무한하고 완전한 자유'의 본질에 대한 더 자세한 설명은 뒤의 제3장을 참조하라.

게 상상하자마자 세계와 신이 생겨난다.

> 우리 자신을 하나의 몸 안으로 한정하여 변화시키고, 그 몸의 오관을 통해 수집한 지知를 세계 안으로 변화시켜, 우리는 자신의 진아에 다름 아닌 세계를 우리 자신과 다른 대상들로 보며, 그러면서 그 대상들에 대한 좋아함과 싫어함으로써 미혹된다. 그러한 미혹이야말로 세간환世間幻(jagat-maya)이라는 것이다.
> ― 『수행의 핵심』, 제44연

세 가지 실체―개인적 영혼으로서의 우리, 세계, 신―모두가 동시에 생겨나므로, 이 과정을 동시창조라고 하는 것이다. 그러나 우리 자신을 하나의 몸에 국한되어 있다고 보는 그릇된 소견의 일어남조차도 일체를 초월하는 절대적 실재의 소견을 통해서 볼 때는 실재하지 않는다는 것을 분명히 알게 되므로, 우리가 최종적으로 체험하는 것은 불생―즉, 창조, 유지, 파괴는 전혀 어떤 실재성도 없다는 진리뿐이다.

> '자기 자신'과 '남들'(과 같은 차별상)을 앎이 없이 자기 자신의 상태에 굳건히 늘 안주할 때 (…) 자기 자신 아닌 누가 있는가?
> ― 「실재사십송-보유」, 제38연

> 생성(창조)도 없고, 파괴도 없고, 속박된 자도 없고, 벗어나려는 자도 없고, (해탈을 성취하려고) 노력하는 자도 없고, 해탈을 성취한 자도 없다. 이것이 절대적 진리임을 알라.
> ― 「우빠데샤 따니빠깔(Upadesa Tanippakkal)」,[11] 제24연

---

[11] (역주) 바가반이 산발적으로 지은 시 27편을 스리 사두 옴이 따로 모아서 낸 책.

우리의 주의력을 '우리 자신의' 진아 쪽으로 돌리면 우리의 한정된 개인성 의식은 사라질 것이고, 따라서 세계와 신의 출현도 끝이 날 것이다. 보통의 잠의 상태에서 우리가 경험하는 것에서도 이 진리를 이해할 수 있다. 우리가 잠들어 있을 때는 세계나 신에 대해 조금의 앎이나 의심도 없다. 왜인가? 잠 속에서는 에고인 우리, 곧 '나는 이 몸이다'라는 유한한 1인칭 느낌이 존재하지 않고, 따라서 다른 두 가지 실체인 세계와 신도 존재하지 않기 때문이다. 이와 같이 우리가 진아에 대한 망각 때문에 자신을 하나의 유한한 개인적 영혼으로 창조함으로써, 동시에 우리는 다른 두 실체인 세계와 신을 창조한 자가 된다.

우리가 하나의 개인적 영혼으로 일어나자마자 이원자二元者(*dvandvas*) [선과 악, 쾌락과 고통, 생과 사와 같은 상대물의 쌍들]와 3요소(*triputis*)[보는 자, 보는 행위, 보이는 대상과 같은 대상적 지知의 세 가지 요소]들이 모두 외관상 생겨난다. 어떻게? 우리의 무한하고 완전한 자유에 의해, 하나의 존재-의식-지복인 우리가 자신의 성품을 하나의 일어나는 성품으로 볼 때, 존재, 의식, 지복이라는 우리의 세 가지 측면이 반사되며, 개인적 영혼인 우리에게는 그것들의 상대물인 비존재, 무지, 불행으로 보인다. 즉, 못의 반대편 언덕에 서 있는 사람이 수면에 비쳐 보일 때는 그의 몸 오른쪽이 왼쪽으로 보이고 몸 윗부분이 아래에 있는 것으로 보이듯이, 존재하는 우리의 성품이 일어나는 성품으로 보일 때는 존재(*sat*)라는 우리의 단일한 성품이 존재와 비존재의 이원자로 보이고, 의식이라는 우리의 단일한 성품은 지知와 무지의 이원자로, 지복이라는 우리의 단일한 성품은 쾌락과 고통이라는 이원자로 보이는 것이다. 그리고 해에서 나온 하나의 단일한 백색광이 프리즘을 통과하면 굴절되어 다양한 색깔로 보이듯이, 우리가 자기주시의 느슨함으로 인해 자신을 보잘것없는 하나의 개인적 영혼으로 상상하면, 우리 자신의 단일하고 나뉘지 않은 진아가 외관상 굴절되어, 아는 마음, 아는 행위 그리고 그것에 의해 알려지는 이 세계의 많은 대상들로 이루어진 3요소로 우리에게―곧, 개인적 영혼에게―경험된다.12)

이원자와 3요소들은 우리가 에고로서, 곧 하나의 유한하고 국한된 개인적 영혼으로서 일어날 때만 나타나므로, 그것들은 모두 에고를 그들의 지지물 혹은 토대로서 의존해서만 존재한다.13) 더욱이 어떤 이원자나 3요소의 각 구성요소는 같은 이원자나 3요소의 다른 요소가 있기 때문에 존재성을 가질 뿐이다. 예를 들어 만약 어떤 사물에 대해 먼저 무지가 존재하지 않았다면, 그 사물에 대한 지知라고 할 것이 생겨날 수 없었을 것이다. 즉, 어떤 사물에 대한 지知는 그 사물에 대한 무지가 먼저 존재하기 때문에 일어나고 존재성을 가질 뿐이다. 마찬가지로, 우리가 어떤 사물을 알게 될 때 무지가 먼저 존재했다는 것은, 그 사물에 대한 지知가 나타날 때만 알 수 있다.

> (어떤 대상에 대한) 무지 없이는 (그 대상에 대한) 지知가 없고, (그와 마찬가지로) 지知 없이는 무지가 없네. (…)
>
> ―「실재사십송」, 제10연

같은 방식으로 선과 악, 안과 밖, 쾌락과 고통과 같은 다른 이원자들의 각 구성요소와, 보는 자, 보는 행위, 보이는 대상과 같은 3요소들의 각 구성요소는 그 이원자나 3요소의 다른 각 구성요소가 있기 때문에 외관상 존재하는 것일 뿐이다.

대상들을 아는 의식은 우리의 진정한 의식이 아니다. 그것은 마음,

---

12) 여기서 『수행의 핵심』, 제96연과 97연을 참조하라.
13) 여기서 에고만이 이원자들과 3요소들의 토대임을 설명하는 부록 4의 3)을 참조하라.

곧 에고일 뿐이다. 다양한 이원자들과 3요소들 모두가 이 대상을 아는 의식 안에서만 존재할 수 있으므로, 그것들은 에고, 곧 하찮은 개인적 영혼에 속할 뿐이다(우리는 자신의 무한한 참된 성품을 한 몸의 한계 내에 국한시킬 때 개인적 영혼이 된다). 에고인 우리가 생겨날 때, 우리와 함께 그리고 우리 때문에 이원자들과 3요소들도 외관상 생겨난다. 이와 같이 이 이원자들과 3요소들은 에고를 붙듦으로써만 존재한다. 그래서 그것들은 에고에게 속할 뿐 진아에는 속하지 않으며, 그것들이 진아를 붙들지도 않는다. 진아는 잠 속에서도 명료하게 빛나는데, 만약 이원자와 3요소들이 진아에 속한다면 왜 잠 속에서 누구나 그것들을 경험하지 못하겠는가? 이원자와 3요소들이 잠 속에서 '존재하지 않는' 이유는, 이때는 에고가 완전히 가라앉아 있기 때문이다. 그래서 에고가 존재하지 않을 때는 이원자와 3요소들이 존재하지 않는다는 것은 모두가 경험하는 하나의 진리이다. 따라서 이런 식으로 분별하면, 에고만이 이원자와 3요소들의 토대 혹은 지지물이라는 진리를 우리가 분명하게 이해할 수 있다. 이 진리에 대해 우리가 아무 의심이 없도록 하기 위하여 스리 바가반은 「실재사십송」 제26연에서 힘주어 이렇게 선언하고 있다. "에고가 생겨나면 모든 것[세계, 신, 속박과 해탈, 쾌락과 고통 등]이 생겨날 것이고, 에고가 없으면 모든 것이 존재하지 않을 것이네. (따라서) 에고 자체가 모든 것이네 (⋯)." 그리고 「아루나찰라에 바치는 8연시」 제7연에서는 "'나'라는 생각이 없으면 다른 어떤 것도 존재하지 않을 것입니다 (⋯)."라고 하였다.

만일 어떤 구도자가 참으로 자기주시의 수행에 전념하면, 그 자신의 참된 성품인 진아의식의 상태를 한 동안 분명하게 알다가 나중에는 그것이 흐릿해지는 것처럼 느껴질 때가 종종 있을 것이다. 그럴 경우, 세계라는 겉모습이 어떻게 사라졌다가 다시 생겨나는지를 그 자신의 체험으로 아주 분명하게 이해할 수 있을 것이다. 구도자가 자기주시의 상태에서 벗어나는 망각의 속도가 워낙 빨라, 처음에는 자신이 언제 자기주시에 대한 장악을 놓쳤는지 알아차리기가 어려울 수 있다. 그러나 때가 되면 거듭된 자기주시의 수행으로 명료함과 힘을 얻게 되어 자기주시를 놓치는 정확한 순간을 알아차릴 수 있게 되고, 그래서 그것을 즉시 회복할 수 있게 될 것이다. 구도자가 이처럼 자기주시를 놓친 순간과 그것이 회복된 순간을 분명하게 인식할 수 있는 모든 경우에, 그는 자신이 자기주시를 놓침으로써 세계가 어떻게 창조되고, 자신이 자기주시를 회복함으로써 세계가 어떻게 파괴되는지를 그 자신의 체험으로 매우 쉽게 알 수 있을 것이다. 이와 같이 구도자는 자신이 자기주시에서 느슨함의 여지를 두는 것이 몸과 세계가 창조되는 수단이고, 그러한 느슨함이 일어났다는 것을 알아차리거나 그것을 끝내는 데 대한 관심 부족으로 인해 자기주시에서 느슨함의 여지를 유지하는 것이 세계가 유지되는 수단이며, 자기주시에서 느슨함이 일어난 정확한 순간을 예리하게 알아서 그것을 끝냄으로써 다시 확고하게 그 자신의 진정하고 지복스러운 상태인—이름과 형상의 한계가 없는—순수 의식 안에 안주하는 것이 세계가 파괴되는(소멸하는) 수단이라는 것을, 절대적인 확신을 가지고 알게 될 것이다. 구도자가 이 진리를 그 자신의 직접 체험을 통해 알게 되면 그 자신이 창조, 유지, 파괴의 세 가지 작용을 초월한 완전한 **지고의 실재**라는 것을 깨달을 것이고, 따라서 절대적 평안의 상태 안에 흔들림 없이 자리 잡게 될 것이다.

  사람은 창조와 유지의 두 가지 상태가 쾌락과 고통의 혼합에 지나지 않아서 소중히 여기고 추구할 만한 가치가 없다는 것을 이해할 수 있을 만큼 올바른 분별을 얻기 전까지는, 자기주시의 수행을 하고 싶은 마음이 나지 않을 것이다. 한갓 겉모습에 불과한 그 두 가지 상태를 계속 중요시하는 한, 그는 많은 이원자들 중 하나인 쾌락과 고통의 혼합에서 자신이 고통을 제거할 수 있다고, 그리하여 창조와 유지의 두 상태에서 쾌락만이 존재하게 할 수 있다고 상상하면서 허황된 꿈을 꾸기 쉽다. 그런 사람은 설사 매우 마음이 넓고 관대하고 자비롭다 해도, 내심 창조와 유지의 두 가지 작용이 그 자신이 상상하는 관념에 부합하게 이루어졌다면 자신이 지금 세상에서 보는 불행들이 존재하지 않았을 것이라고 믿을 정도로 미혹되어 있을 수도 있다. 그래서 심지어는 지금 그 두 가지 작용을 수행하고 있는 신을 탓하기도 할 것이고, 자신이 책임을 맡아서 신이 세계를 관장하는 현재의 방식을 개혁해야 한다는 희망적인 상상도 할 것이다. 이어서 그는 이 세계를 하나의 행복한 천국으로 바꾸고 세계 안에서 보이는 모든 불행을 제거할 멋진 계획을 짤 것이고, 심지어는 인간의 몸을 불멸로 만들고 싶어할 것이다.

 그와 같이 의도는 좋으나 미혹된 사람은 자신의 그 사심 없는 멋진 계획을 수행하는 데 필요한 신적인 힘을 어디서 어떻게 얻을 수 있을지를 궁리하기 시작할 것이며, 그런 힘을 얻으리라는 기대 하에 많은 새로운 종류의 요가를 고안하고 수행하기 시작할 것이다. 그러나 결국 그런 힘은 신, 즉 현재 이 전 세계를 창조하고 유지하고 있는 전능한 지고자에게서만 얻을 수 있다는 결론에 도달할 것이고, 그래서 그 힘을 그에게 구걸하여 얻기 위한 수단으로 완전한 자기순복의 방법을 고르게 될 것이다. 그는 자신이 그 방법을 채용하면 신의 무한한 힘이 틀림없이 자신에게 쏟아질 것이라고 확신하고, 그 힘으로 자신이 세워 둔 그 모든 멋진 계획을 완수할 수 있을 것이라고 믿으면서, 그 힘이 위에서 내려올 날을 간절히 고대하며 기다리게 될 것이다.

 위에서 묘사한 것과 같이, 신이 세계를 창조하여 그것을 주관하고 있는 방식에 대한 근본적인 개혁을 자신이 이루어낼 필요가 있고 또 그렇게 할 수가 있다고 상상할 만큼 실제로 미혹되어 있는 사람들이 있다는 것을 아신 스리 바가반은, 다음의 두 연을 지었다.

> 샥띠(*sakti*)에 의해 자신들이 움직이는 방식은 모른 채[즉, 진아의 힘에 의해서만 자신들이 움직이고 활동을 할 수 있다는 진리를 모른 채] "모든 싯디(*siddhis*)를 우리가 얻겠다"며 활동하는 미친 이들의 어릿광대짓은, "누가 나를 일으켜 세워 주면, 이 적들이 뭐란 말인가?[즉, 그들이 내 앞에서 얼마나 무력하겠는가?]"라고 말하는 불구자의 이야기와 같네.
>
> 신이 세계라는 짐을 져 주고 있는데, 사이비 영혼이 (그 짐을) 지고 있는 (것처럼 상상하는) 것은 마치 탑을 받치는 듯한 조각상의 형상같이 우스운 것이네. 큰 짐도 날라주는 기차를 타고 가는 사람이 (자신의 작은) 짐을 기차에 내려놓지 않고 머리에 인 채 힘들어한다면, 그것은 누구의 잘못인가?
>
> ―「실재사십송-보유」, 제15, 17연

그러나 만일 위에서 묘사한 사람이, 자신이 창조계 내에서 그러한 혁신적 개혁을 이루어내는 데 필요한 힘을 신에게서 얻기 위해 완전한 자기순복의 길을 간다면, 결국 실제로 어떤 일이 일어나겠는가? 그 순복이 완전해질 때는, '나는 아무개다'로서 일어났고, 위에서 말한 그 모든 멋진 관념들을 품고 있던 그 마음 혹은 에고가 그것이 일어났던 근원인 진아 안에 분명히 빠져 죽을 것이고, 그리하여 그 별개의 개인성을 잃어버릴 것이다.

이와 같이 에고가 절멸되기 전까지는 그 순복이 완전하다고 말할 수 없다. 따라서 어떤 사람이 자신을 신에게 완전히 내맡기고 난 뒤에는 별개의 개인적 실체로 남아 있을 수 없는데, 누구에게 신의 힘이 내려 오며, 누가 그 힘을 사용하여 세계를 개혁하겠는가? 그래서 결국 이 가 없은 사람이 품었던 모든 희망과 야심은 완전히 무의미하고 터무니없는 것임이 드러날 것이다. 마치 『해탈정수』 제2편, 제89연에 나오는 명백히 지어낸 다음 이야기처럼 말이다.

> 석녀의 아들과 기둥 사람(사람으로 착각된 기둥)이 허공의 꽃을 두른 채, 구름 속에서 빛나는 도시에서 자개 은의 가격을 놓고 옥신각신하다가, 토끼의 뿔로 서로를 찔러 기진맥진하여 죽은 다음 함께 유령이 되었다. 그런 이야기를 들으면 지혜로운 어떤 사람도 속지 않을 것이다.

누가 왜 그런 관념과 야망을 품어 불필요하게 자신의 머리를 어지럽히고 자기 자신을 혼란시켜야 하는가?

스리 바가반은 언젠가 위에서 말한 이상한 관념을 품고 있던 어떤 철학자의 신념에 대한 질문을 받자, 간략히 이렇게 말했다. "먼저 그 순복이 완전해지도록 합시다. 그런 다음에 다른 모든 것을 살펴볼 수 있겠지요." 당신은 왜 이런 식으로 답변했을까?

> 이 세계를 변화시켜 불행이 없는 천국으로 만들고 인간을 불멸로 만드는 것은 새롭게 해야 할 일들은 아니네. 지금도 세계는 진실로 다름 아닌 브라만, 곧 지복스러운 지고의 실재이며, 인간은 그의 참된 성품에서 다름 아닌 진아, 곧 불멸의 영혼이라네. 따라서 세계와 인간을 지금 지복스럽게 하거나 불멸로 만들 필요가 없다네. 우리가 해야 할 일은 그들을 참으로 있는 그대로 보는 것일 뿐이네. 그래서 현자들이 말하기를, "우리의 소견을 지知의 성품을

지닌 것으로 만들어 세계를 브라만으로 보아야 한다"고 했네. 우리가 지금 세계에서, 그리고 인간에게서 보는 결함들은 신의 창조의 결함이 아니라 우리 자신의 소견상의 결함일 뿐이네. 따라서 신의 권력을 빼앗아 그의 창조계를 교정하려고 해 봐야 아무 소용이 없다네. 만일 우리가 보는 모든 결함을 교정하고 싶다면 우리 자신의 소견을 교정해야 하며, 달리 방법이 없네. 실재를 아는 사람들은, 창조계에는 아무 결함이 없고 소견에만 결함이 있다고 선언할 것이네.

— 『스리 라마나 냐나 보담(Sri Ramana Jnana Bodham)』[14],

제1권, 제1696연

    나타난 모든 것은 사라지게 되어 있고, 창조된 모든 것은 소멸되게 되어 있다. 태어난 모든 것은 죽게 되어 있고, 온 것은 모두 가게 되어 있으며, 마음이 새로이 알게 된 모든 것은 나중에 마음이 잊어버리게 되어 있다. 그러나 나타나거나 사라짐이 없이, 오거나 감이 없이, 알려지거나 잊혀짐이 없이 늘 존재하는 것만이 영원한 실재이며, 그것이야말로 우리의 참된 성품이다. 우리는 결코 태어난 적이 없고, 우리의 몸만 태어났다.
    우리의 몸은 생겨난 것이기에 언젠가 죽거나 사라져서 그 존재성을 상실할 수밖에 없다. 우리는 그것을 영원히 살게 할 수 없다. 만일 그러고 싶다면, 우리 자신의 놀라운 내적인 힘을 계발하여 이 지각력 없는 몸의 수명을 잠시 강제로 늘릴 수 있을지는 모른다. 고대의 진인 띠루물라르(Tirumular)는 3천 년을 살면서 한 해에 한 연 꼴로 3천 연의

---

14) (역주) 스리 무루가나르가 생애 후반 20년에 걸쳐 지은 17,000연의 시가집. 모두 9권으로 출간되었다.

『띠루만띠람(*Tirumantiram*)』을 지었다. 그러나 그 3천 년의 끝에 그의 신성한 몸에는 어떤 일이 일어났는가? 그것이 사라지지 않았는가? 따라서 누구도 몸이 그 형상을 영원토록 유지하게 할 수 없다. 더구나 누구도 그럴 필요가 없다. 참된 지知를 성취한 위대한 진인들도 결코 몸을 불멸로 만들지 않았는데, 다른 사람이 그렇게 하려고 한다면 그것은 존재하지 않는 도시로 가는 도로를 포장하는 것처럼 헛수고가 될 것이다.

이런 맥락에서 어떤 사람들은 묻는다. "띠루 냐나삼반다르(Tiru Jnanasambhandar)와 마니까바짜가르(Manikkavachagar) 같은 일부 진인들의 몸은 사멸하지 않았고, 시체로 이 세상에 남겨지지 않았다. 이것은 그들이 몸을 불멸로 만들었음을 의미하지 않는가?"라고. 이 질문에 대한 답변은 다음과 같다. "보통 사람의 몸이 시체로 뒤에 남겨질 때는 어떤 일이 일어나는가? 그것은 형태를 잃고 썩어서 원래 그것을 구성했던 5대 원소로 돌아간다. 즉, 그 몸은 그 원소인 불, 흙, 물 혹은 노천의 공기 중 하나 안에 두어지고, 그 하나의 원소는 그 몸 안의 다른 원소들을 분리하여 그것들을 주변 원소들에게 흡수시킨다. 그리하여 그 몸의 형상은 점차 사라진다. 그러나 몇몇 사람들의 경우에는 이 원소 분리의 과정이 점진적으로 일어나는 것이 아니라 신의 은총의 힘에 의해 순식간에 일어난다. 그러나 최종 결과에 무슨 차이가 있는가? 전혀 없다. 그러한 진인들의 몸도 형상을 잃고 사라졌다. 그렇지 않은가? 몸 안의 원소들이 분리되는 방식과, 그것이 일어나는 데 걸리는 시간에서만 차이가 있을 뿐이다. 그렇지만 그들의 몸의 형상이 사멸하지 않고 보존된 것은 아니었다. 여하튼 몸은 형상을 잃고 사라져야 하는데, 그것이 어떻게 형상을 잃든 무슨 상관인가? 설사 몸이 그런 진인들의 경우와 같이 순간적으로 형상을 잃고 사라진다 해도, 그것이 불멸이 되었다고는 할 수 없다. 그 진인들의 몸은 한 번 태어나 세상에 새로 출현했으니,

나중에는 죽어서 세상에서 사라져야 한다.

어떤 사람들은 이런 답변을 들으면 다시 반론을 제기한다. "그러나 그런 진인들은 거친 몸이 사라진다 해도 미세신으로 영원히 살면서 세상의 문제들을 관장한다고 주장하는 믿음도 있다. 따라서 그들의 몸은 최소한 그런 미세한 형상으로 계속 존재하는 것 아닌가? 그 상태는 몸의 불멸로 간주해야 하지 않는가?" 이에 대한 답변은 다음과 같다.

위대한 분들의 경우에만 미세신을 가지고 세간 활동을 할 수 있다는 것인가? 보통 사람들도 조대신을 버린 뒤에는 자신의 공덕이나 죄업의 결과에 따라 미세신을 취하여 각자의 세계에서 활동을 할 수 있다. 세 가지 실체 중의 하나인 신도 마찬가지로 창조, 유지, 파괴라는 그의 활동에 종사한다! 우리는 또한 그런 일이 이원성의 수준에서 일어난다는 것을 인정하지 않는가? 놀랄 것이 뭐가 있는가? 바로 이런 이유에서, 절대적 진리의 관점에서는 신의 형상들조차도 진리를 결여하고 있다는 것이다. 그것들이 거칠든, 미세하든, 원인적이든, 결국 '하나의 몸'일 뿐이다! 우리가 이 몸들 중의 어느 것을 '나'와 동일시하는 한 그것은 무지일 뿐이다. 확실히 그런 몸과 무지—몸과의 동일시—에는 끝이 있을 수 없다. 절대적 진리인 '우리'는 몸이 아니며, 위 세 가지 종류 중 어느 것도 아니다. 몸은 태어나면 죽을 수밖에 없다는 것을 우리가 알아야 한다. 그러한 결론에 이르는 분별만이 올바른 분별이다.

지금 그들의 몸을 연장하거나 불멸로 만들로 싶어하는 사람들은 그 몸이 태어나기 전에는 무엇이었고, 어떻게 존재했는가? 왜 태어나기 전에는 이 몸에 대해 걱정하지 않았는데, 지금은 그것을 연장하고 보존하려고 하는가? 태어나기 전에는 그들에게 현재의 몸이 없었지만, 그들은 그것을 손실로 느끼지 않았다. 현재의 몸이 죽고 난 뒤에도 그들은 물론 현재의 몸 없이 존재할 것이다! 그러니 그들에게 무슨 새로운 손실이 있겠으며, 왜 지금 그것을 걱정해야 하는가? 따라서 위에서 본 그들의 모든 노력은 그들의 진정한 실체인 진아에 대한 완전한 지知가 없기 때문이라고 설명하는 것이 사리에 맞지 않는가? 그러므로 그들의 모든 노력이 진아를 올바르게 아는 방향으로 흐르게 하자.

더욱이 몸 그 자체는, 불사不死이고 오염이 없고 질병이 없는 우리에게 하나의 질병이다. 스리 바가반 라마나는 투병 중이던 말년에, 당신의 몸 상태를 몹시 걱정하는 헌신자들에게 이렇게 말한 적이 있다.

> 그 독이 온갖 불행의 원인인 유독한 에고를 가진 경박한 사람들만이, 그 몸을 튼튼히 만들고 오래가도록 하기 위해 끝없는 고행을 한다네. 마치 질병을 연장하기 위해 약을 먹는 사람처럼!
>
> ―『진어화만』, 제233연

위에서 말한 것에 비추어, 우리에게 나타나는 모든 불행의 진정한 원인은 우리의 의지를 사용할 수 있는 우리에게 내재된 무한한 자유를 통해 우리가 자신의 무한하고 지복스러운 존재의 성품을 유한한 몸 안에 축소시킨 결과 생겨나게 된 우리의 결함 있는 소견에 기인한다는 것을 깨닫는다면, 우리가 해야 할 지혜로운 일은 세계와 몸의 출현이라는 질병을 (자기주시를 통해) 끝내 버리고 항상 지복스러운 상태로 존재하는 것뿐이라는 것이 분명해질 것이다. 따라서 몸을 불멸로 만들고 세상을 천국으로 만들려고 하는 인류의 요가적 노력은 헛되며, 어두운 방 안에서 자신이 무엇을 하는지도 모르면서 어떤 일을 하는 장님의 활동보다 결코 더 나을 것이 없다. 앞에서 말한 야망을 실현하기 위하여 전능한 신의 권력을 찬탈하려는 이런 모든 활동의 근본 원인은 세계와 신이라는 두 가지 실체가 **자기**와 다르다고 느끼는 그릇된 분별 혹은 무지이다.

이것은 다시 **진아에 대한 올바른 지**知의 결여, 즉 자기 자신이 불가분의 **전체**, 곧 세계, 신, 영혼의 세 실체를 초월하는 **지고의 실재**임을 모르는 데 기인한다. 따라서 무엇보다 먼저, 세계와 신에 대해 성급하게 무슨 결론을 내리기 전에 **자기를 올바르게 아는** 쪽으로 인간적 노력이 향해지도록 하자. 그러면 세계와 신의 진리가 저절로 밝아올 것이다!

어떤 사람들이 이렇게 묻는 것은 아주 자연스럽다. "그렇다면 우리는 우리 주위의 고통 받는 모든 존재들에 대해 자비롭지 말아야 하나? 그렇다면 인류에 봉사하고 그런 불행들을 뿌리 뽑는 데 참여하지 말아야 하나? 노선이 잘 그려져 있고 많은 사람들이 따르는 '행위의 길'이라는 것이 있지 않은가?"라고.

물론 다른 사람들의 복지에 마음을 쓰는 것은 매우 위대한 원리이다! 그러나 남들에게 무엇이 선善인지를 알기 전에 먼저 우리에게 무엇이 선인지를 알 필요가 있지 않은가? 사람이 자신이 실제로 무엇인지 알지 못할 때는 자신에게 무엇이 선인지를 알지 못한다는 것은 놀라운 일이 아니다. 그것을 모른다면, 어떻게 남들이 무엇인지, 남들에게 무엇이 선인지 알 수 있겠는가? 제한된 소견을 통해 자신이 하나의 몸이라고 믿는 인간은 남들도 몸인 줄만 안다. 같은 그릇된 소견으로 인해 그는 자신과 남들에게 무엇이 선인지도 그릇되게 판단한다. 게다가 무엇이 선이고 무엇이 악인지도 올바르게 알지 못해 어쩔 줄 몰라 한다. 자신이 진정으로 무엇이며 남들이 무엇인지 모르는 이전의 무지와 더불어 무엇이 선이고 무엇이 악인지를 모르는 무지가 더해지면, 그로 인해 그의 모든 활동은 큰 혼란에 빠지고 그 상태로 끝나 버린다!

무엇이 선이고 무엇이 악인가! 어제 우리가 선으로 판단한 것을 오늘은 우리가 모종의 분별을 통해 악이라고 판단한다. 그와 마찬가지로, 내일은 또 다른 분별을 통해 오늘 선으로 판단하는 것을 악이라고 판단하고 포기할 수도 있다. 선악에 대한 우리의 기준은 흔히 우리의 선호와 혐오라는 변덕과 상상에 따라서 바뀐다. 여기서 무엇을 추론할 수 있는가? 너무나 많은 이원성 중의 하나인 선악에 대해 어떤 무오류의 정의定義를 우리가 가질 수 없다는 것뿐이다. 그런 미혹의 상태에서 어떻게 우리가 세계에 이익 되는 일을 시작할 수 있겠는가? 만성 변비로 고생하는 사람이 자선을 베풀고 싶은 기분일 때 완화제를 (만성 설사로 고생하는 사람을 포함하여) 모든 사람에게 주어버린다고 해서 놀랄 것이 있겠는가! 남들을 자기 자신으로 보는 사람을 사로잡는 그 자선가적 기분은 이처럼 뒤죽박죽으로 작용하고 말 것이다!

위에서 말한 것을 요약하자면, 1) 인간은 자신이 무엇인지 모르기 때문에, 세계가 무엇인지 모른다. 2) 인간은 자신에게 무엇이 선인지 모르기 때문에, 남에게 무엇이 선인지 모른다. 3) 인간은 그 자신에게 모든 도움을 줄 수 없기 때문에, 분명히 세상을 도울 수가 없다. 이 세 가지 이유만으로도, 자신이 선을 행한다는 '착각의' 관념을 가지고 개혁가로 나선 모든 사람들은 세상에 너무나 많은 잘못과 악을 가져온 사람이 될 수밖에 없다는 것은 누구나 아는 사실이다. 이 가엾은 개혁가들에 대해 왜 이야기해야 하는가! 신만 해도 자신은 세계를 단번에 개혁하지 못한다는 사실을 받아들이는데, 그 개혁가들 중의 누가 세계에 어떤 영구적인 선을 행하기를 바랄 수 있겠는가? 태어난 순간부터 너무나 많은 위대한 기적을 행한 주 크리슈나의 말씀을 들어 보자.

> (…) 올바름을 확립하기 위해 나는 시대(yuga)에서 시대를 내려오며 화현한다. — 『바가바드 기타』, 4:8

그 자신의 말에서 우리는 그가 거듭해서 다시 와야 한다는 것을 알 수 있다. 그의 개혁이 영구적이었다면 거듭해서 다시 올 필요가 없었을 것이다! 여기서 우리는 무엇을 추론할 수 있는가? 그것은 전능자의 무능력을 보여주는 것이 아니라, 세계의 비실재적 성품을 드러내 줄 뿐이라는 것이다! 바가반 스리 라마나가 바로 이 사실을 지적했다. 따라서 개혁이라는 미명 하에 인간의 에고가 일어나서 그 자신과 세상을 망치지 않게 하라. 먼저 이런 유의 정서들을 제어하고 마음을 고요히 하자.

우리는 본서의 66쪽 각주에서 자기가 무엇인지 모르는 우리의 무지로 인해 '이기심'이라는 단어가 악덕을 의미하는 것으로 잘못 쓰이고 있음을 보았다. 전 우주를 그 자신의 진아로 체험하는 진인이 선이나 악으로 판정한 것만이 올바른 판정이지만, 만약 우리가 무엇이 참으로 선이고 무엇이 참으로 악인지를 알아야 한다면, 엄밀히 말해 진인의 견지에서는 선도 악도 없다. 왜냐하면 그의 진아와 별개인 세계가 전혀 없기 때문이다.

인간이 '나'라고 느끼는 것은 매우 한정되어 있는 몸뿐이다. 그런 제한된 느낌을 통해 그가 보는 모든 것—이 세계와 세계 안의 모든 살아있는 존재들—은 그에게 그 자신과 다른 것처럼 보인다. 몸만이 '나'를 뜻하는 것으로 느껴지므로, 이기심이 악덕으로 간주된다. 그러나 진아에 대한 참된 지知를 가지고 있는 진인에게는 '나'가 일체에 편재하는 하나의 단일한 **전체**로서 경험된다. 그래서 그의 관점에서 보자면 그의 이기심은 최고의 이타주의일 뿐이다. 이처럼 진인이 일체를 하나의 나뉘지 않은 진아로 느낄 때, 그의 몸도 '나'로서의 그 체험 안에 포함되지 않겠는가?15) 무지한 사람의 체험은 '나는 이 몸일 뿐이다'인 반면, 진인의

---

15) 육체의식은 한정된 것이다. 그것은 무한하고 영원한 진아의식과 비교가 되지 않는다. 진인의 육체의식은, 그가 '나'로서 체험하는 그 순수한 진아자각의 원자 같은 일부분의 한 빛이 반사된 것에 지나지 않는다. 진인은 이런 식으로만 자신의 신체적 존재성을 인식한다. 『마하르쉬의 복음』(제2권), 제4장 참조.

체험은 '나는 몸이기도 하다'이다. 이것을 스리 바가반은 「실재사십송」 제17연에서 설명하고 있다.

> 진아를 깨달은 이들에게나 진아를 깨닫지 못한 이들에게나 이 몸은 '나'이네. 그러나 진아를 모르는 이들에게는 '나'가 몸의 한계에 국한되어 있으나, 몸 안에서[즉, 금생에] 진아를 깨달은 이들에게는 '나'가 무한한 진아로서 빛난다네. 이것이 그들 간의 유일한 차이라는 것을 알라.

그와 마찬가지로, 진인은 전 우주를 진아, 곧 존재-의식-지복과 별개로 경험하지 않으므로, 진인이 세계를 실재한다고 느낀다는 것은 틀리지 않다. 그러나 만약 무지한 사람이 "세계는 실재한다"고 말하면, 그의 '나' 체험이 몸에만 한정되어 있는 한 그것은 분명히 틀린 것이다. 무지한 사람이 세계를—이름과 형상들, 곧 브라만의 비실재적 측면들을—실재한다고 여기기 때문에, 그에게 "브라만만이 실재하며, 세계는 실재하지 않는다(Brahmam satyam; Jagat mitya)"고 가르치는 것이다. 그러나 사실 진인의 나뉘지 않은 지고한 체험의 관점에서 보자면, 세계는 존재-의식-지복, 곧 브라만이다. 스리 바가반 라마나는 이것을 「실재사십송」 제18연에서 설명하고 있다.

> 진아를 깨닫지 못한 이들에게나 진아를 깨달은 이들에게나 세계는 실재한다네. 깨닫지 못한 이들에게는 실재가 세계의 분량[즉, 이름과 형상]만큼이지만, 깨달은 이들에게는 실재가 이름 없고 형상 없는 세계의 바탕으로서 빛난다네. 이것이 그들 간의 유일한 차이라는 것을 알라.

진인의 이기심은 진실로 진정하고 올바른 '비이기심'이라고 지금까지 사람들이 칭송해 오고 있다. 반면에 앎이 '나는 몸이다'라는 관념에 국한되어 있는 개아의 가엾은 마음에서 이따금 일어나는 순수성 기분에서 나오는 관대함—그것이 어느 정도든—에 의해 다른 사람의 복지가 결정된다면, (그의 지성이 아무리 총명하고, 그가 다방면의 학문에 아무리 정통하다 해도) 그것은 세상 사람들의 비非복지로 끝나고 말 것이다!

위에서 말한 것을 가지고, 독자들은 남들에게 선을 행하는 것이 잘못이라고 생각해서는 안 된다. 그것이 자기 자신의 이익을 겨냥한 것이 아니라면, 남들에게 행하는 어떤 선도 좋은 것이다.

온갖 종류의 사심 없는 숭배(nishkama puja) 중에서 우주를 신의 형상으로 숭배하는 것도 권장된다. 우주를 신으로 보고 숭배하는 것은 마음의 상상적 과정을 통해서만 할 수 있다. 그래서 그것은 어떤 심적인 신에 대한 숭배일 뿐 실재에 대한 숭배는 아니다. 그러나 신으로서의 우주를 실제로 체험하는 것[곧, 실제로 그것을 숭배하는 것]은 진아의 참된 성품을 깨달은 뒤에야 가능하며, 이때는 세계와 신이 진아 아닌 실체들로 남아 있지 않을 것이다.

> 심장 안에서 처음에는 그대가
> 도처에 있는 그를 보네.
> 그럴 때에야, 존재하는 모든 것을
> 그로서 인식할 것이네.
>
> —『수행의 핵심』, '명상의 노래(*Dhyanappattu*)'

그러나 최소한 마음으로라도 세계와 그 안의 살아 있는 존재들을 신으로 보게 되면 큰 이익을 얻게 되니, 그것은 마음의 정화라는 것이다.

이것이 행위 요가의 숨은 목표이다. 행위 요가는 사람이 그 자신에게 선인 것과 남들에게 선인 것을 그의 보통 마음으로 분별하고 판단하는 것까지도 허용하고, 그에 따라 행동하는 것을 허용한다. 그러나 이것을 허용하는 목적은 세계의 불행을 완전히 뿌리 뽑는 것도 아니고, 접근 불가능한 일자—者(One)인 신을 붙드는 것도 아니라는 것을 알아야 한다. 스리 바가반은 「우빠데샤 운디야르」 제3연에서 행위 요가의 방법과 결과를 이렇게 제시한다. "하느님께 맡기고 결과에 대한 집착 없이 하는 행위는 마음을 정화하며, 해탈의 길을 가리켜 준다네." 따라서 행위 요가의 목적은 마음의 정화일 뿐이다. 이 목적을 숨은 목표로 하면서 행위 요가를 권장하는 것이다.

> 그대는 행위할 권리만 있을 뿐, 그 결과에 대한 권리는 전혀 없다. (…) ─ 『바가바드 기타』, 2:47

여기서 '결과'라는 말은 구도자의 활동 결과에만 해당되는 것이 아니라 행위 요가 수행의 결과에도 해당된다! 비이기적 동기를 가지고 인류에 대한 봉사를 하는 행위 요기는 그 결과로서 최소한 자신이 봉사하는 사람들이 불행에서 벗어나 행복을 얻기를 기대한다. 그는 자신이 어떤 개인적 희생을 하고 있다고 생각할지 모르지만, 실은 정말 이익을 얻는 것은 그 자신일 뿐이다. 왜냐하면 그러한 행위가 그의 마음을 정화하기 때문이다. 만일 그 구도자가 처음에 자신의 봉사에 의해 세상 사람들이 불행에서 벗어날 것이라는 기대를 얻지 못하면, 행위 요가에 대한 모든 열의와 신심을 잃어버릴 것이다. 열의와 신심을 잃으면 행위 요가의 목표이자 결과인 마음의 정화도 얻지 못할 것이다.

마음의 정화와 그에 따른 분별력이 당연히 구도자의 내면에서 동시에 성장한다. 따라서 마음이 점점 더 순수해지면서 고도의 명료함을 얻고, 그것을 통해 그의 이해력이 점점 더 예리해진다. 이와 함께 그는 이제야 진아를 제대로 알 필요가 있다는 것과, 본 장에서 이제까지 설명했듯이 어떻게 세계와 신의 출현이 진아지와 연관되고, **어째서 마음의 정화가 행위 요가의 유일한 목표인지**를 이해할 수 있게 된다. 실로 행위 요가를 통해서 성취할 가치가 있는 것으로 이 마음의 명료함보다 더 큰 이익이 무엇이겠는가? 왜냐하면 구도자는 이제 진정으로, 지고의 진리가 그의 내면에서 밝아올 수 있는 진아의 학學을 할 자격을 갖추기 때문이다! 앞에서 말한 「우빠데샤 운디야르」 제3연에서 스리 바가반이 지적한 것이 바로 이 과정이다.

행위 요가의 수행으로 마음의 정화는 어떻게 일어나는가?

만일 우리가 마음 속의 불순물이 무엇인지를 안다면, 행위 요가의 수행으로 그것을 제거하는 방법도 분명히 이해하게 될 것이다. '나'와 '내 것'이 마음, 곧 찌땀(*Chittam*) 속의 불순물이다. '찌땀'에서 '땀(*tam*)'을 구성하는 이 불순물들이 제거되면 찌땀은 '찌뜨(*Chit*)'[순수한 의식]로서만─찌땀은 실로 항상 그것이지만─남을 것이다.

> 색깔 없는 프리즘이 붉은 꽃 옆에서는 붉게 보이듯이, 찌뜨는 그 위에 '나'와 '내 것'이라는 불순물이 덧씌워지면 찌땀[마음]으로 보인다네. 마야(*Maya*)가 야기하는 이것들이 제거되면 그것은 항상 찌뜨로서만 빛난다네. ─『진어화만』, 제244연

'나'와 '내 것'이 정욕, 분노 등과 같은 다른 모든 무수한 불순물들의 뿌리 불순물이다. 이 두 가지 중에서도 소유격 형태인 '내 것'은 '나'로 인해서만 존재성을 가질 수 있다. '나'가 없는 곳에는 '내 것'도 없을 것

이다. '나'는 그 순수한 성품에서는 진아이지만 그것에게 낯선 속성들 때문에 불순수하게 여겨지고, '나는 이것이다, 나는 이 몸이다, 나는 사람이다, 나는 아무개다'로서 경험된다. 그래서 '내가 있다'에 부가되는 속성들이 '뿌리 불순물'이다. 이 불순물들이 제거될 때까지는 진아, 곧 존재-의식이 에고로 불린다. **요가의 참된 목적은 이 뿌리 불순물을 제거하는 것일 뿐이다.**

그 불순물들을 제거하는 방법은 구도자들의 성숙도에 따라 다르다. 그래서 여러 가지 요가들이 구성될 수밖에 없었다. 자신의 불순물들을 몹시 제거하고 싶어하는 구도자들에게 '내 것'이라는 형태의 불순물이 '나'라는 형태의 미세한 불순물보다 거칠므로, 그것이 그들의 지각 범위 내에 먼저 들어온다. 그러면 진지한 열망을 가진 사람은 즉시 일체를 물리치면서 말한다. "나에게는 이런 게 없어야 한다." 이것이 포기로 이어진다. 또 다른 유형의 구도자는 자신의 내면에서 희생의 느낌을 점화하면서 이렇게 말한다. "(내 것인) 이 모든 것은 남들을 위한 것이어야지 나를 위한 것이어서는 안 된다."16) 행위 요가는 이 두 번째 유형의 구도자가 지니는 원리를 바탕으로 구성된다!

"만일 부富, 명성, 이름 등의 세속적인 것들이 내 행복에 도움이 된다면, 그것들이 나를 위해서가 아니라 모두 다른 사람들의 행복을 위해 존재하게 하자." 구도자는 이러한 태도로, 평생토록 자신이 할 수 있는 모든 방식으로 그런 활동에 종사한다. 더러운 옷은 더 많이 두드리고 짤수록 더 깨끗해지듯이,17) 그가 하는 모든 비이기적 행위는 그의 '내 것'이라는 관념에 타격을 가하는 목적을 이룸으로써 그의 마음을 더욱

---

16) 자신이 행위 요가를 하기에 적합한지를 알아보려면, 다음 장에서 인용하는 '짜마깜(Chamakam)'의 대목들과 비교해 볼 만하다(351-2쪽 참조).
17) 남인도에서는 빨랫감을 석판에 두드리고 손으로 짜서 때를 빼는 것이 관습이다.

더 순수하게 만든다. 우리가 단식, 자선행위, 그 밖의 베다가 권장하는 행위 규범과 같이 사람들이 일상생활 속에서 따라야 하는 권장 사항과 금지 사항(Nitya-Karma anushtana) 하나하나를 세밀하게 탐색하면, 그 모든 것은 우리가 최소한 '내 것'이라는 관념의 일부라도 희생하여 세간적 즐거움에 대한 갈망을 제어하게 하려는 것임이 분명해질 것이다.

이와 같이 '나'와 '내 것'이라는 두 가지 불순물 중에서 '내 것'이 더 쉽게 눈에 띄므로, 고상한 열망을 지닌 선량한 사람들이 일반적으로 '내 것'이라는 관념하고만 먼저 씨름하려고 하는 것은 놀라운 일이 아니다. 왜냐하면 그와 같이 '내 것'이라는 관념의 포기를 통해 정화된 마음에게는 또 하나의 진리가 밝아 올 것이기 때문이다. 즉, "이 '내 것'은 나무의 잎이나 가지와 같다. 잎과 가지들['내 것']은 우리가 아무리 노력하고 여러 번 잘라 내도, 조건만 좋으면 그들 자신의 때에 맞추어 이런 저런 형태로 계속해서 돋아날 것이다. 따라서 '나'라는 뿌리를 찾아내어 절멸해야 한다"는 것이다. 이 진리가 밝아오게 하기 위해서라도 '내 것'이라는 관념이 요동하는 강도를 크게 감소시켜야 할 필요가 있지 않은가? '나'가 바로 뿌리 불순물이고 그것을 뿌리 뽑아야 한다는 정화된 마음의 올바른 분별을 통해 그러한 이해가 진지한 구도자에게 다가올 때까지는, 인류에 대한 봉사, 남들을 위한 희생 그리고 이와 유사한 행위 요가 노선의 비이기적 활동들이 그의 노력에서 큰 부분을 차지하면서 그의 생애 동안 계속 이어질 것이다. 그런 다음 이전의 원습과 취향에 따라 그는 헌신의 길[박띠 요가]이나 지知의 길[지知 요가]로 접어드는데, 이 길들만이 에고, 곧 뿌리 불순물의 절멸과 직접 관계된다. 지금까지 줄곧 지류인 야무나 강의 흐름에 실려 오던 그가 이제는 어머니 강인 갠지스 강으로 인계된다. 여기서 야무나 강은 행위의 길을 상징하고, 갠지스 강은 사랑의 길[박띠 요가]과 지知의 길을 상징한다. 이 둘은 갠지스 강과 같이, 늘 브라만의 바다로 흘러가면서 그 흐름 속으로 들어오는 구도자를 어김없이 데려간다.

존재-의식-지복, 곧 진아 혹은 브라만을 성취하기 위해 의식과 지복 그 자체가 그 두 길로 작용한다. 즉, 지고자인 **존재**(Sat)에 도달하기 위해서는 의식(Chit)과 지복(Ananda, Priya)이 유일한 길이다. 의식의 길은 지知의 길이고, 지복의 길은 사랑의 길이다. 진실을 말하자면 브라만, 곧 존재 자체가 의식과 지복이라는 두 팔을 벌려 우리를 자신에게로 끌어당긴다. 혹은 바꾸어 말하면, 그 자신을 지知의 길과 사랑의 길로 만들어 우리의 발밑에 둠으로써 우리가 그것을 밟고 가게 한다. 그리하여 "내가 길이고, 내가 목표이다"라는 성스러운 말씀이 증명된다. **길은 '내가 있다'에 주의를 기울이는 것이고, 목표는 '내가 있다'로서 머무르는 것이다!**

우리는 위에서 구도자가 지금 뿌리 불순물인 '나'를 절멸하기 위해 쏟는 행위 요기의 노력을 두 가지 주요한 길인 '지知의 길'과 '사랑의 길'로 분류하지 않았는가? "이 '나'라는 느낌은 무엇인가?", 다른 말로 "나는 누구인가?"를 탐구하는 방법은 참된 지知의 길이며, 본서의 제1부에서 이미 상세히 설명하였다. 이제 우리는 어떻게 사랑의 길을 통해 에고, 즉 '나'라는 뿌리 불순물을 절멸할 수 있는지 살펴보자.

제2장
사랑 혹은 헌신(Bhakti)

물의 성품은 흘러 내려가는 것이다. 바다의 물은 하나의 광대한 덩어리로서 그곳에 머물러 있다. 바다는 지구상의 가장 낮은 곳이다. 따라서 바다의 물은 흘러 내려갈 곳이 없다. 그러나 물이 햇볕에 의해 증발되어 구름이 되면 결코 하늘에 가만히 머물러 있지 않는다. 바람에 밀려 산봉우리로 가고, 식어서 순수한 물이 되어 달려간다. 물은 그 성품에 따라 다시 그 근원을 찾아 흘러 내려가기 시작하여 폭포가 되고, 많은 개천으로 모인 다음 더 낮은 곳으로 달려 내려가 강이 되며, 마침내 다시 그 근원인 바다에 합일된다. 물이 그 근원인 바다에 도달할 때까지는 그 무엇도 결코 그것을 막을 수 없다. 그것이 많은 수로로 들어가서 논밭을 관개하거나 호수나 저수지에 모이거나 혹은 샘이나 우물에 갇힐 수도 있겠지만, 그곳에 오래 머무르지는 않는다. 왜냐하면 다시 증발하여 구름이 되고, 먼저와 같이 그 근원에 도달하려고 시도하기 때문이다! 우리가 개아들의 삶 속에서 보게 되는 노력들도 꼭 이와 같다!

모든 개아, 곧 인간뿐만 아니라 모든 중생들의 근원은 **지고자**[브라만]이다. 무수한 지구들 안에 살고 있는 무수한 영혼들은 규정할 수 없는 어떤 불가사의한 힘 때문에 그들의 근원에서 분리되어 있는 것처럼 보이지만, 항상 그들의 근원인 지고자로 서둘러 되돌아가고 있다. 가장 낮은 곳을 향해 달려 내려가는 것이 물의 성품이듯이, 자신의 근원인 지고자로 되돌아가기 위한 생각, 말, 행위의 형태로 관찰되는 개아들의 노력은 진실로 개아들의 성품이다. 따라서 모든 개아들의 목표는 그들의 근원, 곧 브라만으로 되돌아가는 것이다.

그러나 산꼭대기에서 달려 내려가는 빗물이 바다로 곧장 가지는 않는다. 도중에 어떤 웅덩이나 구덩이를 만나면 그것을 가득 채워서 넘친 다음 지형의 특성에 따라 그 다음 낮은 곳으로 어느 방향이든 달려 내려간다. 그 물은 자신이 바다로 가고 있다는 것조차 알지 못한다. 그와 마찬가지로, 개아들은 자신들이 하는 노력의 최종 목표가 무엇인지 분명히 알지 못한 채 자기 취향에 따라 하나의 행위에 이어 다른 행위에 계속 몰두한다. 빗물은 그 성품에 따라서 할 수 있는 단 한 가지 행위, 즉 더 낮은 데로 달려 내려가는 일을 하지 않을 수 없다. 길을 알든 모르든, 그것은 조만간 분명히 바다에 도달할 것이다. 왜냐하면 도중에 어디에서도 영구히 머무를 수 없기 때문이다. 마찬가지로, 개아들은 행복을 갈망하지 않을 수 없다. 그것이 그들의 성품이기 때문이다. 따라서 그들은 자신들이 할 수 있는 유일한 행위, 즉 그들의 당면한 욕망의 충족에 몰두한다. 자신이 하는 모든 노력의 결과가 그들의 근원인 브라만을 성취하는 것임을 알든 모르든, 그들은 분명히 그것을 성취할 것이다. 설사 그것이 수천만 번의 창조[윤회]를 되풀이 한 뒤라 할지라도.

우리가 위에서 기술했듯이, 바다에서 증발한 구름 속의 물은 산 위로 비가 되어 내린 후 즉시 강이 되어 한달음에 바다로 돌아가지는 않는다. 도중에 다시 증발하여 구름의 형태로 떠다니다가 차가와지면 다시 물의 형태를 띤다. 이것이 물의 환생이다. 그렇지 않은가? 마찬가지로, 개아도 그 근원인 브라만에 도달하기 전에는 거듭거듭 여러 가지 몸을 취한다. 그럴 때마다 개아는 많은 방향으로 노력하고, 그 몸이 낡아져서 죽을 때마다 개아는 다른 몸을 취한다. 이것이 개아의 환생이다.

개아의 활동이라는 형태의 노력들은 물이 달려가는 형태의 노력과 같다. 그러한 노력들은 그 개아가 자신의 근원에 도달할 때까지는 한 순간도 결코 그치지 않을 것이다. 물은 아무리 많은 장애가 가로막아도 거듭거듭 굽이쳐서 그 다음 낮은 곳에 도달하듯이, 개아도 아무리 많은 장애를 삶 속에서 만나도 행위(karmas)의 형태로 노력을 계속 해나갈 것이다.

물의 성품이 가장 낮은 곳에 도달하는 것을 목표로 하듯이, 개아도 행복에 대한 사랑일 뿐인 그의 성품으로 인해 늘 마음, 말, 몸을 가지고 일하고 있다. 행복에 대한 이 사랑, 곧 개아의 성품은 그것이 고도로 세련된 상태에서는 지고의 사랑(Para bhakti)이 되고, 그것은 개아를 **지고자**에 이르게 한다. 왜냐하면 그 지고자는 무한한 지복의 바다일 뿐이기 때문이다. 산꼭대기에서 달려 내려가는 물은 근처의 웅덩이에 도달하면 그 움직임이 멈추는 것처럼 보이지만, 거기서도 움직임은 계속된다. 다만 방향이 다르다. 웅덩이에서는 물이 더 이상 달려 내려가지 않고 위로 차오른다. 그럴 때는 물의 성품 자체가 달려 내려가는 것에서 차오르는 것으로 바뀐 것처럼 보인다. 그와 마찬가지로, 개아의 성품인 행복에 대한 사랑과 그것을 위한 노력이, 삶 속에서 얻은 어떤 즐거움(이 세계에서나 다른 세계에서의 즐거움을 포함한다) 때문에 아무 노력―브라만의 성품―이 없는 어떤 만족의 상태로 변한 것처럼 보일 때가 있다. 그러나 웅덩이가 가득 차면 물이 다시 흘러 내려가기 시작하듯이, 개아도 이 세계에서든 다른 세계에서든 자기 행위의 열매로 얻은 즐거움이 그를 오래도록 만족시키지는 못하기 때문에, 자신이 원하는 수많은 방식으로 다시 노력하기 시작할 수밖에 없다.

목표인 **지고자**[존재-의식-지복], 곧 무한하고, 결코 줄어들지 않고, 항상 넘치는 완전한 지복에 도달하기 전까지는, 어떤 사소한 즐거움도 그 개아의 삶의 투쟁으로 보이는 그 노력을 멈추게 하거나 그를 가만히 있게 하지 못한다. 빗물이 바다에 도달하자마자 움직임이 없어지고 애씀 없이 휴식하듯이, 개아도 지고자에 도달하면 자신의 개아 성품을 잃고 애씀이 없어지며, 일체를 성취한 자로서 브라만의 성품인 영원한 평안을 되찾는다.

> 이처럼 마음 형상이 소멸되고 지고의 진리 안에 자리 잡은 저 위대한 요기에게는 해야 할 단 하나의 행위도 없네. 왜냐하면 그는 자신의 본래적 상태를 성취했기 때문이네!
>
> ─ 「우빠데샤 운디야르」, 제15연

산꼭대기에서 흘러 내려온 빗물이 증발되기 전에, 늘 바다로 흘러드는 큰 강에 합쳐져서, 온갖 시련과 지체를 피해 그 근원인 바다에 도달한다고 생각해 보자. 그와 마찬가지로, 진인들은 개아를 아무 시련 없이 지고자에게 바로 데려가는, 늘 흐르는 신적인 강들이다. 이 신적인 강들의 흐름이 따라가는 길들이 곧 지구상에 지금 존재하는 참된 종교들이다. 우리가 이 길들 중의 하나를 끝까지 밟아 가면 우리의 근원이자 목표인 지고자에 도달할 것이고, 평안을 성취할 것이다. 이 종교들 하나하나가 그 개인의 행복에 대한 사랑을 순화純化해 주고, 그것을 목표에까지 직접 데려다 줄 것이다. 행복에 대한 사랑을 순화해 주는 이 직접적인 길이 **사랑의 길**(Bhakti Marga)이다. 그러한 종교들의 목적은 인류에게 조언과 격려를 해 주는 것이다. "인간이여, 그대의 모든 노력은 그대의 행복만을 위한 것이다. 그 행복의 완전한 형태는 지복, 곧 지고의 상태이다. **다른 어떤 것의 매력에 미혹되어 도중에 멈추지 말라. 깨어나라, 일어나라**, 그대의 완전한 지복의 상태, 곧 진정한 신에 도달할 때까지는 올바른 행로를 따라 노력을 멈추지 말라"고. 개아들의 성품인 행위의 형태를 띤 노력이 제어되고 조절될 때, 그것 자체가 하나의 자기수행(atma sadhana), 곧 지고자에 대한 사랑이다. 따라서 우리가 할 수 있는 최선의 노력은 지고자를 사랑하는 것이다. 바가반 스리 라마나의 다음 시가 이것을 잘 이야기하고 있다.

> 바다에서 일어나 구름으로 비 되어 내린 물은 바다라는 근원에 도달하기까지는 장애가 있어도 멈추지 않을 것입니다. 그와 같이, 몸을 받은 영혼이 당신에게서 일어나면, 당신께 도달할 때까지는 여기저기서 많은 길을 만나 헤맨다 할지라도 멈추지 않을 것입니다. 드넓은 창공을 여기저기 누비는 새도 그곳에 머무를 곳은 없습니다. 쉴 곳은 지상밖에 없으니 새는 온 길을 돌아가야 합니다. 마찬가지로, 영혼이 자신이 온 길을 돌아가면, 지복의 바다이신 당신께 합일할 것입니다, 오 아루나 산이시여!
>
> ― 「아루나찰라에 바치는 8연시」, 제8연

바가반 라마나는 우리와 가장 가까이 있는, 가장 크고 가장 강력한 신성한 갠지스 강이다. 이 신성한 갠지스 강 속으로 떨어지자. 그러면 그것이 힘들이지 않고 우리를 지고의 지복으로 데려다 줄 것이다. 스리 라마나의 길을 따라서 떠내려가자. 물결을 거슬러 또는 가로질러 헤엄칠 필요가 없게 하자. 이 신성한 갠지스 강[스리 라마나] 속으로 일단 떨어지면, 당신의 가르침을 진지하게 실천하지 않는 것이 물결을 거슬러 헤엄치는 것이다. 당신의 가르침을 우리의 의도에 맞게 왜곡 해석하는 것이 물결을 가로질러 헤엄치는 것, 즉 물결의 힘을 이용하여 바다로 가지 않고 두 강둑 중 하나의 다른 어떤 지점에 도달하는 것이다. 오롯한 마음으로 완전히 전념하며 스리 라마나의 원리대로 사는 것이, 저 신성한 갠지스 강의 물결을 따라 힘들이지 않고 떠내려가는 것—즉, **자기순복**의 길이다. 그럴 때 우리가 도달하는 것은 지복의 바다일 뿐이다. 사랑이 완벽하게 순화되면 지고자에 대한 사랑의 형태를 취한다. 이제 그 사랑이 어떻게 정화되어 지고자에 대한 사랑으로 변환되는지 살펴보자.

박띠(Bhakti)가 무엇인가? 그것은 어떤 사랑의 느낌이다. 사랑의 느낌은 모든 중생에게 내재적으로 존재한다. 그것은 우리가 무엇을 좋아하든 그 좋아함은 그 사물을 향한 사랑이라고 말하는 것이다. 이 좋아함 또는 **사랑은 그 순수한 상태에서 시바이다**.[18] 사랑은 갠지스 강물과 같다. 갠지스 강물은 그 성품상 성스럽다. 사랑도 그렇다. 같은 성스러운 강물이지만 담은 그릇이 깨끗한 정도에 따라 좋은 물 또는 나쁜 물로 간주된다. 마찬가지로, 사랑 혹은 박띠에도 개아들의 마음이 순수한 정도에 따라 더 낫거나 못한 여러 가지 정도가 있다. 이런 방식으로, 각기 다른 개아들에게 존재하는 사랑 또는 박띠를 다섯 등급으로 분류할 수 있다. 완전히 순수해진 사랑은 **시바**로서 빛날 것이다!

우리가 앞에서 말했듯이 사랑이 동물을 포함한 모든 살아 있는 중생들 안에 존재하기는 하나, 그것의 점진적인 정화는 인간들에게서만 볼 수 있다. 동물들도 세간의 대상들을 향한 사랑을 가지고 있다. 그들은 지성의 힘을 통해서라기보다는 신체적 힘을 통해서 그 대상들을 얻으려고 한다. "힘이 정의다"가 동물계의 법칙이다. 들판에서는 양과 염소들

---

18) '시바'는 길상스러움 그 자체, 곧 완전한 지고의 브라만을 의미하며, 어떤 인격신을 뜻하는 것이 아니다.

이 작물에 어떤 피해가 가든 관계없이 풀을 뜯고, 숲 속에서는 강한 동물들이 약한 동물들을 잡아먹을 것이다. 짐승과 새들 안에도 본능의 형태로 사랑이 존재하듯이, 원시인 안에서는 사랑의 느낌이 본능 혹은 세간의 사물들에 대한 사랑(Vishaya Bhakti)의 형태로만 존재한다. 동물과 마찬가지로 원시인도 지성의 힘보다는 신체적인 힘을 사용하여 자신의 욕망을 충족한다. 그는 사회의 어떤 법과 질서 아래에도 있지 않으며, 동물계를 지배하는 것과 같은 법칙—"힘이 정의다"—을 준수한다. 원시인은 정의 의식이 없으므로, 다른 사람들도 필요한 것이 있고 세간의 대상들에 대해 그 자신 만큼이나 권리가 있다는 것을 모른다. 그래서 자신이 원하는 것을 얻기 위해 자기보다 약한 자를 죽인다.

  원시인들 사이에서도 가장 강한 자만이 자신이 원하는 것을 얻을 수 있다. 자신이 아직 얻지 못한 것이 이미 얻은 것보다 훨씬 더 많다는 것을 알면 가장 강한 자조차도 만족하지 않는다. 옛말에 "욕망은 무한하다"고 했듯이, 성취하지 못한 욕망들이 있기 때문이다. 따라서 그는 힘과 능력을 더욱 더 길러서 자신의 모든 욕망을 충족하려 든다. 그러나 다른 사람들의 약함을 헤아리지 않고 행한 악업과 이기심에서 비롯된 잘못된 행위의 결과로 인해 다음 여러 생에는 신체적 힘이 약한 몸들을 받게 되고, 마음의 힘이 약하면서도 욕망은 부족하지 않아서 결과적으로 더욱 많은 고통을 받게 된다. 욕망은 있으나 그것을 충족할 힘이 없는 사람은 자신이 원하는 모든 것을 쉽게 얻을 수 있는 다른 어떤 수단 방법이 있는지를 알려고 하고, 그것을 찾기 시작한다. 그런 사람들은 지금도 우리들 사이에 있다는 것을 잊지 말자! 그런 인간들은 짐승보다 더 나을 것이 없다!

  이기심이 모든 죄악의 뿌리이며, '바른 것'[경전에서 가르치는 법과 질서]을 지키지 않고 힘으로 성취한 모든 것은 죄악의 축적에 지나지 않는다는 것을 모르는 그 원시인들을, 지혜로운 사람들이 인도해 줄 필요가 있다. 죄악을 통해 점차 약해지면서도 욕망이 더 강해지는 이 비참한 원시인들은 들떠서 배회하다가 마침내 한 현자를 만난다. 완전히 무욕이고, 고행으로 강해졌으며, 늘 고요한 그에게 그들은 자신의 욕구에 대해 하소연한다. 그런 현자들의 가르침이 베다이다. '베다'는 지식을 뜻한다. 현자들이 제시한 인간 삶을 규율하는 행위 규범이 베다이다. 바꿔 말해서 베다는 그 현자 자신이다! 원시인의 불순수한 사랑의 느낌—세간적 대상들을 향한 욕망의 폭풍—은 점진적으로만 정화될 수 있다. 박띠가 정화되는 학교[베다]에 아직 오지 않은 사람은 여전히 짐승이다.

이 학교에는 다섯 학년이 있지만 선생님은 하나뿐이다! '현자들의 말씀'이 그 하나뿐인 선생님이다. 지금부터는 문제를 명료히 하기 위해, 인류의 사랑의 느낌을 개혁하고 순화하는 베다와 베단타 전체를 '선생님'으로, 사랑의 느낌을 정화할 필요가 있는 전 인류를 '인간'으로 부르기로 하자.

인간이 선생님을 찾아온다. "스와미님, 제 몸의 힘이 너무 보잘것없어 제가 세상에서 원하는 것들을 다 얻을 수 없습니다. 제 앞에는 원하는 것들이 너무 무수하여 제 지성의 힘으로도 얻지 못하겠습니다. 이것이 불만스러워 저는 비참합니다. 제 욕망을 충족할 빠르고 쉬운 길이 있습니까?" 이와 같이 인간이 선생님에게 묻는다.

"그렇다, 있다! 먼저 네가 능력이 없는 이유를 알아라. 세계는 신의 창조물이고 그의 소유물이다. 네가 거기서 뭔가를 가지려면 그 대가를 지불해야 한다. 대가를 지불하지 않고 그것을 힘으로 가질 수는 없다. 만약 그렇게 하면 그것은 죄, 즉 올바르지 못한 행위다. '올바른 행위(Dharma)'만이 지불 대가이고, 그것이 신의 소유물을 즐기는 방도이다. 너는 지금까지 다르마를 모른 채 행동했기 때문에 네 죄가 너를 약화시킨 것이다. 다르마를 알고 그것을 따르면서 행위[마음, 말, 몸을 통한 노력]할 때, 그 행위들이 '정당한 행위(*Vihita-karmas; Sat-karmas*)'인 것이다. 그것이 무엇인지 내 말을 들어 보라. 네가 이 세상이나 저 세상에서 즐기고 싶어하는 이러이러한 것들을 얻으려면, 이러이러한 행위들을 적합한 방법으로 적합한 시간과 장소에서 하도록 정해져 있다. 그런 행위를 하면 그런 결과가 나올 것이다." 이렇게 시작하는 베다는 인간에게 먼저 '행위부部(Karma-Kanda)'[의식행위와 희생제의祭儀, 그리고 그것을 제대로 거행하는 데서 얻는 공덕을 서술하는 부분]를 가르친다.

이 가르침에 따라 살면서 일상생활을 위해 규정된 올바른 행위(의무일 뿐만 아니라 공덕행이기도 한 것)를 할 것을 받아들이는 사람은 이 학교의 1학년에 입학한 것이다. 여기서 그의 사랑은 세간적 대상들을 향한 사랑일 뿐이기는 하나, 이 단계에서 그의 에고 의식은 최소한 어느 정도 가라앉게 된다. 이렇게 에고가 가라앉으면서 자신의 약함을 자각하게 되어 현자들을 존경하고 그들에게 복종하는 한편, 겸허하게 그들의 조언을 받아들일 준비가 되는 것이 이 학교의 1학년에 입학하는 데 필요한 자격요건이다. 지금도 에고가 조금도 가라앉지 않아서 베다의 규율을 받아들이지 않고 현자들에게 복종하지 않는 사람들이 있지 않은가? 미래에도 그런 사람들이 있지 않겠는가? 그들은 학교에 가지 않고 쏘다니기 좋아하는 말 안 듣는 아이들과 같다.

세상에는 사람들이 서로 다른 만큼이나 서로 다른 마음들이 있지 않은가? 각자의 마음은 그 취향에 따라 세상의 온갖 서로 다른 대상들을 필요로 하지 않는가? 그래서 사람들이 그들의 무수한 욕망을 충족시킬 수 있을 방법과 수단으로서 온갖 행위들(*karmas*)을 제공할 필요가 있다. 베다의 '행위장'이 그토록 방대하고, 정교하고, 복잡한 것은 그 때문이다. 대다수 사람들은 세간적인 대상들이 행복을 위한 것이라는 그릇된 가정에 사로잡혀 있기 때문에,19) 그들이 그런 망상에 빠져 있는 한 베다는 그들을 동정하여, 마치 엄마처럼 그들이 원하는 것을 줄 수밖에 없다. 행복이 실제로 그런 대상들에서 나오지는 않지만 말이다. 인간은 이제 세간의 대상들을—그가 아주 신나게 수행한 까르마(행위, Karmas)와 다르마(Dharmas)의 열매를—즐기는 것이 행복하다. 하지만 그래서 어떻단 말인가?

어떤 사람이, 욕망으로 가득 찬 거대한 댐을 까르마와 다르마라는 작은 대롱 하나로 비워내는 데 걸리는 긴 시간을 견뎌낼 만큼 인내심이 있을 수 있겠는가? 이제 그 사람은 의식행위들(Yajnas) 중 어느 것을 거행하는 동안 만약 규정된 모든 조건이 충족되지 않으면 그 의식으로 응분의 열매[결과]를 얻지 못할 것임을 알기 때문에, 규정상 필요한 모든 물품을 모으기 위해 몹시 걱정한다. 사소한 의식행위 하나를 완벽하게 거행하는 데도 엄청난 노력을 요한다. 전 세계의 황제로 인정받고 황제의 모든 특전과 특권을 누리기 위해서라면, 어느 누군들 라자수야 희생제(Rajasuya Jajna)20)의 결과(좋은 과보)를 바라지 않겠는가? 그러나 보통 사람이 그 필요 물품들을 어디 가서 구할 수 있겠는가? 힘 있는 왕만이 그럴 수 있다! 그리고 다 구했다 해도 그 의식을 완수하려면 얼마나 많은 장애가 있겠는가? 어떤 즐거움이 자신이 수행할 능력 범위를 넘는 그런 행위들(karmas)21)의 열매라 할지라도, 그 즐거움을 욕망하는 것이 인간의 본질 아닌가? 대단한 열의로 여러 가지 행위를 수행하는 인간은 다생에 걸쳐, 심지어 다른 세계에 태어나서도 그 행위의 결과를 즐기지

---

19) 본서 제1부, 제1장을 참조하라.
20) (역주) 고대 인도의 왕이 주위의 여러 나라들을 정복한 뒤 그 나라 왕들을 초청하여 거행하는 큰 희생제의.
21) (역주) 여기서 '행위(karma)'는 베다에서 규정하는 여러 가지 '의식행위'를 가리킨다. 고대인들은 희생제와 같은 이런 의식행위가 큰 공덕의 과보를 안겨준다고 믿었다.

2-2. 사랑 혹은 헌신

만, **세간의 대상들에 대한 즐김이 크면 클수록 그의 욕망의 불길도 더 거세게 타오른다.** 마음과 몸으로 수행한 진실로 지각력 없는 그 행위들22)에서 산출되는 열매가(즉, 그 행위들은 신의 의지에 의하지 않고는 열매를 산출할 수 없다) 유한하다는 것을 알게 되면, 인간은 이와 같이 애처롭게 반성한다. "그런 행위들보다 더 많이, 더 빨리 내 노력에 대해 이익을 가져다줄 다른 수단은 없는가?" 인간은 행위를 가르쳐 준 선생님에게서 현재의 문제 해결을 위한 단서만이라도 얻을 수 있을 거라고 믿고, 그 선생님[베다]을 다시 찾아간다.

어쩌면 무수한 생이 지나서야 행위들에 대한 이런 식의 실망감이 이제 그에게 다가왔는지도 모른다. 그것도 그나마 1학년에서 가르치는 규정된 방식으로 그가 행위들을 수행했기 때문이다. 이제까지 그는 1학년에 머물러 있었다. 지금 느끼는 이런 실망의 형태로 나타나는 성숙은 그가 1학년 과정의 훈련을 철저하게 그리고 성공적으로 이수했음을 말해준다. 오늘날에도 우리들 가운데 많은 사람은 1학년에서 공부하고 있다. 물론 그들은 오늘날의 우리 대학들에서 고급 학위까지 가지고 있을 수 있지만, 사랑의 정화라는 우리의 학교에서는 1학년생일 뿐이다! 그러나 어떻게 그들을 딱하게 여기겠는가? 아직도 이 학교 밖에서 즐거이 배회하면서, 의식행위를 거행하고 규율의 삶을 사는 1학년 과정조차도 입학하지 않는 수억 명의 사람들이 있으니 말이다.

1학년 과정을 마친 인간은 다시 선생님을 찾아가서 여쭌다. "스와미님, 규정된 행위들은 무수한데 저는 그 모든 것을 완벽하게 수행할 시간도 기력도 없습니다. 그러나 이 세상이나 다른 세상에서 그런 모든 행위들의 열매를 다 누리지 못하면 저는 만족하지 못할 것입니다. 그래

---

22) 뒤의 각주 22를 보라.

서 저는 행위를 수행하는 것보다 더 풍부한 결과를 안겨줄 더 쉬운 다른 수단이 있는지 알기 위해, 그리고 만약 있다면 그것을 따르기 위해 당신을 찾아뵈었습니다."

"그래, 있다! 너의 모든 행위는 더 풍부한 결과를 낳지는 못한다. 왜냐하면 그것들은 스스로 열매를 산출하지 못하기 때문이다. 행위는 지각력이 없다.23) 행위가 열매를 산출하는 것은 하느님―신―의 섭리에 의해서일 뿐이다. 신의 다양한 이름과 형상들은 헌신자가 손쉬운 숭배(upasana)만 해도 온갖 열매[결과]를 쉽게 하사해 주는 큰 신력神力을 가지고 있다. 따라서 네가 신의 여러 이름과 형상을 숭배하면, 그들의 은총을 통해 적은 노력만으로도 원하는 대상들을 넉넉히 얻게 될 것이다. 장애 없이 일을 성공적으로 마치고 싶다면 코끼리 얼굴의 신 가나빠띠(Ganapathi)를 숭배하라. 사라스와띠(Sarasvati)는 모든 학식을 내려주는 힘을 가진 여신의 이름과 형상이니, 모든 학식을 얻고 그리하여 이름과 명성을 얻고 싶다면 그녀를 숭배하라. 자식, 집, 재산, 부富, 금 등을 얻고 싶다면 여신 락슈미(Lakshmi)를 숭배하라. 이와 같이 너의 많은 욕망을 충족시켜 줄 많은 신과 여신들이 있다. 루드라(Rudra-시바), 비슈누, 수브라마니아, 데비(Devi-빠르바띠) 등 그들 각각은 신의 이름과 형상들의 서로 다른 측면이다. 이 신과 여신들 모두를 숭배하는 적절한 진언과 방법(pooja vidhi)이 있다. 얀뜨라(Yantras)[신비한 도형], 딴뜨라(Tantras)24) 같은 다른 많은 숭배 방법도 있다.25) 너의 필요와 취향에 따라 이 모

---

23) "행위가 열매를 맺는 것은 신의 섭리에 의해서이네. 행위는 지각력이 없는데, 그것이 신일 수 있겠는가?" ― 「우빠데샤 운디야르」, 제1연
   다루까 숲에 살던 고행자들은 의식행위만으로 일체를 성취할 수 있다고 잘못 생각하다가, 주 시바에게 수모를 당하고 그의 가르침을 받아야 했다(140-141쪽 참조).
24) 신을 숭배할 때 특이한 물건과 방법들을 사용하는 것.
25) 랑카의 왕 라바나(Ravana)나 그와 비슷한 다른 존재들은 이런 방식으로 큰 힘을 얻어 이 세계를 정복했고, 심지어 천인들의 왕인 인드라까지 굴복시켰다.

든 것을 가지고 신을 숭배하기 시작하라. 이 숭배를 통한 이익은 행위를 할 때보다 더 크고, 노력은 더 적게 들 것이다." 이와 같이 선생님인 베다는 인간에게 신을 숭배하도록 가르친다.

인간은 그 자신의 노력에 의한 행위에 의존하는 대신 이런 숭배를 통해 신들의 도움을 확보하면 이 세상이나 다른 세상에서 모든 즐거움을 얻을 수 있다는 말을 듣자마자, 이제 큰 희망과 열의로 신의 이름과 형상들에 대한 숭배를 시작한다. 자신의 노력이라는 형태의 힘은 별 것이 아니라는 것을 알고 깨달은 것과, 자신보다 훨씬 우월한 강력한 지고의 존재를 받아들이고 그 존재에 대해 믿음을 갖게 된 것이 그의 이해에 있어서 새로운 발전이다. 스리 바가반이 지은 「우빠데샤 운디야르」의 도입부로 스리 바가반의 원로 제자인 스리 무루가나르가 쓴 다음 네 시구는 우리의 주제를 더 분명히 해줄 것이다.

1. 다루까 숲에서 의식행법을 거행하던 이들은, 욕망의 행위(欲業, Kamya Karmas)[26]라는 낡은 길(Purva Mimamsa)을 따르던 탓에 영적으로 퇴보하고 있었네.
2. 기만적인 에고성 때문에 엄청나게 도취된 그들은, 행위 외에는 어떤 신도 없다고 믿었네.
3. 행위의 열매를 정해 주는 신을 배척하면서 자신들이 한 행위들의 결과를 보자, 그들의 자부심은 무참히 꺾였네.
4. "자비로 저희를 보호해 주소서"라고 그들이 눈물로 빌자, 주 시바는 자비의 눈길을 그들에게 베풀고 영적인 가르침을 주었네.

인간이 행위를 수행한 결과로 이제 얻은 진정한 큰 이익은, 신 앞에

---

26) 139쪽의 각주 62를 보라.

서 겸허해져서 그에게 절하며 그의 은총을 청할 만큼 에고가 가라앉았다는 것이다. 그리하여 그는 이제 2학년으로 진급하여, 신에게서 받은 가르침을 실천에 옮기게 된다.

이제 신의 숭배자가 된 인간은 큰 열의로 자신의 필요와 욕망에 따라 진언, 얀뜨라, 딴뜨라들의 모든 도움을 받으면서, 규정된 대로 신의 여러 이름과 형상들을 숭배하기 시작한다. 오늘날 유신론자나 신의 헌신자라고 불리는 대다수 사람들은 2학년에서 공부하고 있을 뿐이다. 이런 사람들은 자신들이 신에게 헌신하고 있다고 생각한다. 그들의 사랑, 곧 박띠가 자신이 원하는 대상들에게만 향해져 있는데, 어떻게 그럴 수 있겠는가! 그렇지 않은가? 그들이 좋아하는 것—그들의 헌신은 이 세상이나 다른 세상에서 즐거움을 얻으려는 것일 뿐이다! 그들은 이 문제에서 자신들을 도와 달라고 신을 부르는 것이다. 여기서 그들이 필요로 하는 신들은 조력자일 뿐이다. 그들의 박띠는 세간의 대상들을 향할 뿐 신을 향하지 않는다. 인간이 이 학교에 입학하기 전에 그의 내면에 있는 사랑의 느낌, 곧 박띠는 대상적 박띠(vishaya bhakti)일 뿐이고, 그의 신체적·정신적 힘은 그것을 충족하기 위한 수단이었다. **1학년이었을 때 그의 박띠는 대상적 박띠였고, 행위들은 그것을 충족하기 위한 수단이었다. 지금 2학년에서도 그의 박띠는 여전히 대상적 박띠일 뿐이며, 행위 대신 신의 여러 이름과 형상들이 그것을 충족하는 수단이다.** 이 단계의 인간은 열의를 가지고 숭배를 시작한다.

"나는 띠루빠띠(Tirupathi)로 성지순례를 갔다. 일곱 산의 그 신은 나에게 부를 하사할 것이다." "나는 빨라니(Palani)의 주 무루간(Murugan)께 '까바디(Kavadi)'27)를 가져갔다. 나는 우유와 포도, 바나나, 꿀, 설탕,

---

27) (역주) 주 무루간을 숭배하는 축제 때 남자들이 어깨에 메고 가는 '언덕' 모양의 짐. 무루간에 대한 헌신의 한 상징물이다. (무루간은 시바의 아들 수브라마니아이다.)

기이(ghee)의 다섯 가지 맛난 음식으로 그에게 신성한 목욕을 시켜 드렸다. 나는 '띠루무루가뜨루빠다(Tirumurugatrupada)'[28] 염송을 하고 있다. 그의 은총으로 우리의 모든 번뇌가 사라지고, 집안 살림살이가 펴일 것이다." "나는 까시(Kasi-바라나시)와 라메스와람에서 주 시바를 친견했고, 갠지스 강과 야무나 강에서 성스러운 목욕을 했다. 그래서 나는 덕 있는 자식들을 얻을 것이다." "내가 매일 '아디띠야흐리다야 스또뜨람(Adityahridaya Stotram)'[29]을 외는데, 내 적이 법정에서 어떻게 할 수 있겠는가?" "내가 무슨 일을 시작하면 아무 장애 없이 끝이 좋을 수밖에 없다. 그렇지 않은가? 그래서 나는 늘 가나빠띠를 숭배한다." "나는 1년 내내 '락슈미 아쉬또뜨람(Lakshmi Ashtotram)'과 '락슈미 사하스라라남(Lakshmi Sahasranamam)'[30]을 해 왔다. 그녀의 자비로운 시선은 나에게 엄청난 부를 안겨줄 것이다." "나는 '랄리따 사하스라나맘'[31], '뜨리샤띠(Trisati)'[32], '짠디까 호맘(Chandika Homam)'[33]과 '스리 짜끄라 뿌자(Sri Chakra Puja)'[34]를 빼먹거나 그 의식에 불참한 적이 한 번도 없다. 여신이 나에게 일체를 베풀어주고 있다!" "나는 기필코 '찌담바람의 나따라자(Nataraja)', '안나말라이(아루나찰라)의 압빠(Appa)', '깔라하스띠의 주主', '주 마하링감(Mahalingam)', '주 바이디이스와란(Vaideeshvaran)'과 '까일라쉬(Kailash)의 주'[35]를 찾아가서 친견하겠다. 나는 심지어 '시바아쉬또뜨

---

28) (역주) 주 무루간에게 기원하는 염송의 하나.
29) (역주) 라마가 라바나를 칠 때 외었던 태양신을 숭배하는 송찬頌讚의 하나. 적을 격멸하는 찬가라고 한다. Stotram(송찬)은 찬가의 한 형식이다.
30) (역주) 락슈미 여신의 1천 명호(이름). Saharasanam은 '1천 명호'이다.
31) (역주) 여신 랄리따의 1천 명호. 랄리따는 시바의 반려자 빠르바띠의 별칭이다.
32) (역주) '랄리따 뜨리샤띠 스또뜨라'의 준말. 랄리따 여신에 대한 송찬이다.
33) (역주) Chandika 혹은 Chandi는 여신 두르가(Durga)의 별칭이며, '짠디까 호맘'은 그녀에게 호마 의식을 거행하며 기도를 올리는 것이다.
34) 스리 짜끄라로 불리는 일종의 얀뜨라에 올리는 예공(puja).
35) (역주) '찌담바람의 나따라자'부터 '까일라쉬의 주'까지는 모두 시바를 칭하는 다른 이름이다. 나따라자는 '춤의 왕', 압빠는 '아버지', 바이디스와란은 '치유의 주'이다.

람(Shivashtotram)'과 '사하스라 나맘(Sahasra Namam)'36)까지 한다. 그는 이 세상이나 다른 세상에서 내게 일체를 하사하는 지고의 주 아닌가?" "나는 매일 '가야뜨리(Gayatri)' 천 번 염송과 하루 두 번씩 '산디야 반다남(Sandhya Vandanam)'37)을 한다!" "내 몸의 광채와 얼굴의 빛남을 보라!" "나는 매년 집에서 『바가바드 기타』, '라마 나마 산끼르따남(Rama Nama Sankirtanam)'38)의 빠라야나를 한다. '스리 라마 나바미 우뜨사밤(Sri Rama Navami Utsavam)'39)도 한다!" "신의 여러 가지 이름과 형상들에 대한 이런 숭배는 내 운이 트이게 할 유일한 방도다!"

이와 같이 세간의 대상들에 대한 점증하는 욕망으로 인해, 우리 학교 2학년인 인간이 신의 여러 이름과 형상들에 대해 가진 믿음과 사랑도 증가한다. 이제 인간은 더욱 더 숭배에 몰두한다!

이러한 숭배에 무수한 생이 소비된다. 인간은 또한 이 세상이나 다른 세상들에서 숭배를 하지 않는 사람들보다 더 많은 즐김을 얻는다. 갖가지 즐김과 그것들에 대한 마음의 갖가지 좋아함의 세계인 상상은 사실 무한하지 않은가? 끝이 어디 있는가!

"전 세계를 정복하고 지배해도, 사람은 만족하지 않고 바다를 지배하려고 한다! 꾸베라(Kubera)[천상의 보물지기]처럼 산더미 같은 금을 가진 사람도 여전히 미친 듯이 연금술을 추구할 것이다! 오래 산 사람도 불사약을 찾는다고 별 궁리를 다할 것이다! 이처럼 욕망에는 한이 없다"고 성자 따유마나바르(Tayumanavar)는 노래한다.

숭배를 통해 엄청나게 강해진 라바나, 히라냐까시뿌(Hiranyakashipu)와 인드라(Indra)가 몹시 불만족스러워 하며 서로에 대한 질투심과 상대

---

36) (역주) '시바아쉬또뜨람'은 시바 찬가, '사하스라 나맘'은 시바의 1천 명호이다.
37) (역주) 아침저녁으로 밤낮이 바뀔 때 베다에서 발췌한 내용을 외는 의식.
38) (역주) 라마의 여러 명호를 통해 『라마야나』의 이야기를 묘사하는 찬가의 하나.
39) (역주) 스리 라마의 탄신을 경축하는 축제.

방의 재물에 대한 갈망으로 제 무덤을 팠을 정도인데, 인간이 하찮은 숭배의 힘을 통해 얼마나 많은 만족을 얻을 수 있겠는가? 그는 숭배에서 자신보다 더 진보한 사람을 만나면 질투심에 사로잡힌다. 그리고 성취하지 못한 많은 욕망들 때문에 괴로워한다.

대부분의 시간을 생계 활동에 쓰는 인간에게는, 잠이 자기 몫의 시간을 가져가고 나면 적은 시간밖에 남지 않는다. 그렇지 않은가? 쓸 수 있는 시간이 그토록 한정되어 있는데 신의 무한한 측면들 중 얼마나 많은 것을 매일 숭배할 수 있겠는가? 길일을 따지면, 여신 락슈미에 대한 숭배는 화요일과 수요일에 쓸 수 있는 시간 대부분을 잡아먹고, 시바 숭배는 월요일과 목요일 시간을 잡아먹는다. 아홉 행성(Navagrahas)에 대한 숭배는 토요일 시간을, 태양 숭배는 일요일 시간을 잡아먹는다. 또한 다른 6일에는 다른 신들도 숭배해야 한다! 여하튼 수요일에도 특별한 신들에 덧붙여 그들 모두에게 주의를 기울여야 한다! 그 모든 신들을 매일 숭배하려는 그의 욕망을 어떻게 다 충족할 수 있겠는가?

마음은 다양성을 좋아하기는 하지만 신의 한 가지 이름과 형상을 다른 것보다 더 선호하여 집착할 수 있다. 이 원리상, 다중적인 숭배의 와중에서도 인간에게서 신들 중의 하나를 특별히 애호하는 마음이 쉽게 자라날 것이다. 당연히 그는, 마음이 더 끌리는 그 특정한 신의 측면을 큰 기쁨과 사랑으로 숭배하는 데 더 많은 시간을 쓴다. 결국 그는 신의 다른 어떤 이름과 형상들에 대한 관심이 점점 줄어드는 것을 발견한다. 게다가 자신이 집에서 숭배하는 이런 저런 신들을 기려 여러 성지에서 개최하는 갖가지 연례 축제에 참석하는 것도 중요하다고 느낀다. 어디에 참석하고 어디에 참석하지 않을 것인가?

발현업[운명]을 통해 삶에서 어떤 어려움과 불행이 일어나기 시작하면 그는 자신이 그런 신들에 대한 숭배에 소홀했기 때문이라고 생각하지만,

실제로는 그런 것이 아닐 수도 있다. **그의 현재 운명은 알게 모르게 그가 과거에 한 행위의 열매의 일부이다. 그가 지금 숭배하는 이 신들 중 누구도 그의 운명에 간섭하지 않을 것이고, 그럴 수도 없다.**

그가 이런 숭배들을 거행하려면 몸과 마음의 몇 가지 청결을 유지할 필요가 있었고, 일상생활에서 지킬 몇 가지 맹세를 할 필요도 있었다. 의식상의 청결과 개인적 청결을 지키지 않는 사람이 어떻게 신을 숭배할 수 있겠는가? 이런 청결을 유지함으로써 게으름을 포함한 많은 나쁜 버릇들뿐만 아니라 사소한 많은 욕망들도 그를 떠나지 않을 수 없었다. '개인적 청결(Acharas)'을 준수하는 궁극적 목적에 대해 뒤의 부록 3에서 이야기하는 일화는 언젠가 스리 바가반이 들려준 것으로서, 스리 무루가나르가 『진어화만』 제680연에 기록해 둔 것이다. 우리의 인간은 이제 순수한 생활방식을 영위하고 있고, 신에게 의지하는 습관을 길렀다. 그러나 그 많은 (국내외의) 신의 이름과 형상들을 숭배할 만큼 충분한 시간과 기력을 가지고 있지는 않으므로(잠을 자기 위해서라도 그렇다), 그의 마음은 다시 한 번 갈수록 심해지는 혼란에 사로잡힌다. 그래서 인간은 다시 선생님을 찾아간다.

"스와미님, 당신의 은총을 통해 저는 신의 온갖 이름과 형상들을 당신의 가르침대로 숭배해 왔습니다. 그러나 그들 모두를 만족스럽게, 원하는 만큼 숭배하기에는 저에게 시간도 능력도 없습니다. 그래서 그 중 어떤 숭배는 소홀히 할 수밖에 없었고, 저는 종종 곤경과 불행에 봉착합니다. 저의 모든 신들을 숭배하지 않으면 저의 모든 욕망이 충족되지는 않겠지요. 그렇지 않습니까? 이 문제를 어떻게 해야 할지 몰라서 혼란스러운 마음으로 당신의 도움을 청하러 왔습니다. 저의 욕망을 충족하는 더 빠르고 쉬운 방도는 없습니까?" 이와 같이 인간은 큰 희망을 안고 선생님에게 여쭌다!

"그래, 있다! 내 말을 잘 들어 보라. 신은 오직 하나다. 오직 하나인 신을 여러 이름과 형상으로 숭배하는데, 그 하나하나가 숭배자의 특정한 욕망을 충족시켜 주는 특정한 힘을 가지고 있다고 한다. 그는 여럿이 아니다. 지금까지 너는 신의 많은 이름들을 사랑으로 숭배해 오지 않았느냐? 자, 말해 보라. 그 중의 어느 것에 더 큰 사랑을 가지고 있는지를. 그 중의 어느 것이든 네 마음이 가장 많이 끌리는 그것이 너의 **애호신**愛好神(Ishta Deivam)이다!" 선생님은 이같이 말했다.

우리는 시바, 비슈누, 데비 등 모든 이름과 형상들 중에서도 특정한 한 신을 다른 신보다 더 사랑하지 않는가? 비非힌두 독자들도 그들 자신의 종교에 있는 신격의 특정한 한 측면을 선호한다. 그렇지 않은가? 이제 독자가 사랑하는 신격의 그 특정한 측면을 인간이 그의 애호신이라고 말한다고 가정하자.

인간은 깊이 생각해 본 다음 선생님에게, 늘 자신의 마음을 사로잡았고 그러면서 다른 신들에 대한 숭배를 잊어버리게 했던 신인 주 크리슈나를 이야기한다. 우리가 이 장의 서두에서 '**선생님**'은 베다를 나타내고 '**인간**'은 인류를 나타낸다고 말했듯이, 지금부터는 **주 크리슈나**가 인간이 숭배하는 애호신을 나타낸다고 가정하자.

인간이 덧붙인다. "선善을 보호하고 악행자들을 소멸하기 위해 젊고 아름다운 푸른 몸의 스리 크리슈나로 화현한 주 비슈누의 화신, 곧 우리에게 성스러운 『바가바드 기타』를 베풀어 준 **전체이신** 그분이 늘 제 가슴을 자신의 발아래 두게 하고 있습니다!"

선생님이 말한다. "그렇다, 그를 너의 애호신으로 하라. 스리 크리슈나는 유일한 지고자이다! 지금까지 줄곧 온갖 이름과 형상으로 너의 숭배를 받고 너의 여러 가지 욕망을 충족시켜 준 것은 오직 **그**였다. 더욱이 너의 주의는 너무 많은 신들 사이에서 분산되었기에 너는 그것을 그들 가운데 특정한 한 신에게 온전히 쏟을 수 없었다. 네가 이제 다른 모든 신들을 통해 작용한 것은 스리 크리슈나뿐이었음을 이해했으니, 너의 모든 주의를 한데 모아 그것을 전적으로 그에게 바쳐라. 그에게만 네가 원하는 것을 달라고 하라. 금이든 부富든 학식이든 자식이든 성공이든, 혹은 그 이상 무엇을 원하든 간에 말이다. 그는 네가 원하는 모든 것을 줄 '소원성취수樹(Kalpa Taru)'[40]이다. 이제 너의 숭배는 쉬워졌다. 너의 애호신을 향해 마음껏 숭배를 하고, 모든 욕망을 성취하여 행복해져라."

선생님의 이 말을 듣자 인간의 혼란은 사라졌다. 그는 이제 그 하나의 애호신에 의해 자신의 모든 욕망이 충족되었다는 것과, 이제 그를 향해 자신의 주의 전부를 쏟을 수 있다는 것을 확인받았고, 또한 이제까지 별로 큰 관심을 갖지 않았던 다른 신들을 숭배하는 수고로움을 면하게 되었다. 이와 같이 애호신만 숭배하라는 가르침을 받은 인간은 선생님에게 예를 표한 뒤 즐거이 집으로 돌아간다.

이제 단 하나의 신—그의 애호신—만 숭배하는 인간은, 사랑이 정화되는 학교의 3학년에 다니고 있다. 행위의 수행은 1학년 때 하였다. 신의 여러 이름과 형상들을 숭배하는 것은 2학년 때 하였다. 하나의 애호신에 대한 숭배는 3학년 때 하는 것이다. 3학년에는 두 반이 있다. 1) 대상들에 대한 사랑(Vishaya bhakti)을 가지고 하는 신에 대한 숭배, 2) 신에 대한 사랑(Daiva bhakti)만 가지고 하는 숭배가 그것이다. 우리의 인간은 아직 대상들에 대한 사랑을 가지고 있으므로 3학년 1)반이다.

"'음식과 의복 기타 행복을 위한 그런 사소한 것들을 원할 때나 최고의 것인 해탈을 원할 때나, 당신께 가서 청하는 것 외에는 그것을 얻으

---

[40] (역주) 힌두 경전에서, 헌신자의 소원을 성취시켜 준다는 천상의 나무.

려 해서는 안 된다'고 한 위대한 분들의 말씀을 거역하고 싶지 않아서 당신을 찾아 왔습니다, 오 바달루르의 주이시여……"라고 스리 라마링가 스와미(Sri Ramalinga Swami)41)는 노래한다.

스리 라마링가 스와미의 위 말씀에 따라, 인간은 자신의 온갖 욕구와 욕망의 충족을 모두 자신의 애호신에게서만 구한다. 여기서(이 세상에서) 그가 사랑하는 것들이 그 대상들이고, 그의 애호신은 유일한 조력자이다. 그뿐이다! 그러나 그동안 줄곧 많은 신들 쪽으로 쏠려 있었고 그래서 약해져 있던 그의 마음이 이제 자신의 애호신에게 집중되자, 그의 숭배는 훨씬 효과적인 것이 된다.

> 마음이 무수한 생각들로 확산되기 때문에 하나하나의 생각의 주의력은 아주 약해진다. 생각이 점점 줄어들면서 마음은 일념집중이 되고, 그렇게 하여 힘을 얻는다. ― 「나는 누구인가?」

진아의 반사에 불과한 마음은 그 순수한 상태에서는 엄청나게 놀라운 하나의 힘이다. 그것은 워낙 강력해서, 자신이 강렬하게 생각하는 것은 뭐든지 거친 형상으로 창조하여 그것을 볼 수 있다.

요가의 주안점은 산란한 생각들을 하나로 모으고, 마음을 그 한 생각에만 고정하는 것이다. 신에 대한 숭배는 마음을 한 점에 모아, 생시 상태에서 (우리의 안에서) 일어나는 우리의 일상 활동에 관한 다른 무수한 생각들을 배제하기 위한 하나의 수단이다. 사랑의 길(Bhakti Marga)에서 신에 대해 "신이 내 삶 속의 일체를 돌봐 주실 것이다. 왜 내가 그런 것을 걱정해야 하나?" 하는 믿음이 늘어나면, 수많은 불필요한 생

---

41) (역주) 바달루르(Vadalur-첸나이 남쪽)에 살았던 성자(1823-1874). 최후에는 육신을 남기지 않고 사라졌다고 한다. 『띠루바루뜨빠(Thiruvarutpa)』라는 시가집이 있다.

각들이 떠날 것이다. 그러나 이것만으로는 충분하지 않다. 박띠 요가에서 중요한 점은, 마음을 신의 한 이름과 형상에 고정하고 그 숭배를 신의 한 이름과 형상에서 다른 것으로 바꾸지 않음으로써, 마음이 수많은 생각으로 갈라져 동요하지 않도록 하는 것이다. 다른 한편 예컨대 "라마 크리슈나 나모 라힘, 람보다라 스리 슌무카야, 바하 마리아 붓다 시바, 빠르바띠 알라 예수 나타(Rama Krishna Namo Rahim, Lambodara Sri Shunmukaya, Bhama Mary Buddha Shiva, Parvati Allah Jesu Natha)"와 같이, 모든 종교의 모든 신들의 이름과 형상을 들면서 그것들을 한데 엮어 하나의 '보편적 기도'나 '염송'으로 만든 헌가獻歌(Bhajan) 슬로건을 지은 다음, 그것을 염송하라고 모든 사람에게 권장하는 것은 박띠의 길에서의 한 수행법이 되지 않겠는가? 그렇게 하면 마음은 일념집중이 되는 것이 아니라 흩어지기만 할 것이다. 이와 같은 초종교적 헌가는 여러 종교에서 수많은 이름과 형상으로 숭배되는 신이 오직 하나라는 것을 보여주는 하나의 장치로서, 종교 개혁가들에게는 어느 정도 유용할 수 있다. 또한 올바른 분별력이 없어 종교적 광신주의와 설교에 빠지고, 그러면서 서로 다투고 시간과 기력을 허비하는 세속의 대중들에게도 그러할지 모른다. 그러나 신을 성취하고 싶어하는 구도자에게 이런 것은 결코 수행법이 아니다! 이런 수행을 통해서는 마음이 신의 이름과 형상들 중 어느 하나도 붙들지 못한다. **신은 오직 하나임을 이해했다는 올바른 표지는, 하나의 신만 붙드는 것이다. 신의 수많은 이름들을 열거하며 노래하는 것은 신의 유일성에 대한 믿음과 이해의 부족을 드러낼 뿐이다!**

특정한 이름과 형상으로 자신의 애호신을 숭배하는 것은, 그가 형상 없는 지고자를 그 형상으로 보는 하나의 방식이 된다.

> (…) 그에게 어떤 이름을 붙여 어떤 형상으로 지고자를 숭배하든,
> (…) 그것이 그 이름과 형상으로 지고자를 보는 길이네.
>
> ―「실재사십송」, 제8연

그의 사랑이 대상들을 향하고 있기는 하나, 그의 욕망도 충족되고 그의 숭배도 강렬하기 때문에, 그는 심지어 애호신 스리 크리슈나를 부를 때마다 그를 직접 볼 수도 있다. "우리가 대단한 열의와 사랑을 가지고 있으면, 바위에서조차 신 의식을 불러일으킬 수 있다"고 스리 라마크리슈나는 말한 적이 있다! 여기서 독자들은 268쪽에서, 우리가 바깥에서 보는 모든 것은 내면에 있을 뿐이라고 말한 것을 상기하자!

주±수브라마니아는 스리 아루나기리 나타르(Sri Arunagiri Nathar)[42]의 호소에 답하여, 왕을 포함해 좌중의 모든 사람들 앞에 직접 모습을 나타내었다. 스리 냐나삼반다르(Sri Jnanasambandhar)[43]가 세 살 때 "아빠, 엄마"라고 부르자 주 시바와 빠르바띠가 그의 앞에 직접 나타나서 그에게 신의 젖을 먹였다. 63인 (타밀)성자들 중 한 분인 스리 순다라무르띠(Sri Sundaramoorti)는 금이든 쌀이든 집이든 아내든, 뭐든 필요한 것이 있을 때는 주 시바를 불렀고, 그것을 받았다! 빤다르뿌르의 스리 남데브(Sri Namdev)는 아주 어릴 때부터 주 비딸(Lord Vittal)[44]과 함께 먹고, 살고, 놀 수 있었다. 스리 라마크리슈나는 아이가 엄마와 살듯이 어머니 깔리 데비(Kali Devi)[45]와 살 수 있었다. 수많은 위대한 헌신자들이 여러 이름과 형상의 신과 직접 친교할 수 있었던 그런 사례들은

---

42) (역주) 아루나찰라에 살았던 15세기 남인도의 성자. 그의 헌신자였던 왕이 주 수브라마니아를 직접 친견하기를 원하자 그가 수브라마니아에게 간청했고, 수브라마니아는 한 기둥에서 자신의 모습을 나타냈다고 한다.
43) (역주) 6세기 남인도의 성자.
44) (역주) 주 비슈누의 다른 이름. 비또바(Vithoba)라고도 한다.
45) (역주) 스리 라마크리슈나(1836-1886)가 숭배했던 여신.

많이 있으며,46) 이는 우리가 헌신을 통해서 신을 직접 볼 수 있다는 것을 증명한다. 서양에서는 로마가톨릭 수녀였던 리지외(Lisieux)의 성녀 테레사가 아기 예수와 늘 친교했다.

  인간은 그가 부를 때마다 애호신 크리슈나가 응답하자, 자신의 모든 욕망을 충족할 수 있었다. 하찮고 무력한 에고인 사람이 역시 하찮고 무력한 다른 사람을 도울 수 있다는 것을 우리가 목전에서 매일 보는데, 전능한 신이 그런 사람을 돕는 것이 불가능하고 놀라운 일이겠는가? 우리가 이미 앞에서 말한 대로, "우리는 오직 우리 마음의 창조력을 통해서 우리의 진아를 신, 세계 그리고 영혼으로서 본다." 우리가 자신을 신과 다른 개아로 생각하는 바로 그 순간, 그 신의 자비로운 '손길'이 우리에게 뻗어 와서 수많은 방식을 통해 우리를 단일성이라는 지고의 지知에게로 도로 끌어당긴다. 그래서 인간은 애호신 크리슈나를 보면서 그와 친교할 수 있는 것이다. 애호신 크리슈나가 그에게 종종 나타나기는 하지만, 일부러 그의 욕망을 충족시켜 주지 않기도 한다. 왜냐하면 인간이 자신에게 무엇이 좋고 나쁜지를 분별하지 못하기 때문이다. 더욱이 신은 인간이 오만하게 '내가 사랑하는 크리슈나가 있어 내가 원하는 것은 뭐든지 하사해 준다'고 생각하면서 에고를 점점 더 키우는 것을 허용하지 않을 것이다. 그래서 하느님이 신적인 유희(Leela)를 벌일 때는, 인간의 욕망 중 어떤 것은 충족시켜 주지 않기도 하고, 그 욕망을 충족하면 곤경이 따르게 하는 방식으로 충족시키기도 하는 것이다. 우리가 위에서 말한 그 성자들의 생애에서도 그런 사건들이 있었다는 것을 우리는 잊어서는 안 된다.

---

46) 그런 위대한 분들을 여기서 언급하는 것은 여러 이름과 형상으로 우리가 신을 볼 수 있다는 것을 증명하기 위해서일 뿐이다. 독자들은 그 위대한 분들이 우리 학교의 3학년 1)반에 속한다고 잘못 생각해서는 안 된다!

성자 순다라무르띠는 상길리 나찌야르와 결혼하기 위해 주 시바에게 하루만 사원을 떠나서 어떤 나무 밑에 계셔 달라고 청했다. 주 시바가 그의 청을 들어주자 그 헌신자는 나중에 두 눈을 잃게 되었다. 주 시바는 성자 아빠르(Appar)의 섬기는 정신―스리 냐나삼반다르에게는 그것이 부족했다―에 보답하기 위해 두 사람에게 같은 가치의 금화를 하나씩 주었다. 그러나 나중에 금세공인이 그 금화들을 검사해 보자 스리 냐나삼반다의 것은 가치가 더 적은 것으로 밝혀졌다. 남데브는 진인들이 모인 자리에서 성자 고라꿈바(Gorakumba)에 의해 웃음거리가 되자[47] 몹시 화가 나서 자신의 애호신인 비딸을 찾아가서 도와달라고 했다. 그러나 비딸은 그 성자들과 마찬가지로 그가 '덜 구워진 옹기'라고 확인해 주었다. 그런 사례들은 많이 있다.

  인간이 지금 와 있는 단계에 도달한 뒤 몇 생이 지나도록 더 이상의 진보가 지체된 채 시간을 허비하다가 바른 길을 잃어버리는 사람들이 많다. 그들은 자랑한다. "봐! 나는 신을 보았어! 여신이 직접 내 앞에 나타났어!" "봐! 주 시따-라마(Sita-Rama)[48]는 어김없이 나의 부름에 응답하셔!" "진실로 내가 부를 때마다 주 수브라마니아 님이 선선히 와서 내가 필요로 하는 것들을 마련해 주신다!" "분명히 말하지만 나는 내 애호신의 도움이 있으면 누구를 위하여 어떤 일도 해줄 수 있다!" 이와 같이 그들은 주위에 군중을 모아놓고 비부띠(vibhuti)와 꿈꿈(kumkum)[49]을 나누어준다! 이것은 너무나 어리석은 짓이다. 최소한 '나에게 자비로운 신은 남들에게도 늘 자비롭다. 나를 돕는 신은 남들도 평등하게 돕는다'는 것을 이해할 정도라도 우리의 에고가 가라앉았다면, 우리의 삶

---

47) (역주) 성자들의 한 모임에서 '옹기장이' 성자 고라꿈바는 남데브의 머리를 막대기로 두들기며 그를 '덜 익은 옹기'(깨닫지 못한 사람)로 표현했다.
48) (역주) 주 라마와 그의 반려자인 여신 시따를 함께 이르는 말.
49) (역주) 힌두들이 이마 등에 바르는 흰 재를 비부띠, 붉은 가루를 꿈꿈이라고 한다.

에서 이런 식의 타락은 일어나지 않을 것이다. 가라앉고 싶지 않고 오히려 뛰어오르고 싶은 에고만이 싯디에 매료되는 함정에 빠지고, 아부라는 삿된 매춘부의 노예가 되어 이 인간으로서의 삶의 올바른 목적을 상실할 것이다.

> 모든 세계를 지푸라기처럼 포기하고, 모든 경전[베다]을 꿰고 있다
> 해도, 아부라는 못된 매춘부에 사로잡힌 사람은 실로 그녀[마야]의
> 노예상태에서 벗어나기 어렵다네.

이와 같이 스리 라마나는 「실재사십송-보유」 제37연에서 경고한다.

다른 사람들이 그와 같이 신을 직접 본 사람을 알게 되면, 그들은 분명 그가 신을 깨달은 사람일 거라고 믿을 것이다. 본인은 신에 대한 사랑(*Daiva bhakti*)도 성취하지 못했고(즉, 아직 3학년 2반에 올라가지 못했고) 세간적 대상들과 이름과 명성에 대한 사랑만 가지고 있는(즉, 아직은 3학년 1반에 있는) 사람인데도 말이다. 어찌 그들이 그러지 않겠는가! 그들 역시 세간적 대상들을 갈망하고 있고, 또한 2학년 학생들처럼 신의 도움을 원하기 때문일 뿐이다! 그에게 몰려드는 사람들 가운데 많은 사람은 대학 학위를 가지고 있거나 사회에서 아주 높은 지위를 가진 큰 학자일 수도 있고, 혹은 굉장한 부자일 수도 있다! 그는 마치 장님이 장님들을 이끌듯이 그들을 이끈다!

이제 우리는 현재 자신의 애호신 크리슈나와 친교하며 살고 있는 인간[인류]의 상태를 살펴보자. 그는 여전히 세간적 대상들을 원한다. 따라서 그의 사랑은 여전히 대상들에 대한 사랑이며, 그의 애호신은 여전히 수단일 뿐이다. 이런 식으로 많은 생이 지나갈 수 있다. 하지만 지고의 **존재**(*Sat*) 그 자신이 인간의 애호신의 이름과 형상으로 그에게 자

신과의 친교를 베풀면서, 이 친교는 귀중한 삿상(Sat-Sang)50)이 된다.

> 사뜨, 곧 진리와의 친교에 의해 (세간적 대상들에 대한) 집착이 사라지고 (…).　　　　　　　　　　　　　　— 「실재사십송-보유」, 제1연

　우리를 보호하고 이끌어 주는 데 있어 삿상보다 더 나은 강렬한 수행이 있는가? 인간은 그것이 왜 그런지 모르기는 하나, 그의 애호신 크리슈나 곁에 있으면서 그와 부단히 신적인 친교를 가짐으로써 점차 마음의 불순수함을 잃게 되고, 그의 마음이 맑아진다. 그동안 내내 그의 선생님이었던 베다는 이제 그의 애호신으로서 그의 앞에 있으면서, 때로는 그의 욕구를 충족시켜 주고 때로는 충족시켜 주지 않는 가운데 여러 생에 걸쳐 그를 성숙시킨다. 지금 그의 마음에 일어나는 변화를 가지고 우리는 그가 점점 성숙해감을 이해할 수 있다.

　그는 성찰한다. '얼마나 놀라운가! 내가 부를 때마다 나의 주 크리슈나께서 공손히 내 앞에 나타나신다. 내가 청할 때마다 당신은 그것을 주신다. 내 어머니와 아버지도 그렇게 많은 사랑과 자비를 나에게 베푼 적은 없었다. 그토록 나를 사랑하는 사람이 누가 있는가? 내 고마움을 어떻게 표현하지? 당신은 나에게서 무엇을 필요로 하나? 아무것도 없다! 아무 의무도 빚진 것도 없이, 아무 기대도 그리고 특별히 아무 이유도 없이 그토록 나를 사랑하는 당신을 나는 얼마나 적게 사랑하는가! 나의 주 크리슈나에게서 나에게 오는 당신의 사랑은 너무 크다! 그러나 나에게서는 너무 큰 사랑이 세간적 대상들에게 쏠린다! 이것이 고마움인가?

---

50) 삿상은 자신을 선한(sat) 사람으로 보는 사람들의 모임(sang)만을 의미하지 않는다. 스리 바가반은 이렇게 말하곤 했다. "삿상은 사뜨(sat), 곧 진리, 실재와의 친교를 뜻합니다. 그것은 또한 진리, 곧 사뜨를 깨달은 사람들과의 친교를 뜻하기도 합니다."

나의 수치다! 정말이지 나는 당신이 나에게 주시는 사랑의 천 분의 일도 당신을 사랑하지 않는다. 나는 당신께 너무나 많은 것을 달라고 하며 귀찮게 한다. 이것이 내 애호신에 대한 나의 사랑인가? 아아, 수치스런 일이다! 이것은 **대상에 대한 사랑**일 뿐 **신에 대한 사랑**이 아니다! 나는 당신의 은총을 통하지 않고는 숨도 쉴 수 없는 개아이다. 이 부 富는 당신이 준 것이며, 당신의 은총으로 내가 누리는 것이다. 내 지성 또한 당신의 은총으로 말미암은 것이다. 내가 당신을 숭배하고 있는 것도 이런 모든 것을 가지고서이다. 하지만 나는 말한다. "내가 이 숭배를 했다. 그 열매가 나에게 주어져야 한다!"고. 이것은 불공평한 거래 아닌가? 나는 얼마나 비천한 존재인가!'

'이제 나는 당신이, 미래에 나에게 필요한 것까지 아시고 그것을 충족시켜 주기 위해 내가 그 필요한 것에 대해 알기도 전에 오래 전부터 준비해 왔다는 것을 알겠다. 그렇다면 그것은 당신이, 내가 그런 것들을 걱정하여 당신께 기도하려고 하기 전부터 나를 걱정하고 나에게 자비롭게 대하셨다는 뜻이구나. 당신은 일체를 아시니, 내가 무엇을 언제 필요로 할지를 아신다. 또 당신은 전능하시니, 그 필요한 것들 모두를 충족시키신다. 당신이 아시고 충족시키시는 이유는 당신이 온통 사랑이시기 때문이다! 그렇다면 내가 무엇을 청하며, 왜 청해야 하나? 당신께 내가 필요로 하는 것들을 말씀드리면 나는 '일체를 아시는 분'을 '모르는 분'으로 격하시키는 것이고, 내 불행을 구제해 달라고 하소연하면 전능하신 분을 무능한 분으로 격하시키는 것이며, 그 열매를 달라고 하면 나는 숭배라는 현금으로 온통 사랑이신 당신에게서 사랑을 사는 것이다! **내가 당신께 하는 일이란 삼중 불명예일 뿐이다.** 내 고마움이란 그런 것이구나! 이것이 신에 대한 사랑이냐? 빌어먹을 나! 더 이상 당신께 무엇을 달라지 않겠다. 이제 당신께는, 자비로운 손길로 나를 보살펴주고 키워주시는 당신만을 청하리라. **오늘부터 내가 필요로 하는 것은 오직 당신뿐이니, 내 결심을 당신께 말씀드려야겠다.**'

그래서 그는 사원으로 가서 그가 사랑하는 크리슈나를 부른다.

어린아이가 엄마가 준 음식을 작은 손에 받아 그것을 엄마에게 먹이려고 한다. 아이는 엄마에 대한 사랑에서 그렇게 한다. 이제까지 인간이 해온 숭배의 본질은 아이가 이렇게 엄마를 먹이려는 것과 같았으나, 그것은 그의 애호신에 대한 사랑에서가 아니라 세간적 대상들에 대한 사랑에서였다. 그가 지금까지 줄곧 해온 숭배는 당밀 가네쉬(Ganesh)에게 그의 발가락을 바치는 것보다 전혀 나을 것이 없었다!51) 부모의 사랑의 성품에 대한 무지로 인해 아이는 이것을 달라, 저것을 달라고 한다. 그러나 아이가 자라서 철이 들면 부모님이 자신을 위해, 심지어는 자신의 장래를 위해 모든 것을 베풀어주고 있다는 것을 이해하고, 그러면 더 이상 아이였을 때처럼 무엇을 요구하지 않는다. 마찬가지로, 우리의 인간도 이제 분별력이 성숙하자 어떤 것도 달라고 기도하지 않겠다고 결심하기에 이른다. 이것은 신이 전지全知하고 전능하며, 온통 사랑임을 올바르게 알게 되었기 때문에 일어난 일이다.

그가 사랑하는 크리슈나ㅡ즉, 그의 내적인 사랑의 느낌을 원시인의 짐승 같은 사랑[세간의 대상들에 대한 사랑]에서 현재의 신에 대한 사랑의 상태로 점차 정화해 왔고, 올바른 분별과 무욕을 통해 그를 이기심의

---

51) 스리 바가반이 들려준 당밀 가네쉬 이야기는 다음과 같다. 가네쉬(가나빠띠)의 숭배자였던 어떤 가난한 여행자가 매일 점심식사를 하기 전에 그 신상에게 숭배를 올렸는데, 이날은 어디에서도 가네쉬 사원을 찾지 못하자 자신이 가지고 있던 얼마 되지 않는 당밀로 신상을 만들기로 결심했다. 그런 다음 의식을 거행했지만, 공양으로 올릴 음식이 하나도 남지 않은 것을 보고 그는 당황했다. 그래서 이 소박한 심성의 나그네는 그 신상의 발가락을 떼어내어 그것을 자신의 가네쉬에게 올렸다! 그리고 이렇게 하면서 자신의 예공에 만족했다. 그 공양의 의미는 무엇인가? 가네쉬에게 가네쉬를 드린 것이다! 그와 마찬가지로, **우리가 신에게 무엇을 바치든 그것은 우리의 재물도 아니고 신과 별개도 아니다.**

감옥 상태에서 벗어나게 하여 그가 신에 대한 참된 사랑의 성품이 정확히 어떤 것인지를 이해하게 한 크리슈나가, 이제 평소와 같이 그의 앞에 나타나서 친절하게 이렇게 묻는다. "그래, 너에게 부족한 것이 무엇이냐? 왜 그렇게 걱정스럽게 나를 부르느냐? 무슨 일이 있느냐?"

인간이 대답한다. "오 주님, 완전한 사랑 그 자체이신 당신을 사랑하지 않고 세간의 대상들을 사랑하는 잘못을 범한 저를 용서해 주십시오."

오, 사랑 그 자체의 형상이신 안나말라이시여! 그런 사랑이 없는 저를 당신 것으로 하시어, 저로 하여금 당신을 생각하고 당신을 그리워하며 밀랍처럼 녹게 하셨습니다. 이제 저에게 당신에 대한 사랑을 하사하지 않으시어 제가 수척해지게 하시는 것이 당신께 어울리는지요? 오, 사랑에서 나오는 지복이시여! 헌신자들의 심장에서 샘솟는 감로이시여! 제가 당신께 무슨 말을 하겠습니까! 당신의 뜻이 저의 뜻이니, 그것 자체가 저의 행복입니다. 오, 제 삶의 주이시여! ─ 「아루나찰라에 바치는 11연시」, 제2연

오, 지고자시여! 저는 모든 세간적 집착을 포기하고 당신의 두 발만 붙드는 뛰어난 분별력을 갖지 못한 사람들 중에서 으뜸입니다. 저의 모든 짐을 당신의 것으로 하시고, 모든 행위에서 '제 것'이 사라지게 명하십시오. 전 우주를 유지하시는 당신께 무엇이 실로 짐이 될 수 있겠습니까? 오, 주이시여, 당신을 떠나서 이 세상이라는 짐을 머리 위에 이고 다님으로써 제가 겪은 고초는 이제 충분합니다. 오, 주이신 아루나찰라시여, 더 이상 저를 당신의 두 발에서 떼어놓으려고 생각하지 마소서.

─ 「아루나찰라에 바치는 11연시」, 제9연

자석이 쇠를 끌어당기면 놓아줄 수 없듯이, 저를 끌어당겨 저를 떠남이 없이 저와 결합해 주셔요, 오 아루나찰라!
— 「아루나찰라에 바치는 문자혼인화만」, 제16연

물 속에서 얼음이 녹듯이, 사랑의 형상이신 당신 안에서 저를 녹여주셔요, 오 아루나찰라!
— 「아루나찰라에 바치는 문자혼인화만」, 제101연

오 안나말라이! 저를 당신 것으로 하신 순간 당신께서는 제 몸과 영혼을 취하셨으니, 저 자신에 대해 제가 무슨 불만이 있겠습니까? 공덕과 과오는 당신 없이는 존재할 수 없으니, 저는 그런 것들은 생각하지 않고 당신만 생각하겠습니다. 저의 (진정한) 영혼이시여, 당신께서 하시고자 하는 것은 무엇이든 하십시오. 오, 사랑하는 님이시여, 당신의 두 발에 대해 갈수록 커가는 사랑만 하사해 주소서. — 「아루나찰라에 바치는 아홉 보주화만」, 제7연

지금부터 저에게는 삶에 필요한 물건 같은 것은 없습니다. 제 삶에서 당신 뜻대로 무슨 일이든 일어나게 하십시오. (…) 부침, 행과 불행, 부와 빈곤, 명예와 불명예, 명성과 오명, 그런 온갖 것 말입니다. (…) 필요한 것은 당신뿐이니, 저의 그 한 가지 필요를 충족시켜 주십시오, 저의 주이시여! — 스리 라마링가 스와미

그동안 내내 대상들에 대한 사랑을 가지고 애호신을 수단으로 삼아 3학년 1반에서 공부하던 인간은 이제 **자신의 애호신에 대한 사랑**을 느낀다. 3학년 1반에 있을 때는 애호신에게 호소하기는 했으나 그의 사랑의 느낌은 무수한 세간적 대상들 쪽으로—대상들에 대한 사랑으로—

분산되었을 뿐, 신에 대한 사랑으로는 가지 않았다. 그 분산된 사랑이 대상들을 떠나 애호신 쪽으로 옮겨가면서, 그 사랑은 이제 그의 애호신을 향해 쏜 강력한 화살이 된다. 이 (사랑의) 화살을 쏘는 것이 곧 3학년 2)반으로의 진급이다. 모든 즐거움을 애호신 크리슈나가 다생에 걸쳐 주는 선물로 경험하는 인간은, 이제 욕망의 불은 대상들이라는 기름을 끼얹어서는 끌 수 없다는 것을 발견한다. 그리하여 그는 완전한 무욕을 얻는다. **선물보다 그것을 주는 자를 사랑하는 분별력이 그의 안에서 밝아온다.** 이와 같이 그는 신에 대한 순수한 사랑을 얻는다. 이제 그는 완전한 무욕과 순수한 사랑을 가지게 되었고, 이 두 개의 날개로 목표를 향해 빠르게 날아간다.

  그의 애호신은, 일체를 포기하고 일체를 잊어버린 후 그의 앞에 서서 "오, 저의 주이시여, 당신 자신을 저에게 주시고 저를 소유해 주십시오"라고 기도하는 참된 헌신자인 우리의 인간에게, 무엇을 하사하고 어떻게 하사할지 알지 않는가? 헌신자가 무지 속에서 사는 동안 내내 그의 하찮은 욕망까지 충족시켜 준 그 주님이, 이제 헌신자가 오롯한 마음으로 하는 지금의 위없는 호소에 응답하지 않겠는가? 그는 첫 단계 조치를 취해 헌신자를 이 길에서 더 이끌어 주고, 그의 호소에 응답한다. 즉, **그가 헌신자 앞에 설 때 사용하던 그 자애롭고 사랑스러운 형상이 사라진다!** 헌신자가 수없이 애호신을 불러도 그는 결코 다시 나타나지 않는다! 올바른 분별이 그의 안에서 일어나면서 버려진 세간적 대상들이 더 이상 그의 마음을 끌지 못할 때, 그리고 그의 안에서 꽃피어난 참된 사랑 때문에, 유일하게 그의 마음을 끄는 것은 그의 애호신이다. 그 신[그의 신적 형상]조차 사라지니 이제 그는 어떻게 해야 하는가? 그는 어떠한 강렬한 초조함과 괴로움의 상태에 있게 될까? 이별의 고통을 느끼지 않을까? 이제 그의 가슴은 이렇게 울부짖으며 기도한다.

오, 은총으로 저를 당신 것으로 해 버리신 당신께서 이제 저에게 당신 자신을 보여주지 않으신다면, 당신에 대한 애절한 그리움으로 이 잔인한 환幻의 세계에서 고뇌하는 저는, 이 몸이 죽을 때 어떻게 되겠습니까? 오, 태양들에게 태양인 분이시여, 태양을 봄이 없이 연꽃이 피어날 수 있겠습니까?
— 「아루나찰라에 바치는 11연시」, 제1연

연약한 덩굴식물처럼 붙들 것이 없어 축 늘어지지 않도록, 붙들 지지물이 되어 저를 지켜주셔요.
— 「아루나찰라에 바치는 문자혼인화만」, 제72연

누구를 위하여 저를 얻어 가셨나요? 만일 지금 저를 버리신다면, 세상이 당신을 비난하리다. — 「문자혼인화만」, 제4연

이 비난을 피하셔요. 왜 저에게 당신을 생각하게 하셨나요? 이제 누가 당신을 떠날 수 있겠어요? — 「문자혼인화만」, 제5연

우리 자신의 어머니보다도 더 큰 사랑을 하사하시는 당신, 그러면 이것이 당신의 사랑인가요? — 「문자혼인화만」, 제6연

청하지 않아도 주시는 당신의 흠 없는 명성을 더럽히지 마시고, 당신의 은총을 하사해 주셔요. — 「문자혼인화만」, 제22연

분노 없는 성품의 당신께서 저를 분노의 표적으로 삼으신 것은, 무슨 잘못을 제가 저질러서인가요? — 「문자혼인화만」, 제25연

강렬한 헌신으로 부드러워져 녹아내린 제가 피난처인 당신 속으로 들어가자, 당신께서는 움직임 없이 서 계셨지요.
— 「문자혼인화만」, 제59연

당신에 대한 사랑이 없는 제게 당신에 대한 끌림을 불러일으키신 당신, 이제 저를 속이지 마시고 은총을 내려주셔요.
— 「문자혼인화만」, 제60연

너무 익어서 상하면 과일로서 쓸모가 없고, 잘 익었을 때 드셔야만 좋은 것이니, 오셔서 그것을[저를] 드셔요.
— 「문자혼인화만」, 제61연

제가 더 이상 괴로워하지 않도록 당신 자신을 내주시며 저를 받아주지 않으시면, 당신은 저에게 야마(Yama)[죽음]이셔요!
— 「문자혼인화만」, 제62연

바라봄으로, 저에 대한 생각으로, 제 몸에 손을 대심으로 저를 성숙시켜 주시고, 자비롭게 저를 당신 것으로 만들어 주셔요.
— 「문자혼인화만」, 제63연

저의 입 안에 진흙을 던져 저의 생계를 망치신 분이 (당신 말고) 누구신가요?
— 「문자혼인화만」, 제88연

아무도 모르게 저를 유혹하여 제 마음을 훔쳐 가신 분이 누구인가요?
— 「문자혼인화만」, 제89연

2-2. 사랑 혹은 헌신

세간에 미친 병을 없애주신 당신께서 저를 당신께 미친 사람으로 만드셨으니, 이 미친 증세를 치유할 약도 당신의 은총이군요.
— 「문자혼인화만」, 제66연

저의 귀신 성품이 사라지게 하시려고, 떠나지 않는 귀신처럼 당신께서 저를 장악하여 접신자로 만드셨으니, 정말 놀랍군요.
— 「문자혼인화만」, 제71연

당신께서 저를 포옹해 주지 않으신다면, 제 몸은 비탄으로 물로 녹고 저는 눈물의 강에 익사할 거예요.
— 「문자혼인화만」, 제34연

"쳇" 하며 저를 내치신다면, (과거, 현재, 미래의) 업이 저를 불태울 거예요. 안 그러면 제가 구원 받을 무슨 방도가 있는지 말씀해 주셔요.
— 「문자혼인화만」, 제35연

저를 버리시면 제가 비참해질 거예요. 그러니 제가 몸을 떠날 때 당신을 놓치지 않도록 저를 축복해 주셔요.
— 「문자혼인화만」, 제96연

가장 미세하면서 가장 크신 당신께 도달하기 위해, 저의 안에서 생각들의 파도는 언제 끝이 날까요?   — 「문자혼인화만」, 제57연

불행에 짓눌릴 때만 기도하는 저는 아둔한 사람이지만, 속이지 마시고 저에게 은총을 하사하셔요.   — 「문자혼인화만」, 제78연

개보다 못한 제가 무슨 힘으로 당신을 찾아내어 당신을 성취할
수 있을까요?　　　　　　　　　　— 「문자혼인화만」, 제39연

말없는 바위처럼 반응 없이 머물러 계신다면, 이 침묵이 당신께
어울릴까요?　　　　　　　　　　— 「문자혼인화만」, 제87연

저의 유일한 신이자 보호자이신 당신께 제가 다가가자, 당신께서
는 저를 완전히 없애버리셨어요.　— 「문자혼인화만」, 제48연

당신에 대한 열렬한 그리움의 불이 저를 태워 재로 만들기 전에,
당신의 즐거운 은총을 쏟아주셔요.　— 「문자혼인화만」, 제55연

오, 저의 애호신 라마나시여, 제게 오셔서 제가 당신과 상의하고
제 일상생활의 모든 행위에서 당신의 명에 따라 행동하게 해 주
십시오. 물건 하나 놓는 것, 물건 하나 집는 것, 일어나거나 앉는
것, 어디를 가거나 가지 않고, 무엇을 하거나 하지 않고, 물을 마
시거나 마시지 않고, 무엇을 좋아하거나 싫어하는 것과, 그밖에
무수한 다른 일들을 할 때도 말입니다.
　　　— 「스리 라마나 바루하이(*Sri Ramana Varuhai*)」[52], 제81연

왜 신은 이제 그의 헌신자에게 나타나지 않는가? 인간이 "저에게 당신 자신을 주십시오"라고 청했을 때 그는 자신의 애호신이 어떤 존재인지 정말 알았던가? 몰랐다! 신만이 그것을 안다. 인간은 이 이름과 형상이 신이라고 생각하기 때문에 그 사랑하는 이름과 형상만을 얻고 싶

---

52) 스리 바가반이 1950년 열반에 드신 뒤 스리 라마나를 형상을 가진 모습으로 보기를
간절히 열망하던 저자가 지은 시 작품(432쪽 참조).

어하지만, 신은 헌신자에게 그가 원하는 것을 하사하여 그를 속일 마음이 없다. **신의 목표는 자신의 진정한 실체를 헌신자에게 주는 것이다.**

브라만의 다섯 가지 측면[존재-의식-지복-이름-형상] 중에서 처음 세 가지인 존재, 의식, 지복은 실재하는 측면이고, 나머지 두 가지인 이름과 형상은 실재하지 않는 측면이다. 그동안 줄곧 인간은 브라만의 실재하지 않는 측면, 즉 그의 이름과 형상들과의 성스러운 친교만 즐기고 있었다. 그러나 이 이름과 형상이 사라지자마자, 그것이 애호신의 '진정한 성품'이라고 믿는 인간은 자신의 신을 잃어버렸다고 생각하여 분리의 고통으로 괴로워한다. 그의 이 큰 괴로움은 브라만의 실재하는 측면인 존재, 의식, 지복, 곧 지고자의 진정한 성품에 대한 지知가 없는 탓이다.

> 당신을 열망하지만 참된 지知가 없는 저는 고단하오니, 이 고단함
> 이 사라지도록 당신의 위없는 지知를 내려주셔요, 오 아루나찰라!
> ― 「문자혼인화만」, 제40연

우리의 인간이 지금 겪는 분리의 고통은 신에 대한 그의 사랑에서 비롯되고, 이것은 다시 신의 실체에 대한 올바른 지知가 없는 데서 비롯된다는 것, 그리고 이에 대한 유일한 치유책은 그에게 위없는 지知를 하사하는 것임을 아는 신은, 인간의 시야에서 자신의 비실재적 측면인 이름과 형상을 거두어들인다.

인간은 이제 미친 사람처럼 정처 없이 헤맨다. 때로는 걷고 때로는 멈추면서, 끝없이 지칠 줄 모르고 고뇌하며 부르짖고, "크리슈나, 오 크리슈나"하고 높거나 낮은 어조로 부른다. 그는 처자식, 집, 일터에 대해서는 아무 생각도 없는 신에 미친 사람이 되었고, 애쓰지도 않았는데 그를 압도해 버린, 그가 사랑하는 크리슈나에 대한 명상에 빠져 있다!

지금 분리의 고통으로 괴로워하는 이 인간은 카일라스의 주 시바를 뵙기 위해 길을 떠난 성자 아빠르의 마음과 똑같은 상태에 있다. 스리 라마크리슈나는 신성한 어머니 깔리를 생각하며 울다가 자살까지 하려고 했다. 스리 짜이따니야(Sri Chaitanya)는 스리 크리슈나에 미쳤다. 랑카[스리랑카]에 감금되어 있던 시따(Sita)는 스리 라마와, 숲 속에서 스리 라마를 찾던 바라따(Bharata)를 그리워했다. 때로는 그런 분리의 고통 상태에서 몇 생이 더 지나갈 수도 있다.

신의 이름과 형상들과의 친교를 아무리 많이 가질 수 있다 해도, 그것은 신을 영구적으로 성취한 상태일 수 없다. 조만간 그 이름과 형상은 사라질 수밖에 없을 것이다.

> (…) 그 실재[지고자]의 진리 안에서 자기 자신의 진리를 알고 그것과 하나가 되어 그것 속으로 해소되는 것이, 참된 봄[깨달음]이네. 이와 같이 알아야 하네. — 「실재사십송」, 제8연

자신의 진아가 신의 참된 성품과 하나임을 깨달아 개인성의 어떤 자취도 없이 그 속으로 합일되는 것만이, 참된 봄(Seeing)이자 신을 참으로 성취하는 것이다. 그렇지 않은가? 따라서 그[헌신자]의 애호신, 곧 지고자는 그에게 속임 없이 그 상태, 즉 그의 모든 노력의 완성인 동시에 그의 모든 욕망의 성취인 그 한 물건을 주고 싶어한다. 그것을 그에게 어떻게 하사할 것인가?

> 야생 사슴을 길든 사슴으로 유인하듯이 (…).
> — 따유마나바르(Tayumanavar)

야생 사슴을 잡고 싶은 사람은 길든 사슴을 숲으로 데려가고, 야생 코끼리를 잡고 싶은 사람은 길든 코끼리를 숲으로 데려간다. 야생 사슴이나 코끼리는 자신들과 같은 종種을 보지 않으면 자유롭게 밖으로 나오지 않을 것이다. 그와 마찬가지로, 신은 지고자인 자신이 여성의 자궁에서 인간과 같이 사람 몸이 갖는 모든 한계를 가지고 태어나지 않으면, 그리고 그와 스승-제자 관계를 맺지 않으면 인간에게 진리를 깨닫게 하기 어려울 것임을 알고, 그 자신을 사원[하나의 육신]으로 건립한다. 이것이 스승의 화현(Guru-incarnation)이다.

지고자가 지상에서 스승의 화현으로서 하나의 몸을 취할 때는, (우리의) 인간을 위해서는 물론이고 그와 같이 충분히 성숙하여 신을 열망하는 다른 이들도 그 스승 가까이나 멀리서 태어나 그 스승을 만나 친교할 수 있는 기회를 가질 수 있도록 일체가 계획되는 것이 보통이다. 우리가 편의상 인류를 인간으로, 베다 전체를 선생님으로, 그리고 신의 많은 이름과 형상들 중에서 스리 크리슈나를 애호신으로 표현했듯이, 이 시점에서는 인간이 그의 스승을 만날 때 그 스승을 스리 라마나로 표현하자.

"무얼 그리 걱정하나? 너에게 무슨 일이 있었느냐?" 주 비딸이 이렇게 묻자 남데브가 대답했다. "저 옹기장이가 나무 막대기로 제 머리를 두드리려고 해서 못하게 했더니, 그가 저를 '구워지지 않은 옹기'라고 하면서 모욕했습니다."

"그가 다른 사람들의 머리도 두드려 보았느냐?"

"예, 그랬습니다. 그들은 이의를 제기하지 않았습니다. 그런데 제 머리도 그렇게 두드리는 것이 옳습니까? 저는 당신의 큰 헌신자 아닙니까? 그리고 저는 당신의 사랑을 받지 않습니까?"

"그것이 네가 잘못한 점이다! 너의 에고는 '나는 신의 헌신자다. 내 헌신은 대단하다. 나는 신의 총아다'라는 생각과 함께 자라고 팽창한다. 사랑에 대해서는 사랑으로 돌려줄 책임이 있었기에 나는 너를 바로잡고 너에게 참된 지知를 가르쳐 줄 수 없었다. 그래서 너는 내 귀여움을 받고 버릇이 없어진 것이다. 부모가 자식들을 남에게 보내어 가르침을 받게 하듯이, 이제 나도 너를 네 스승에게 보내어 겸손과 지知를 얻게 해야겠다. 그러기 전에는 너는 확실히 '구워지지 않은 옹기'다! 남데브의 애호신이었던 빤다르뿌르의 주 비딸은 이렇게 판정했다.

"뭐라고요! 당신보다 더 위대한, 스승이라는 분이 있단 말입니까?"

"그렇다. 옹기를 굽는 것, 즉 진아지를 얻는 것은 너의 아버지, 어머니와 같은 애호신인 나를 통해서는 불가능하다. 그것은 스승에 의해서만 가능하다. 숲 근처의 퇴락한 사원에 살고 있는 너의 스승이 있다. 그를 찾아가거라."

남데브는 성자들의 모임에서는 물론 주 비딸에게도 창피를 당했기 때문에, 무슨 일이 있어도 반드시 참된 지知를 얻어야겠다고 생각했다. 그래서 애호신을 떠나 숲으로 들어갔다. 퇴락한 사원으로 다가간 그는 한 노인이 시바링감(Shivalingam) 위에 두 다리를 뻗고 누워 있는 것을 보았다. 노인이 신성한 링감을 모독하는 것처럼 보이는 광경에 놀란 그는 생각했다. '주 비딸은 이 노인이 나에게 지고의 지知를 가르쳐 줄 스승이라고 했는데, 이분은 시바링감 위에는 누구도 다리를 걸쳐서는 안 된다는 기본적인 진리도 모르는 것 같다.' 그는 가까이 다가갔다.

"가까이 오게. 자네는 비딸이 보낸 사람 아닌가?" 노인이 말했다! 이 말을 들은 남데브는 당황했으나 무뚝뚝하게 대답했다. "스와미님, 당신께서는 과거, 현재, 미래를 아시는 것 같습니다. 그렇다면 시바링감 위에 다리를 걸쳐서는 안 된다는 것을 모르시는 것 같아 보이는 것은 무슨 까닭입니까?"

헌신이 아무리 대단하다 해도, 겸허함이 없는 마음은 스승을 만나거나 그를 만나서 진정한 열매를 거둘 근기가 되지 못한다. 스리 라마나 바가반의 친존에서도, 가르침을 받고자 온 사람들 중 어떤 이들은 실제로 스리 바가반을 가르치려 들었고, 당신께 봉사하러 온 사람들 중 어떤 이들은 당신께 이래라 저래라 하는 경우를 우리가 더러 보지 않았던가?53) 미성숙한 마음은 스승에 대해 이런 식으로밖에 행동하지 못한다! 그런 마음은, 남데브가 그랬듯이 심지어 스승의 일상 활동에서 흠을 찾아내어 그것을 바로잡으려 들기까지 한다. 지금 인간의 형상을 한 스승으로 와 있는 분은 **지고자** 그 자신이므로, 그는 헌신자들의 무지한 비판도, 그들의 황홀해 하는 찬양도 신경 쓰지 않는다. 그와 마찬가지로,

---

53) (1) 한번은 사회 개혁가인 한 헌신자가 스리 바가반 라마나에게, 아쉬람 식당에서는 평등이 지켜지지 않는다고 불평했다. 스리 바가반이 대답했다. "당신이 마음의 평안을 얻기 위해 여기 왔다면, 그것만 신경 쓰십시오." 그 헌신자가 대꾸했다. "저는 전 세계에 평등을 실현하고 싶습니다." 그러자 스리 바가반이 유머러스하게 말했다. "당신이 그럴 수 있다면 그건 좋지요! 그런데 전 세계가 개혁되면 이곳도 개혁되지 않겠습니까? 이곳도 세계 안에 있으니 말입니다." 그러나 그 헌신자는 계속 완강하게 말했다. "저는 지금 바로 이곳에서부터 저의 봉사를 시작하고 싶습니다!" 그러자 스리 바가반이 외쳤다. "아, 안됐군요! 왜 그렇게 불필요하게 당신의 마음을 어지럽힙니까?" 그리고 자애롭게 조언했다. "가서 잠을 자십시오. 거기서만 모두가 평등하지요!" 이렇게 당신은 심오한 의미를 지닌 은총의 말씀을 해 주었다.
 (2) 한번은 스리 바가반이 유머러스하게 말했다. "여기 오는 사람들은 저에게 많은 가르침을 줍니다. 그래서 제가 그들에게 많이 배우지요." 그런 다음 이런 이야기를 들려주었다. "처음 여기 오면 어떤 사람들은 그들의 바가반에게 사랑을 보여줍니다. 그들은 황홀경에서 노래하고 춤추면서 이렇게 말합니다. '오, 바가반, 제가 당신의 종이 되게 해 주십시오.' 그리고 봉사를 시작합니다. 이내 그들의 헌신이 커지면 그들은 제가 식사하는 것을 가지고 크게 난리를 치면서 저에게 이렇게 말합니다. '이 음식은 당신의 건강에 좋고, 저것은 좋지 않습니다.' 한두 달 뒤 그들 자신도 전에 그랬듯이 어떤 사람들이 새로 와서 저에게 먹을 것을 좀 내놓으면, 그들(먼저 온 사람들)은 저에 대한 큰 사랑의 마음으로 제가 그것을 먹는 데 몇 가지 조건을 답니다. 그래도 제가 그 공양자를 기쁘게 하기 위해 조금 먹기라도 하면, 그들은 '이건 좋지 않습니다. 이건 드시면 안 됩니다' 하고 비난합니다. 그렇게 몇 달이 지나면 저는 그들의 말에 따르지 않게 될까봐 겁이 납니다. 왜냐하면 그들의 조언은 저에 대한 그들의 큰 사랑에서 나온 것이니 말입니다. 그러면 늘 그렇듯이, 그들이 저의 주인이 되고 저는 그들의 종이 됩니다. 우리가 스와미라면 남들의 뜻에 어긋나서는 안 됩니다. 스와미 노릇이 어떤 것인지는 스와미가 되어 보아야만 압니다!"

이 노인은 남데브의 질문에 큰 인내심을 가지고 대답한다. "그런가? 내 다리가 링감 위에 있다고? 이보게, 나는 너무 늙어서 내 다리가 어디 있는지 잘 못 본다네. 다리에 감각이 없어 다리를 움직일 수도 없네. 그러니 부디 이 다리들을 치워 링감이 없는 곳에 놓아 주게." 남데브는 이 스승이 자신의 힐난을 받아들였다고 믿고 즉시 노인의 두 다리를 붙잡고 링감이 없는 곳에 놓았다. 그런데 웬 일인가! 노인의 발밑에서 링감 하나가 솟아올랐다. 다리를 다른 데 아무리 옮겨 놓아도 그 밑에서는 링감이 솟아올랐다! 아마 남데브의 마음이 주 비딸과의 친교를 통해 겸허함을 제외한 다른 모든 면에서는 충분히 성숙되어 있었기에 현자의 돌(*Sparsa Vedi*)54)에 접촉하기만 기다리고 있었던 것이리라. 스승의 두 발에 접촉할 기회를 이렇게 많이 갖자마자 그의 가슴이 깨어났다. 스승의 다리를 놓을 곳 치고 성스럽지 않은 곳이 없음을 안 그는 자신의 머리야말로 성스럽지 않은 유일한 곳이라는 결론에 도달했다. 이리하여 겸허함의 정점에 이른 그는 스승의 두 발을 자신의 머리 위에 얹었다! 자, 어떻게 될까? 남데브는 시바링감이 될 수밖에 없다. 즉, 그는 비이원적 진리, 곧 진아인 시바를 깨달을 수밖에 없다.

여기서 우리는 (2인칭과 3인칭들을 위한) 모든 공간이 시바링감을 위한 장소라는 것을 남데브가 인식하기는 했으나, 스승의 발을 자신의 머리 위에 놓는 행위에 의해 그의 주의가 자신의 진아, 곧 1인칭에게 기울여지기 전까지는 내면에서 참된 지(知)가 개화하지 않았다는 점에 주목해야 한다. 그가 그렇게 했을 때 비로소 진리를 깨닫게 되었다. 이것은 우리가 일체가 브라만이라는 것을 받아들이고 세계를 그렇게 보려고 한다 해도, 만약 진아를 체험하지 못하면 일체가 브라만이라는 그 앎이

---

54) (역주) 보통의 금속을 금으로 만드는 신비의 돌.

완전하고 참될 수 없으며, 그것은 하나의 상상에 불과하다는 스리 바가반 라마나의 가르침을 분명하게 입증한다.

> (…) 1인칭의 진리에 대한 탐구를 통해 1인칭[에고]이 사라지면, 2인칭과 3인칭도 끝이 난다네. 모든 것이 하나로서 빛나는 그 존재의 상태가 진아의 참된 성품이라네. ― 「실재사십송」, 제14연

이제 참된 지知를 가진 남데브는 집으로 돌아갔다. 며칠 후 주 비딸이 몸소 그의 집으로 찾아와서 물었다. "요즘은 왜 나를 보러 오지 않느냐?" 남데브가 대답했다. "오 주님, 왜 아직도 이렇게 저를 시험하십니까? 제가 지금 어디 있습니까? 당신만 계시지 저는 없습니다! 그렇다면, 언제 어디서 제가 당신과 함께 하지 않습니까?" "이제 이 옹기는 구워졌군!" 주 비딸은 이렇게 외치고 사라졌다.

이 이야기에서 우리는 애호신의 사랑조차도 한계가 있으며, 애호신도 그의 헌신자를 어떤 스승에게 보내어 지고의 지知를 얻게 해야 한다는 것을 분명히 알 수 있지 않은가? 이제 우리의 인간에게로 돌아가 보자.

인간이 애처롭게 찾아 헤매던 그의 애호신이 이 방대한 세계의 멀리 떨어진 한 구석의 어딘가에 있는 띠루쭐리라는 마을에서 인간의 형상을 취한다. 순다람 아이어와 알라감말이라는 부부의 자식으로 태어나는 것이다. 지금 인간의 몸을 취하는 것은 오직 세상 사람들에게 참된 지知를 가르치기 위한 목적에서 오는 **지고자**이므로, 그는 마치 죽음의 공포가 그에게 덮쳐오자 (그것을 극복하기 위해) 자기탐구를 한 외양을 취하여, 남들이 그의 생애담을 쓰면서 그것이 그의 깨달음의 원인이었다고 해석할 여지를 주지만, 그는 항상 그 자신이었고, 자신이며, 자신일 그 모습으로 빛난다. 그가 아루나찰라로 왔으나, 이 산은 그 인간 형상이 확대

된 하나의 거친 형상에 지나지 않으며, 그 겉모습 하에서 지고자가 지금 활동하며 우리의 인간을 기다리고 있는 것이다.

지금 자신의 애호신만 열망하며 "크리슈나, 크리슈나"라고 외칠 정도로 완전히 성숙한 (우리 학교의 3학년에서 공부하고 있는) 우리의 인간에게, 몇 명의 친구들이 찾아와서 이렇게 조언했다. "자네는 자네가 사랑하는 신을 애타게 갈망하는군. 스승이 없이는 신을 얻지 못한다고 현자들이 말한 것을 모르나? 잘 듣게, 띠루반나말라이에는 많은 사람들이 깨달은 진인, 사랑의 화신이라고 찬양하는 라마나라는 분이 계시다네. 그분을 찾아가서 자네가 사랑하는 신을 되찾을 수 있게 도와달라고 해보지 그러나?"

"그래? 그러면 가서 그분을 만나 봐야겠네." 그렇게 말한 인간은 자신의 스승을 만나러 갔다.

한 사람 형상이 그의 앞에 앉아 있다. 그 형상은 사악한 사람들에 대해서조차도 사랑으로 넘치고 있음에도, 겉으로는 오가는 많은 사람들에게 무관심한 듯이 보인다. 그 형상은 마치 자석처럼 인간을 끌어당겨 당신의 친존에 들어오게 했지만, 그분의 얼굴은 그런 은총의 어떤 외부적 표지도 드러내지 않는다. 좋아하지도 않고 싫어하지도 않는 듯하며, 오히려 단순한 주시자와 같다. 그런 겉모습을 보이며 스승이 인간에게 나타난다. 그러나 인간의 앞에 앉아 있는 것은 무엇인가? 그것은 그의 애호신, 곧 영혼을 끌어당기는 자석 같은 사랑의 산이다. 그가 이제까지 순수한 사랑으로 숭배해 왔던 분이며, 그가 몸, 가족 친지, 세계 등 모든 것을 마치 지푸라기인양 포기하고 온 것도 당신 때문이다. 그렇지 않은가? 외관상 사람 형상을 하고 있으나, 지금 그를 그렇게 끌어당기는 것은 그의 애호신 아닌가? 인간은 그의 발아래 엎드렸다가 다시 일어났다. 지금 그가 이 사람 형상에 대해 느끼는 이 끌림은 예전부터 그 형상을 알고 있어서가 아니라, 수많은 생에 걸쳐 그와 끊어짐 없는 연관을 맺어왔기 때문이다.

　나렌드라(Narendra)는 스리 라마크리슈나를 처음 만난 뒤, 최소한 1주일에 한번은 그를 보지 않고는 배길 수 없었다. 하고 싶고 보고 싶은 너무나 많은 것들로 가득 찬 도시인 캘커타에 살던 교육 받은 젊은이 나렌드라가, 교육도 받지 않았고, 잘생기지도 않았고, 부자도 아니며, 노인처럼 보이고 미친 사람처럼 행동하는 스리 라마크리슈나의 무엇에 이끌렸던가? 여기서 우리는 스와미 비베카난다[나렌드라]가 언젠가 자기 스승의 매력이 갖는 큰 힘에 대해 이렇게 이야기했다는 것에 주목할 만하다. "나의 교육받은 지성의 추론을 통해 아무리 제어해 보려고 해도, 내 마음은 당신께로 날아가곤 했다."

　역시 스승에게 심장을 도둑맞은 우리의 인간은 바가반 라마나께 하소연한다. "저는 스리 크리슈나를 숭배했고, 그분의 친견(*darshan*)을 얻었습니다. 제가 부르면 언제나 나타나신 그분께 저는 어리석게도 세간적인 대상들만 달라고 하다가, 어느 날 그분의 은총을 통해 저의 어리석음을 깨달았습니다. 그날 이후로 저는 사랑을 위해서만 그분을 사랑하기를 원했고, 제가 더 이상 어떤 세계의 그 어떤 것도 욕망하지 않는다는 것을 알려드렸습니다. '제가 필요로 하는 것은 당신뿐입니다!'라고 말입니다. 그러나 그분께 그렇게 기도하고 나자, 슬프게도 그날부터는 그분이 전혀 다시 나타나지 않았습니다. 제가 아무리 울고 그분을 열망해 보아도 말입니다. 저를 자비롭게 축복해 주셔서 제가 그분을 영원히 가질 수 있게 해 주십시오. 윗사람들에게서 듣기로는, 영원한 실재인 신은 스승의 도움이 있어야만 얻을 수 있다고 합니다. 그래서 제가 지금 당신을 찾아왔습니다. 저를 도와주십시오!"

　스승: 아니, 그대의 신이 사라졌다고? 만일 그가 영원한 실재라면 어

떻게 사라질 수 있는가? 그리고 그대가 말한 대로 그의 형상이 사라졌다면, 어떻게 그것이 영원한 실재일 수 있는가?

인간: 오, 바가반! 제가 말씀드리는 것은 진실입니다! 그분이 정말로 제 앞에 나타나서 성스러운 친교를 베풀어 주셨고, 정말로 사라졌습니다. 부디 저를 의심하지 마십시오.

스승: 그래, 그대의 말이 옳다. 그가 그대에게 나타나는 것은 사라지는 것만큼이나 실제적이다. 그러나 '나타남-사라짐'이란 것은 진리의 진정한 성품이 아니다. 무엇이든 오는 것은 가야 한다. 만일 어떤 것이 왔거나 나타났다고 한다면 이는 그것이 이전에는 없었다는 뜻이고, 그것이 갔거나 사라졌다고 한다면 이는 그것이 나중에는 없다는 뜻이다. 그렇다면 오고 감이 있고 특정한 시간과 특정한 장소 내에서만 존재하는 것이, 어떻게 시간과 공간에 속박되지 않는 신, 곧 **영원자**일 수 있겠는가? 그대는 나에게, 항상 존재하는 **실재**를 그대가 성취하는 것을 도와달라고 청했다. 이제 그대는 무엇이 실재인지를 분별하여 올바른 결론에 이르러야 한다. 그럴 때에만 그대가 그것을 성취하게 하는 나의 도움이 가치가 있을 것이다. 한때 나타났다가 사라져 버리는, 이름과 형상을 가진 그 신을 그대가 다시 얻게 도와준들 아무 소용이 없다. 그대는 자신이 정말 원하는 것이 정확히 무엇인지 판단하여 나에게 말해야 한다. 그대가 자신의 목표가 무엇인지를 알아내는 데 도움이 될 힌트를 내가 줄 수도 있다.

인간: 그렇다면 실재의 정의는 무엇입니까?

스승: **영원하고, 불변이고, 스스로 빛나는 것이다.** 나타남과 사라짐이 없이 모든 장소와 모든 시간에 있는 것이 실재이다. 결코 성장하거나—형태가 변하거나—쇠퇴하지 않는 것이 실재이다. 다른 어떤

것을 필요로 하지 않고 빛나는 것이 실재이다. 그것이야말로 사뜨(Sat)이다. 자, 그대 스스로 이 세 가지 조건을 충족하는 것을 찾아내어 나에게 말해 보라.

인간: 제가 보는 전 우주는 분명 시간과 공간에 속박되어 있고, 변화를 겪으며, 파괴를 면치 못합니다. 그렇다면 전 우주 안의 모든 것[해, 달, 별 등]은 거짓임이 드러납니다. 제가 사랑하는 신조차도 나타나고 사라지기 때문에 실재의 조건을 충족하지 못합니다. 그렇다면 제가 어떻게 실재의 조건을 충족하는 것을 찾아낼 수 있겠습니까?

스승: 진리의 정의를 충족시킬 그 모든 것에 대해 묻고 있는 자인 그대가 이 정의들을 충족하고 있는지 여부는 왜 살펴보지 않는가? 그대는 누구인가?

인간: 저도 태어났고, 자랐고, 늙어갈 것이고, 언젠가 죽어서 사라질 것입니다. 저조차도 변화와 파괴를 면할 수 없습니다.

스승: 그게 무슨 말인가? 그대가 태어났는가? 무엇이 태어났는가? 그 몸인가, 아니면 그대인가? 태어나고, 자랐고, 죽어서 사라질 것은 그 몸 아닌가? 그대가 그 몸인가?

인간: 하지만 …… 제 몸은 죽습니다!

스승: 만약 죽는 그 몸이 그대의 소유물이라면, 소유자인 그대는 누구인가?

인간: 예, 소유자인 저는 몸과 다를 수밖에 없군요. 몸과 그 밖의 것들을 생각하고 알 수 있는 저는 분명히 몸 아닌 그 무엇입니다.

스승: 그게 무슨 말인가? 그러면 그대는 그 생각하는 마음인가? 그대의 마음은 그대의 생각들의 형상 아닌가?

인간: 예, 제 마음은 생각을 합니다. 이 생각들이 마음입니까?

스승: 모든 생각을 제거하고 나서 보라. 마음 같은 것은 없다. 마음의

형상 자체가 생각들일 뿐이다!

인간: 아무 생각이 없을 때는 아무것도 없습니다! 그렇다면, **실재로서는 무엇이 있습니까?**

스승: 그대의 생각들—마음—을 아는 자인 그대는 마음 아닌 그 무엇 아닌가? 그대가 아는 그 마음은 그대의 소유물 아닌가? 그렇다면 그대—그 마음의 소유자—가 누구이며, 무엇인지를 알아내라.

인간: 마음이 없을 때는 알 것이 아무것도 없고, 아무 생각도 없다는 것만 압니다.

스승: 그대는 자신의 생각들이 움직이는 것을 알지 않는가? 자, 같은 방식으로 그대는 그것들이 가라앉아 있는 것도 알지 않는가?

인간: 예, 생각이 없는 어둠 같은 무無조차도 제가 압니다.

스승: 생각의 상태와 생각 없음의 상태 모두 나타나고 사라지지 않는가? 그러니 그것들이 어떻게 실재의 정의를 충족할 수 있겠는가? '이것은 다수이다, 이것은 무無이다[생각의 상태와 무념의 상태]'—이와 같이 아는 자인 그대가 실재의 정의를 충족하고 있는지 여부를 살펴보라.

보라, 그대는 (한때) 어린아이였지만 지금은 그대의 몸 형상이 변해 있다. 그대의 당시 마음의 내용도 지금은 변해 있다. 그러나 몸과 마음의 이러한 변화 속에서도 그대는 지금까지 변함없이 남아 있는 같은 사람 아닌가? 이 그대가 어떤 변화를 겪었는가?

인간: 아닙니다. 저는 같은 '나'이지 어떤 타자가 아닙니다. 하지만 이 '나'가 몸이 태어나기 전에 존재했습니까? 이 '나'가 몸이 죽은 뒤에도 존재하겠습니까? 저는 누구입니까?

스승: 왜 그렇게 멀리 앞질러 생각하는가? 그대의 잠 속에서 그대는 무엇이 되는가? 그때 그대는 있었는가, 없었는가?

인간: 몸과 마음이 아닌 저는 잠 속에서도 있었음이 틀림없습니다. 그러나 저는 거기서 저의 존재를 알지 못했습니다!

스승: 거기서 그대가 무엇을 알지 못했는가? 거기서 그대는 자신의 몸, 마음 그리고 세계를 알지 못했다. 그대의 존재 자체는 그대에 의해 경험되지 않았는가? **잠 속에서 그대의 존재를 받아들이는 것은 실로 그대 자신을 아는 것이기도 하다. 존재와 앎은 다르지 않기 때문이다.** 그것들은 같은 하나이다. 그대가 깨어나면 정확히 잠 속에서 존재한 대로 자기 존재의 성품을 기억하지 않는가? "정말 잘 잤다. 거기서는 꿈도 꾸지 않았다"고. 깨어난 뒤 그대가 한 말은, 잠 속에서 그대가 존재하는 경험을 알고 있었다는 것 아닌가? "정말 잘 잤다. 거기서는 꿈도 꾸지 않았다"는 두 가지 경험은 그대가 거기서 존재하는 것을 알고 있었다는 것을 드러내고 있지 않은가? 생각들—곧 몸, 마음, 세계로 가득 찬 상태에 불과한 현재의 생시 상태는 '다수성(Sakala-Vyakta)'을 대표하고, 몸, 마음, 세계가 없는 잠은 '무無(Kevala-Vyakta)'를 대표하므로, 지금 여기서 그대는 탄생과 죽음의 본질을 면밀히 탐색하여 이해할 수 있다. 그러므로 그 몸이 태어나기 전에 그대가 있던 상태와 그 몸이 죽은 뒤 그대가 있게 될 상태는 그대에게 분명히 알려질 수밖에 없다. 그대는 지금 자신이 잠과 생시 속에서 마음과 몸 아닌 다른 것으로서 존재한다는 것을 이해할 수 있으므로, 현생의 삶 자체에서는 물론이고 그 몸의 탄생 이전과 죽음 이후(이것은 탄생 이전에 불과하지만)에도 마음과 몸 아닌 다른 것으로서 존재할 수밖에 없다는 것도 이해할 수 있다.

더욱이 세계를 알려면 그대가 아닌 빛, 감각 기관, 마음과 같은 보조 수단들이 필요하지만, 몸, 감각 기관, 마음이 없는 잠 속에서

의 그대의 존재를 아는 데는 그대 자신 외에 다른 어떤 보조 수단
이 필요한가? 아무것도 필요 없다! 그대의 존재를 아는 데는 다른
어떤 보조 수단도 필요하지 않다.

스승: 그대에게는 무엇이 빛인가?
제자: 낮에는 저에게 해가 빛이고, 밤에 어두운 곳에서는 등불이
빛입니다.
스승: 그 빛을 보는 빛은 무엇인가?
제자: 눈입니다.
스승: 그것[눈]을 아는 빛은 무엇인가?
제자: 그 빛은 마음입니다.
스승: 마음을 아는 빛은 무엇인가?
제자: 저입니다.
스승: 그래서 그대가 빛들에 대한 지고의 빛이다. (스승이 이와 같
은 가르침을 주자) 제자는 '그것이 진실로 나다'를 깨달았다.
— 「실재사십송-보유」, 제7연

이제 이와 같이 실재의 모든 정의를 충족하는 그대 자신의 성품을
탐구하라.
인간: 예, 저는 제가 그 실재라는 결론에 도달했습니다. 그러면 지난
세월 동안 제가 원하는 것이면 모두 저에게 주고, 제가 저의 목숨
보다 더 사랑하던 저의 애호신은 누구였습니까? 그분은 누구입니
까? 저에 대한 그분의 자비와 그분에 대한 저의 모든 정성스러운
헌신은 한갓 거짓 감정이었고 헛된 것이었습니까? 저의 이 혼란까
지도 자비롭게 제거해 주십시오.
스승: 그대가 아닌 '사랑'이라는 것이 있다면 그것은 실재의 단일성을

손상할 것이다. 따라서 그대가 실로 사랑이다. 그대가 사랑 그 자체가 아니라면, 사랑이 다른 어떤 존재물일 수 있겠는가? **그대의 진아[존재(Sat)]에 대한 앎은 자연적으로 항상 존재한다. 왜냐하면 그대는 앎 그 자체이기 때문이다. 마찬가지로, 그대 안의 어떤 사랑의 느낌까지도 그대 외의 것일 수 없다. 왜냐하면 그대는 사랑 그 자체이기 때문이다.**

인간: 조금 전 당신께서는 제가 앎 그 자체라는 것을 제가 어떻게 부단히 경험하는지를 자비롭게 설명해 주셨습니다. 이제 제가 사랑이기도 하다는 것을 제가 어떻게 부단히 경험하는지도 자비롭게 설명해 주시겠습니까?

스승: 조금만 면밀히 살펴보면 그대(Sat)가 앎(Chit) 그 자체라는 경험을 그대가 가지고 있음이 증명되듯이, 조금만 탐구해 보면 그대가 사랑(Ananda)이기도 하다는 경험을 그대가 가지고 있다는 것이 증명될 것이다.

인간: (그 탐구를) 어떻게 해 나가야 합니까?

스승: 그대는 무엇에 대한 사랑에서 여기 왔는가? 그것은 그대의 애호신에 대한 사랑 아닌가? 왜 그를 사랑했나? 그것은 그대가 원하는 모든 것을 그가 주었기 때문 아닌가? 그가 남들에게만 주고 그대에게는 주지 않았다고 하면, 그대가 그를 위해 여기 왔겠는가?

인간: 그랬을지는 모르지만, 지금 저는 그분의 사랑만을 위하여 저의 애호신을 사랑합니다. 이것도 이기심입니까?

스승: 그대는 지금 마치 그대에게 이기심이 없는 것처럼 기도하면서, 그에게 그대 앞에 나타나서 그대와 함께 있는 것 외에는 아무것도 베풀지 말아 달라고 한다. 그가 다른 모든 사람에게도 친견을 베풀어 왔고, 그대 앞에는 이제 다시는 나타나지 않기로 했다는 것을

그대가 알게 되었다고 가정하면, 그래도 그대는 그를 사랑하겠는가? 그래서 그것은 그대가 실은 '그대의' 진아를 사랑하고[진아에 헌신하고] 있고, 그 표적 쪽으로 그대의 애호신에 대한 사랑이 방향을 돌릴 것임을 의미한다. 그래서 베다에서 선언하기를, "일체가 사랑스러운 것은 진아를 위해서이며 (…)"라고 하였다. 그래서 진아가 모든 것 중에서 가장 소중한 것이다.

인간: 정말 희한하군요! 저는 깊이 성찰한 끝에, 저의 애호신에 대한 사랑을 포함한 저의 모든 사랑은 자기중심적이라는 결론에 이르렀습니다.55) 그건 다 좋습니다. 하지만 그렇다면 저의 애호신에 대해 제가 보여준 그런 사심 없는 사랑은 어떻게 설명합니까?

스승: **그는 그대에게서 아무것도 얻는 것이 없는데, 그의 사랑은 누구를 향했나? 그대를 향하지 않았나? 그대와 그대의 애호신이라는 두 점에서 나온 사랑의 표적인 그대야말로 그 사랑이 목표하는 것이다. 그렇다면 사랑의 완전한 형상은 그대일 뿐이라는 것이 분명하게 이해되지 않는가?** 앞서 그대가 곧 그대의 존재를 아는 앎이라는 것을 그대가 발견했듯이, 지금은 그대를 사랑하는 (그대의 애호신과 그대의) 자연발생적 사랑의 형상이 그대일 뿐이라는 것을 이해할 수 있다. 그래서 그대, 곧 **존재-의식**은 **지복**이기도 하다. 바꾸어 말해서, **존재-의식으로서의 그대를 아는 것이 곧 지고의 지복을 성취하는 것이다.** 그대의 애호신을 그 비실재적 측면인 이름과 형상을 소거한 뒤 그 완전한 실재적 측면인 사뜨-찌뜨-아난다의 상태로 영원히 얻는 것조차도 이것일 뿐이다. 그것을 알고, 그것을 체험하고, 그것이 되라.

---

55) 더 자세한 설명은 제1부, 제2장(64-67쪽)을 참조하라.

(그에게) 어떤 이름을 붙여 어떤 형상으로 지고자를 숭배하든, 그
것이 그 이름과 형상으로 지고자를 보는 길이지만, 그 **실재**[지고
자]의 진리 안에서 자기 자신의 진리를 깨달아 **그것**과 하나가 되
고 그 속으로 해소되는 것만이 참된 봄이네. 이와 같이 알아야
하네.
— 「실재사십송」, 제8연56)

  이 말을 듣자 인간은 신성한 경외감으로 충만했고, 머리가 곤두섰으
며, 가슴이 스승에 대한 사랑으로 넘쳐 올라 그의 발아래 엎드렸다!
  인간은 집으로 돌아갔다. 한동안 그는 밤낮으로 자신이 스승에게서
받은 그 비이원적 가르침을 깊이 성찰했다. '나의 애호신이 아니고서,
대체 누가 내 스승이 되어 이처럼 나를 지고의 실재 쪽으로 방향을 돌
리게 할 수 있었겠는가? 지난 세월 동안 나에게 그토록 많은 사랑과 보
살핌을 쏟아준 분은 나의 애호신이다. 그러나 이제 나는, 내가 청한 모
든 세간적 대상들을 베풀어준 애호신보다 몇 배로 더 많이 참된 길을
통해서 나를 이끌어주고 정말 나에게 큰 이익을 베풀어 준 분은, 내가
얻어야 할 유일한 지고의 진리인 나의 **참스승**(Sad-Guru)이라는 것을 알
겠다. 나는 내 애호신에게 당신만이 내가 필요로 하는 존재가 되어 주
는 은택恩澤을 달라고 청하지 않았던가? 이제 그 은택이 하사된 것 같
다. 당신 자신이 나의 참스승으로 화현하는 것이 당신 자신을 나에게
베푸는 유일한 길이구나. 정말 이제는 이따금 나타났다 사라지던 애호
신 크리슈나와는 달리, 나처럼 살아가고 밤낮으로 계신 내 참스승이야
말로 애호신이구나! 당신의 발아래로 가는 것이 실로 내가 청했던 은택
이구나! 그렇다면 내가 더 이상 여기 왜 있어야 하나?'
  이제 내면에서 스승에 대한 사랑(*Guru Bhakti*)이 만개한 인간은 일체를

---
56) 뒤에 나오는 부록 4의 2) 참조.

뒤로 하고 자신의 스승에게 돌아가서 다시는 그를 떠나지 않는다. 이와 같이 애호신을 향한 사랑이 스승에 대한 사랑으로 성숙한 인간은 우리 학교의 4학년으로 올라간 것이다! (4학년에서의) 이 스승에 대한 사랑이 모든 이원적 사랑(dvaita bhakti)의 절정이다. 다른 어떤 형태의 사랑도 이것을 능가하지 못한다.

> 스승이 브라마이고, 스승이 비슈누이며, 스승이 마헤스와라(시바)라
> 네. 진실로 스승이 지고의 브라만이네. 이 스승께 경배합니다.
> — 샹까라, 「구루 송찬(Guru Stotram)」, 제3연

그런 스승 사랑이 우리의 심장 속에서 만개할 때, '지고의 목표'를 향한 우리의 순례는 앞에서 말한 흘러가는 갠지스 강에 떨어지는 빗방울의 그것과 비슷하다. 실재하는 스승을 얻어 자신의 내면에서 진정한 스승 사랑을 일으키는 것은, 사랑의 느낌이 정화되는 우리 학교의 4학년에서만 일어난다. 스승과 함께 있는 것이 애호신을 얻어 그와 함께 있는 것과 동일하다는 것을 이해하자마자, 애호신을 얻어 그와 함께 하고 싶다는 인간의 욕망은 희미해진다. 세간적 대상들에 대한 그의 모든 욕망을 절멸시킨 이 **분별**(Viveka) 때문에, 인간은 이제 자기 스승의 발아래 앉아 스승의 친존에서[즉, **분별지복**(Viveka-Ananda)의 상태에서] 완전히 충족되는 **지복**(Ananda)을 즐긴다.

스승 사랑이 이처럼 모든 이원적 사랑의 최고임을 알게 되었으므로, 이제 우리가 가지고 있다고 생각하는 스승 사랑의 본질을 면밀히 탐색하여 알아보자. 원시인이 우리 학교의 1학년에 입학했을 때는 선생님인 베다가 그의 스승이었고, 그에 대해 그가 가졌던 사랑도 스승 사랑(guru bhakti)이었다. 그렇지 않은가? 우리는 설명의 편의상 베다를 선생님으

로, 인류 전체를 인간으로 이야기했으므로, 그것이 수행에서 실제로 어떻게 작용하는지 살펴보자. 베다의 '행위부(Karma Kanda)'에 있는 무수한 항목들 중 일부에 저 나름대로 통달한 학자와 빤디뜨들이 있지 않은가? 인류는 그들로부터만 가르침을 얻을 수 있으며, 그들 모두는 자신의 특정한 행위부 유파에서 한 사람의 스승이다. 그래서 우리 학교 1학년의 스승들은 많고, 많은 이들이 각 유파 스승들의 제자들이다. 이와 같이 인류 가운데는 1학년 때의 우리의 인간과 같은 수많은 제자들의 집단에게 의식행위(Karmas)를 가르치는 수많은 스승들이 있다. 그런 스승들과 1학년 제자들은 우리들 가운데도 많이 있었고, 지금도 있고, 앞으로도 있을 것이다. 그렇다면 각 스승의 집단에 있는 제자마다 자신의 스승이 최고의 참스승이라고 진지하게 주장하는 것도 놀라운 일이 아니다! 우리는 이제 그 제자들의 스승 사랑과, 지금 4학년에 있는 우리의 인간의 스승 사랑의 차이를 이해할 수 있다. 그 차이는 실로 계곡과 산봉우리의 차이이다.

1학년인 사람들이 세간적 대상들에 대한 욕망을 충족하기 위해 수많은 스승들을 가지고 있듯이, 우리들 가운데 2학년에 속한 많은 사람들도 신의 여러 가지 이름과 형상들에 대한 숭배를 통해 세간적 대상들에 대한 그들의 욕망을 충족하기 위한 무수한 스승들을 가지고 있다. 319쪽에서 말했듯이, 우리 학교의 3학년 1)반 사람들 중에서 이름과 형상으로 그들의 애호신을 볼 수 있음에도 불구하고 세간적 대상들과 싯디는 물론이고 이름과 명성에 대한 욕망 때문에 진보가 멈추고 지체된 사람들이, 우리 학교 2학년에 있는 사람들과 숭배 방법들을 배우고 싶어 하는 사람들에 의해서는 신을 깨달은 대단한 사람들로 여겨진다. 그들도 자신들의 스승에 대한 사랑을 '스승 사랑'이라고 부르면서, "내 스승 아무개야말로 신을 본 마하트마이다. 그분은 신이다! 그분은 피와 살로

된 신이다. 그분은 마하르쉬이다. 그분을 찾아가라. 당신의 모든 목표가 성취될 것이다!"라고 선언한다. 우리 학교의 2학년에는 수천만의 학생이 있고, 각 학생마다 그들의 갖가지 욕망을 충족하기 위해 수많은 이름과 형상의 신을 숭배해야 하므로, 분명히 그 2학년 학생들을 위한 수천만의 스승들이 있어야 한다! 그렇지 않은가?

우리는 주위에서 그런 수많은 스승들 주위로 몰려드는 사람들을 보지 않는가? 그 중에는 무식한 사람들뿐만 아니라 학위를 가졌거나 고위직에 있는 사람들도 있다. 그들은 말한다. "그 읍에는 여신 락슈미를 숭배하여 많은 것을 성취한 마하트마가 한 분 계시다. 우리가 그분을 찾아가면 부와 명성을 얻을 것이다." "여기 우리 마을에는 여신 빠르바띠를 친견한 위대한 스와미가 한 분 계시다. 그분은 우리의 모든 욕망을 충족시키는 신성한 공양물(Prasad)을 우리에게 주신다." "여기서 가까운 산중 사원에는 주 수브라마니아를 통해서 말하는 성자가 한 분 계시다. 그분이 어떤 사람에게 비부띠[성스러운 재]를 주면 기적적인 일들이 일어난다." 이처럼 우리 학교의 1학년과 2학년에서는 우리의 선생님 베다가 수많은 보조자들을 통해 가르친다!

3학년 1)반에 있는 구도자는 일념 집중된 사랑으로 인해 자신의 애호신과 친교를 즐기므로, 그는 누구를 찾아갈 필요가 없다. 그를 3학년 1)반으로 진급시켜 준 선생님[베다]조차도 찾아갈 필요가 없다. 그도 그럴 것이, 세간적 욕망에 대한 그의 모든 욕망을 충족시켜 주는 애호신이 없다면 베다가 무슨 의미가 있겠는가? 그의 애호신 아닌 여러 이름과 형상의 신들을(즉, 그런 신들을 모신 사원들을) 방문하고, 위에서 말한 그런 여러 스승들을 찾아가는 것은 그의 성품 속에 있을 자리가 없다. 그의 일념 집중된 사랑 때문에도 그렇다.

어떤 때는 이상하게도, 4학년의 인간이 가진 것과 같은 세련된 스승 사랑의 높은 자격조건을 갖춘—즉, 신에 대한 사랑만 있고 세간적 대상들에는 완전한 무욕을 가진—일부 구도자들이, 앞에서 말한 그런 스승들의 제자들로부터 자신들의 스승을 찾아가 보라는 조언을 들을 것이다. 그러나 이내 지고자가 그 사람 자신의 이익을 위해 그로 하여금 그런 환경을 포기하게 만들 것이다. 붓다는 일체를 포기한 뒤 진리를 찾아서 숲 속을 헤맬 때, 우리 학교의 1학년과 2학년생들에게나 맞을 그런 스승들 밑으로 들어가지 않을 수 없었다. 그러나 이내 그들의 도움이 무용하다는 것을 알고 그들을 떠났다. 우리 학교 3학년 2)반에 있는 구도자 내면의 지知에 대한 열망의 이글거리는 불길 앞에서, 그런 스승들이 아무 도움이 되지 않는다는 것은 놀라운 일이 아니다. 여기서 우리는, 요기니 바이라비 브라마니(Yogini Bhairavi Brahmani)의 제자였던 스리 라마크리슈나가 그녀의 제자이기를 그냥 그만두어야 했던 점을 주목할 만하다. **때로는 그런 스승들이 그 구도자(더 이상은 그들에게 관심이 없고, 급속도로 4학년으로 진급하고 있는 사람)가 헌신이 부족하고 스승에게 불충하며, 고마움을 모른다고 비난할 수도 있다.** 그러나 구도자들 중에서 가장 우수한 그는 자신의 목표를 향해 밀고 나간다. 지고의 진리에 대한 강렬한 열망의 홍수 속에 있는 그에게, 그런 스승들과 함께 허비한 나날들에 대해 후회하거나 그들에 대해 미움이나 무시의 감정을 느낄 겨를이 어디 있는가? 그는 그들을 그냥 잊어버린다!

어떤 사람들은, 그런 구도자들이 3학년 2)반에서 4학년으로 진급하면서 더 낮은 학년을 가르치기에나 적합한 그런 스승들을 하나하나 만나면서 느끼는 실망과 시간 낭비를 고려하여, 그런 이들에게는 "스승-제자 관계는 불필요하고, 스승이 깨달음을 안겨준다는 기존의 믿음은 바람직하지 않다"고 가르쳐야 한다고 생각할지 모른다. 그런 말 이면의 진실은, 우리 학교의 4학년이 될 자격이 있는 고도로 성숙한 영혼은 앞에서 말한 그런 어떤 스승도 찾아갈 필요가 없다는 것이다. 때가 되면 은총에 의해 참스승을 만나게 될 것이기 때문이다. 하지만 그런 조언을 해 주는 사람들은 그 성숙한 구도자들에게 그런 좋은 경고를 해 주어 그들이 잘못된 방향으로 가지 않도록 한다는 점에서 '스승들'의 역할을 하는 것 아닌가? 일부 진지한 구도자들이, 철학의 웅변가에 불과한 사람들과, 숭배의 힘을 통해 세간적 대상들을 얻을 수 있고—즉, 3학년 1)반에 있고—자신이 대단한 스승이라고 생각하는 사람들의 소란함에 실망한다는 것은 사실이지만, 스승이 꼭 불필요하다고 결론짓는 것은 위험하다. 바로 이것을 두고 스리 라마크리슈나는 "작은 물뱀이 큰 개구리를 잡으면 피차 괴롭다. 뱀(스승)은 개구리(제자)를 삼키지 못하고, 개구리는 뱀에게서 빠져나오지 못한다"고 하였다.

또 어떤 때는 이상하게도, 세간적 대상들에 대한 사랑만 가지고 있어서 1, 2학년과 3학년 1)반에 있는 많은 사람들이, 4학년 학생들을 기다리고 있는 진정한 참스승의 신적인 친존 안에 들어올 수도 있다. 그들은 좋은 발현업 덕분에, 지금 사람 형상을 하고 항상 지고자 브라만으로 빛나는 위대한 참스승의 친존에 우연히 오기는 하지만, 그를 세간적 대상에 대한 자신의 사랑을 충족하는 한 수단으로만 여긴다. 따라서 그에 대한 그들의 사랑은 스승 사랑(Guru Bhakti)이라고 할 수 없다.

> 제가 이 세상과 다음 세상에서 행복하게 해 주십시오. 제가 바라는 것들을 소유하게 해 주시고, 그것들을 소유하고 싶어하게 해 주시며, 저의 욕망이 충족되게 해 주십시오. (…) 제가 적합한 거주지를 소유하게 해 주시고, 제가 명성을 얻게 해 주십시오. 제가 행운이 있게 해 주시고, 제가 부를 얻게 해 주시며, 제가 소유물들을 지킬 능력이 있게 해 주십시오. (…) 제가 남들의 찬사를 받

게 해 주시고, 제가 희생제와 같은 종교적 일들을 거행하고 그 열매를 향유하게 해 주시며, (…) 제가 오래 살게 해 주십시오.
― 「짜마깜(Chamakam)」,57) 제3절

저에게 음식물이 풍족하게 해 주시고, (…) 저에게 우유, 크림, 기이, 꿀이 풍족하게 해 주십시오. 저에게 가족친지들과 먹고 마실 기회를 주시고, (…) 저의 나무와 작물들이 잘 자라게 해 주시며, 제가 금, 보석, 진주 등을 풍족히 소유하게 해 주시고, 제가 신체 건강하게 해 주십시오.
― 『짜마깜』, 제4절

제가 이미 얻은 부富와 앞으로 얻을 부가 견실하게 해 주시고, 저와 제 아들들, 친척들이 잘 살게 해 주시며, 제가 동산과 부동산을 소유하게 해 주십시오. 제가 한 행위들의 과보를 얻게 해 주십시오.
― 『짜마깜』, 제5절

이와 같이 그들은 참스승에게 기원한다.

과수원의 모든 과일 중에서 까마귀는 작고 쓴 님(neem) 열매만 쫄 것이다! 참스승은 욕망도 목적도 애씀도 없지만, 그의 단순한 친존 자체가 천상의 소원성취수와 같이 그들의 욕망을 어김없이 충족해 준다. 그들은 자신의 욕망 충족을 기원할 뿐만 아니라 참스승이 자신들을 행위(Karmas), 진언(Mantras) 기타 숭배 방법들에 입문시켜 주기를 원하는데, 그것은 모두 우리 학교 1, 2학년과 3학년 1)반 학생들에게만 필요한 것이다. 참스승은 우리 학교의 4학년생들에게 진아헌신(Swatma Bhakti)

---

57) (역주) 『야주르베다』에 있는 루드라(시바) 찬가인 「루드람(Rudram)」에 덧붙여진 부분. 모두 12절로, 신에게 자신의 소망을 이루어주기를 기원하는 내용이다.

이라고 하는, 모든 사랑 중에서 가장 높고 가장 세련된 사랑을 가르칠 목적으로 왔을 뿐이지만, 때로는 남들[세간적 대상들을 바라는 사람들]에 대한 자비심에서 그들의 수준으로 내려가서 그들의 요청과 취향에 따라 1학년생들에게는 어떤 **의식행위**(*Karmas*)를 권장하고, 2학년생들에게는 어떤 **진언과 차크라**(*Chakras*)를 권장하며, 3학년 1)반 학생들에게는 어떤 **송찬**(*Stotras*)**과 염송**(*Japas*)을 권장하여 그들을 돕기도 한다. 어머니가 자식한테는 어떤 음식을 주고, 식구들 중 연장자들에게는 소화력에 따라 다른 음식을 주듯이, 참스승이 세간적 대상들의 성취만을 위해 당신을 찾아오는 사람들을 도와준다고 해서 놀랄 일은 아니다. 1, 2학년과 3학년 1)반 학생들이 빤디뜨와 베다 학자들의 가르침만 받기보다 이 지고자인 참스승 자신의 가르침을 받는다는 것은 하나의 특권 아닌가? 3학년 2)반 아래의 반이나 학년에 있는 사람들로서 참스승을 찾아온 이들은 행위, 진언, 차크라, 염송 등과 같은 가르침을 그 참스승의 주된 가르침으로 간주하고, 또한 그렇게 그것을 전파하기 마련이다. 그렇다, 그런 것들이 **그들에게는** 참스승의 주된 그리고 유일한 가르침이지만, **그들에게만 그렇다**! 따라서 우리 학교 4학년에 있는 구도자들은 참스승의 주된 가르침이 실제로 무엇인지를 알고 그것을 실천할 의무가 있다.

우리 학교 1학년부터 3학년 1)반까지의 스승들 가운데 진아지자眞我知者(*Atma-Jnanis*)**는 아무도 없다**. 그래서 그들은 세계(의 이름과 형상들)에 대해 실재감을 가지고 있고, 이 세상과 다음 세상에서의 행복 및 이름과 명성을 욕망한다. 즉, 사람들로부터 가장 위대한 스승으로 칭송받고 싶어한다. 결과적으로 그들은 자신의 제자들이 자기에게 늘 만족해하고, 충성하고, 고분고분하기를 기대한다. 그들은 제자들이 이원적 사랑에서 진아에 대한 사랑(*Swatma Bhakti*)으로 더 진보하여 비이원적 지복을 즐기는 것을 좋아하지 않는다. 그들 자신이 지고의 지知를 가지고 있지 않기 때문에 그것을 시기하게 된다.

그러나 진정한 스승은 지고의 브라만일 뿐이므로, 제자가 (스승인) 자신에 대한 이원적 사랑을 즐기는 것을 허용하지 않는다. 그는 제자에게 그런 이원적 사랑에 자족하고 있어서는 안 된다고 지적해 준다. 그는 제자가 비이원적인 본연적 진아체험(Sahajatma-Anubhava)을 얻을 때까지는 결코 현재의 고요함에 자족하는 것을 용납하지 않는다.

이제 우리의 인간에게 돌아가 보자. 그는 스승의 발아래서, 마치 큰 호수 안에서 고요해진 빗물처럼 행복하고 고요하다. 그러나 스승 라마나는 그가 그런 유의 행복에 자족하고 있는 것을 용납하지 않는다.

인간은 다음과 같이 노래한다.

"나는 라마나 외의 어떤 신도 알지 못하네. 나에게 이 길을 어떻게 나아갈지 물으신 당신께서는, '그대의 진아 쪽으로 나아가는 길 외에는 더 나은 어떤 길도 없다. 이것이 결점 없는 유일한 길이다'라는 말씀 외에는 달리 어떤 말씀도 하지 않으셨네."

— 『스리 라마나 친존예경(Sri Ramana Sannidhi Murai)』, 제533연

"오, 저의 애호신이시여, 당신께서는 사람의 형상으로 지상에 오셔서 라마나라는 이름을 지니셨습니다. 오, 지知의 태양이시고 지복의 바다이시며, 성산[아루나찰라]과 같으신 당신께서는 가슴이 당신에 대한 사랑으로 녹는 헌신자들에게 은총을 하사하시고, 저를 당신께로 부르시어 당신을 마시게 하십니다!"

— 『스리 라마나 친존예경』, 제218연

"저는 개처럼 거리를 쏘다녔는데, 오 라마나, 당신께서 저를 구해 주셨습니다! 오 저의 애호신이시여, 당신께서는 제 스승이 되시어

저에게 (자기탐구의) 길을 주셨으니, 그 길에서는 제가 마야에 미혹될 수 없습니다. 오, 라마나시여, 저는 더 이상 다른 어떤 신도 찾아가지 않겠습니다." ─『스리 라마나 친존예경』, 제544연

마치 자신이 열망하는 것을 얻은 사람처럼 만족하여 이처럼 즐겁게 당신을 찬양하며 노래하는 인간 쪽을 돌아보며, 참스승이 묻는다. "그대는 애호신을 성취했는가?"

인간: "오, 주님, 당신께서는 저를 당신 자신의 것으로 취해 버리셨고, 수많은 생에 걸쳐 저를 보호해 주셨는데, 이제 당신 자신께서 저의 내면에서 나와 저의 스승으로서 저를 가르치십니다. (…)"

─『해탈정수』, 제1편, 제79연

예, 저의 주님, 성취했습니다! 당신이 곧 저의 애호신이십니다!

스승: 그대가 애호신에게 청한 은택은 무엇이었나?

인간: 명료한 이해를 얻고 나서 제가 그분께 청한 유일한 은택은 "저에게 당신만을 주십시오. 왜냐하면 다른 어떤 것도 원치 않기 때문입니다."라는 것이었습니다.

스승: 그것이 성취되었는가?

인간: 예, 제가 청한 것은 당신, 곧 제 앞에 계신 저의 주님이십니다! 그래서 저는 제가 청한 것을 가졌습니다!

스승: 그대 앞에 있는 것은 이것(자신의 몸을 가리키며)이다. 이것이 그대가 청한 것인가?

인간: 그것이 실로 제가 열망하던 저의 참스승인 당신이십니다.

스승: 내가 이것인가? 그대는 내가 이 몸이라고 믿는가? 그렇다면 어떻게 이 형상이 그대의 애호신 형상보다 나을 수 있겠는가? 그 형

상은 나타났다가 얼마 후 사라졌다. 그와 마찬가지로, 이 형상도 한동안 그대와 함께 살다가 죽어서 사라질 것이다! 그렇지 않은가? 그렇다면 어떤 면에서 이 이름과 형상이 그 이름과 형상보다 우월한가? 만일 그대가 성취해야 할 목표로 여긴 것이 이 이름과 형상이라면, 언젠가 그대의 욕망은 아무 쓸모없는 것으로 드러날 것이다. 그러니 최소한 이제는 앞서 배운 대로 그대의 목표가 진정 무엇인지를 결정해야 한다.

인간: 당신만이 저에게 "내가 지고자이다"라는 큰 진리를 드러내 주셨습니다. 저의 애호신은 그러지 않았습니다! 당신만이 저에게 최고의 원리를 가르쳐 주셨고 애호신은 그러지 않았으므로, 제가 진정으로 필요로 하는 것을 보살펴 주시는 당신의 저에 대한 사랑이, 제가 청한 것만 주던 애호신의 사랑보다 더 크다고 저는 느낍니다. 당신과, 당신께서 저에게 보여주신 진리는 똑같은 하나입니다. 그것이 저의 결론입니다.

스승: 만일 내가 그것이라면 그것이 그대에게 이익이 되는가? 나를 신이나 스승이나 저 지고의 진리로 찬양하는 것이 그대의 목표 전부인가? 만약 내가 저 지고의 진리라면, 그대는 어떤가?58) 그럴 때 그대는 누구인가? 그대가 나, 곧 지고의 진리를 성취하는 것은 그대 자신이 지고의 진리임을 아는 것과 동일하지 않은가

인간: 저의 참스승의 신성한 두 발을 붙드는 것이 진리의 위없는 상태에 도달하는 유일한 길 아닙니까? (그러면서 인간은 스승의 발 앞에 엎드려 두 발을 붙잡는다.)

스승: 이것이 그대의 스승의 발인가? (당신의 몸을 가리키며) 이것이

---

58) "나를 스와미로 칭송하는 것이 무슨 소용 있나? 자네가 스와미가 되어야지."라고 바가반은 저자에게 말씀하셨다.

그대의 참스승인가? 그대는 거듭하여 같은 실수를 하고 있다. 여기 (인간의 몸을 가리키며), 그대의 참스승은 그대 안에 있다. **영원히 빛나는, 그리고 그대의 내면에서 '나-나'로서 항상 직접 체험되는 진아자각**(Self-awareness)**이 그대의 참스승의 진정한 두 발이다. 그것을 붙들라. 그것만이 그대를 목표에 이르게 할 것이다.**

인간: 밖에서 오는 당신의 말씀을 통해서만 제가 이 위대한 진리를 압니다. 그러니 저의 주님, 당신께 절하고, 당신을 숭배하고, 당신의 은사물(Prasad)을 받음으로써 제가 축복을 받게 해 주십시오.

스승: "스승에 대한 절(Namaskaram)의 참된 형상은, 스승-제자, 신-인간 등 무지한 에고에서 나온 미혹을 통해 차별상 의식이 일어날 수 없는 지고한 침묵 속에 머무르는 것이다."

— 『진어화만』, 제310연

"'나는 몸이다' 하는 에고의 얼음이, 진아자각의 하나됨과 동일한 스승-자각(Guru-Awareness)의 바다 속으로 녹는 것이 스승에 대한 참된 숭배라네."

— 『진어화만』, 제315연

"우리가 온갖 것들을 가지고, 사람 형상을 한 시바에 다름 아닌 스승을 숭배하지만, 우리 생명의 **생명**인 그의 안에 합일되어 우리의 개인성을 잃어버리는 것이 스승에 대한 참된 숭배라네."

— 『진어화만』, 제309연

"우리 자신, 곧 에고를 **완전한 침묵**의 근원인 스승에게 먹이로 내맡기고 난 뒤에 심장 안에 남아 있는 것, 곧 **자각**을 체험하는 것이 스승에게서 성스러워진 음식을 받는 것이네."

— 『진어화만』, 제302연

"우리가 진아 아닌 어떤 신을 숭배하면 진아 외의 일체를 하사받을 뿐이네. 지고의 진아 아닌 어느 하찮은 신이 우리에게 영원한 진아자각인 시바의 상태 안에서의 삶을 하사할 수 있겠는가?"
— 『진어화만』, 제1071연

따라서 내면으로 깊이 뛰어들어 자기[실재인 '나']를 탐구하는 것이 스승을 숭배하는 유일하게 참된 길임을 알아야 한다.

"그대의 진아를 알 때에만 그대에게 어떤 해도 닥쳐오지 못할 것이다. (…)"
— 『해탈정수』, 제1편, 제13연

반면에 그대가 이름과 형상을 지닌 그대의 신이나 스승을 수없이 성취할 수 있다 해도, 그것들은 결국 사라질 것이다.

"생시 상태에서 인식되는 것과 잠 속의 무지 둘 다의 주시자인 자기 자신을 모르는 사람들만이, 신이 그들 앞에 나타났다가 사라졌다고 생각하며 미혹된다네."
— 『진어화만』, 제1072연

"영원한 진리로서의 '나'인 진아를 모르고 찰나적인 몸만을 '나'로 아는 사람들만이, 신의 여러 가지 이름과 형상들을 잠시 열렬하게 보고는 놀라워할 것이네."
— 『진어화만』, 제1070연

"숭배를 통해 얻는 신의 모든 화현들은 나타나고 사라진다네. 따라서 항상 빛나고 나타남과 사라짐이 없는 우리의 참된 성품인 진아만이 참된 신이라네."
— 『진어화만』, 제1073연

인간: 그렇다면 저의 스승이신 당신조차 잊어버리고 저의 진아를 알기 위해 내면으로 뛰어들어야 합니까? 그것은 올바른 일이 아닌 것 같습니다!

스승: 그대가 자신의 스승이라고 부르는 것은 무엇인가? 그대가 자신을 몸이라고 생각하는 한, 스승도 몸일 거라고 착각한다. 그것은 그의 실체와 사뭇 상반되며, 그가 그대에게 실제로 가르치는 것과도 상반된다. 그것이야말로 올바른 일이 아니다.

"진아야말로 가장 위대한 것이며, 진아 이상 더 위대한 것은 없다네. 따라서 어떤 수단에 의하더라도 진아와 맞바꿀 수 있는 다른 어떤 것도 우리는 발견할 수 없네." — 『진어화만』, 제1060연

나 자신이 나를 알듯이 나를 아는 사람만이 나를 참으로 안다.

"지知-스승(Jnana-Guru)이 사람 형상으로 나타나기는 하지만, 그가 형상 없는 지고의 허공임을 이해하지 못하는 사람들은, 범죄자들 중에서도 가장 삿된 사람이라네." — 『진어화만』, 제274연

인간: 저는 제 스승의 형상이 저의 진아의 형상 및 애호신의 형상과 같다는 것을 압니다. 저는 그런 스승을 제 앞에 모시고 있는 것이 드문 특권이라고 여깁니다! 그렇다면 제가 어떻게 그분을 버릴 수 있습니까?

스승: 스승은 그대의 안에도 있고 밖에도 있다. '그'로서 밖에 있는 스승은 그대가 내면으로 뛰어들어 그대의 참된 성품을 알기 좋은 환경을 만들어주고, 내면의 스승은 안에서 그대를 끌어당겨 심장 안에 붙들어 둠으로써 그대가 밖으로 달아나지 못하게 하고 있다.

인간: 그렇다면 저는 제 스승의 외부적 형상이신 당신을 붙드는 것이 잘못은 아니라고 느낍니다.

스승: 잘못이다! 밖에 있는 스승의 형상은 나타남과 사라짐이 있지 않은가? 그래서 그것은 영원하지 않다. 스승은 곧 진아다. **진아를 성취하는 것이야말로 신 혹은 스승을 성취하는 것이다.** 반면에, 신이나 스승을 그대의 진아와 다르다고 보는 한, 완전한 자유의 상태인 진아를 알지 못한다. 분리의 느낌이 있는 한 두려움이 있을 수밖에 없다. **만약 두려움에서 벗어나기(두려움이 없는 상태)를 원한다면 타자**他者 **없음, 곧 진아의 상태 안에 있으라.** 그렇다고 해서 그대의 스승이 더 이상 존재하지 않는다는 의미는 아니다. 내면으로 뛰어들어 심장 안에 자리 잡게 되면, 그대의 진아가 곧 참스승의 참된 성품임을 알게 될 것이다. 그 상태 안에서만 항상 그대의 스승과 함께 하게 된다. **그대의 진아 사랑, 즉 (에고의) 진아 속으로의 합일이 진실로 그대의 참된 스승 사랑이다.**

"심장 속에서 항상 계속되는 지고한 진아의 가르침을 귀담아 듣기를 좋아하지 않기 때문에, 우리는 큰 열의의 망상과 함께 밖으로 나온다네. 이 때문에 우리는 외부의 스승을 필요로 하네."

― 『진어화만』, 제272연

그럴 때까지는, 스승에 대한 사랑이라는 명목의 이 거친 이름과 형상을 향한 지금 그대의 모든 사랑은 하나의 분할된 사랑, 부분적 사랑일 뿐이다. 이것은 결함 있는 사랑의 상태에 지나지 않는다.

인간: 그렇다면 당신에 대한 저의 현재의 사랑은 진정한 사랑이 아닙니까?

스승: 다른 것들에 대해 솟구치는 사랑은 결코 온전한 것(poorna)일 수 없다. 사랑이 온전할 때는 다른 것들에 대해 솟구치는 움직임의 형상을 한 결함이 없을 것이다. 끊임이 없고 일체에 편재하는 사랑의 온전함은 '타자가 있지 않은[비이원적인] 것'이다. '무無타자적 사랑(Ananya Bhakti)'을 가진 사람만이 온전한 사랑(Sampoorna Bhakti)을 가진 사람이다.

인간: 이 '무타자적 사랑'은 제가 당신에 대해 가진 사랑보다 더 크고, 저에 대한 당신의 신적인 사랑보다도 더 큽니까?

스승: 그렇다! 진아 사랑이 최상이고 최고이다. 이 진아 사랑이야말로 완전한 사랑이다. 사랑의 느낌이 최종적으로 정련精練된 상태는 부동의 진아안주로서 체험될 것이다. **그에 미치지 못하는 사랑의 상태는 결코 지고한 사랑(Para Bhakti)이나 온전한 사랑이 아니다. 이 사랑이 진아이고, 이 사랑이 시바이다.**

인간: 어떻게 말입니까? 부디 저에게 설명해 주십시오.

스승: 자기(진아), 곧 단수 1인칭은 불변의 자각 아닌가? 그대는 그 자각 아닌가? 왜 그것을 지고아의 체험을 가지고서만 증명하려 드는가? 지금도 그것은 그대에게 미지의 것이 아니다. 그것은 그대의 일상적 경험 범위 안에 있다. 그대가 경험하는 1인칭은 '나는 몸이다'라는 의식, 곧 에고이다. 그렇지 않은가? 보라! 그대가 꽃이나 아이 혹은 다른 어떤 것을 들고 있다면, 그대는 그런 것들에 대한 사랑을 표현하고 있는 것이다. 이 2인칭의 대상들은 그대에게 낯설다. 확실히 그대는 그런 것들보다 그대 자신[그대의 몸]에 대해 더 많은 사랑을 가지고 있다. 하지만 2인칭이나 3인칭 대상들보다 그대가 정말 더 사랑하는 그대의 손, 다리 혹은 손가락을 그대가 들고 어루만지면서 "오, 내 손! 내 다리! 내 아름다운 손가락! 나는

너희들을 너무나 사랑한다!"고 말하는가? 그러지 않는다. 그러나 그대는 꽃이나 아이에게는 사랑을 표현한다. 그대는 다른 어떤 대상보다도 자신의 몸을 사랑하지만, 그대에게 1인칭인 손 등에 대해서는 그런 공상적 행동을 하지 않는다. 왜 하지 않는가? 1인칭에 대한 사랑은 온전하고 완전하기 때문에, 그 느낌이 스스로 표현되도록 하기 위해 행동하거나 움직일 필요가 없기 때문이다. **사랑이 그 자체로서 안주할 때 그것은 온전하고 완전한 사랑이다. 그 사랑이 움직임의 형태를 띠면 그것이 파편화되어, 다른 대상들 위로 솟구치는 욕망이 된다. 그것이 끊임없는 존재의 형상일 때는 사랑이고, 그것이 움직임이나 파편화의 형상일 때는 욕망인 것이다.** 2인칭과 3인칭 대상들은 파편이므로 그것들에 대한 사랑은 단순한 욕망의 형태를 취할 것이다. 스승과 같이 그대가 사랑하는 사람에 대한 사랑조차도 그러하다. 그러나 사랑이 1인칭, 곧 **자기**(진아)의 부단한 있음(being)일 때 그것은 온전하고 완전하다. 이 진아 사랑의 상태가 사랑이 최종적으로 정련된 상태이며, 지고의 사랑, 비이원적 사랑(Ananya Bhakti)이라고 하는 것이다. **그래서 사랑은 우리의 있음이다. 욕망은 우리의[에고의] 일어남이다.** 우리의 그저 있음의 상태는 불변적 지복의 상태이고, 불가분의 지고한 사랑의 상태이다.

"(…) 우리 자신의 참된 존재성(beingness) 안에 머무르는 것이야말로 지고한 사랑의 진리라네." — 「우빠데샤 운디야르」, 제9연

그대에 대한 스승의 신적인 사랑이 한 개체에서 솟아나 다른 개체로 향하는 사랑이라고 그대가 생각하는 한, 분명 그 사랑은 분할된 사랑이라고 보아야 한다. 따라서 그것은 그대의 진아에 대한 사랑

보다 못한 것이다.

"(…) 그런 '타자 없는 사랑'을 가진 사람은, 지복의 형상이신 당신 안에 잠깁니다."　　— 「아루나찰라에 바치는 5보송」, 제5연

우리가 더 깊이 살펴보면, 개인이 이제까지 몸과 마음을 그 자신으로 여기면서 자기 자신에 대해 가졌던 사랑, 바로 그런 사랑조차도 너무나 하찮은 것이 되어, 지금 자신의 스승 쪽으로 흐르는 사랑과는 비교가 되지 않는다는 것을 알게 될 것이다. 따라서 제자는 이제 그 자신의 마음과 몸(이제까지 자기 자신으로 여기던 것)에 대해 무관심할 준비가 되었고, 자신의 스승을 위하여 그것을 희생할 준비까지 되어 있다. **스승은 실로 그의 진아이다**.

자기 자신에 대한 사랑이 세상의 다른 어떤 대상에 대한 사랑보다 큰 것이지만, 참된 스승 사랑이 밝아올 때 제자가 스승에 대해 느끼는 사랑은 자기 자신, 곧 에고에 대한 사랑보다 더 크다. 그러나 진아의 진리를 체험하는 동안에는 진아에 대한 사랑이 자신의 스승에 대한 사랑보다도 더 크다는 것을 알게 된다. 이제까지, 우리가 다른 어떤 것보다도 자기 자신을 더 사랑하는 것은 진아에 대한 사랑 때문이라고 이야기했다. 그러나 누구나 에고가 자기 자신이라는 그릇된 관념을 가지고 있기 때문에(왜냐하면 에고는 거짓 개체, 즉 진아의 한 반사물이므로) 진아에 대한 사랑을 체험하지 못한다. 스승에 대한 진정한 사랑을 가질 수 있을 만큼 성숙한 제자 앞에 진실로 그의 진아인 스승이 다가오면 제자는 진아에 대한 자신의 사랑을 느낄 수 있지만, 그가 자기 앞에 사람 형상으로 와 있을 때만 그렇다. 그래서 위에서 스승에 대해 느끼는 사랑이 자기 자신, 곧 에고에 대해 느끼는 사랑보다도 크다고 한 것이다.

그의 스승이 곧 그의 진아이고, 스승에 대한 사랑은 간접적으로 진아 사랑이기는 하나, 그가 스승—그의 진아—을 하나의 2인칭으로 보는 한, 스승에 대한 그의 사랑은 진아 사랑으로 충분히 정련된 것이 아니다. 내면에서 스승을 자신의 진아로 체험하기 전까지는 말이다. 그래서 스승은 지금 우리의 인간에게, 그의 스승 사랑이 진아 사랑보다 못함을 증명하고 납득시키는 것이다.

좋다. 하지만 왜 제자에 대한 스승의 사랑조차도 진아에 대한 우리의 사랑보다 못하다고 했는가?

스승의 관점에서는 진아 외에 다른 아무도 없다. 따라서 그의 사랑은 진실로 제자라는 어떤 두 번째 개체에 대한 사랑이 아니다. 스승은 결코 어떤 사람을 자신의 제자로, 곧 그 자신 아닌 어떤 자로 보지 않는다. 그러나 스승은 제자에게, **제자가 스승을 별개의 한 개체로 생각하는 한, 그[제자]는 스승의 사랑을 하나의 개체가 다른 개체에게 갖는 사랑으로 여길 수밖에 없다**는 것을 지적했다. 실은 그렇지 않은데 말이다. 왜냐하면 스승은 결코 그를 어떤 두 번째로 보지 않기 때문이다. 그래서 제자에 대한 스승의 사랑(제자의 관점에서 본 것일 뿐이지만)조차도 더 못한 것으로 설명하는 것이다. 이것을 염두에 두고 우리가 스리 라마나의 "나에게는 스승도 없고 제자도 없다"는 말씀을 귀담아들으면, 당신이 진정으로 말씀하시고자 한 뜻을 이해할 수 있을 것이다. **참으로 스승인 사람은 어떤 사람도** (자신의) **제자로 볼 수 없다. 스승은 제자의 견지에서만 한 사람의 스승인 것이다.**

이와 같이 빗물, 곧 인간이 그의 스승에 대한 사랑이라는 큰 호수에 흡수되면, 스승은 그를 휘저어 호수의 둑, 즉 스승에 대한 사랑이라는 한계에서 떨어져 나오게 하여, 빗물—인간—로 하여금 지복, 곧 진아의 바다로 흘러들게 한다. 스승의 말씀을 황홀한 주의력으로 경청하던 인간은 그의 뛰어난 근기로 인해, 진리에 대해 청문(sravana)한 바로 그 때 성찰(manana)과 일여내관(nididhyasana)을 완성할 수 있었다. 그는 말이 없어지고, 생각이 없어지고, 움직임이 없어진다. 그리고 지고의 침묵이라는 바다에 빠진 상태로 머무른다. 인간이라는 강이 그 근원인 진아라는 바다에 도달하자, 행위—노력—라는 달려감의 움직임이 완전히 그친다. 이처럼 앞에서 말한 과정을 통해 사랑의 느낌이 정련되어 완성되면 인간은 스승 사랑에서 진아 사랑으로, 곧 우리 학교의 4학년에서 5학년으로 진급한다. 이제 그 자신의 진아를 다수성으로 보던 그릇된 소견으로 인한 욕망, 공포, 망상이라는 미혹에서 벗어난 인간은, 자기주시를 통해 진아 안에 잘 자리 잡는다. 이 진아안주(Self-abidance)가 실로 사랑의 정점이다.

이제부터는 저작에 나오는 기준에 따라 우리 모두가 자기 자신을 점검하여, 자신이 어느 학년에 해당하는지를 알고 그 다음 학년으로 올라갈 자격을 갖추도록 노력해야 한다. 우리의 사랑이 대상들에 대한 사랑인지, 참으로 잇속을 떠난 신에 대한 사랑인지에 대한 이 자기점검은 매우 진지해야 한다. 그래야 우리가 자신의 자격을 과대평가하면서 자신을 속이고 일시적으로 자족하지 않기 때문이다.

만약 우리가 이 세상이나 다른 세상에서 행복을 누릴 목적으로 의식행위를 거행하는 데 매우 관심이 있다면, 자신이 사랑의 정화학교인 우리 학교의 1학년생이라는 것을 알아야 한다. 만약 우리가 신의 존재를 부정하고 베다에서 규정하는 의식행위조차 거행하지 않는다면, 그리고 성자 라마링가 스와미가 묘사한 삿된 사람들처럼 "신은 없다. 우리 행위의 열매를 거둘 의무가 없고, 따라서 벌도 없다. 주재자(운명의 배정자)란 없다. 신도 영혼도 속박도 없고, 사랑도 없고, 얻어야 할 해탈도 없다. 은총도 없고, 죄도 공덕도 없고, 참회도 없고, 성스러운 맹세도 없고, 은택도 없다. 아무것도 없다……. (…) 마음대로 먹고 마시자. 금과 다이아몬드 장신구로 치장하자. 성적인 쾌락, 큰 방갈로, 텔레비전, 자동차, 하인들, 명성 기타 모든 것을 즐기자. 이것이 실로 인간으로서의 삶의 목표다……"라고 지껄인다면, 우리는 자신이 아직 우리 학교의 1학년에도 입학하지 못했고, 여전히 학교 밖에서 헤매면서 학교에 들어갈 생각조차 하지 않고 있다고 결론지어야 할 것이다. 만약 우리가 수많은 사원과 성지에서 신의 여러 이름과 형상들을 숭배하여 이 세상이나 다른 세상에서 행복을 얻고 그것을 증진하고 싶어한다면, 자신이 우리 학교의 2학년생이라는 것을 알아야 한다. 왜냐하면 여기서도 우리의 사랑은 '대상들에 대한 사랑'일 뿐이며, 신의 여러 이름과 형상들은 우리의 욕망 충족을 위한 수단으로 쓰이기 때문이다. 만약 우리의 숭배가 신의 단 한 가지 이름과 형상에 집중되어 있으나 세간적 대상들에 대한 사랑을 수반한다면, 그럴 때도 우리의 사랑은 신에 대한 사랑이 아니라 '대상들에 대한 사랑'일 뿐이므로 그 한 가지 신의 이름과 형상은 역시 하나의 수단으로 쓰이는 것이며, 그렇다면 우리는 우리 학교의 3학년 1)반에 있다는 것을 알아야 한다.

그러나 1학년, 2학년, 3학년 1)반 중 어느 학년으로 학교를 다닌 뒤 앞에서 말한 세간적 삶으로 돌아가는 것이 더 낫겠다고 느끼면, 우리는 한 사람의 요가 낙오자가 된다. 3학년 2)반에 올라간 사람들에게는 그런 일이 일어날 가능성이 없다. 자신이 3학년 1)반에 있다고 느끼는 구도자들 중에는 자신의 모든 욕망을 충족하지 못하는 데 낙담하여 1학년이나 2학년 교재를 다시 보기로 하는 사람들도 있을 수 있는데, 그것은 그들이 그 저학년에만 적합한 사람들임을 의미한다.

우리들 중 어떤 사람들은 많은 스승들을 찾아가 그들에 대한 사랑을 보이면서 이렇게 말하는 습관이 있다. "저의 목표는 해탈뿐이고, 이 세상이나 다른 세상의 어떤 쾌락도 아닙니다. 따라서 저의 사랑은 스승 사랑이며, 저는 4학년에 있을 자격이 있습니다." 같은 생각을 가진 또 어떤 사람들은 신의 여러 이름과 형상들을 숭배하는 수많은 사원들을 방문하면서, 역시 자신들의 목표는 해탈뿐이라고 말하는 습관이 있다.

그들은 자신이 세상의 어떤 쾌락도 원치 않고 해탈만을 원한다고 말하기 때문에 자신들은 3학년 2)반에 속하는 것으로 간주되어야 할 것처럼 보일지 모른다. 혹은 그들은 많은 스승들을 방문하므로, 4학년의 자격조건인 스승 사랑을 가지고 있는 것처럼 보일지도 모른다. 그러나 그렇지 않다. 그들이 여러 스승들을 찾아간다는 것은 여러 이름과 형상들을 찾아가는 것일 뿐이며, 그들의 사랑은 한 점에만 고정되어 있지 않고 수많은 방향으로 분산되면서 약해지므로, 어느 한 스승의 가르침을 따라 그 속으로 깊이 들어가기 어렵게 된다. 그들은 그 스승들의 가르침에서 아무런 실제적 이익도 얻지 못한다. 우리의 어떤 친구가 이 식당에서 나와 저 식당으로 들어간다고 생각해 보자. 그것은 무엇을 의미하는가? 이것은 그가 그 식당에서 허기를 채울 음식을 전혀 먹지 않았다는 것을 말해주지 않는가? 만일 두 번째 식당에서도 나와 다른 식당으로 간다면, 그것은 그가 여전히 배를 곯고 있다는 것을 의미한다! 어느 한 식당에서 뭐라도 먹었다면 자기 처소로 바로 돌아가지 않겠는가? 어떤 사람들은 자신의 행동을 이 같은 궁색한 변명으로 설명한다. "저 식당은 밥이 잘 지어졌기에 거기서는 그것을 먹었다. 이 식당에서는 삼바르(sambar)가 훌륭하다. 세 번째 식당은 채소가 맛있다. 네 번째 식당에서는 매일 신선한 바다이(vadai)와 압빨람(appalam)이 나온다.59) 그래서 거기로 가는 것이다!" 이것은 이렇게 말하는 것과 똑같다. "나는 이

---

59) 삼바르, 바다이, 압빨람은 남인도 음식의 이름들이다.

스승에게서는 하타 요가와 조식調息을 배운다. 다른 스승에게서는 진언에 입문한다. 저 스승을 찾아가서는 행위 요가를 닦는다. 또 다른 스승에게서는 박띠 요가를 배운다. 이 스승과는 바시 요가(Vasi-Yoga)[조식의 일종]를 닦고, 저 스승에게서는 비이원론을 듣는다······. 그래서 나는 이 모든 큰 스승들을 찾아간다!" 이것은 실제로 무엇을 의미하는가? 이 스승들 중 한 사람도 그가 제대로 이해하지 못한다는 것이다!

> 마음이 그것이 일어난 근원 안에 영구히 흡수되어 머무를 때, 그것이 행위이고 헌신이며, 요가이고 지知라네.
> ―「우빠데샤 운디야르」, 제10연

우리가 정말 배가 고프면 한 식당에서만 허기를 채우고 말 것이다. 이 식당 저 식당 뛰어다닐 필요가 없다. 진지한 구도자들도 그와 같다. 만일 그 스승이 진짜라면, 그는 자신을 찾아오는 구도자들의 다양한 이해 수준에 따라서 필요한 가르침을 줄 것이다. 그리고 구도자가 이름과 명성을 포함한 세간적 쾌락에 대해 욕망이 없고 해탈에 대한 진지한 욕망을 가지고 있다면, 다른 스승을 찾아갈 필요가 없을 것이다. "구르는 돌은 이끼가 끼지 않는다"는 옛말의 진리를 이해하게 될 것이다.

만일 우리가 수많은 스승들을 찾아다니면서도 세간적 쾌락에 대한 내면적 욕망을 은밀히 지니고 있다면, 우리는 자신이 우리 학교의 2학년에만 해당된다는 사실을 받아들여야 한다. 그러나 다른 한편 우리의 무욕이 참되다면, 우리는 3학년 2)반에 있으면서 자신의 참스승을 찾아 많은 스승들을 방문하다가 마침내 그 참스승을 만나는 구도자의 상태에 있는 것이다. 그래서 (그 전까지는) 우리가 4학년의 자격조건인 스승 사랑을 가지고 있다고 주장할 수 없다. 4학년의 스승 사랑은 남편에 대한 아내의 정숙함과 같다. 그래서 우리는 스승을 '구루 나타(Guru-Natha)', 곧 '신적인 남편'이라고 부르는 것이다. 정숙한 여인은 집안 내의 많은 연장자들과 남편 형제들을 존경하고 그들에게 봉사하지만, 남편에 대한 존경과 사랑은 그와 다른 성질의 것이다. 그녀는 자신의 일체를 그에게 의존한다. 그와 마찬가지로, 존재했거나 존재하는 모든 진인과 성자들에게 우리가 사랑과 존경을 가지고 있다 할지라도, 일단 참스승을 만나고 나면 (특히 해탈을 위해) 다른 사람들을 찾아가는 것은 물론이고 우리 자신의 스승 외에 다른 모든 스승의 가르침에 따른 수행도 포기하는 것이 참된 스승 사랑의 증거이다. 스승만 고수하겠다는 확고한 결의를 가지고서 일단 스승을 발견했으면, "나는 해탈을 위하여 내 스승께 왔다. 설사 나에게 해탈이 하사되지 않는다 해도, 다른 어떤 스승도 찾아가지 않겠다. 속박이든 해탈이든, 좋든 나쁘든, 지옥이든 천당이든, 당신이 무엇을 주시든, 나를 어디로 보내시든, 그것은 나의 기쁨이다"라는 확신을 가지고, 그리고 숙달된 순복을 가지고, 스승 사랑의 참된 표지인 일념 집중된 사랑 속에 머물러 있어야 한다. 이것이 우리가 우리 학교의 4학년에 들어갈 자격이 있다는 것을 판별할 수 있는 표지이다.

　스리 비베카난다가 빠바하리 바바(Pabahari Baba)를 만났을 때, 그의 위대함을 알아보고 그를 자신의 스승으로 모셔야겠다는 충동을 느꼈다. 그러나 스리 라마크리슈나가 그의 어리석음에 대해 연민의 표정을 지으며 그의 앞에 나타나자, 그는 자신의 실수를 깨달았다. 그리고 일단 스리 라마크리슈나의 제자로 받아들여진 이상, 다시는 빠바하리 바바를 자신의 스승으로 보지 않겠다고 결심했다. 그런 다음 그는 존경하는 친구로서 빠바하리 바바와 함께 다녔다. 스리 비베카난다가 그에게 큰 존경심을 품고 있기는 했으나, 빠바하리 바바가 그의 스승은 아니었다. 스승 사랑을 가진 4학년 제자로서 자신의 스승 아닌 현자들에게 가슴

한 자락을 내주는 사람에게는 이것이 올바른 태도이다.

그래서 많은 스승들을 찾아가는 사람들은 자신의 이기적 요구사항들, 세간적 대상들에 대한 욕망, 그리고 이름과 명성을 충족하기 위해 신의 수많은 이름과 형상들을 숭배하는 우리 학교의 2학년에 속하거나, 만약 세간적 쾌락에 참으로 욕망이 없다면 자신의 스승을 찾고 있는 3학년 2)반에 속한다. 우리가 스승을 찾고 있을 때는 다음을 유념해야 한다.

> 진실을 말하자면, 진리를 아는 자(Mei-Jnani)는 경전에서 진리를 배워 아는 사람(Vijnani)과는 다르다네. 무지의 속박이라는 매듭을 끊고 싶은 사람들에게 단 하나 필수적인 것은, 경전을 아는 사람들을 떠나 진아 안에 안주하는 자, 진리를 아는 자들과 친교하는 것이라네. ─『진어화만』, 제1158연

> 자신을 찾아온 사람들에게 '하라', '하지 마라'고 명령하는 사람은 그들에게 야마(Yama)[죽음의 신]이자 브라마(Brahma)[창조주]라네. 그러나 참으로 신적인 스승은, 그들이 새롭게 성취해야 할 것은 아무것도 없음을 보여주는 자라네. ─『진어화만』, 제271연[60]

---

60) 『진어화만』, 제271연에 대한 주석: 스승이 자신을 찾아오는 사람들에게 염송, 명상 등 수많은 행위(karmas)를 하라고 명하게 되면, 그것은 과거에 이미 축적한 행위들의 열매를 감당하지 못해 그에게서 위안을 얻으러 온 제자들에게 새로운 행위를 해야 하는 더 큰 부담을 지우는 것일 뿐이다. 위안을 주기는커녕 그 스승은 그들을 짓눌러 죽이는 셈이다. 이와 같이 그는 죽음의 신 야마의 역할을 한다.

사람은 무수한 생 동안 자신이 한 행위의 열매를 어김없이 거두어야 하기 때문에, 스승이 그 제자들에게 새로운 행위를 더 하라고 안겨주게 되면, 그 스승은 그들에게 그들의 새로운 행위의 열매를 거두기 위해 더 많이 태어나게 만드는 것이다. 이와 같이 그는 창조주 브라마의 역할을 한다.

참스승은 두 번째가 없는 진아만이 존재한다는 진리를 알기 때문에, 그를 찾아오는 사람들에게 그들이 항상 진아 외에 다른 누구도 아님을 납득시킨다. (참스승의) 침묵의 힘을 통해 그들이 이 진리를 이해하게 되면, 자신들은 **존재하는 것** 외에 더 이상 해야 할 일이 없다고 느낀다. '함'만이 행위이고 '있음'은 행위가 아니며, 행위만이 탄생과 죽음을 가져오므로, 그들은 야마와 브라마에게서 벗어난다.

에고가 지고한 침묵의 빛[진아자각] 속으로 합일되면서 솟아오르는 확고한 지고의 헌신인 완전한 제자의 자격이야말로, 진실로 올바른 스승의 자격이라네. 이와 같이 알아야 하네.

— 『진어화만』, 제269연

제자의 생각의 흐름, 즉 그의 목표와 성향은 스승의 그것에 완벽히 맞추어져야 한다. 그럴 때에만 스승-제자 관계가 실제적이고 적절한 것이 된다.

"내 스승은 진인이시다. 그분은 싯디[초능력]를 전적으로 비난하신다. 그러나 나는 그것을 얻고 싶다. 내 마음은 싯디를 얻기 전에는 쉴 수 없다. 많은 생을 더 태어나는 것은 걱정하지 않으며, 나는 지知만 원하지 않고 지知와 싯디를 함께 원한다." "내 스승님은 우리에게 세계는 신경 쓰지 말고 내면으로 합일하라고 조언하신다. 그러나 나는 내 나라와 전 세계를 위해 비이기적 봉사를 하는 편을 더 선호한다. 나는 인류에 대한 봉사의 삶이 멀리 떨어진 동굴 속에서 조용히 머물러 있는 사람의 삶보다 더 낫다고 느낀다." "내 스승님은 사랑의 길을 가르치신다. 그러나 내 마음은 라자 요가 쪽으로 기운다." "내 스승님의 목표는 이것이지만(심장을 가리키며), 내 목표는 저것이다(자신의 정수리를 가리키며)."

스승들의 가르침에 대해 논란의 소지가 있는 그런 말들을 하는 소위 제자들은 그 스승들의 제자로서 적합하지 않으며, 그런 스승들은 그런 사람들을 위해 온 것이 아니다. 우리는 자신의 성향, 원칙, 목표, 소망 등과 같은 어떠한 유보사항도 없이, 자기 스승의 가르침을 전적으로 고수하는 것이 바로 참스승에 대해 사랑을 갖는 것임을 알아야 한다. 마치 스리 바가반 라마나가 「아루나찰라에 바치는 11연시」 제2연에서 "(…) 무슨 말을 제가 하겠습니까? 당신의 뜻이 저의 뜻이며, 그것 자체가 저의 행복입니다. 오, 제 삶의 주이신 아루나찰라시여!"라고 선언하듯이 말이다.

하나의 예를 들어 보자. 스리 바가반이 초년에 산 위에 살면서 묵언을 하고 계실 때는, 아무도 탐구의 길인 '나는 누구인가?'가 당신 가르침의 초석이 될 줄 몰랐다. 1903년 스리 시바쁘라까샴 삘라이라는 헌신자가 처음 스리 바가반을 찾아가 자신이 찾아온 목적을 이야기했다. "스와미님, 저는 대학 시절에 '나는 누구인가?'를 알고 싶은 욕망이 있었습니다. 그러나 심리학 책들과 다른 방도를 통해 아무리 애를 써 봐도 알 수가 없었습니다. 부디 이 점에 대해 저를 깨우쳐 주십시오. 저는 누구입니까?" **이 제자는 당시 자신의 앞에 앉아 있는 분이 오로지 '나는 누구인가?'라는 탐구의 길을 가르치기 위해 오신 독특한 스승이라는 것을 몰랐다.** 이것은 스승과 적합한 제자 간에 사고의 흐름이 정확히 맞추어졌음을 보여준다. 제자의 목표가 스승이 세상에 온 목적과 일치했다는 것은 놀라운 일 아닌가? 「나는 누구인가?」라는 소책자가 온 세상 사람들에게 베풀어진 것은 오직 이 제자 때문이었다는 것은 잘 알려진 사실이다. 그런 즐거운 일치가 스승과 제자 간의 올바른 관계의 표지인 것이다!

위에서 살펴본 것을 통해 우리는 지知(Jnana)와 **박띠**(Bhakti), 곧 의식(Chit)과 지복(Ananda)이 브라만의 실재적 측면임을 이해하게 된다. 브라만은 존재이고 존재는 실재이며, (브라만의 실재적 측면인) 박띠와 지知는 **존재**(Sat), 곧 실재에 지나지 않는다. 즉, 진정한 박띠 혹은 진정한 지知는 브라만 그 자체일 뿐이다. 지고의 가르침에 따르면 다음과 같다.

브라만이 홀로 '나-나', 곧 진아로서 직접 빛나네.

— 「실재사십송-보유」, 제8연

박띠와 지知는 진아에 이르는 길을 닦는다. **진아로서 존재하는 것이 지知이다. 그런데 진아를 사랑함이 없이 어떻게 그것이 될 수 있겠는가?** 그래서 만약 우리가 진아로서 존재한다면 그것은 사랑이 충만한 상태이다. 만일 우리가 (진아에 대한) 사랑(Bhakti)을 가지고 있다면 우리는 진아로서 존재할 수밖에 없다. 그래서 박띠와 지知는 둘이 아니라 마치 동전의 양면과 같이 진아이다.

중력 없이 어떤 것이 지상에 안정되게 머무를 수 있는가? 그와 마찬가지로, 중력은 박띠이고 안정되게 머무름은 지知라네. 따라서 그 중 어느 것도 다른 하나 없이 머무를 수 없다네.

— 『수행의 핵심』

진아를 성취하는 것이 베다의 최고 목표이며, 그것이야말로 바가반 라마나의 진정한 가르침이다. 그 지知의 길, 즉 진아지의 밝아옴을 가져오는 '나는 누구인가?' 하는 탐구는 본서 제1부에서 설명하였다. 이제 완벽하게 정련된 상태의 사랑은 진아로서만 빛나므로, 사랑을 진아 사랑에 이르기까지 정화하는 방법은 이 제2부에서 설명하고 있다. 인간의 사랑의 본질은 원시인에서 진아 안주자에 이르기까지 다양하므로, 경전들은 사람들을 단계적으로 향상시키기 위하여 여러 수준의 가르침을 베풀어 왔다. 그래서 여러 등급의 사람들을 가르치기 위한 여러 유형의 선생들이 필요한 것이다. 경전 학자들, 진언, 얀트라, 탄트라 등을 가르치는 강사들, 성스러운 경전들(뿌라나와 이티하사(Ithihasas)[61])의 해설사 등은 진아를 아는 사람들은 아니고 우리 학교 3학년까지의 학생들이기

---

61) (역주) 이티하사는 인도의 고대 역사를 기록한 경전들이다. 넓게는 뿌라나를 포함하지만, 흔히 『마하바라타』, 『라마야나』, 『요가 바쉬슈타』 등을 지칭한다.

는 하지만, 여러 시대에 걸쳐 세계 전역에서 필요하다. 더 낮은 학년에 있는 구도자들을 돕기 위해서는 이런 학생-선생들이 필요하며, 그러다가 그 구도자들이 다음 학년으로 진급하는 것이다. 윤리학, 신에 대한 헌신, 행위의 중요성, 세간적 즐거움에 대한 무욕의 원리에 대한 그들의 설교는—그들이 그 가르침을 따라서 그에 대한 지식과 체험을 얻는지는 상관하지 말자—인류의 진보에 늘 필요하다. 그러나 늘 보는 바이지만, 그들은 자신의 추종자들로 하여금 자신들이 설교하는 것만이 최종적이라고 믿고 그들의 후속 진보를 위한 다른 가르침이 제시되면 그런 모든 가르침을 증오할 정도의 광신도가 되도록 강요한다. 우리는 우리 자신의 이해가 그들에 의해 혼란에 빠지지 않도록 주의하여 살펴야 한다. 우리 자신들은 위에서 제시한 설명의 도움을 받아 사랑의 정화학교에서 우리가 속한 학년을 알아내려고 노력해야 하지만, 동시에 그런 선생들, 그 가르침 그리고 신, 목표, 봉사 등에 대한 그들의 다양하고 독특한 관념을 가진 사상들에 대해 어떤 혐오도 갖지 않아야 한다. 우리는 그들이 의식행위 등에 집착하는 것을 반대하기보다는 그들에 대해 사랑과 관용을 지녀야 한다.

그들이 자신들의 행법에 완전히 염증을 느껴 우리를 찾아와서 더 나은 진리를 구하지 않으면, 우리는 남들의 과정에 간섭하거나 그것을 방해해서는 안 된다. 그들 각자를 그들 자신의 방식으로 격려하자.

> 진리를 아는 자는 행위에 집착하는 무지한 사람들의 마음에 혼란을 초래해서는 안 된다. (…)　　　　—『바가바드 기타』, 3:26

스리 라마나가 당신을 찾아온 다양한 부류의 구도자들이 하는 여러 가지 행법들을 승인하는 것도 그런 방식임을 우리는 알아야 한다.

제3장
업(Karma)[62]

참으로 존재하는 것은 우리, 곧 브라만이다. 불변인 우리의 존재 상태가 **사뜨**(*Sat*)이다. 이 존재는 우리의 존재일 뿐이고 우리는 '우리가 있다'는 것을 알기에, 우리는 우리 자신을 모른다고 말할 수 없다. 우리는 **자기**(진아)를 안다. 이 앎이 **찌뜨**(*Chit*)이다. 모든 사람이 '내가 있다'는 진아성에 대해 가지고 있는 사랑은 잠 속에서 입증된다. 그 사랑의 이유는, 우리의 존재 상태 그 자체가 **지복**(*Ananda*)이기 때문이다. 따라서 우리는 지복이다. 이와 같이 우리는 사뜨-찌뜨-아난다이다.

그러한 진아체험의 상태에서는 타자가 없으므로 우리는 **하나**(일자)이다. 우리의 일자성(Oneness)은 완전한 자유의 상태이다. 왜냐하면 우리를 속박할 타자나 남들에 의해 속박될 타자가 없기 때문이다. 우리가 말한 것을 토대로, 우리는 우리의 성품이 **하나**인 사뜨-찌뜨-아난다, 곧 완전한 자유라고 결론짓는다. 우리가 완전히 자유롭다고 말할 때 그것은 무슨 의미인가? 우리는 일체를 우리가 의지하는 대로 할 **힘**(*Shakti*)

---

62) 이 장에서는 '업(행위)'을 뜻하는 단어로 Action 대신 Karma를 쓴다. Karma는 도덕의식을 가진 사람이, 그 의식 하에서 의도하는 결과를 산출하기 위해 자유 행위자로서 하는 의도적인 행위이다.

을 가지고 있다는 의미이다.

우리는 그러한 의지력을 가지고 있으므로, 완전한 자유를 가지고 있다고 말하는 것이 옳다. 이 의지력은 우리 자신의 힘이며, 그것이 우리이다. 우리와 우리의 힘은 똑같은 하나이다.

그러한 자유를 가진 사람은 그의 막강한 힘으로써 자신의 불변적인 진아의 상태에 머무르든지, 아니면 **상상적인 변화**를 일으켜 마치 진아를 잊어버린 것처럼 자신의 무한한 성품의 일자성을 제한할 수 있다. 사람이 꿈 속에서 자기 자신의 마음에 의해 그 자신을 꿈 세계로 보면서 그 자신을 위한 하나의 몸을 포함한 그곳에 살듯이, 같은 힘에 의해 망각이라는 상상적 변화가 일어나는 동안 그는 그 자신 안에서, 그 자신에 의해, 그 자신을 하나의 유한한 개아로 보는 동시에 그 개인이 인식하는 세계, 영혼 그리고 신을 본다. 이와 같이 **지고자인 우리가 진아망각이라는 상상적인 무지의 잠 속에서, 우리 자신의 완전한 자유의 힘에 의해 세계, 영혼 그리고 신을 본다.**

> 우리의 무한한 존재(Being) 자체를 몸으로 제한하고, 몸을 통한 감각 지식을 세계로 확장하며, 우리 자신을 그 세계로 보고 거기에 미혹되는 것이 바로 경이로운 마야라네. —『수행의 핵심』

이 마야(Maya)[63]는 상상적인 것 아닌가? 그렇다. 그것은 우리 자신의 상상이다.

우리의 완전한 자유의 상태를 우리가 그런 방식으로 사용하기는 하나, **같은 자유에 의해 우리는 그것을 사용하지 않는 상태로 머무를 수도 있다!** 이 자기자유(Self-Freedom)는 브라만의 성품이다. 이 영원한 자

---

63) Maya는 '없는 것'이라는 뜻이며, 표현 불가능한 것으로 규정된다.

유는 누구도, 어떤 수단으로도 파괴할 수 없다. 왜냐하면 우리 아닌 어떤 다른 것(존재, Sat)도 없기 때문이다. 저 미혹(Maya)의 상태에서 보이는 전 세계, 영혼, 신이 존재성을 가지는 것처럼 보이는 것은 우리의 상상을 통해서만 그러하며, 실은 그것들은 그들 자신의 존재성이 없다. 따라서 미혹의 상태에서도 존재성(Sat)을 가지는 것은 우리뿐이며, 그것들은 조금도 참된 존재성이 없다. 타자는 없고 우리만이 있다.

우리 자신(진아)을 세계, 영혼, 신 등의 다수로 보고, 또한 우리 자신을 영혼들 중의 하나와 동일시하는 우리 자신의 경이로운 힘이라는 이 개념이, 우리들 모두의 안에서 하나의 유한한 형상으로 빛나고 있는 최초의 생각 '나'[에고]이다. **이것은 하나의 생각일 뿐 우리의 진아자각이 아니다.** 그러나 자신을 '나는 한 인간이다, 나는 아무개다'로 아는 이 개인 안에서도 사뜨-찌뜨-아난다의 성품은 머무르고 있다. 그래서 이 상상적인 개인조차도 행복해지고 싶어한다는 것은 놀라운 일이 아니다. 그러나 그는 세 가지 몸—조대신, 미세신, 원인신—중의 어느 하나와 자신을 동일시하면서 그 몸에 상응하는 세계들이 자신의 바깥에 있다고 믿기에, 그 세계의 대상들에서 행복을 얻고 싶어 한다. 아아! 진아를 망각함으로써 일어나는 그 가림막(veil)의 성품이 그러하므로, 그는 그 행복이 내면에 있다는 것과, 그것은 자신의 순수하고 본래적인 완전한 자유의 상태에 지나지 않는다는 것을 모른다.

그래서 개아(jiva)는 자신의 마음, 몸, 세계를 가능한 한 많은 방식으로 사용하여 행복을 얻는다. 이리하여 업(Karma)이 시작된다. **업, 곧 행위가 시작되는 이유는, 이처럼 외관상 잊혀지고 있는 우리 자신의 본래적인 행복의 상태에 도달하기 위한 욕망이라는 것을 우리는 알게 된다.** 그러나 의지력이 마음, 감각 기관 및 몸을 통해 외부로 향하므로, 그 결과는 개인이 자신을 근원인 행복에서 더욱 더 멀리 분리하게 된다는 것이다. 행위의 형태를 한 그의 모든 노력은 그를 행복으로 이끌기는커녕 행복에서 밀어낸다. 이와 같이 **행위는 행복을 얻는 수단이 아니다**. 따라서 **행위는 불행을 얻는 수단일 뿐**이라는 것을 이해할 때까지, 사람은 계속 행위를 해 나갈 것이다. 마음, 말, 몸을 통해서 사람이 하는 모든 종류의 행위는 그를 목표인 행복에서 더욱 더 멀리 몰아낸다.

지고의 존재인 우리가 완전한 자유를 통해 우리의 진정한 성품을 외관상 잊어버릴 때, 그 망각으로부터 우리의 거짓된 개체인 개아가 나타나서 이제 그 자신을 하나의 몸과 동일시하고, 자신이 한 인간이라고 느낀다. 이제 그는 하나의 유한한 존재성, 유한한 지식, 유한한 행복을 갖는다. 즉, 그는 자신의 무한한 존재성인 진아의 성품을 그 몸의 유한한 존재성으로 착각한다. 그는 자신의 무한하고 비이원적이며 완전한 지(知)인 진아의 성품을 이제 마음, 곧 (감각 기관들을 통해, 진아 아닌) 다른 사물들만 아는 감각 지식으로 착각한다. 그는 다른 어떤 것에서 오지도 않고 나중에 사라지지도 않는 자신의 **항상 충만한 지고의 지복인** 진아를 이제는, 그 자신이 영구히 소유하는 것이 아니라 공덕행(*Punya Karmas*)을 통해서 얻어야 하는, 외부적 대상들에 대한 좋음과 싫음에서 오는 하찮고 일시적인 감각 기관의 쾌락들로 착각한다. 이와 같이 그는 자신을 하나의 작은 개아, 곧 유한한 사뜨-찌뜨-아난다로 격하시키고, 불만족스러운 상태로 남는다! 이와 같이 그의 무한한 상태, 곧 사뜨-찌뜨-아난다를 개아의 성품에 한정되어 있다고 상상할 때, 그의 무한하고 완전한 자유는 여전히 하나의 자유로 보이기는 하나 그것은 행위(업)를 유발하는 한계 내에서만 그러하다.

어떤 남(타자)을 보지 않던 그가, 이제는 남들을 보면서 그들을 두려워하거나 그들에게 끌린다. 이리하여 그는 이제 하나의 상상으로써 그 자신을 불필요하게 기만하고, 무수한 불행 속에 빠져 허우적댄다. 자신이 좋아하던 것을 얻거나 싫어하던 것이 소멸하면 행복해지고, 자신이 좋아하던 것을 얻지 못하거나 싫어하던 것이 번영하면 불행해진다. 좋아하던 것들을 얻는 것과 싫어하던 것들이 소멸되는 것은 순전히 그 자신의 행위(karmas)의 결과에 달렸기에, 그는 생각, 말, 활동과 같은 무수한 행위에 몰두한다. 그러나 슬프게도 그의 몸이 오래 가지 못하므로, 그는 새로 시작한 모든 행위들을 끝내기도 전에, 그리고 그 결과를 경험하기도 전에 몸을 잃는다. 따라서 그는 못다 한 행위들을 이어가고 그 열매를 경험하며, 자신의 바람에 따라 새로운 행위들을 시작하기 위해 다시 몸을 받고 싶어한다. 그럴 때, 그 개아의 진정한 성품에 다름 아닌, 그리고 그에게는 전지전능하고 한없이 자비로운 신이 그를 돕기 위해 오는 것이다.

그의 관념에 따르면 신은 한없이 자비롭고 전능하여 자신이 원하는 것이면 뭐든지 주므로, 그가 이전의 행위를 이어가서 그 과거의 행위에 따른 좋거나 나쁜 결과를 경험할 수 있는 그러한 몸을(사람 몸이든, 새나 짐승 등의 몸이든) 얻게 해 준다. 이처럼 개아는 과거 행위로 인해 그런 몸을 받는다. 그렇지 않은가? 그러나 과거 행위의 결과는 무한하지만, 그는 지금 그가 가진 몸으로 그 중의 적은 일부만 경험할 수 있다. 과거 행위의 결과 중에서 금생에 경험하도록 신에 의해 그에게 할당된 부분만을 '**발현업**(*Prarabdha*)'[열매를 맺기 시작한 업]이라고 한다.

저장되어 있는 그의 모든 과거업 중 앞으로 올 여러 생에 그가 경험해야 할 남아 있는 부분을 '**누적업**累積業(*Sanchita*)'[미래생에 열매를 맺기 위해 저장된 업]이라고 한다. 금생에 개아는 발현업에 포함된 고통과 쾌락 부분만 경험할 수 있다. 발현업의 모든 고통과 쾌락의 열매를 경험하여 그것이 소진되면 그 몸은 죽는다! 바꾸어 말해서, 그를 위해 몸을 창조하고 그의 현재의 몸의 형상을 하고 있는 것은 발현업일 뿐이다! 발현업의 종말이 그 몸의 종말인 것이다!

그러한 몸—고통과 쾌락의 경험으로 이루어진 발현업—을 가진 개아가 곧 그 행위자(*Kartha*)이고, 그 행위들의 경험자(*Bhokta*)이다. 그의 안에 본래적으로 있는, 앞서 말한 의지와 행위의 근원적인 자유를 여전히 가진 채 행위자 지위와 경험자 지위를 가지고 있는 것은 이 개아 아닌가? 그 행위할 힘의 자유는 그가 발현업의 열매를 경험하고 있는 동안에도 그의 안에 있다. 이렇게 발현업을 경험하면서도 그는 이제 이 '의지하고 행위할 자유'를 이용하여, 앞서 그랬던 것처럼 많은 새로운 행위들을 하고, 전생에 못다 하고 남은 행위들을 이어서 한다. 이런 식으로 그는 그 몸이 죽을 때까지 무수한 행위들을 하는 데 온전히 몰두한다! 그래서 그가 금생에 새로이 하는 그 행위들을 '미래업(*Agamya*)'[새롭게 하는 행위]이라고 한다.

어떤 사람이 어느 생에 100포대의 미래업을 축적한다고 가정해 보자. 그 몸이 죽을 때 이 100포대는 그의 누적업에 추가될 것이다. 그 중에서 몇 가지 고통과 쾌락이 든 포대 하나가 다음 생에 그의 발현업이 되도록 배당될 것이다. 우리가 위에서 말했듯이, 매 생마다 발현업을 경험하는 동안에도 미래업을 지을 '의지하고 행위할 수 있는 근원적 자유(original freedom to will and act)'를 가지고 있다. 다음 생에 그 사람이 또 다른 미래업 100포대를 축적한다고 가정해 보자. 이제 그 생이 끝나면 이 100포대가 기존의 남아 있는 누적업 99포대에 추가되어 그 수는 199포대가 될 것이다. 만약 누적업이 이런 식으로 급증한다면, 생사 순환의 끝을 언제 어디서 발견할 수 있겠는가? 따라서 행위는 우리를 행복이라는 목표로 이끌어주지 않는다는 것을 알아야 한다. 이 몸의 생존 기간 중 그는 미래업을 축적하고 발현업을 소진하는 일밖에는 하지 않는다. 미래업과 발현업 둘 다 이번 생에 진행되므로, **유한한 인간**

지성으로는 그 행위들 중 어느 것이 미래업이고 어느 것이 발현업인지 알 수 없다. 그것은 전지자全知者인 신만이 안다!

때로는 우리의 마음이 특정한 행위를 하지 않을 수 없게 강제로 끌려갈 수도 있으며, 그것이 우리가 발현업에 따라 특정한 고통이나 쾌락을 경험하는 데 도움이 될 수도 있다. 예를 들어 과거생에 어떤 사람이 누군가를 구타했는데, 금생에 그 구타 행위의 결과를 경험해야 한다고 하자. 이제 그 결과를 경험해야 할 때가 오면 그는 혼자서 산책을 나가고 싶은 생각이 들고, 결과적으로 그가 그 특정한 발현업을 경험하는 것을 막아 줄 친구나 친척이 아무도 없다. 이 사람이 혼자 걷고 있을 때 어떤 적이나 도적들이 도중에 그를 구타한다. 그럴 때 그에게는 자신이 혼자 가고 싶은 생각이 들었던 것이 어쩌면 하나의 미래업이었을 것으로 보일 수도 있다. '아! 내가 잘못했다! 혼자 가지 말았어야 하는데. 내가 혼자 가지 않았으면 이런 일이 일어나지 않았을 것이다.' 뿐만 아니라, 그는 자신을 때린 사람들도 나쁜 미래업을 지었다고 단정할지도 모른다. 그러나 두 판단 모두 잘못이다. 그 모든 행위는 발현업일 뿐이다! 인간의 마음이 이 진리를 이해할 수 있는가? 분명 이해하지 못한다! 그래서 무지한 사람은 자신의 삶 속에서 진행되는 모든 행위가 자신의 새로운 노력을 통해 이루어지며, 자신이 경험하는 모든 것은 자신의 새로운 노력을 통한 것일 뿐이라고 믿을 수밖에 없다. 그러나 자신이 목표하던 것을 이루려고 끈질기게 시도했으나 실패에 직면해 있다고 느낄 때 예상과 반대되는 결과가 나오는 경우가 많고, 또 어떤 경우에는 예상치 못한 고통이나 쾌락이 저절로 찾아오기도 한다.

여하튼 우리는 발현업을 경험해야 하지만, 위에서 그 생에 한 행위들 가운데 어느 것이 발현업이고 어느 것이 미래업인지는 인간의 마음으로 식별할 수 없고, 신만이 그것을 알고 그에 따른 결과를 명할 수 있다고 말했으므로, **누구도 그것을 식별하려 들지 말아야 한다.** 어떤 사람은 이렇게 물을지 모른다. "만약 그렇다면, 우리의 일상생활 속에서 발현업과 미래업의 차이를 이해하려 드는 것은 쓸데없는 일인가?" 아니다. 해탈을 목표로 하고, 선과 악의 분별을 사용하여 행위하는 데 관심이 많은 구도자들이라면, 아래의 업 분류를 따라도 좋다. 이것으로 그들 안의 선은 증장되고 악은 감소하여, 그들의 마음이 정화되는 데 도움이 될 수 있다.

1) 남들에게 해를 끼치고 싶은 마음이 들 때마다 '이것은 미래업을 짓는 나의 노력이다. 이것을 하지 말자.'라고 생각하여 자신을 구해야 한다.

2) 남들이 우리를 욕하고 있다고 느낄 때마다, '이것은 내 발현업 때문이다. 내가 예전에 그들에게 해를 끼쳤을 수 있다.'고 생각해야 한다. 그들에 대한 어떤 미움도 없이, 그 경험에 무관심해야 한다.

3) 자신이 남들에게 선을 행할 때마다, '이것은 내가 예전에 그들에게 받았던 것이다. 이것은 발현업에 해당되니 어떤 보답도 기대하지 말아야 한다. 보답을 기대하는 것 자체가 잘못이다.'라고 생각해야 한다.

4) 남들이 우리에게 선을 행할 때마다, '내가 지금 그들에게서 받는 이 도움은 미래업에 해당한다. 그러니 감사히 그에 보답해야 한다.'고 생각해야 한다.

요컨대, 1) 자신이 남들에게 하는 잘못은 미래업이다. 2) 남들이 자신에게 하는 잘못은 발현업이다. 3) 자신이 남들에게 하는 선행은 발현업이다. 4) 남들이 자신에게 하는 선행은 미래업이다.

위에서 말한 방식대로 우리가 하는 행위를 분류하면 그것은 행위 요가 그 자체인 그런 태도를 안겨줄 것이고, 이것이 우리의 마음을 정화하고 성숙시킬 것이다.

그러나 진실은 실제로 그렇지 않을 수도 있다. 공평한 분류는 그와 다를 수 있다. 즉, 우리가 남들에게 하는 잘못은 우리의 분류에 따르면 하나의 미래업이다. 그러나 그것은 남들이 과거에 우리에게 했던 행위를 되돌려주는 행위일 수도 있다. 그래서 그런 식으로 행동하면 그것은 발현업에 해당한다. 그것은 우리가 그에 대해 걱정할 필요가 없다는 것을 의미한다. 그렇지 않은가? 마찬가지 방식으로, 우리가 남들에게 하는 선행은 우리의 분류에 따르면 발현업이지만, 실은 그것은 어떤 이전 발현업의 빚을 청산하는 과정으로 한 것이 아니라 우리의 미래업적 박애 행위(미래 공덕행)일 수도 있다. 그렇지 않은가? 마찬가지 방식으로, 우리는 그 분류상의 나머지 두 항목도 확장할 수 있을 것이다. 인간의 마음에 진실을 보여주면 에고가 잘 먹고 살이 쪄서 오만해질 것이고, 그리하여 우리의 마음은 불순수해지고 성숙함을 상실할 것이다.

그래서 신의 계획상 그 공평한 분류가 인간의 마음에게는 잘 은폐되는 것이다! 실로 이것은 인간 마음의 진보를 돕는 하나의 축복이다. 바로 이러한 이유로, 구도자들의 마음을 정화하고 성숙시키기 위해 우리가 위에서 제시한 분류가 진실과는 부합하지 않을 수 있는 것이다.

'의지하고 행위할 근원적 자유' 때문에, 그리고 그것을 통해 우리는 몸(자신의 누적업에서 배당된 발현업)을 가지고 있는 동안[평생 동안] 두 종류의 실수를 저지른다. 첫 번째 실수는, 결코 피할 수 없고 변경할 수 없는 발현업을 통해서 오는 불행을 막거나 감소시키려 드는 것이다. 그리고 같은 방식으로, 우리는 역시 발현업을 통해서 오는 행복을 증장하거나 촉진시키려 든다. 그래서 유일한 최선의 방책은, 그런 식으로 우리의 자유를 사용하려고 애쓰기보다는 그것을 **하느님의 뜻**에 맡겨두는 것이다. 왜냐하면 그것은 더 이상 우리의 '의지하고 행위할 근원적 자유'의 범위 안에 있지 않기 때문이다!

여기서 '그것을 하느님의 뜻에 맡긴다'는 말의 의미는, 그것을 우리 자신의 발현업에 맡긴다는 것에 지나지 않는다. 어째서 그런가? 그 개인의 현재의 발현업을 구성한 것은 그의 과거의 의지 아닌가? 그래서 그것은 지금 신에 의해 충족되는 그 자신의 과거의 의지 혹은 소망일 뿐인 것이다. 그것은 신에게 어떤 좋아함과 싫어함이 있다거나, 그 개인에게 이익을 주거나 주지 않으려고 하는 신 자신의 의지가 있다는 의미가 아니다. 바꾸어 말해서, 그것은 그 개인이 자신의 소망이나 의지를 충족할 유일한 권리를 신이 원하는 우선순위대로 신에게 맡겨야 한다는 것을 의미할 뿐이다. 우리가 그렇게 하면, 신은 모든 것을 알고 있고 무엇을 언제 주는 것이 가장 좋은지 알기 때문에, 어떤 발현업이든 그것을 경험하면 그 개인이 자신의 원래 상태, 곧 진아를 되찾는 데 도움이 될 그런 방식으로 발현업을 배치해 줄 것이다.

우리가 그렇게 하지 않을 때는 어떻게 되는가? 그것을 좋아하든 않든, 우리는 어떤 식으로든 발현업을 경험할 수밖에 없다. 그럴 때에도 그 정해진 발현업은 열매를 산출한다. 그러나 그는 발현업을 경험하기를 좋아하지 않으므로, 괴로움과 기쁨을 겪지 않으면 안 될 때는 **마음의 균형과 분별력을 상실한다**. 그는 그것과 싸우고, 그러면서 미래업을 창조한다. 그러나 반대로, 그 개인이 신에 대해 워낙 많은 사랑을 가지고 있어서 일체를 신의 뜻이자 은사물(Prasad)로 여길 때는 마음의 균형을 잃지 않고, 따라서 발현업을 즐겁게 견뎌낼 수 있다. 이런 경우 발현업을 경험하는 열매는 신의 기대치, 즉 신이 우리의 마음을 성숙시켜 목표를 신속히 성취하게 하려는 정도에 따르게 될 것이다. 그래서 우리는 이렇게 결론지을 수도 있다. 1) 우리는 신의 의지에 항복하거나 항복하지 않을 근원적 자유를 가지고 있다. 2) 그의 뜻에 항복하면 우리의 진보가 향상되고 가속화된다. 3) 그의 뜻에 항복하지 않으면 우리의 진보가 미미해지고 지체되며, 진보하려면 우리가 미래생에 비슷한 발현업을 경험해야 할 것이다. 신의 뜻에 항복했더라면 이번 생에 그렇게 할 수 있었겠지만 말이다.

어떤 사람들은 신조차도 발현업을 바꾸거나 저지하지 못하느냐고 물을지 모른다. 신은 발현업의 주재자이므로 발현업의 경험을 바꾸어 주거나 저지할 완전한 자유를 가지고 있다. 만약 우리가 그에게 완전히 순복하면서 "오 하느님, 당신께서는 제가 이 괴로움을 감내할 능력이 없다는 것을 아십니다. 저에게 감내할 힘을 주시어 저를 가호해 주십시오"라고 기도하면, 그럴 때에만 신이 자신이 원하는 대로 무엇이든지 할 수가 있다(왜냐하면, 우리가 신을 가로막는 방식으로 우리의 근원적 자유를 사용하지 않으므로). 즉, 발현업을 바꾸거나 정지시킬 수 있다. 진인 아우바이야르(Auvaiyar)가 "시바에게 순복하는 사람들에게는 어떤 위험도 닥쳐올 가능성이 없다. 이것이야말로 자유 의지이다. 만일 순복하지 않으면 일체가 운명이 될 것이다."라고 했을 때, 바로 이것을 선언한 것이다. 신은 발현업을 바꾸거나 저지할 수 있을 뿐만 아니라, 미래업을 발현업에 포함시켜 그것이 즉시 열매를 맺게 할 수도 있다. 마르깐데야(Markandeya-고대의 진인)의 이야기는 전자의 경우를, 아디 샹까라와 가난한 여인의 이야기는 후자의 경우를 잘 보여준다. 각 이야기의 간략한 개요는 다음과 같다.

1. 발현업에 따르면 마르깐데야의 수명은 16년밖에 되지 않았지만, 그는 주 시바에게 순복함으로써 목숨을 오래 보존할 수 있었다.

2. 아디 샹까라가 음식을 탁발하고 있을 때 한 가난한 여인이 그에게 작은 과일 하나를 드렸지만, 자기 오두막의 창문을 통해 드렸다! 그때 아디 샹까라는 그녀가 너무 가난해서 문을 열지 못했다는 것을 알았다. (몸에 걸친) 옷이 없어서 문을 열고 과일을 건네줄 수 없었던 것이다.

그는 가슴 속에서 큰 자비심이 솟아올랐고, 여신 락슈미를 찬양하는 시들을 지었다(「까나까다라 송찬(Kanakadhara Stotram)」이다).64)

여신이 그에게 나타나자 아디 샹까라는 그녀에게, 그 가난한 여인에게 부를 하사해 달라고 청했다. 여신 락슈미는 주 샹까라 자신이 명한 그녀의 발현업에 그런 항목이 없다는 점을 지적했다. 아디 샹까라는 가난한 여인이 자신에게 작은 과일을 준 현재의 그 자비행을 그녀의 발현업에 포함시켜, 바로 그 자리에서 부를 하사하는 것이 어떻겠느냐고 권했다. 그러자 아디 샹까라의 권유에 답하여, 즉시 그녀를 위해 금 열매들이 비처럼 쏟아져 내렸다. 여기서 알 수 있는 것은, 미래업의 열매는 주재자에 의해 발현업에 포함될 수 있다는 것이다.

'의지하고 행위할 근원적 자유'를 통해 우리가 범하는 두 번째 실수는, 미래업을 짓기 시작하면서 동시에 발현업이 진행되게 하는 것이다. 즉, 개인이 자신의 좋아하고 싫어하는 마음에 이끌려 미래생의 행복을 증진하거나 불행을 없애기 위해 미래업을 짓기 시작하는 것이다. 그는 행복이 그 자신의 성품이라는 것을 모르기 때문에, 자신의 마음, 감각기관, 몸, 세간적 대상들의 도움으로 행복을 얻을 수 있을 거라고 희망적으로 생각하면서 수많은 행위를 벌인다. 이런 식으로 하여 그 몸이 죽을 때가 되면, 무수한 미래업이 이미 히말라야 산처럼 쌓여 있는 그의 누적업에 추가되어, 그것을 더욱 더 높아지게 한다.

> 행위의 결과가 경험되어 사라졌어도 그것은 씨앗[원습]을 남겨, 행위의 바다로 행위자를 집어던지네. 따라서 행위의 결과는 해탈을 가져다주지 않는다네.　　　　　　— 「우빠데샤 룬디야르」, 제2연

---

64) 여신 락슈미는 부의 여신이고, 아디 샹까라는 주 시바의 화현이다.

이처럼 인간은 '의지하고 행위할 근원적 자유'를 가지고 두 가지 실수를 저지르는 것이다.

  이 두 가지 실수를 어떻게 교정하는가? 이 단계에서, 인간의 관념으로는 그 자신과 다르고 전지전능하며 한없이 자비로운 신이 그에게 자비를 보인다. 즉, 과거의 수많은 생에 걸쳐 고통 받아 온 인간이 그에게 자신에게 올바른 지知를 주는 것이 그의 임무라고 하면서 기도하면, 신이 그를 도와주러 온다. 앞의 '박띠' 장에서 우리가 이미 말했듯이, 인간이 세간적 대상들을 얻고자 기도했을 때, 우리 학교 1, 2학년의 선생님으로서 베다의 '행위부' 부분과 함께 그의 행위의 열매를 그에게 주었던 분이 신 아닌가? 그가 이제 인간의 기도에 답해 스승의 형상으로 와서, 그로 하여금 자신이 '의지하고 행위할 근원적 자유'를 통해 위 두 가지 실수를 어떻게 저질렀는지를 깨닫게 도와주고, 그 자유를 올바르게 사용하는 법을 가르친다. 그 자신의 '의지하고 행위할 근원적 자유'를 통해 자신의 진정한 지복의 상태를 잊어버린 이 개인이, 이제 행복을 얻으려고 숨이 막힐 지경이 되어 자신의 한정된 힘과 지식을 가지고 행위의 형태로 노력을 할 때, 그가 사랑하는 신 외에 달리 누가 실질적인 조력자가 될 수 있겠는가? 왜냐하면 개인의 행복에 대한 욕망을 완전히 충족시켜 준다는 것은, 그의 진아망각 상태를 제거하여 그로 하여금 자신의 **본래 상태**를 자각하게 하는 것 외에 달리 아무것도 아니라는 것을 신은 알기 때문이다.

  이제 신은 그 개인이 참된 지知를 얻도록 도와주는 방식으로 그의 누적업을 이용한다. 그가 한 번씩 태어날 때마다 누적업 중의 일부가 선택되어 배정되지 않는가? 그 업 중에서 신이 발현업을 선택할 때는, 개인이 그 행위의 결과를 경험하면서 갈수록 염증을 느끼고, 행위를 하는 것은 아무 쓸데가 없다는 결론에 이르게 될 그런 방식으로, 어떤 종류의 업을(선업인지 악업인지) 어떤 시간에(어떤 환경에서 어떻게 태어날지) 어떤 방식으로(고통이나 쾌락을 경험할 우선순위) 배정할지를 선택한다. 이것이 신의 한량없는 은총이다! 그렇지 않은가?

인간이 이것을 모른 채 신이 전지전능하고 한없이 자비롭다고 믿으면서, 그에게 완전히 순복하는 대신 "저의 운명[발현업]을 바꾸어, 제 운명에서 행복이 늘어나고 불행이 줄어들게 해 주십시오"라고 기도한다면, 그것은 무지일 뿐이다. 그것은 인간이 하찮은 지성으로 신의 계획을 탓하는 것일 뿐이다. 그의 기도는 무엇을 보여주는가? 그것은 그가 전지全知한 분으로 찬양했던 신을, 자신의 발현업을 제대로 판정해 줄 만큼 지혜롭지 않다고 비난한다는 것을 보여줄 뿐이다! 즉, '일체를 아는' 분을 '모르는' 자로 만드는 것이다! 또한 마찬가지로, 발현업이 기도에 의해 없어지지 않을 때 인간은 낙담한다. 이 낙담은 무엇을 보여주는가? 그것은 그가 전능한 분으로 찬양했던 신을, 자신의 불행을 막아줄 만큼 힘이 있지 않다고 비난한다는 것을 보여준다. 즉, 그 낙담을 통해 그는 '일체를 할 능력이 있는' 분을 '능력이 없는' 자로 만드는 것이다! 이뿐만이 아니다. 신이 왜 자신의 불행을 없애주지 않는지 그 이유를 찾아내려 애쓰면서 그는 신이 그럴 의향이 없다고 단정한다. 이 단정은 무엇을 보여주는가? 그것은 자신이 한없이 자비롭다고 찬양했던 신을, 자신을 도울 만큼 자비롭지 않다고 선언한다는 것을 보여준다. 즉, 그 단정을 통해 그는 '한없이 자비로운' 분을 '자비심 없는' 자로 만드는 것이다! 그렇지 않은가?

무엇이 그를 그렇게 하도록 만드는가? 그것은 불행을 종식하고 행복을 성취하려는 그의 욕망 아닌가? 지금 행복한 삶을 즐기고 있는 사람조차도 미래의 예기치 못한 불행을 두려워하고 걱정한다. 혹은 미래의 더 행복한 어떤 삶을 열망할 수도 있다. 또 지금 고통 받고 있는 어떤 사람은 그 불행이 끝나고 행복으로 대체되는 날을 몹시 열망하고 있다. 이런 이유로 우리는 자기 삶의 미래의 과정을 알고 싶어 한다. 그러나 그것은 불필요한 마음 활동이다. 어떤 사람이 스리 바가반 라마나에게 여쭈었다. "우리는 우리의 과거생에 대해, 현생의 앞날에 대해, 그리고 우리의 미래생에 대해 알 수 있습니까?" 스리 바가반이 대답했다. "현재의 활동에 대한 생각들로 인해 혼란에 빠져 있고 많이 걱정하고 있는 인간에게, 과거와 미래까지 알게 해 준다면 더 혼란스러워지고 비참해지지 않겠습니까? 그러면 그의 삶이 하나의 지옥이 되지 않을까요! '나는 누구인가?' 하고 자신의 현재의 진리를 알려고 하지는 않고 과거와 미래에 대해 알려고 하는 것은 무지일 뿐입니다."

> (…) 현재의 진리를 모르면서 과거와 미래를 알려고 하는 것은, '하나'라는 단위의 본질을 모르면서 숫자를 세려는 것과 같네.
> ― 「실재사십송」, 제15연

진리가 그러함에도 인간은 자기 삶의 미래의 고통과 쾌락에 대해 알고 싶어 한다! 점성학이 그를 도와준다! 점성학이 무엇인가? 그것은 인간이 태어나던 정확한 시점에서의 행성의 위치를 토대로 한 하나의 학문으로, 인간이 죽을 때까지 그의 삶에서 일어날 모든 사건을 아는 데 도움을 주는 것이다. 요컨대 하느님이 우리의 발현업으로 정해 놓은 것을 알아낸다는 것은 물론 놀라운 학(學)이다! 그러나 세 가지 기본조건이 필요하다. 그것은 1) 태어난 시(時)의 정확성, 2) 천궁도를 작성하고 판독하는 점성가의 숙달된 실력, 3) 그 점성가가 돈을 위해 남들을 추켜세우기만 하는 한갓 직업인이 아니어야 한다는 것이다. 이 조건들 중 한두 가지가 결여된 까닭에 판독 결과가 잘못으로 드러나고, 그리하여 점성학을 불신하게 만드는 사례가 많다. 점성학과 마찬가지로, 손금 보기, 숫자점, 주역周易, 플랑셰트점占(planchette-reading), 신수점, 인간 영매靈媒를 통해 혼령들과 접촉하기 등이 도처에서 같은 목적으로 사용되며, 인간은 흔히 그런 기술과 술법으로 얻은 도움에 의지한다. 그러나 무엇을 위해서인가? 그것들은 그의 미래에 닥쳐올 불행과 행복을 보여줄 수 있을 뿐, 그 불행을 경감하지도 못하고 행복을 증진하지도 못한다. 점성학을 통해 자신이 고통을 겪게 될 것임을 알게 될 때, 설사 그 점성가가 전문가라 할지라도 그에게서 무슨 답변을 듣겠는가? 점성가는 그에게 이렇게 조언할 것이다. "토성土星을 모시는 사당에 불빛을 공양하십시오. 아홉 행성을 모시는 사당에서 숭배를 하십시오. 가난한 이들에게 음식을 베푸십시오. 그리고 신의 이러이러한 측면들(남신과 여신들)을 이러이러한 시간에 숭배하여 행성들의 효과를 최소화하십시오. 그러면 문제가 줄어들 것이고 모두가 잘 될 것입니다!"

그것이 실제로 의미하는 것은 무엇인가? "오, 인간이여, 그대는 자신의 발현업을 변경할 수 없다. 신에게 귀의하라. 신이야말로 전지전능하고, 한없이 자비롭다"는 것을 의미하지 않는가? 그렇다면 점성가는 이처럼 그 인간을, 사랑의 느낌을 정화하는 우리 학교의 1, 2학년 또는 3학년 1)반에 입학시킨다는 것이 명백하지 않은가? 그는 어떤 방식으로 그렇게 하는가? 그는 그 인간에게 (앞 장에서 말했듯이) 신의 수많은 이름과 형상들을 숭배하여, 그의 많은 욕망들을 성취하라고(발현업을 변경하라고) 권하기 때문이다. 이것은 베다의 '행위부'를 넘어설 만큼의 분별력을 갖지 못한 우리 학교 1, 2학년과 3학년 1)반 학생들에게만 해당된다. 그러나 우리 학교 3학년 2)반과 4학년에 있는 성숙한 영혼은 점성가에게서 그렇게 하라는 조언을 듣기도 전에, 그리고 점성가의 조언 없이도 늘 신을 붙들어 왔지 않은가? 그런 성숙한 영혼들만이 앞에서 말한 ('의지하고 행위할 근원적 자유'를 통해 저지르는) 두 가지 실수를 교정할 능력이 있다. **진정한 탐구자 혹은 진정한 헌신가에게 점성가의 조언이 무슨 쓸모가 있겠는가?** 완전한 순복의 길에 있는 그가 발현업에 따라 찾아올 어떤 불행을 없애 달라고 어느 남신이나 여신에게 기도하며, 역시 발현업에 따라 찾아올 어떤 행복을 증진해 달라고 기도하겠는가? 그는 신이 오직 하나라는 것, 그리고 신 그 자신이 그럴 뜻만 있으면 그가 기도하지 않아도 발현업을 바꿔줄 수 있다는 것을 잘 알지 않는가? 이 앎을 가지고 있지 않은 사람만이 신의 수많은 이름과 형상들을 숭배할 여지가 있다. 그러나 이 앎으로 심장이 만개하고 있는 사람에게, 점성학 등과 같은 그런 기술과 술법을 통해 얻을 수 있는 게 뭐가 있겠는가? **만일 어떤 구도자가 자신은 해탈을 열망한다고 말하면서도 그런 기술과 술법에 큰 관심을 보인다면, 그는 진정한 헌신가나 진정한 탐구자일 수 없다.** 진정한 헌신가는 '의지하고 행위할 근원적 자유'를 신에게 내맡겨 버렸기 때문에, 결코 신에게 자신의 발현업을 바꿔 달라고 청하지 않을 것이고, 진정한 탐구자는 '의지하고 행위할 근원적 자유'를 올바르게 사용하는 법을 알고 있기 때문에, 진아에 주의를 기울이는 것 외에는 다른 어떤 것을 향한 노력도 하지 않을 것이기 때문이다. 정말 헌신가이거나 탐구자라면(즉, 우리 학교의 3학년 2)반이나 4학년 학생이라면), 그런 기술이나 술법에 대해 어떤 취향이 있거나 조금이라도 마음이 기울겠는가? 그는 분명히 그러지 않을 것이다. 왜냐하면 그럴 수가 없기 때문이다! 만약 그렇게 한다면 그것은 388쪽에서 이야기한 세 가지 면에서 그가 신에 대한 사랑과 믿음이 부족함을 드러내는 것일 뿐이다. 완전한 순복의 상태에서는 이런 기술과 술법의 필요성이 사라질 수밖에 없다. 그래서 마니까바짜가르(Manikkavachagar)는 이렇게 노래한다.

당신께서 저를 당신 자신의 것으로 하신 바로 그 순간, 저는 개인성을 잃었습니다! 당신께서 저에게 이익을 주셔도 좋고 해를 주셔도 좋습니다! 제가 누구여서 간섭하겠습니까, 저의 주님이시여!

위에서 말한 것을 가지고 만일 어떤 독자가, 우리가 그런 기술과 술법들이 가짜라고 선언한다거나 우리가 그런 것들을 증오한다고 단정한다면 그것은 잘못일 것이다. 독자들은 우리가 단지 그런 것들이 우리 학교의 1, 2학년과 3학년 1)반 학생들에게만 적합할 뿐, 진리만을 목표로 하는 구도자에게는 전혀 필요하지 않다고 결론지을 뿐이라는 것을 알아야 한다.

우리가 진정으로 신에 대한 사랑과 믿음을 가지고 있다면, 우리 자신을 그에게 무조건적으로 내맡겨야 한다. 스리 바가반 라마나의 다음 말씀처럼 말이다.

오 안나말라이, (…) 그렇다면 제가 어떤 불만이 있겠습니까? 오, (저의) 영혼이시여, 당신이 뜻하시는 것이면 뭐든 하시되, 사랑하는 님이시여, 당신의 두 발에 대한 사랑이 날로 커가는 것만 허락해 주소서. ─「아루나찰라에 바치는 아홉 보주화만」, 제7연

오 아루나찰라, (…) 사랑에서 나오신 지복이시여! 제가 무슨 말을 하겠습니까? 당신의 뜻이 저의 뜻이니, 그것 자체가 저의 행복입니다. ─「아루나찰라에 바치는 11연시」, 제2연

앞 장에서 우리 학교 4학년의 자격을 갖춘 학생이라고 한 것은 이것을 잘 알고 받아들이는 그런 헌신자뿐이다. 그리고 그런 학생에게만

위에서 말한 '의지하고 행위할 자유'를 사용함에 있어서의 두 가지 실수를 교정하는 방법을 설명해 줄 수 있다. 진실로 수많은 생을 통해 행위의 결과를 경험하면서 행위에 대한 무욕을 통해 성숙해 온 그런 소수의 헌신자들을 위해서만, 신이 스승의 모습으로 다가온다! 처음에는 그 개인이 자기 앞의 그 스승이 자신과 같은 한 인간이라고 생각한다. 그러나 스승은 실은 그의 진아 자체, 곧 사랑에 다름 아니므로, 그가 스승에 대해 자연적이고 한량없고 저항할 수 없는 사랑의 흐름이 솟구침을 느낀다는 것은 놀라운 일이 아니다.

스승은 이제 그에게 '의지하고 행위할 근원적 자유'를 다루는 법을 가르친다. "실재, 곧 그대의 진아를 알기 위하여 그대의 자유를 사용하는 것이 단 하나 올바른 사용법이다. 만약 그것을 모르거나 그럴 수 없다면, 그 자유를 신에게 완전히 넘겨주거나 내맡겨 신이 그가 좋을 대로 어떤 방식으로든 그대를 위해 그것을 사용하게 하라. 이는, 그것을 사용하는 올바른 방식을 알든지, 아니면 그 사용법을 아는 신의 손에 그것을 돌려주라는 뜻이다." **이처럼 스승은 제자의 앞에 자기탐구의 길과 자기순복의 길─곧, 지知의 길과 사랑의 길을 놓는다**.

그때부터 자기탐구나 자기순복 중 하나를 취하는 그 헌신자는, 자신의 삶에서 어떤 일이 일어나든 모두 그의 마음 활동을 경감하여 그가 진아 쪽을 향하게 만드는 데 유익한 것일 뿐임을 이해할 수 있다. 뿐만 아니라 그는 자신이 지금의 영적인 길을 걷기 전인 과거에 신이 명한 그의 발현업을 통해 자신에게 어떤 일이 일어났든, 그것들도 모두 그의 마음 활동을 경감하여 그가 진아 쪽을 향하게 만드는 데 유익한 사건들일 뿐이었다는 것을 이해할 수 있다. 이제 삶에 대한 자신의 새로운 소견에 놀라워하는 제자에게 스리 라마나의 자애로운 말씀이 그의 마음속을 섬광처럼 지나간다. "이것은 그대의 바깥에서 그대를 안으로 밀어넣는 스승의 은총에 의한 것임을 알라."

삶에 대한 이 새로운 소견을 얻자마자, 그는 신이나 스승에게 자신의 운명[발현업]을 변경해 달라고 더 이상 기도하는 것은 부끄러운 일이라고 느낀다. 왜냐하면 이제 자신의 삶에서 일어나는 모든 활동이 오직 자신을 진아 쪽으로 향하게 하기 위한 것임을 발견하기 때문이다. 요컨대 그런 성숙한 제자가 볼 때 발현업은 아예 존재하지 않게 된다. 그는 '발현업'이라는 단어를 사용하지 않고, 그것을 가리켜 '내 주님의 자애로운 의지이니, 당신의 의지가 나의 즐거움이다!'라고 말한다. 이제 그 순복이 완성된다. 즉, 삶이 하나의 무한한 지복으로 변했고, 이제 그에게는 가장 극심한 고통도 성자 아빠르가 이렇게 노래할 때처럼 보인다.

> (내가 있던) 주님의 두 발의 그늘 아래서, 나는 마치 봄날 보름달 아래 못가의 서늘한 언덕에서 부드러운 남풍의 기분 좋은 감촉 하에 비나(Veena)가 연주하는 감미로운 곡조를 들으며 앉아 있는 것처럼 느꼈네.65)

그렇게 변환된 그의 마음은 더 이상 하나의 '마음'이 아니다. 그것은 진아, 곧 그의 성품 자체이다. 이전에 '마음'이라고 불리던 것이 이제는 소멸했다고 할 수 있다. 이와 같이 경험자 의식(*Bhoktritva*)이 행위자 의식(*Kartritva*)과 함께 소멸된다는 것을 우리는 이해할 수 있다. 그의 두 측면이 이처럼 소멸되고 나서 개아가 침묵을 지키는 것이 '고요히 있으라(*Summa Iru*)'이다. 그리고 이것이 스승의 진정한 가르침(*Upadesa*)이다. 그렇게 고요히 있는 것이 신에 대한, 그리고 스승에 대한 진정한 봉사

---

65) 이 연은 성자 아빠르가 부른 것이다. 왕이 그를 죽이려고 불가마 속에 그를 넣고 문을 닫았으나, 그는 이 노래를 부른 다음 멀쩡한 몸으로 나왔다.

이다. 그리고 이것이 원초적인 본래적 상태이다.

그렇게 고요히 있기로 의지하는 것, 즉 그렇게 고요하게 있고 싶어하는 것이나, 그렇게 고요히 있지 않기로 의지하는 것, 즉 (무엇을) 하기로 하는 것은 우리의 의지 하에 있다. 왜냐하면 '의지하고 행위할 완전한 자유'는 바로 우리의 성품─곧, 브라만이요 진아이기 때문이다.

위에서 행위자 의식의 소멸 자체가 경험자 의식의 소멸이기도 하다고 말했다. **같은 힘, 곧 별개의 한 개체를 행위자로 상상했던 우리의 완전한 자유가, 이제 그 반대로 하나의 강렬한 의지력**(Ichcha Shakti)**과 강렬한 행위력**(Kriya Shakti)**의 형태로 작용하여 고요히 있을 때, 이 비할 바 없는 힘, 곧 역동적인 고요함이 우주의 창조, 유지, 파괴를 위해 사용되던 하찮고, 거짓이고, 상상적인 '의지 및 행위력'을 소멸한다.** 이 단계에서, 앞서 말한 진아 안에서, 진아에 의해, 진아를 다수로 보는 상상력에 의해 만들어진 부자연스러운 덧씌움이 사라진다! 이제 그 구도자가 타자성 없는 하나─곧, 완천한 진아로서만 늘 빛나는 자신의 참된 성품 속으로 진정한 깨어남을 체험하면서, 그 개인[행위자]의 탄생과 죽음이라는 꿈이 그 안에서 나타나고 사라지던 무지의 잠이 사라진다! 이와 같이 행위자 의식이 소멸할 때, 누가 경험자 의식을 위해 존립하겠는가? 따라서 누적업(Sanchita)의 더미는 이제까지 한 행위들의 좋고 나쁜 결과와 함께 하나의 꿈처럼 사라진다. 마치 꿈속에서 진 빚과 얻은 소득이 잠에서 깨어나면 함께 사라지듯이. 그것이 바로 『해탈정수』에서 이렇게 말하는 것이다.

> 솜더미가 불에 타서 재가 되듯이, 해체의 큰 불길 속에서 무수한 생에 걸쳐 쌓인 다양한 열매들의 놀라운 씨앗인 누적업도, 지(知)의 불길에 의해 완전히 재로 화한다.   ─『해탈정수』, 제1편, 제96연

그리고 『바가바드 기타』에서는 이렇게 말한다.

> (…) 지知의 불은 **모든** 업을 태워 재로 만든다.
> —『바가바드 기타』, 4:37

행위자 의식이 소멸한 뒤에는 더 이상 미래업이 없을 거라는 것은 이미 말했다. 이제까지 경전에서는 질문자들을 누그러뜨리기 위해, 누적업과 미래업이 소멸된 뒤에도 발현업은 남아 있어 그것을 경험해야 하며, 그것은 그 몸이 죽은 뒤에야 끝이 날 것이라고 말해 왔다. 그러나 이것은 예리한 분별력을 가진 완전히 성숙한 구도자들을 위해 한 말이 아님을 알아야 한다. 왜냐하면 그들은 여기에 약간의 성찰을 적용할 것이 기대되기 때문이다. 즉, 행위자 의식과 경험자 의식은 개아, 곧 그 개인의 (동전의 양면과 같은) 두 측면인데, 진아지가 밝아 와서 행위자 의식이 소멸한 뒤에 어떻게 경험자 의식만 여전히 살아 있을 수 있겠는가? 그럴 수 없다! 경험자 의식이 이와 같이 사라지는데 발현업을 경험할 사람이 누가 있으며, 어떻게 있겠는가? 아무도 없다! 경험자가 아무도 없으니 발현업도 무無가 되지 않겠는가? **따라서 진인에게는 진실로 세 가지 업이 하나도 없다**. 그러나 무지하고 미성숙한 구도자가 진인을 하나의 몸으로 여기기 때문에(그는 달리 생각할 수가 없다), 경전들은 그에게 진인에게는 발현업만 있다고 말하지 않을 수 없는 것이다. 그래서 시대에 따라 규칙—여러 경전들—을 제정하기 위해 여러 스승의 형상을 취하는 지고자가 이제 스리 라마나의 형상으로 나타나서, 고도로 성숙한 영혼들의 이익을 위해, 당신 자신이 여러 시대에 구성했던 경전들에 대해 다음과 같은 수정을 제시한다.

누적업과 미래업은 진인에게 붙지 않으나 발현업은 남을 거라고 말하는 것은, **남들이** 제기하는 질문에 대한 하나의 피상적 답변일 뿐이네. 남편이 죽으면 과부가 되지 않는 아내들이 없듯이, 행위자[에고]가 죽으면 세 가지 업 모두 사라질 것이네. 이와 같이 알아야 하네.
— 「실재사십송-보유」, 제33연

사랑(*Bhakti*)의 길을 걷는 구도자는 신 또는 스승이 있고 그가 자신을 보호해 준다고 믿으면서, 그가 자신을 위해 어떤 좋은 일도 해줄 것이라는 희망을 갖는다. 그런 구도자는 자신의 '의지하고 행위할 근원적 의지'를 사용하면서, 자신의 행위자 의식을 그에게 내맡긴다. 따라서 그는 더 이상 노력[미래업]을 할 필요가 없고, 그리하여 고요해진다.

또 한 부류의 구도자들이 있는데, 그들은 신이나 스승의 존재를 믿지 않고 자신들의 노력과 활동을 깊이 탐색하면서 삶의 여러 가지 기쁨과 시련을 경험하다가, 결국 자신의 '의지하고 행위할 근원적 의지'의 올바른 사용법을 이해하기에 이른다. 그들은 자신의 '의지하고 행위할 근원적 의지'를 통해 2인칭과 3인칭 대상들에서 주의를 거두어들여 **자기에게 주의를 기울임**으로써, 자신의 탐색에 (상상적인) 부주의의 여지를 주지 않고 진아의 진리, 곧 '행위함이 없음'의 상태를 되찾으려고 노력한다. 그리하여 그들은 고요해진다.

신에게 완전히 순복하거나 아니면 자기탐구를 통해 상상적인 부주의라는 형상의 무지를 몰아내는 것을 **좋아할 자유와, 그에 따라 행위할 자유는** 그 개인에게 있다. 그것은 결코 방해받지 않는다. 왜냐하면 그것은 바로 브라만의 성품이기 때문이다. 이 자유가 없다면 해탈(*Moksha*), 곧 불행에서의 완전한 벗어남은 절대적으로 불가능할 것이고, 태고 이래의 모든 스승과 경전들도 불필요하고 헛된 것이 될 것이다!

어떤 사람들은 진지真知(Jnana)가 발현업을 통해서만 얻어질 수 있다고 믿으면서 게으르게 산다. 즉, 진지를 얻으려고 욕망하지도 않는다. 그러나 그런 사람들은 진지를 얻으려는 그들의 욕망과 노력에 관한 한에서만 게으름을 보이며, 발현업과 발현업의 은총에 자신을 맡기는 것을 탓한다! 그러면서도 자신들의 세간적 활동에 대해서는 결코 게으름을 보이지 않는다. 즉, 그들은 발현업의 작용을 막으려고(발현업을 통해 오는 불행을 경감하고 행복을 증진하려고) 진취적 정신을 발휘하지만, 그것은 결코 가로막거나 바꿀 수 없는 것이다. 그 최종 결과는 영零이다. 할 필요가 없고 하지 말아야 할 일을 하는 데는 그렇게 진취적인 그들이, 반드시 해야 할 일—즉, 자기주시로써 행위자 의식을 소멸하려는 노력을 하는 데는 게으르다. 이것이 무지의 정점이다! 따라서 신에 대한 믿음을 가진 사람들은 행위자 의식을 신에게 내맡기는 데서 진취적이어야 하고, 탐구자들은 자기를 탐구하는 데서 진취적이어야 한다. 그것이 '의지하고 행위할 자유'를 올바르게 사용하는 유일한 방식이다.

그러나 우리들 가운데 어떤 사람들은 이렇게 물을지 모른다. "참되고 무한한 지知의 힘(Akhanda-Chit-Shakti)의 한 상상적 반영에 불과한 개인의 유한한 앎의 힘(Alpa-Chit-Shakti)으로써 완전[지고자]의 상태를 성취한다는 것은 불가능하다. 그 자체가 신 또는 스승인 그 참되고 무한한 지知의 힘의 은총이 필요하지 않은가?"라고. 그렇다. 실로 그것이 필요하다! 도움이 필요하기 때문에, 그것은 신에게 믿음을 가진 사람들이 그들의 '나'를 내맡기려고 하는 노력을 도와서, 그들에게 엄청난 순복의 능력을 하사한다. 이것이 바로 "신에게 한 걸음 다가가면, 그는 그대에게 열 걸음 다가올 것이다"라는 말의 의미이다. 신이나 스승에 대한 믿음은 없지만 열의를 가지고 진아, 곧 자신의 실재를 탐구하는 데 강렬히 노력하는 구도자에게는, 진아가 스승의 역할을 하면서 안에서는 물론이고 바깥[외부]에서도 그에게 도움을 준다. 그것은 그가 자기 삶 속의 외부적 사건들을 통해서, 밖으로 나가는 주의는 불행일 뿐이라는 것을 이해하게 만드는 저 이해의 명료함이라는 형태로 빛난다. 그것은 내면의 지복이라는 형태로 빛나면서, 그로 하여금 그것을 향해 내면으로 향하게 하여 '이 지복이 나의 진정한 상태다'라는 것을 알게 하고, 그리하여 그를 그저 있음으로 이끈다. 이런 방식으로 스승 또는 신의 은총은 안팎에서 그도 돕는다.

  진실로 진아가 지고의 원리[실재]이니, 이것을 당신 자신께서 저에
  게 드러내 주셔요, 오 아루나찰라!   — 「문자혼인화만」, 제43연

그러므로 구도자들의 이 두 가지 유형 중 어느 누구도 지고자의 은총이 부족하지 않을까를 걱정하지 말아야 한다. 저 지고의 은총은 흐를 준비가 항상 되어 있다. 진실을 말하자면, 그것은 항상 흐르고 있다. 이 드러냄은 늘 가능하며, 은총에 의해서만 이루어진다. 발현업에 따라 고통과 쾌락이 올 수는 있지만, 구도자는 자신이 그것들에 의해 밀려나지 않을 수 있는 저 중심에 남아 있을 그 자신의 자유를 늘 가지고 있다. **왜냐하면 그럴 자유만 있지, 발현업의 작용을 막을 자유는 그에게 없기 때문이다.** '의지하고 행위할 자유'가 고요히 있는 것을 좋아하고 그렇게 되려고 노력하는 데 사용되면, 행위자 의식이 소멸된다. 행위자 의식과 함께 세 가지 업 모두를 경험하는 데 필요한 경험자 의식도 소멸된다. 이 자유를 가지고서만 우리가 목표에 도달할 수 있다. 이 자유가 없다면 아무 희망이 없을 것이다. 이 자유만이—그것은 은총에 지나지 않지만—우리가 업에서 벗어날 길을 닦는다. 이것이야말로 행위의 진정한 비밀이다. 이와 같이 우리는 알아야 한다!

부록 1
자기노력

우리의 자기노력[개인적 노력]에는 두 종류가 있을 수 있다. 1) 행위를 산출하는 노력(*Pravritti*)과, 2) 행위를 소멸하는 노력(*Nivritti*)이 그것이다. 행위를 산출하는 데 노력을 기울이면, 그 행위의 모든 결과를 경험할 때까지는 깨달을 기회가 없을 것이다. 발현업을 경험하는 동안에 더욱 더 많은 미래업이 산출되므로, 행위를 수단으로 해서는 깨달음을 얻을 희망이 없음이 분명하다. 게다가 행위의 열매들을 경험하면서 그것들이 조금씩 소진되기는 해도, 그것들은 씨앗 형태의 원습으로 남아 있고, 이것은 결코 행위의 소멸을 가져오지 않고 행위를 낳는(업을 짓는) 불쏘시개만 될 것이다.[1] 그래서 행위를 낳는 형태의 자기노력을 통해서는 깨달음이나 해탈을 얻을 가능성이 없다.

행위를 소멸하는 자기노력은 자기에게 주의를 기울이는 것이다. 우리는 깨달음이나 해탈이 '진아를 자각하고 있기'라고 말할 수 있을 것이다 (왜냐하면 진아와 그것에 대한 자각은 똑같은 하나이므로). 어떤 사람이 잠이나 꿈에서 깨어났다고 할 때, 그 말의 의미는 무엇인가? 그것은 그가

---

1) 「우빠데샤 운디야르」, 제2연 참조.

잠이나 꿈을 자기 전에 가지고 있었던 자신의 자기자각[육체의식]으로 돌아왔다는 뜻이다. 즉, 그는 꿈의 몸과 꿈속에서의 세계의식에서 그것들의 뿌리인 현재의 몸과 세계의식으로 돌아온 것이다. 꿈을 꾸고 있는 사람을 깨어나게 하는 것은 무엇인가? 두 가지 원인이 있다. 1) 꿈을 개시한 행위가 끝이 날 때, 그 꿈은 잠이나 생시로 끝난다. 2) 꿈을 꾸면서 경험하는 극도의 공포, 행복, 불행의 충격으로 인해 꿈꾸는 자[2]의 주의가 알게 또는 모르게 그 자신 쪽으로 쏠릴 때, 그 꿈 속의 1인칭, 즉 그의 마음이나 주의는 심장으로—그 꿈 속의 1인칭 쪽으로—돌아가지 않을 수 없게 된다. 마찬가지로, 현재의 생시 상태[생시의 삶]를 개시한 발현업이 소진되면 이 생시 상태는 끝이 난다. 즉, 꿈이 잠으로 끝나듯이, 죽음의 상태에 이른다. 이와 같이 발현업이 끝나면 이 생시 상태만 끝이 날 뿐 깨달음은 일어나지 않는다.

그와 마찬가지로, 이 생시 상태에서 우리의 주의가 어떤 수단에 의해서든 자기 쪽으로 향해지면, 꿈과 같은 생시 상태뿐만 아니라 잠의 상태와 같은 우리의 진아망각도 함께 끝이 나면서 우리는 **본래적 상태**에 있게 된다. 우리의 발현업이 우리의 삶 속에서 어떤 극도의 공포, 자비심, 불행 혹은 기쁨의 충격을 야기할 수도 있다(우리의 현자들이 영적인 데로 방향을 돌릴 수 있기 위해 그런 경우를 경험해야 했듯이). 그런 좋은 상황을 이용하여 개인은 **자기** 쪽으로 주의를 되돌리고, 이리하여 큰 깨달음을 가져오게 된다. 그래서 스리 바가반은 우리에게, **자기에게 주의**

---

2) 잠이 들어서 꿈을 꾸는 사람은 또 다른 몸을 취한다. 꿈 속에서 그가 그 꿈의 몸을 가지고 움직이는 동안, 생시 상태에서 가지고 움직이던 몸은 움직이지 않고 있다. 꿈 속에서는 그 꿈의 몸을 '나'와 동일시한다. 이 '나'가 그 꿈을 보는 자이다. 꿈 속의 모든 장면은 2인칭 또는 3인칭들일 뿐이다. 꿈 속의 1인칭인 이 사람이 '꿈꾸는 자'이다. 꿈의 몸은 생시의 몸과 다르므로, 생시의 사람이 하는 경험도 꿈꾸는 자의 그것과 다를 것이다. 예를 들어 꿈꾸는 자가 꿈의 몸에 입는 상처는 (나중에 생시 상태에서) 생시 사람의 몸에서는 경험되지 않는다.

를 기울이라고 한 것이다.

우리가 잠에서 막 깨어날 때는 우리의 주의가 어떻게 작용하는가? 먼저 우리는 몸을 자각하고, 이어서 감각 기관을 통해 세계의 다른 모든 대상들을 인식한다. 우리의 몸은 하나의 2인칭 대상 아닌가? 생시 상태 내내 우리의 주의는 2인칭과 3인칭 대상들에만 머무른다. 잠이 우리를 덮치면 이 주의는 작동을 저절로 멈춘다. 2인칭과 3인칭 대상들에 대한 이 머무름은 생각하기일 뿐이다. 생시 상태 전체는 생각들의 한 다발[즉, 생각하기]에 지나지 않는다. 똑같은 일이 태어나서부터 죽을 때까지, 그리고 (우주의) 창조에서부터 해체에 이르기까지 매일 되풀이된다. 요컨대 잠에서 잠으로, 탄생에서 죽음으로, 창조에서 해체로 이어지면서도, 어떤 존재도 1인칭에 주의를 돌리지 않는다! **만약 우리가 생시 상태에서 1인칭 쪽으로 주의를 돌린다면, 그 생시는 끝이 나고 우리는 깨달음의 상태 안에 남게 되어 있다. 자기 쪽으로의 이 방향 전환은 있음(Being)일 뿐, 함(doing)이 아니다. 따라서 그것은 어떤 생각이나 행위가 아니다.** 이런 종류의 자기노력만을 업을 소멸하는 노력이라고 부른다. 이것만이 우리를 해탈에 이르게 할 것이다. 다른 모든 주의의 노력들은 2인칭과 3인칭 대상들 쪽으로만 향해 있으므로, 그것은 업만 지을 뿐 해탈을 안겨주지는 않을 것이다. 진실이 그러하다! 하지만 우리들 중 어떤 사람들은 **진지**(*Jnana*), 곧 깨달음조차 발현업의 결과라고 곧잘 이야기한다. 그것은 틀렸다. 진지는 업의 결과에 속박되지 않고 그것을 초월한다. 앞서 말한 두 번째 종류의 자기노력이 애씀 없이 진행된다는 것을 알게 될 때 그것을 본연적 상태(*Sahaja* State)라고 부르게 될 것이다. 이것이 애씀 없는 노력의 상태—**역동적인 고요함**(Dynamic Stillness)이다.

부록 2
생에서 생으로 이어지는 행위의 재개再開

한 개인, 곧 개아가 죽어서 몸을 버리고 다른 몸을 취하면, 이 옮겨감을 통해 거주처만 바뀔 뿐 그의 직업[활동]이나 봉급[행위의 열매]은 달라지지 않는다. 그는 신의 은총을 통해서 새로 태어나는데, 그가 전생에 하다 만 활동들을 이어가기 위해 예전에 시작된 모든 유리한 원습을 가져간다. 이와 같이 그를 따라가는 것은 1) 행위의 열매(karma-phala), 2) 원습이다.

저장된 누적업 중에서 선택되고 배정된 부분인 발현업이 그 새로운 탄생의 성질을 구성할 것이다. 어느 정도의 고통과 쾌락을 경험하게 될 것인지와 그 몸이 죽을 시기 등이 이렇게 결정된다. 행위들의 열매 중 누적업 안에 남아 있는 것은 그 개아의 미래생들을 위한 비축분이다. 한 개아의 이어지는 탄생에서 보이는 행위의 이 연속성을 '행위의 재개'라고 한다.

행위의 결과에는 두 종류가 있으니, 열매와 씨앗이 그것이다. 따라서 행위의 재개에도 두 종류가 있다. 첫째, 행위 열매의 연속성은 열매의 재개이다. 둘째, 행위 씨앗의 연속성은 원습의 재개이다. 첫 번째 종류의 재개는 개아의 경험자 지위의 면과 관계되고, 두 번째 종류의 재개는 개아의 행위자 지위의 면과 관계된다. 우리는 사람들이 "그는 무슨 복을 지었나? 그의 발현업이 저런가 보지. 그래서 몸도 건강하고, 힘 안 들이고 부자도 되고 유명해졌어. 그러나 모두가 그럴 수 있나?(즉, 그들의 운명인 발현업에 그런 행위 열매의 재개가 없는 사람들에게 그것이 가능하겠는가?)"라고 말하는 것을 듣지 않는가?

그런 이야기들은 경험자 지위의 면과 관계되는 행위 열매의 재개에만 해당되며, 두 번째 종류의 재개에는 해당되지 않는다. 어떤 이들은 종종 이렇게 말한다. "스리 라마나에 대해서는 뭐하고 해야 하나? 당신의 발현업이 당신의 해탈을 안겨주었다. 당신의 운명은 생전해탈자가 되는 것이었다. 그래서 그것은 당신의 발현업에서 그 열매가 재개된 데 따른 것이다." 그런 식으로 이야기하는 것은 이해의 부족을 보여줄 뿐이다.

스리 라마나의 경우에 그것은 진실로 어떤 재개에서 비롯된 것이기는 했다. 그러나 경험자 지위의 면과 관계되는 행위 열매의 재개에서 비롯된 것이 아니라, 행위자 지위의 면과 관계되는 두 번째 종류의 재개(즉, 수행 쪽으로 향하는 그의 과거 원습의 회복)에서 비롯된 것이었다. 왜냐하면 2인칭과 3인칭 쪽으로 한 노력들의 행위 결과만 경험자 지위의 면을 구성하는 발현업에 포함되어, 마음과 몸이 경험할 고통과 쾌락을 안겨주기 때문이다. (위 부록 1 '자기노력'에서, 2인칭과 3인칭 쪽으로 한 노력들은 외향적 성질을 갖는다고 설명한 것을 보라.) 같은 방식으로, 원습이 2인칭과 3인칭 쪽으로 한 노력에서 솟아났을 때는 그것을 '성품상의 행위성(Doingness-in-nature)'이라고 한다. 매번 탄생할 때마다 오직 이 원습이 행위자 지위의 면을 통해 미래업을 창조하는 것이다. 그러나 우리의 매 생마다 평생에 걸쳐 하는 수행(*Atma-sadhana*)이라고 하는 노력은 '성품상의 존재성(Beingness-in-nature)'이다. 따라서 이 두 가지 원습의 재개 중, '성품상의 행위성'을 가진 원습은 수행에 대한 장애이고,

'성품상의 존재성'을 가진 원습은 이번 생에 우리의 수행을 돕는 것이다. 바가반 스리 라마나에 대해서는, 당신의 깨달음이 행위 열매[발현업]의 재개에서 비롯되었다고 해서는 안 되고, 그저 있기(BE)에 대한 큰 사랑의 형태를 한 '성품상의 존재성' 원습(Sat-vasana)의 재개에서 비롯되었다고 해야 한다(다음 도표를 참조하라).

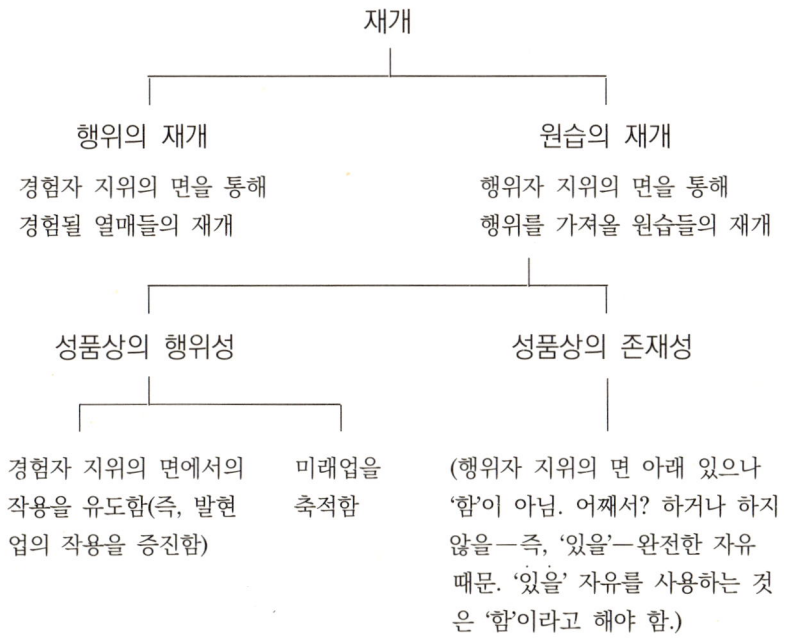

발현업은 경험자 지위의 면을 통해서만 경험할 수 있는 열매인 반면, 원습은 행위자 지위의 면을 통해서만 작용할 수 있다. 경험들을 유도하는 데 필요한 행위자 지위 면의 원습은 모든 중생에게 있지만, 미래업을 축적하는 원습은 인간들에게만 존재한다. 인간은 행위자 지위 면을 통해 '성품상의 행위성'이나 '성품상의 존재성' 중 어느 하나를 사용하여 생에서 생을 거듭하며 미래업을 축적하고, 그러면서 행위(업)와 그 열매의 바다에 빠져 익사하거나, 혹은 '고요히 있음'의 수행을 하여 해탈을 얻는다. 스리 바가반 라마나가「문자혼인화만」제69연에서 '완전의 습'이라고 말하는 것이 바로 이 '성품상의 존재성' 원습이다.

> 세간적 습으로 가득 찬 저의 마음이 완전의 습으로 가득 찰 수 있도록, 저와의 완전한 결합을 허락해 주셔요, 오 아루나찰라!

여기서 스리 바가반이 말씀하는 의미는, 늘 2인칭과 3인칭에 주의를 기울이는 마음의 습이 1인칭에만 주의를 기울이는 습으로 바뀌어야 한다는 것이다. 그래서 스리 아루나찰라께 당신과의 결합을 허락함으로써 존재성[브라만의 성품]을 향하는 습을 하사해 달라고 기도한 것이다.

한 개인의 해탈은 진실로 그 개인성, 곧 에고의 절멸이다. 이것은 '성품상의 존재성' 습을 통해 '업을 소멸하는 노력'으로써 저지르는 하나의 자살이다. 우리의 노력이 2인칭과 3인칭들 쪽으로 향해 있는 한(즉, 업을 짓는 쪽으로 노력하는 한), 거기서 나오는 습은 '성품상의 행위성'이고, 그것은 결코 해탈—에고의 절멸—을 산출하지 않을 것이다! '업을 소멸하는 노력'에서 나오는 '성품상의 존재성'[즉, 자기주시]은 하나의 '습'이라고 부를 수도 없다. 왜냐하면 그것은 지금까지 '성품상의 존재성'으로 묘사되기는 했지만, 실은 '비습非習'이기 때문이다. 이 습만이 해탈을 산출할 것이다. 그래서 본서 제1부, 부록 2, 1)의 제7연에서 자기주시를 하나의 자살이라고 한 것이다. 그러므로 누구도 발현업에 의지해 해탈을 얻으려 해서는 안 된다. 해탈은 결코 발현업과 연관되지 않는다. 발현업은 행위의 열매와 관계되는 경험자 지위의 면에 속하며, 앞의 도표에서 본 자기노력에 정반대된다. 그러나 해탈은 오직 비습인 '성품상의 존재성'하고만 연관된다. 즉, 해탈은 '성품상의 존재성' 습의 재개를 통해서만 가능하다. '성품상의 존재성'은 함이 없음 혹은 행위 없는 행위[행위자 지위 없는 행위]의 상태이며, 이것이 해탈을 위한 수행, 즉 올바른 자기주시이다.

위에서 이야기한 것에 비추어 우리는 해탈이 발현업에 전혀 속박되지 않으며, 과거생에 한 그러한 수행의 힘이 현생에서도 재개되어 우리를 도울 거라는 것을 알아야 한다. 따라서 우리의 발현업 안에 해탈을 얻을 여지가 있는지 여부를 의심하여 점성술, 손금 보기, 주역, 숫자점 등으로 발현업을 알려고 하다가 풀이 죽지 말고(왜냐하면 이런 기술과 술법으로는 그것을 드러낼 수 없으므로), 큰 용기로 자기 쪽을 향해 돌아서서 '성품상의 존재성' 습을 통해 해탈을 성취하자.

부록 3
개인적 청결

예전에 어떤 제자가 스승을 찾아가서 신을 성취하기 위한 가르침을 청했다. 스승이 말했다. "신은 너의 안에 있다. 만약 그를 알고 싶다면, '아짜라(Achara-청결)'의 원칙을 따르라. 순수해지고 너 자신을 더욱 더 순수하게 유지하라!" 제자는 집으로 돌아갔다. 그는 '아짜라'에 대한 모든 것을 알기 위해 경전들을 찾아본 다음 그것을 준수하기 시작했다. 그래서 목욕을 하고, 옷을 빨고, 집을 청소하고, 깨끗하게 음식을 만드는 것은 물론이고, 물을 마시는 것조차도 세심한 주의를 기울였다! 이내 그는 자기 몸과 옷이 다시 금방 더럽혀진다는 것을 알고, 하루에 두 번씩 목욕을 하고 옷도 두 번씩 갈아입기 시작했다. 매일 목욕하는 횟수는 점점 늘어나 어느 새 여섯 번씩 하게 되었다! 옷 입는 것도 그렇게 되었고, 음식을 먹고 물을 마시는 일에서도 더욱 더 면밀하게 되었다. 한두 해가 지나서 그는 다시 스승을 찾아갔다. 스승은 제자의 몸과 옷과 일상 활동의 높은 청결 수준을 보고 내심 기뻐했지만, 다시 냉정하게 말했다. "아직 충분히 깨끗하지 않다! 더 많은 아짜라를 준수하라. 순수해지고, 더러운 것과 접촉하지 말라."

그는 집으로 돌아가서 더욱 더 엄격한 청결 규범을 행하기 시작했다.

이제는 삶 속에서 그의 과도한 청결이 워낙 두드러져 그의 처자식, 친척, 친구들조차도 그의 가까이 가기를 두려워했다. 그의 견지에서는 자기 옷에 때나 먼지 알갱이가 조금만 붙어도 매우 더러운 것이었다.

자기 머리카락이나 발가락에 접촉하는 것도 그에게는 최대의 오염으로 보였기에, 그는 너무나 많은 목욕을 하고 옷을 너무나 많이 빨아야 했다! 심지어 단식도 하나의 습관이 되었다. 자기 음식이나 음료가 오염되었다는 생각이 마음에 일어날 때는 그것이 아무리 맛있고 비싼 음식이라 해도 먹지 않았다. 자신의 청결을 위해 너무나 많은 노력을 한 그가 이제 다시 무거운 마음에 불만스러운 얼굴로 스승을 찾아갔다. 그리고 한탄했다. "저는 어떻게 해야 합니까? 아무리 자주 씻고 빨아도 제 몸과 옷은 늘 더러운 상태입니다!" 스승이 웃으면서 말했다. "정말 바보로구나! 몸은 더러운 것들의 다발 아니냐? 왜 그것에 접촉하느냐? **어김없이 불가촉의 원리를 따라야 한다!**" 그러나 아! 이 가엾은 사내는 기겁을 한다! 이해할 수 없는 것이다! "제 몸에 접촉하지 말라고요! 어떻게 그럴 수 있습니까?" 스승이 (놀라면서) 대답했다. "이럴 수가! 네가 그 더러운 것들의 다발이냐? 너는 순수한 자각인 그것 아니냐? **네가 자신을 몸이라고 생각하면 몸에 접촉하는 것이다.** 송장 같은 몸을 '나'로 착각하는 것이 곧 송장에 접촉하는 오염이다! **불가촉의 원리를 엄격히 지키고(몸에 접촉하지 말고), 순수해져라!**"

참스승의 신성한 말씀의 힘이 그를 깨우쳤다. 그는 깊이 생각했다. "몸이 아닌 그 '나'는 누구인가? 나는 어떻게, 무엇으로 존재하는가?" 스승이 그의 내면에서 이제까지 계속 불고 있던 **사랑의 폭풍의 방향을 그의 절대적 순수성 쪽으로** 새롭게 바꿔 주자, 그는 진아 깨달음—곧, 자기 진아의 본래적인 절대적 순수성에 대한 자각—을 얻기에 적합한 상태가 되었다. 이렇게 하여 진아를 깨달은 그는 집으로 돌아갔다. '몸이 아님'의 상태를 부단히 체험하게 된 그는 이제야 스승이 "**항상 순수한 상태로 있으라**"고 명한 것을 글자 그대로 준수할 수 있게 되었다.

그는 '자기 아닌 것'에 대해 무관심했기 때문에 몸을 돌보지 않았다. 외부적인 청결도 그것을 돌봐줄 사람이 없었기에 방치되었다. 몇 달이 지나갔다. 친척과 친구들 몇 명이 그를 찾아왔다. "어찌 된 일인가! 이게 무슨 꼴이람! 너무 더럽군. 용변을 보고 나서도 제대로 씻지도 않아! 그 모든 아짜라는 어디로 간 거지? 창피하다! 더러워!" 그들은 그를 비웃었다. 그를 많이 사랑하던 사람들 몇 명이 그를 찾아가서 물었다. "자네는 몇 달 전까지만 해도 청결을 엄격히 지키던 헌신자 아니었나! 그것이 어디로 갔나?" 그는 이해한다는 듯이 웃으며 대답했다. "이제야 나는 완벽하게 깨끗하다네!" 듣다 못한 친구들은, 그가 자기에게 아짜라를 가르쳐 준 스승의 말만 들을 거라고 판단하고 그를 스승에게 데려갔다. 그들은 스승에게 자기들의 친구에게 닥쳐 온 보기 흉한 변화에 대해 하소연했다. 그를 본 스승은 이제 이렇게 대꾸했다. "이것이야말로 참으로 아짜라를 실천하는 것이다! 이것이 지고의 아짜라(*Brahmachara*)이다. 사실은 이것이 외부적 청결을 실천하여 도달하는 열매이자 완전한 아짜라의 상태이다. 그를 건드리지 말라. 그에게 때를 갖다 묻히지 말라. 그는 가장 순수한 자이다!" 이야기는 여기서 끝난다!

> 더러운 몸을 억지로 깨끗이 하려고 하면 할수록, 거듭거듭 그것은 더러워진다네. 경전에서 외부적 청결을 권장하는 것은, 우리가 몸에 대해 혐오감을 느끼게 하고, 그것에 대한 집착을 포기하게['나는 몸이다'라는 관념을 포기하게] 하기 위한 것일 뿐이라네.
>
> — 『진어화만』, 제680연

부록 4
몇 가지 설명적 주註

1) 「아루나찰라에 바치는 8연시」, 제6연에 대한 설명적 주

제6연
자기자각의 빛, 심장이시여! 당신이 유일한 실재이십니다.
당신 안에는 당신에 다름 아닌 놀라운 힘이 있는데,
그로부터 미세하고 어두운, 안개 같은 생각들이 마음의 반사광에
비추어져 발현업의 소용돌이에 의해 일어나서, 안으로는
이 마음 빛의 거울 위에서 그림자 같은 세계의 화면으로 나타나고,
밖으로는 눈 등의 오관을 통해 마치 렌즈를 통해
투사된 영화처럼 물질세계 화면들이 나타납니다. 은총의 산이시여,
그것들이 나타나든 나타나지 않든, 당신과 별개가 아닙니다.

주
심장인 아루나찰라는 존재하는 유일한 실재이다. 그것은 자기자각의 빛이다.

존재하는 것은 그 유일한 **진리**뿐이다. 만약 그렇다면 이렇게 물을지 모른다. "다섯 가지 현상(즉, 창조, 유지, 해체, 은폐, 드러냄)으로 이루어진 세계의 존재성은 어떻게 설명할 수 있는가?" 스리 바가반의 답변은 다음과 같이 설명된다.3)

이 다섯 가지 현상 모두는 참되지 않다! 어째서 그런가?

진아 안에는 어떤 놀라운 힘이 있다. 그것 안에 그런 어떤 놀라운 힘이라는 것이 있다고는 하지만, 그것을 별개의 어떤 두 번째 것으로 여겨서는 안 된다. 그것은 진아 그 자체이다. 스리 바가반은 왜 그것을 하나의 놀라운 힘이라고 규정하는가? 그 힘 안에서 일련의 원자 같은 어둡고, 안개 같고, 미세한 것들이 보인다. 이것이 생각들이다. 이 모든 생각들 중에서 '나', 곧 마음이 첫 번째 생각이다. 다른 모든 (안개 같은) 생각들은 이 첫 번째 생각인 마음에 의해서 보인다. 놀라운 것은, 1) 보는 자인 마음, 2) 세계로서 보이는 생각들, 3) 그것들이 보이게 하는 마음이라는 반사광이 진아일 뿐이라는 것이다! 그래서 스리 바가반은 그것을 하나의 놀라운 힘이라고 규정하는 것이다. 그 안개 같은 생각들이 내면의 마음 위에서 보이면, 거친 세계라는 화면들이 밖에서 보인다. 그 전체 현상은 발현업의 소용돌이에 의해 작용한다. 바깥의 거친 세계를 보는 과정을 스리 바가반은 스크린 위에 영화가 투사되는 것에 비유했다. 화면은 렌즈를 통해 스크린 위에서 확대되는데, 미세하고 안개 같은 생각 형상들을 확대하여 바깥 세계로 투사하는 렌즈는 곧 오관이다. 바깥의 거친 세계라는 화면을 투사하는 것은 자각이라는 진아-빛의 한 반사광인 마음이다. 그 반사광이자 거울 자체이기도 한 마음이 없으면 (미세하고 거친) 두 세계의 화면들도 존재할 수 없다. 그래서 그

---

3) (역주) 이 문단 이하는 영어판에서 부록 4(3)의 둘째 문단 이하와 뒤바뀌어 있으나, 여기서 바로잡았다.

것들, 즉 1) 바깥의 거친 세계, 2) 미세한 정신적 세계, 3) 반사광인 마음은 모두 참되지 않다. 기절, 잠, 죽음 및 (우주의) 해체는, 그 마음 빛이 작용하지 않고 따라서 마음과 바깥 세계가 모두 존재하지 않는 상태의 예들이다. 따라서 본래적인 빛인 진아자각에게는 그것들이 나타나든 나타나지 않든 그건 중요하지 않다. 그래서 스리 바가반은 말한다. "꿈, 생시, 우리의 전체 삶 속에서 세계가 나타나든, 기절, 잠, 죽음, 해체 속에서 세계가 나타나지 않든, 진아지각인 당신과 별개가 아닙니다. 오, 은총의 산이신 아루나찰라시여!"

2)「실재사십송」, 제8연에 대한 설명적 주

제8연
그에게 어떤 이름을 붙여 어떤 형상으로 지고자를 숭배하든,
그것이 그 이름과 형상으로 지고자를 보는 길이네. 하지만
그 실재[지고자]의 진리 안에서 자신의 진리를 깨닫고, 그 안에
융해되어 그것과 하나가 되는 것이, 참된 봄[깨달음]이네.
이와 같이 알아야 하네!

주
지고의 브라만은 그 자신의 이름도 형상도 없다. 존재-의식-지복이 브라만의 세 가지 실재적 측면인 반면, 이름과 형상은 그것의 비실재적

측면이다. 따라서 우리가 지고자를 어떤 이름과 형상으로 숭배하면, 그 이름과 형상의 지고자를 볼 수 있다. 여기서 어떤 사람들은 이 연의 의미를 "어떤 이름과 형상으로 지고자를 숭배하는 것은 그를 그의 형상 없고 이름 없는 성품으로 보는 하나의 수단이다"로 해석한다. 이런 해석은 잘못된 것이다. 타밀어 어구 '뻬르 우루빌(Per uruvil)'에는 두 가지 뜻이 있어서, 1) *Per uruvil*은 '이름과 형상으로' (그것을 본다)이고, 2) *Per uru+il*은 '이름과 형상 없는' (그것을 본다)인데, 후자는 지고자의 어떤 이름과 형상에 대한 숭배를 통해 우리가 이름 없고 형상 없는 지고자의 진리를 깨달을 수 있다는 것을 의미할 것이다. 우리는 문맥상 어느 쪽의 의미를 취해야 하는지 알아야 한다. 만일 스리 바가반이 지고자의 어떤 이름과 형상에 대한 숭배가 지고자를 그 형상 없고 이름 없는 성품(즉, 참된 봄)에 대한 깨달음으로 이끌어준다는 의미로 말씀하셨다면, '하지만'으로 시작하는 다음 행에서 '참된 봄(True Seeing)'을 규정할 필요가 없었을 것이다. 스리 바가반이 이 연의 마지막 두 행에서 '참된 봄'이 무엇인지를 힘주어 규정하고 있으므로, 우리는 이 문맥의 타밀어 어구에 대해 두 번째 의미(*Per uru+il*)를 부여해서는 안 된다는 것을 이해해야 한다. 나아가 우리는 이 연에서 스리 바가반이 말하고자 한 의미를 당신이 「아루나찰라에 바치는 8연시」의 제3연에서 말한 내용에 비추어서도 이해해야 한다. 그 연에서 당신은, 만일 우리가 지고자를 이름과 형상으로 숭배하면 그를 이름과 형상으로만 볼 수 있고, 이름 없고 형상 없는 지고자를 숭배하려고 애쓰는 것은 헛수고이며, 이름 없고 형상 없는 지고자를 깨닫기 위한 유일한 방도는 자기탐구를 통해 개인성을 지고자 안에서 융해하는 것이라는 의미로 이야기했다. 이 제3연의 마지막 두 행에서 스리 바가반은 지고자, 곧 진아에 대한 지(知)가 밝아올 때는 개인성이 존재하지 않는다는 당신 자신의 체험을 들려준다. 혹시 우리가 지고자의 어떤 이름과 형상에 대한 숭배가 어떻게 이름 없고 형상 없는 지고자를 깨닫는 보조 방편이 되는지를 알고 싶다면, 앞의 제2장 '사랑 혹은 박띠'에서 이름과 형상을 통해 숭배한 애호신이 어떻게 스승의 형상으로 화현하는지를 기술하고 있다. 같은 애호신이 어떤 참스승의 이름과 형상으로 다시 와서 그 숭배자에게, 비이원적 자각—지고자에 대한 참된 봄—으로 이끌어 주는 자기순복이나 자기탐구의 길을 가르치게 되어 있다.

3) 「실재사십송」, 제9, 10, 11, 12연에 대한 설명적 주

지금까지 나온 「실재사십송」 제9연에 대한 영어 번역문들과 그에 대한 주석에서는 진아가 이원자와 3요소들의 토대를 의미하는 것으로 해석하고 그렇게 설명해 왔다. 마찬가지로, 「실재사십송」 제10연의 "그 지知와 무지가 누구에게 있는가?"라는 행은 마치 지知와 무지가 진아에게 있는 것처럼 잘못 번역되어, 독자들의 마음에 진아가 지知와 무지를 겪는가 하는 의문을 야기해 왔다! 「실재사십송」 제11연에서는 스리 바가반이 지知와 무지의 토대가 에고라고 선언한다.[4] 여기서도, 「실재사십송」에 대해 지금까지 나온 영어 번역문들에서 위에서 말한 토대를 진아로 해석해 온 것은 유감스럽다.[5]

---

4) (역주) 「실재사십송」 제11연 후반부에서 "지知와 무지의 바탕인 자기를 알면, 지知와 무지는 사라질 것이네."라고 했다. 여기서 '자기'는 에고를 뜻한다.

어떤 것을 알거나 모르는 것은 진아의 성품이 아니다. 진아는 어떤 것을 알지도 않고 잊어버리지도 않는다. 어떤 것을 앎과 잊어버림을 넘어선 것이 진아이다. 어떤 것을 알거나 잊어버리는 것은 마음, 곧 에고의 성품일 뿐이다. "대상들을 아는 것은 참된 지知가 아니다"라고 스리 바가반은 「실재사십송」 제12연에서 말한다. '있음(being)'만이 참된 지知이며, '앎(knowing)'은 그렇지 않다. 진아지는 주관적(주체적)이지 객관적(대상적)인 것이 아니다. "그와 같이 진아를 아는 것조차도 진아로 있음에 지나지 않는다"고 스리 바가반은 「우빠데샤 운디야르」 제26연에서 말한다. 이 '진아로 있음'이 '내가 있다'는 순수한 자각이다. 따라서 다른 대상들을 알거나 모르는 것은 에고의 특징이다. 에고의 상태에서만 이런 다른 대상들이 존재성을 가질 수 있다. 그래서 지知와 무지는 에고에게만 있지 진아에게는 없다. 진아에게는 어떤 타자가 없다. 더없이 중요한 것은, 스리 바가반 라마나가 언젠가 더 미세한 이런 비밀까지 드러냈다는 사실을 우리가 잊어서는 안 된다는 것이다. 즉, "진아는 다른 것들을 모를 뿐만 아니라, 그 자신조차도 모른다는 것이다!"

이원자, 3요소 등 차별상들의 세계는 거짓된 지知, 곧 에고의 유희를 토대로 해서만 빛날 수 있다. 밧줄은 희미한 어스름 속에서만 뱀으로 보일 수 있다. 대낮에는 밧줄이 분명하게 밧줄로 보일 수 있고, 상상의 뱀은 결코 나타나지 않을 것이다. 그와 마찬가지로, 브라만의 마음 빛 [무지] 안에서만 이원자, 3요소 등 차별상들의 세계가 보일 수 있다. 진아의 본래적인 빛 안에서는 차별상들—이름과 형상, 이원자와 3요소 등—이 존재성을 가질 수 없어, 나타나지 않을 것이다. 영화가 스크린 상에 나타나려면 방 안의 어둠이라는 배경과 전등의 한정된 인공 빛이

---

5) 여기서, 스리 바가반이 당신 자신을 표현한 시어는 고전 타밀어여서 타밀인들조차도 산문 형태로 다소 설명해 주어야 이해할 수 있다는 것을 말해두어야겠다.

필수적이다. 만일 갑자기 밝은 햇빛이 방 안으로 들어오면 화면들은 사라진다! 왜인가? 어둠이라는 배경과 전등의 인공 빛이 밝은 햇빛에 삼켜졌기 때문이다. 이것이 바로 「아루나찰라에 바치는 5보송」 제1연에서 스리 바가반 라마나가 표현한 내용이다. "지고한 지知의 퍼져 나가는 빛살로써 (이름과 형상들의) 전 우주를 삼키시는 (…)." 이처럼 (이원자와 3요소들의) 세계라는 화면은 진아의 본래적인 빛 안에서는 존재할 수 없다고 가르친 것이다. 그래서 「실재사십송」 제10연에서 "그 지知와 무지가 누구에게 있는가?"라고 물은 것이다. 우리는 그것이 에고일 뿐이라고 대답할 수 있어야 한다.

우리는 또한, 만약 에고가 무엇인지 탐구해 들어가면 그것이 사라질 것이고, 이처럼 에고의 비존재성을 보는 것이 이원자와 3요소들의 토대를 올바르게 이해하는 것이며, 이와 같이 우리가 이해할 때 진아지가 밝아오고 이원자와 3요소들은 사라진다는 것을 알아야 한다. 진아의 견지에서는 이원자와 3요소들의 토대인 에고 그 자체가 존재하지 않으며, 따라서 그와 함께 이원자와 3요소들도 존재하지 않는다는 것을 알게 된다. 절대적 토대인 진아를 체험하면 이원자와 3요소들의 토대인 에고는 사라질 것이다. 주석자들의 결론은 최종적 진리에 반하지 않으므로, 우리는 그들의 저술이 독자들을 크게 오도하지 않을 것임을 아는 것으로써 스스로를 위안해야 한다. 그러나 독자들은 스리 바가반의 의도가 이원자와 3요소들의 토대가 에고이지 진아가 아님을 우리에게 말해주는 것임을 이해해야 한다.

보론
스리 사두 옴: 모범적인 헌신자

마이클 제임스
마운틴패스(*The Mountain Path*), 1985년 7월호

신이 참스승의 형상으로 지상에 화현할 때는 혼자 오지 않는다. 그는 성숙한 영혼들을 함께 데리고 와서, 그들의 기도에 답해 세상 사람들에게 참된 가르침을 베풀고, 나중에는 그들의 마음, 말, 몸을 자신의 순수한 도구로 사용하여 그들을 통해 그 가르침을 설명하고 명확히 하며, 말과 모범을 통해 세상 사람들을 가르친다. 그런 헌신자들은 세상 사람들의 이익을 위하여 오기는 하나, 그들의 주의는 결코 세상을 향하지 않고 늘 밖으로는 참스승, 안으로는 진아로서 빛나는 신을 향한다. '세계의 큰 스승'인 스리 라마나가 세상에 함께 데리고 온 그러한 보기 드문 모범적이고 순수한 헌신자들 가운데, 돌아가신 스리 사두 옴을 확실히 꼽을 수 있다.

스리 사두 옴은 스리 바가반의 으뜸 헌신자들 중 한 사람이기는 했지만, 소수의 진지한 라마나 헌신자들에게 알려진 것 외에는 평생토록 세상 사람들에게 별로 알려지지 않은 상태로 있었다. 많은 천품과 재능을 가진 분이었음에도—실로 다재다능한 천재였다—그는 이름과 명성에 조금도 오염되지 않고 세상과 떨어져 살다가 세상을 떠나는 쪽을 택했다. 그를 두고 탁월한 시인, 재능 있는 음악가, 선율 좋고 감미로운

목소리의 가인歌人, 명석한 산문가, 뛰어난 철학가, 스리 바가반의 가르침에 대한 충실한 주창자, 깊은 일념의 헌신과 명료한 영적 통찰력 그리고 완벽한 겸허함을 지닌 사람으로 묘사하는 것은 그의 많은 천품과 미덕 중 일부에 지나지 않는다. 그러나 이러한 안팎의 어떠한 자질도, 바가반 스리 라마나가 가르치고 모범적으로 보여준 주된 교훈, 즉 우리는 자신의 개인적 실체를 전혀 중시하지 않음으로써 우리 자신을 부인해야 하고, 에고를 완전히 소거해야 한다는 가르침을 오롯이 따르는 데 있어 결코 그를 가로막은 적이 없었다.

  자기를 드러내지 않는 이러한 태도로 인해 스리 사두 옴은 스리 바가반의 많은 헌신자들에게조차도 알려지지 않고 있었던 것이다. 몇 년 전 한 벗이 스리 사두 옴에 대한 글 한 편을 써서 어디에 기고하고 싶어했을 때, 그는 자신이 세상에 알려지지 않는 쪽을 더 선호한다면서 겸허히 반대하고, 『진어화만』 제623연을 지적했다. 여기서 스리 바가반은 이렇게 말한다.

> 명성[혹은 찬양]이라는 것은 우리를 망각(pramada)[진아망각]이라는 큰 악에 굴복하게 만들고, 그것을 통해 우리가—실은 자신이 지고의 브라만임에도 불구하고—자신을 무가치하고 비천한 몸이라고 생각하게 되는 것이므로, 지혜로운 사람들은 그것을 크게 멸시하며 배척해야 하고, 전혀 열망해서는 안 되는 것이라네.

  스리 사두 옴을 개인적으로 아는 행운을 가졌던 사람들은 이러한 반응이, 나서지 않고 물러나는 그의 성품을 얼마나 전형적으로 보여주는지 이해할 것이다. 저마다 다른 상황에 있던 많은 친구들이 그에게서 비슷한 답변들을 받았다. 예를 들어, 호주의 어떤 사람이 편지를 보내어 그의 사진을 하나 보내 달라고 청하자 그는 이렇게 대답했다. "스리 바가반이 그대 자신과 저 자신에게 공통되는 스승이므로, 그분의 이름과 형상만 칭송하고 숭앙하면 됩니다. 따라서 저의 사진은 중요하지 않습니다." 또 한 번은 미국의 어느 진지한 라마나 헌신자가 편지를 보내어 스리 사두 옴께 "서양에 오셔서 저희를 인도해 주십시오"라고 초청하자 그는 이렇게 답변했다. "저를 인도하여 그분의 집으로 이르게 하신 분은 주님이자 모두의 가장 깊은 내면에 있는 진아이니, 그분은 그들이 어디에 있든 진지한 구도자들을 집으로 어떻게 인도하는 것이 최선인지를 알고 계시지 않습니까? 그렇다면 왜 에고가 '나는 이 사람들을 인도해야겠다'는 생각과 함께 일어나야 합니까? 만일 '나'가 그렇게 일어난다면, 그러한 자만적인 행위는 비이원적인 주 라마나의 은총에 수모를 안겨주는 것이 되지 않겠습니까?"

이와 같이 자신들의 에고를 전적으로 부인하는 사람들로부터만, 스리 바가반이 세상 사람들에게 드러낸 독특한 무아(egolessness)의 길을 우리가 배우고 제대로 이해할 수 있다. 이와 같이 스리 바가반의 급진적이고 고도로 세련된 가르침을 엄격히 따르는 그런 순수하고 겸허한 영혼들에 의해서만 세상 사람들은 참으로 이익을 얻을 수 있다. 스리 바가반이 「나는 누구인가?」에서 말하듯이, "우리가 겸허하게 행동하면 그 정도만큼 선善이 있을 것이다." 우리는 주의를 세상으로부터 돌려서 진아로 향하게 하고, 그러면서 에고가 조금도 일어나지 못하게 함으로써만 세상에 대해 진정한 봉사를 할 수 있다. 이와 같이 '나'의 일어남이 없이 사는 것이 곧 스리 바가반이 가르치고 모범을 보인 참된 길이며, 이것이야말로 스리 사두 옴이 따르고 살아낸 그 길인 것이다!

스리 바가반은 인류의 구원을 위해 두 가지 길만을 보여주었으니, 즉 자기탐구와 자기순복이다. 이 두 길 모두 스리 사두 옴이 지은 수천 송의 타밀 노래와 시에서 풍요롭고 즐거운 표현을 발견한다. 그것을 읽어 보면 우리는 이 시들이 스리 바가반에 대한 열렬한 일념의 헌신으로 가득 차 있을 뿐만 아니라, 당신의 가르침이 그 안에 절묘하게 그리고 아름답게 짜여 들어가 있어, 기원과 찬양까지도 심오한 지知(jnana)의 작품으로 변환시키면서 우리가 지知와 박띠(bhakti)가 하나임을 이해할 수 있게 돕는다는 것을 알게 된다. 라마나 헌신자들은 스리 사두 옴의 많은 노래들을 골라서 자신들이 매일 창송하는 노래로 삼아 왔다. 왜냐하면 진지한 구도자들은 그의 시들이 스리 바가반에 대한 자신들의 사랑과, 당신의 은총에 대한 자신들의 모든 열망을 풍부하게 표현하고 있음을 발견하기 때문이다. 그의 노래들을 담은 『스리 라마나 기땀(Sri Ramana Gitam)』과 『스리 라마나 바르낭갈(Sri Ramana Varnangal)』이라는 두 권의 책을 아쉬람에서 간행하고 있고, 그의 다른 시들도 개별 헌신자들이 소책자나 팸플릿으로 출간하고 있다. 그러나 그의 시들 중 다수는 미간행으로 남아 있으며, 소수의 헌신자들에게만 알려져 있다. 왜냐하면 그가 늘 자기 작품들의 출판에 무관심했기 때문이다. 그는 무슨 노래를 부르든 오직 스리 바가반을 위해 불렀다. 그래서 남들이 앞장서서 추진하지 않으면 그의 저작들은 세상 사람들에게 알려지지 않은 채로 남는 것이었다. 「스리 라마나 사하스람(Sri Ramana Sahasram)」[1]의 서시 중 하나에서 그는 이렇게 쓰고 있다. "이 벤바들은 출판하거나, 사랑하는 친구들의 승인이나 평가를 받기 위한 것이 아니네. 이것은 큰 내적 열망으로 지은 내 사랑의 말들, 곧 사랑하는 님인 내 심장 속의 주님께 바치는 연인의 호소이며, 따라서 남들이 그것을 듣게 되는 것은 옳지 않네."

---

1) 지知를 하사해 달라고 기원하는 벤바(venba) 운으로 지은 1,000연의 작품. 아마 그의 시적 걸작품이라고 해도 될 것이다.

그렇기는 하나, 당신과 가까이 친밀하게 접촉하는 복을 가졌던 사람들은, 그의 모든 시와 여타 저작들보다도 스리 사두 옴의 모범적인 삶의 방식이야말로 참으로 우리에게 스리 라마나의 길을 따르는 법을 가르쳐 주는 것임을 경험하는 것이었다. 무수히 다양한 관념들이 영성의 이름 아래 전파되고 있고, 구도자들이 이른바 '살아 있는 스승'과의 사뜨-상가(Sat-sanga)가 필요하다고 믿으면서 이 구루에서 저 구루로 옮겨 다니며 큰 혼란에 빠져 있는 현 시대에, 스리 바가반의 많은 헌신자들은 스리 사두 옴의 스리 바가반에 대한 지조 있고 일념집중된 사랑과, 스리 바가반이 늘 우리와 함께 하면서 내면에서 우리를 인도하고 지지하고 있다는 그의 흔들림 없는 확신에서 큰 영감과 격려를 받아 왔다.

스리 사두 옴은 종종 사람들에게 이렇게 보증하곤 했다. "스리 바가반의 도움과 인도는 결코 부족하거나 불충분하지 않습니다. 실은 당신의 은총은 이 거짓된 세계에서 유일하게 존재하는 실재입니다. 스리 바가반의 헌신자는 다른 어떤 신이나 스승을 찾아갈 어떤 필요도 결코 있을 수 없습니다. 당신과 우리 사이에는 어떤 매개자도 필요 없습니다. 당신은 자진해서 직접, 당신께 오는 각 헌신자의 심장과 접촉하며, 다른 사람들의 어떤 개입도 필요로 하지 않습니다. 우리가 당신과의 사뜨-상가를 얻으려면 당신을 생각하고, 당신께 기도하고, 당신의 가르침을 읽고, 그것을 성찰하고, 그것을 실천하기만 하면 됩니다. 참스승과의 그러한 심적 접촉이 최선의 사뜨-상가입니다. 그리고 혹시라도 우리가 당신의 신체적 형상과의 사뜨-상가를 원한다면, 당신은 아루나찰라의 형상으로 이곳에 서 계시고, 앞으로도 늘 서 계실 것입니다. 스리 바가반은 당신의 저작들 속에서 아루나찰라가 당신 자신이라는 것을 밝혔고, 또 당신은 마치 우리가 우리의 몸을 '나'와 동일시하듯이, 스리 바가반에 다름 아닌 지고의 실재 주 시바도 이 산을 '나'와 동일시하여 우리를 인도하고 우리에게 위안을 주기로 했다고 말씀하셨습니다. 아루나찰라는 사뜨(*Sat*), 즉 실재의 으뜸가는 물리적 화현이며, 따라서 띠루반나말라이에 살면서 아루나찰라 오른돌이를 하는 것보다 더 나은 외부적 사뜨-상가의 형태는 없습니다."

스리 사두 옴은 진정 비할 바 없이 완벽한 구루-박띠(*Guru-bhakti*)의 한 모범으로 존재했다. 그를 자신들의 스승으로 모시고 싶어한 사람들이 더러 있었지만, 그는 늘 스스로 스승의 지위를 받아들이는 것은 단호히 거부했다. 그는 종종, 스리 바가반의 상수제자였지만 스리 바가반이 몸을 버리신 뒤에도 스승의 지위를 결코 받아들이지 않았던 스리 무루가나르의 훌륭한 모범을 들곤 했다. 또한 스리 바가반의 참된 제자라면 결코 스스로 스승의 지위를 받아들이지 않을 것이고, 늘 모든 헌신자들에게 스리 바가반만을 그들의 스승으로 모시도록 권할 거라고 하면서, 그것이 참된 제자의 중요한 표지 중 하나라고 말하기도 했다. 이따금 사람들이 스리 사두 옴에게 구도자는 살아 있는 스승을 가져야 하지 않느냐고 묻기도 했지만, 그는 늘 이렇게 답변했다. "스승만이 살아 계시고 우리는 모두 죽어 있습니다. 그대가 '살아 있는 스승'이라고 할 때 그것이 그의 몸이 살아 있다는 의미라면, 그런 살아 있는 스승은 어느 날 죽은 스승이 되겠지요. 영원히 살아 있지 못할 그런 스승이 무슨 소용 있습니까? 그러나 스리 바가반만을 그대의 스승으로 모시면, 그대는 항상 살아 있는 스승을 갖게 될 것입니다. 왜냐하면 스리 바가반은 모든 사람들의 심장 속에서 빛나는, 늘 존재하는 진아이기 때문입니다."

그러나 스리 사두 옴이 이처럼 '살아 있는 스승'의 필요성을 부인하기는 했지만, 그는 늘 우리가 어떤 하나의 특정한 이름과 형상을 우리의 스승으로 받아들일 필요가 있다는 점은 강조했다. 스리 바가반과 부처님 같은 극소수의 희유한 영혼들만이 이름과 형상을 가진 스승 없이 진아지를 얻었다. 대다수의 구도자들에게는 이름과 형상을 가진 스승이 절대적으로 필수적이다. 다만 그 이름과 형상이 몸을 가지고 지금 살아 있는 어떤 사람의 이름과 형상일 필요는 없다. 스리 사두 옴은, 모든 이름과 형상들 중에서 우리가 스승으로 받아들이기에 이상적인 것은 스리 바가반의 그것이며, 바가반은 신적인 은총의 비할 바 없고 능가할 자 없는 한 화현으로서 늘 살아 있고 빛날 것임을 보증했다.

시인, 음악가, 철학가로서의 그의 천재성으로 볼 때, 만일 그가 원했다면 단기간에 명성과 인기를 쉽게 얻을 수 있었음에도, 스리 사두 옴은 늘 워낙 단순하고 겸허하게 살았기 때문에 누구라도 당연히 그를 그냥 평범한 한 헌신자로만 여겼을 것이다. 그는 진실로 자신의 위대함을 더없이 완벽하게 감추었다. 그러나 그와 가까이 친교하는 드문 행운을 누린 우리들은 그에게서 바다같이 풍부한 사랑과 자애를 발견했다. 남녀노소를 막론하고, 교육을 받았든 받지 못했든, 우리들 한 사람 한 사람에게 그는 어떤 특별한 사랑을 가지고 있었다. 그리고 우리 자신의 수준에서 우리들과 함께 움직였다. 아이와 함께 있으면 그도 아이였고, 철학자와 함께 있으면 그도 철학자였다. 헌신자와 함께 있으면 그도 헌신자였고, 노동자와 함께 있으면 그도 노동자였다. 그리고 이 모든 것이 조금도 가식이나 연기가 없었다. 그는 자신에게 다가오는 모든 역할에 자연스럽게 들어맞았다. 결코 어떤 우월함의 티도 내지 않았으며, 결코 어떤 특별한 경의나 존경으로 대우받기도 좋아하지 않았다. 그는 모든 사람과 마치 친구나 형제 혹은 동등한 사람처럼 함께 움직였고, 그렇게 하는 데 워낙 능숙했기 때문에 모두가 또한 그를 자신들과 동등한 사람으로 대하는 것이었다. 우리들 중 많은 사람이 그의 위대함을 마음속으로 알고 있었음에도, 그는 어떤 식으로든 늘 우리가 당신의 위대함을 간과하고 한 사람의 평범한 친구처럼 대하게 만드는 것이었다.

이와 같이 스리 사두 옴은 자신의 단순함을 견지하면서, 사람들이 자신을 어떤 식으로도 높이 떠받드는 것을 원치 않음을 분명히 했다. 그의 시에 대해서만 하더라도, 그는 결코 그것을 자신이 지었다고 주장하기를 좋아하지 않았다. 그 시들을 자신이 지었다는 어떤 행위자 의식도 느끼지 못했기 때문이다. 어떤 때는 엄마가 장난감을 주면 놀라워하며 좋아하는 아이처럼, 자신이 지은 시에 대해 순진무구하게 놀라워하면서, 그것은 자신의 시가 아니라 스리 바가반이 주신 것일 뿐이라고 느끼곤 했다. 사람들이 그의 시와 노래들을 칭찬할 때는, 가끔 아이 같은 단순함으로 이렇게 말하는 것이었다. "이 시들을 볼 때면, 나 자신도 내가 정말 그것을 지을 수 있었나 하고 놀랍니다. 진실로 스리 바가반만이 그런 시들을 주실 수 있지 내가 지은 것이 아닙니다."

그래서 스리 사두 옴의 단순하고 사심 없고 열려 있는 삶의 방식과, 그의 따뜻하고 쾌활하고 자애로운 성품, 인내하고 감내하는 태도, 언제 어느 때라도 자신에게 다가오는 일은 그것이 아무리 사소하고 하찮게 보여도 할 준비가 되어 있는 자세, 스리 바가반의 가호와 인도를 받고 있다는 강한 느낌, 늘 겁 없이 진리를 지지하는 방식, 칭찬과 비방에 대한 무관심, 스리 바가반의 가르침을 투철하게 고수하는 자세, 자신의 어머니, 아버지, 신, 스승 그리고 유일한 주님이자 보호자로 숭모한 스리 바가반에 대한 완전한 순복과 의지의 태도, 그리고 무엇보다도 그 자신의 개인성에 대한 전적인 부인으로 인해 그는 자신의 큰 스승에 대한 아주 모범적인 제자의 한 사람이 되었다. 그리고 많은 진지한 구도자들이 무아적 삶의 찬연함과, 스리 바가반의 길을 우리의 일상적 삶 속에서 따르는 올바르고 실제적인 방식을 더 분명하게 이해할 수 있도록 도와주었다.

스리 무루가나르와 스리 사두 옴 사이의 친밀한 우정은 잘 알려져 있다. 스리 사두 옴이 1946년 스리 바가반을 찾아간 바로 첫날 스리 바가반은 그를 스리 무루가나르에게 보내어, 그가 탄조르에서 띠루반나말라이로 기차를 타고 오는 동안 그의 심장에서 자연발생적으로 솟구쳐 나왔던 노래「꾸일로두 꾸랄(Kuyilodu Kooral)」[2]을 그에게 보여주라고 했다. 이 두 순수한 헌신자들 사이에서 스리 바가반에 의해 이와 같이 형성된 밀접한 문학적 친교는 세월이 지나 더없이 풍성한 결실을 거두게 되었다. 스리 사두 옴은 스리 무루가나르와의 친교를 통해 고전 타밀어 문법과 작시법에 대한 미세한 점들을 많이 배우고, 스리 라마나와 스리 무루가나르가 사용한 간결하고 난해한 타밀어 문체에 대해 깊은 통찰력을 얻을 수 있었으며, 또한 그 자신의 타고난 그러나 훈련받지 않은 시적 천재성을 완벽하게 가다듬을 수 있었다. 그 보답으로 스리 사두 옴은 스리 무루가나르가 그의 시들을 최종적으로 다듬어 후손들을 위해 보존하는 일을 도우면서 그에게 극진히 봉사했다. 스리 무루가나르가 가끔 말했듯이 "고행은 한 사람 일, 타밀어는 두 사람 일"이었다. 왜냐하면 그런 세련된 문학작품은 동등하게 뛰어난 시인 두 사람이 서로를 도울 때에만 완전해질 수 있기 때문이다. 스리 사두 옴은 피로를 모른 채 기꺼이 일했고, 스리 무루가나르의 문체와 주제를 철저히 파악하고 있었으며, 그 자신이 문학적 기량과 스리 라마나의 가르침에 대한 심오한 실천적 이해를 가지고 있었기 때문에, 그만이 스리 무루가나르의 모든 문학적 작업에서 실질적인 도움을 제공할 수 있었다. 이것을 아는 스리 무루가나르는 생애 말년에 이렇게 말한 적이 있었다. "만일 출판되지 않은 나의 모든 시들을 보존하고 편집하는 모든 책임이 사두 옴에게 맡겨지지 않는다면, 차라리 모두 한데 묶어 아루나찰라 정상의

---

[2] (역주) 이 제목은 '뻐꾸기에게 전함'이라는 뜻이다. 자신이 바가반께 올리는 기도를 전해 달라고 뻐꾸기에게 부탁하는 내용의 10연의 시이다.

디빰 불(Deepam-fire)3) 속에 던져 넣거나, 아니면 벵골만에 빠트려 버리는 게 더 나을 것이다."

스리 사두 옴이 오랫동안 매우 친밀한 우정을 나누었던 또 한 사람의 원로 헌신자는 스리 나따나난다 스와미였다. 실로 스리 무루가나르, 스리 나따나난다와 스리 사두 옴은 스리 바가반과 그의 가르침에 전적으로 헌신했던 뛰어난 타밀 시인 3인조를 이루었다. 스리 나따나난다는 1918년에 스리 바가반을 처음 찾아간 아주 원로 헌신자여서 스리 사두 옴보다 나이가 훨씬 많았지만, 스리 사두 옴의 참된 위대성을 알아보았고, 그에 대한 깊은 사랑과 숭모를 종종 표현했다. 스리 나따나난다는 70연 이상의 시로써 스리 사두 옴의 생애와 저작에 관해 노래했고, 그 중의 어떤 시에서는 그의 높은 영적 성취를 공개적으로 선언하기도 했다. 예를 들어 「넨자깍 깐니(Nenjakak kanni)」[심장에게 말하는 시]라는 제목의 시에서는 스리 나따나난다가 스리 사두 옴에게 26연의 시를 헌정하면서 이렇게 노래했다.

심장이여, 사두 옴은 만족함의 자질로 인해 마음이 부마(Bhuma)
[브라만의 상태] 안에서의 완벽한 평정平靜을 늘 성취하고 있다네.

심장이여, '자기 아닌 누가 있는가?'라는 존재의 상태(sat-bhava)4)
안에서, 그[사두 옴]와 같이 마치 꿀 마신 꿀벌처럼 즐기기는 매우
드문 일이네.

---

3) (역주) 매년 디빰 축제 때는 아루나찰라 산 정상에 큰 횃불이 켜진다.
4) (역주) 일체를 나와 다르지 않게 보는 '비非타자 명상(ananya-bhava)'의 힘으로써 명상을 초월하여, 자신의 진아에 안주하는 상태이다. 「우빠데샤 운디야르」, 제9연에서는 '참된 존재(성)'으로 옮겼다(362쪽 참조).

또 다른 시들에서 스리 나따나난다는 마치 얼음이 물에 녹듯이 사랑의 형상인 스리 아루나찰라라마나 안에서 (「문자혼인화만」의 제101연의 표현처럼) 사랑으로 참으로 녹아 버린, 스리 사두 옴의 가슴 절절한 사랑과 무아적 봉사를 노래한다. 예를 들어 「사두 빠띠깜(Sadhu Patikam)」의 처음 세 연에서 스리 나따나난다는 이렇게 노래한다.

사두 옴의 생애는, 모든 베다가 일치하여 선언하는 참된 긍정, 즉 자기 자신의 복지보다는 남들의 복지를 보살피는 데서 기쁨을 얻는 드높은 영혼들에게는 신들의 세계조차도 하찮은 것에 불과하다는 것의 좋은 한 사례라네.

'사랑은 곧 시바이니, 사랑의 성품은 도움 없는 사람들에게 지복스러운 도움을 베푸는 것'이라고 진인들은 말하네. 참된 헌신자 사두 옴과 가까이 친교하는 사람들은 이 진리를 그의 생애에서 분명하게 이해할 수 있다네.

포기와 봉사가 꽃과 그 향기와 같다는 것을 아신 완전한 스승 바가반 라마나는 소와 개들에게까지 기쁨을 주시는 봉사의 화신이시네. 사두 옴은 같은 길을 따름으로써 모든 사람에게 바가반의 위대함을 상기시킨다네.

스리 사두 옴은 그의 많은 시에서 스리 바가반께, 자신이 세상 사람들에게 알려지지 않게 해 주고, 이름과 명성이라는 큰 위험에서 자신을 지켜 달라고 기원했다. 스리 사두 옴의 생애 대부분에 걸쳐 스리 바가반은 그의 이러한 기원을 들어주었지만, 마지막 몇 년 동안은 점점 많은 헌신자들이 스리 사두 옴의 위대함을 알게 되었고, 점점 더 많은 그의 저작들이 책의 형태로 혹은 (나의 간곡한 요청에 따라)「마운틴패스」에 실리는 것을 당신이 허락한 기고문의 형태로 출판되기에 이르렀다. 그래서 이와 같이 당신의 위대함에 대한 인식이 전 세계의 스리 바가반 헌신자들이라는 가족 사이에서 퍼져나가기 시작하자, 이때 스리 바가반이 우리들 사이에서 스리 사두 옴의 신체적 친존을 거두어 가기로 하신 것은 아마도 적절한 그리고 그의 기도에 부응하는 일이었을 것이다.

스리 사두 옴의 신체적 삶의 마지막은 더없이 돌연히, 예기치 않은 방식으로 찾아왔다. 타밀력으로 빤구니(Panguni) 달의 초하루인 1985년 3월 14일 목요일 저녁, 당신은 산 오른돌이(Giri-pradakshina)를 마치고 집으로 돌아와서 식사를 하신 뒤 여느 때처럼 잠자리에 드셨다. 밤중에 당신은 뇌출혈을 일으켰고, 우리가 다음날 아침 일찍 당신을 발견했을 때는 당신의 몸이 부분적으로 마비되어 말씀을 하지 못했다. 현지 의사의 조언에 따라 우리는 당신을 급히 뽄디체리의 지프메르 병원으로 모셔갔다. 그러나 금요일 자정 무렵이 되자 그곳의 의사들이 우리에게, 뇌출혈이 워낙 심해서 아무래도 치료할 가능성이 없다고 말했다. 스리 사두 옴은 띠루반나말라이에서 몸을 벗고 싶어하셨기 때문에, 우리는 토요일 아침에 당신을 이곳으로 다시 모시고 와서 성산 아루나찰라가 잘 보이는 내 집의 홀 가운데 침상을 놓고 당신을 뉘였다. 다음날 아침인 3월 17일 일요일에는 당신의 호흡이 천천히 부드럽게 가라앉고 있음이 분명했다. 그래서 원근각지에서 모인 모든 친구와 헌신자들이 당신의 침상 주위에 모여서 「문자혼인화만」을 창송하기 시작했다. 오전 9시 5분, 우리가 모두 마지막 후렴 "아루나찰라 시바, 아루나찰라 시바"를 부르고 있을 때, 우리의 사랑하는 스와미님은 평화롭게 마지막 숨을 거두고, 당신의 신적 아버지이자 참스승인 바가반 스리 아루나찰라라마나와 영원히 절대적인 합일에 드셨다.

우리는 수리 사두 옴께 고혈압 증세가 있다는 것을 여러 해 전부터 알고 있었지만, 당신은 그에 대해 어떤 치료를 받는 데 전혀 관심이 없었다. 당신은 "혈압이란 건 바가반의 가호를 의미하는데, 왜 그걸 치료해야 하지?"라고 말씀하시곤 했다. 친구들이 여러 차례 당신에게 치료를 좀 받도록 촉구했지만, 그렇게 해서 받은 어떤 치료도 당신과 맞지 않았고, (그런 치료로) 기력이 너무 약해져 일상적 업무에 주의를 기울일 수 없다고 느꼈다. 그래서 이내 그 치료를 중단하곤 했다. 한번은 돌아가시기 한 달쯤 전에 당신이 나에게 말씀하셨다. "정말 이 혈압은 모든 병 중에서 가장 좋은 것이고, 몸을 떠나는 가장 쉬운 방식이야. 한 순간은 우리가 존재하겠지만 다음 순간은 우리가 가 버릴 테니까. 우리에게도 문제가 없고 남들에게도 문제가 없을 거야." 그래서 당신은 바로 자신이 원한 방식으로 육신의 짐을 벗어버린 것이다. 마치 짐꾼이 목적지에 도착하면 짐을 벗어버리고, 사람이 식사를 하고 나면 엽반葉盤을 던져 버리듯이.

돌이켜 보니, 당신이 근년에 자신의 임종이 다가오고 있다는 암시를 우리에게 많이 주셨지만 우리들 중 그 암시를 심각하게 받아들인 사람은 거의 없었다는 것을 알 수 있었다. 예를 들어 1983년의 시바라뜨리(Sivaratri) 축제 때 몇 명의 친구들이 어떤 소년에 대해 이야기하고 있었는데, 그 중의 한 사람이 지나가는 말로 이렇게 말했다. "그 애는 이제 플러스 2(2학년)에서 공부하고 있군." 그러자 스리 사두 옴이 미소를 지으며 말씀하셨다. "그리고 나는 마이너스 2에 있지." 또한 지난 2년간 당신은 수차에 걸쳐 이런 말씀도 하셨다. "나는 이미 가방을 다 꾸렸고, 갈 준비가 되어 있어." 그러나 나만 하더라도 그러한 암시들을 전혀 심각하게 받아들이지 못했고, 그냥 이 세간에서의 우리들 삶의 무상함과 불확실함을 상기시켜 주는 일반적인 말씀으로 치부해 버렸다.

내가 보기에 스리 사두 옴은 활력과 기쁨으로 워낙 충만해 계셨기에, 그렇게 빨리 당신이 우리 곁을 떠나리라고는 전혀 생각하지 못했다.

당신의 신체적 친존가 갑자기 사라져 버린 것은 당시에는 큰 충격이었지만, 석 달이 지나자 당신이 실제로는 우리를 떠나신 것이 아니라는 것을 점차 이해하게 되었다. 육신이 떠났을 뿐 그 몸을 통해서 화현했던 사랑과 명료한 지智의 그 큰 바다는, 스리 바가반과 불가분의 하나로 빛나면서 늘 우리와 함께 할 것이다.

스리 사두 옴은 시와 산문으로 된 영적 저작들이라는 큰 유산을 남겨 놓았다. 그 대부분은 아직 출판되거나 번역되지 못했지만, 때가 되면 당신의 이 저작들은 바가반 스리 라마나가 세상 사람들에게 하사한 방대한 영적 유산의 더없이 귀중한 일부로서 소중히 간직될 것이다. 그래서 스리 사두 옴의 모범적인 삶의 방식과 당신의 귀중한 저작들은 스리 바가반의 헌신자들 가슴 속에 영원히 살아 있게 될 것이다.

스리 사두 옴의 삶 — 마이클 제임스와의 문답

다음은 스리 사두 옴의 삶에 관하여 마이클 제임스 씨에게 옮긴이가 이메일로 문의한 몇 가지 사항과 그에 대한 그의 답변이다. (―옮긴이)

문: 그분이 띠루반나말라이에 사실 때 생계수단은 무엇이었습니까?
답: 그분은 산야시(출가수행자)였고, 그래서 당신의 단순한 물질적 필요사항들[의식주]은 친구들과 후원자(신도)들이 제공해 주었습니다.
문: 그분에게 깨달음의 순간 같은 주요한 사건들이 있었습니까?
답: 그분은 결코 자신이 '깨달았다'고 주장하지 않았습니다. (왜냐하면 '내가 깨달았다'고 말할 어떤 개인적인 '나'도 없었기 때문입니다.) 그러나 당신 자신에 대해 하신 몇 마디 안 되는 말씀에 비추어, 저는 그분의 에고 소멸이 1955년 7월 중순에 일어났다고 추론합니다. 이때는 당신의 삶에서 어떤 강렬한 개인적 위기의 시기였습니다. 그분이 큰 사랑과 존경을 가지고 있던 바가반의 한 헌신자가 당신이 믿었던 만큼의 오롯한 헌신자가 아니라는 것이 드러났고, 이에 환멸을 느낀 그분은 다시 바가반을 친견하고 싶다는 열망이 강렬해졌습니다. 그래서 「스리 라마나 바루하이(*Sri Ramana Varuhai*)」라는 시를 짓기 시작했습니다. 이것은 바가반께 (육신의 형상으로 그리고 지知의 참된 형상으로) 와 주시라고 가슴 절절하게 기원하는 361연의 시였는데, 그 강렬한 열망으로 인해 에고가 소멸되자 당신은 시 짓기를 그만둔 것으로 저는 믿고 있습니다. 그 에고의 소멸이 스리 라마나의 진정한 '오심(*varuhai*)'이었던 것입니다.

문: 그분은, 조언을 구하기 위해서나 스리 라마나의 가르침에 대한 설명을 듣기 위해 당신을 찾아온 모든 사람에게 열려 있었습니까?

답: 그렇습니다. 그분은 밤낮으로 항상 누구에게나 열려 있었습니다. 방문객들은 늘 환영받는다는 느낌을 받았고, 만일 하룻밤 묵게 되면 당신의 방에서 자곤 했습니다. 저는 제 집을 짓고 있는 동안 1년 가까이 당신의 방에서 같이 살면서 매일 당신과 어울리며 대부분의 시간을 보냈습니다. 당신과 함께 저작을 번역하거나 편집하고, 바가반의 가르침에 대해 말씀을 듣고, 당신이 다른 친구들이나 방문객들과 함께 토론하는 것을 듣기도 했습니다. 그분의 삶은 늘 완전히 열려 있었습니다.

문: 그분이 스리 라마나의 가르침에 대해 일반 대중을 위한 법문을 하신 적도 있습니까?

답: 그분은 바가반의 가르침에 대한 질문에는 늘 답변할 준비가 되어 있었지만, 일반적으로 청중에게 법문을 하지는 않았습니다. 단 한 번 그런 일을 한 것은, 1960년대 중반 스리 라마나스라맘에서 「아루나찰라에 바치는 문자혼인화만」의 의미를 설명하는 일련의 법문을 한 것뿐입니다.

문: 이 책과 다른 시 작품들을 저술한 것, 그리고 (스리 무루가나르의) 『스리 라마나 냐나 보담』을 편집하여 출판한 것 외에, 그분이 남긴 다른 주요한 유산이 있다면 무엇이라고 생각하십니까?

답: 그분의 모든 시, 노래, 여타의 저술과는 별개로, 그분의 모범적인 삶이 당신의 유산이었습니다. 당신이 단순하고 겸허하며 자신을 드러내지 않는 방식으로 스리 바가반과 그의 가르침에 대한 오롯한 일념의 헌신으로 살면서, 참된 헌신자는 어떻게 살아야 하는지를 모범적으로 보여준 것 외에는 그분의 삶에 대해 말할 것이 별로 많지는 않습니다.

번역 판본 등에 관하여

본 한국어판은 제1부와 2부 공히 영어판의 신·구판들을 함께 대본으로 하였다. 구판과 신판은 각기 **제1부의 제5판(1997)과 제6판(2005), 제2부의 제2판(1997)과 제3판(2006)**을 가리킨다. 신·구판들의 내용은 거의 동일하지만, 제2부의 신판은 본문 문장 중 일부를 수정한 곳들이 있었다. 그러나 대조 결과 구판의 문장들이 오히려 더 정확했으므로, 차이 나는 부분들은 모두 구판을 따랐다. 그 밖에 약간 다른 각주들은 적절히 조정하였다.

본문 가운데 저자가 강조하기 위해 **굵은 글씨**로 표기한 부분들도 구판과 신판이 다소 차이가 있다. 두 판본에서 적절히 취사선택하여 표시했으나, 대체로 구판의 표시를 더 중시하였다. 한편 고딕체로 된 어구들은 원문에서 대문자로 시작하는 단어들 중 강조할 만한 것들을 옮긴이가 일부 골라낸 것이고, 글자 위에 방점이 찍힌 어구들은 원문에 이탤릭체로 되어 있거나 단어 전체를 대문자로만 표기한 부분들이다.

이 책에는 많은 괄호가 나오는데, 둥근괄호나 꺾쇠괄호나 원문에서는 모두 같은 괄호로 되어 있다. 그러나 우리는 그 중 비교적 간단한 어구 설명들은 꺾쇠괄호로, 비교적 긴 보충적, 설명적 문장들은 둥근괄호로 처리하였다. 그 밖에 이따금 문맥을 이어주기 위해서나 특정 어구를 설명하기 위해 옮긴이가 추가한 둥근괄호들이 있는데, 이는 다른 둥근괄호들보다 한결 작은 글자로 되어 있다. (— 옮긴이)

옮긴이의 말

이 책은 깨달음에 이르는 가장 쉽고도 직접적인 길을 설명하는 중요한 저작으로서, 바가반 스리 라마나의 주된 가르침인 자기탐구와 자기순복의 핵심 요체를 다른 어떤 저작들보다 명쾌하게 서술하고 있다. 본서의 주제는 이론과 실천의 양면에서 매우 설득력이 있다. 이론적으로는 바깥 대상들을 향한 인간의 모든 추구가 근본적으로 방향을 잘못 잡은 것임을 밝힌 다음, 인도의 전통적 수행 노선인 네 가지 요가를 검토하여 기존 행법들의 한계를 지적하고 수행의 초점을 1인칭인 자기 자신에 대한 주의로 집약한다. 실천적으로는 '나는 누구인가?'라는 탐구의 길이나 신이나 스승에게 에고를 내맡기는 순복의 길이 공히 1인칭에 대한 주의 집중인 자기주시 혹은 자각의 수행임을 밝히고, 그것을 닦는 구체적인 방법을 명료하게 설명하고 있다. 이로써 스리 라마나의 가르침은 현실적 수행의 전선에서 훌륭한 실천 지침서를 얻게 되었다.

자기 진아에 대한 근원적 탐구의 길과 신에 대한 지고한 사랑의 길이 어떻게 자기주시라는 하나의 방법으로 통합될 수 있는가? 자기순복은 '나'와 '내 것' 일체를 신의 것으로 내놓는 것인데, 그것을 일상적으로 행하는 방법은 '나는 몸이다'라는 생각이 일어나지 않게 하면서 '나'라는 느낌에 예리한 주의를 고정하는 것이기 때문이다. 또한 비이원론의 진리를 깨달은 진인들이 "신은 1인칭의 실재"임을 분명하게 선언하므로, "1인칭에 주의를 기울이는 것이 신에 대해 올바르게 주의를 기울이는 것"이고, 신을 올바르게 사랑하는 것이다. 이것은 '사랑의 길'이 근본적으로 자기탐구와 동일할 수밖에 없는 구체적인 근거이며, 신을 내세우는 모든 종교도 궁극적으로는 자신의 내면 탐구를 통해 절대자로서의 자기 성품을 발견하는 깨달음의 길로 귀착되어야 함을 시사한다. 왜냐하면 신은 이원적 숭배나 의지의 대상이기 이전에 우리 자신의 참된 본질로서 존재하기 때문이다. 요컨대 저자는 우리가 (하나의 꿈일 뿐인) 이 세계의 무수한 2인칭, 3인칭 대상들로부터 주의를 거두어들여 1인칭인 '나'에 고정하는 자기주시를 통해, 우리의 무한한 진아를 깨닫고 생사윤회에서 영원히 벗어날 수 있음을 보여준다.

이 책은 자기탐구를 중점적으로 다루는 제1부와 자기순복, 세계, 업 등의 문제를 다루는 제2부로 이루어져 있다. 타밀어판이나 영어판은 부별로 나뉘어 출간되었지만 이 한국어판에서는 한 권으로 묶었다. 왜냐하면 '스리 라마나의 길'은 하나의 일관된 논리와 설명을 통해 전체적 구조를 내적으로 통찰할 필요가 있다고 보기 때문이다. 우리의 번역 과정에서는 여러 해 동안 저자에게 엄격히 훈련 받은 마이클 제임스 씨가 이 책의 번역 출간이 가능하도록 주선해 주는 한편, 책의 내용과 관련해서도 의견과 도움을 주었다(251쪽의 각주 하나는 그의 설명에 따른 것이고, 책 말미의 '보론'은 그가 우리에게 보내준 자료를 옮긴 것이며, 그에 이은 '스리 사두 옴의 삶'도 그와의 문답을 수록한 것이다).

스리 사두 옴은 그 자신 바가반의 제자이기도 했지만, 바가반의 상수 제자이자 자신의 문학적 선배인 스리 무루가나르를 매우 존경하고 사랑한 사람이었다. 두 사람은 바가반의 핵심 가르침을 정확히 꿰뚫은 매우 뛰어난 제자들이었을 뿐만 아니라, 스승에 대한 넘치는 사랑으로 가슴에서 우러난 많은 시를 지은 시인들로서, 확실히 지知와 사랑이 일체를 이룬 분들이었다. 두 사람 간의 영적·문학적 친교는 바가반의 가르침을 전하고 풍요롭게 하는 많은 귀중한 저술들로 풍성한 결실을 거두었다. 스리 사두 옴은 스리 무루가나르의 저작인 『진어화만』(제2판)과 『스리 라마나 친존예경』(제3판)을 아쉬람에서 간행할 때 그 책들을 편집하고 교정하였고, 『진어화만』에 자신의 주석을 덧붙이고 마이클 제임스와 함께 영어로 번역하여 그 영어판(2005년)이 출간되게 했을 뿐 아니라, 스리 무루가나르가 생애 말년인 1973년 그에게 맡긴 방대한 시들의 원고를 정리·편집하여 『스리 라마나 냐나 보담(Sri Ramana Jnana Bodham)』(전 9권)이 출간되게 했다(스리 사두 옴의 생전에 4권이 나오고, 그의 타계 후 나머지 5권이 나왔다). 스리 사두 옴 자신도 「스리 라마나 사하스람」, 「수행의 핵심」 등 다수의 운문 및 산문 저작을 남겼다.

  스리 사두 옴은 자기탐구와 자기순복의 두 길을 따르는 것이 자신에게는 자연스러웠다고 말한 적이 있는데, 이는 그가 두 길을 동시에 닦아서 그 목표를 성취했음을 말해준다. 따라서 그는 두 길을 권위 있게 설명할 수 있는 적절한 위치에 있었다. 저자는 스리 무루가나르로 말미암아 나오게 된 「실재사십송」, 「우빠데샤 운디야르」와 『진어화만』을 주된 전거로 삼고, 여기에 「나는 누구인가?」, 「아루나찰라에 바치는 다섯 찬가」, 『마하르쉬의 복음』 등 몇 가지를 곁들이는 것만으로도 이 같은 뛰어난 주석서를 저술해 냈다. 이들 문헌에 바가반의 핵심 가르침이 다 들어 있기 때문이다. 따라서 저자는 힌두교의 전통적 경전들에 그다지 의존하지 않으며, 오히려 바가반의 가르침이 이들 경전의 미흡한 부분을 보완하여 그것을 완전하게 만들어준다고 보았다. 이렇게 본다면, 비이원적 베단타의 가르침은 스리 라마나에 와서 비로소 극점에 이르러 완성되었다고 말할 수 있다. 고도로 단순화된 스리 라마나의 이 길을 수용하려면 우리 자신이 열려 있어야 하고, 참으로 진지해야 한다. 이 책의 메시지가 우리에게 갖는 함의를 몇 가지 측면에서 살펴보자.

첫째, 바가반은 특정 종교의 한계를 초월하는 '세계의 스승'이라고 하는 저자의 평가에 주목해야 한다. 물론 바가반은 힌두 전통의 스승이었으나 그의 가르침은 인류 보편적인 메시지를 담고 있다. 즉, 우리는 '나는 누구인가?'라는 지극히 상식적인 물음을 가지고 자신의 내면을 주시함으로써 자아를 소멸하고 깨달음을 성취할 수 있다는 것이다. 또 그는 언어를 떠난 순수한 침묵의 힘으로써 진보된 구도자들의 가슴을 직접 열어주기도 했다. 스승으로서 그가 보여준 삶의 면모도 일반적인 구루들과는 달랐다. 우선 그는 힌두사회의 카스트 제도에 무관심했고(그는 브라민의 표식인 성사를 일찌감치 내버렸다), 계급, 성별, 국적, 종교에 관계없이 모든 사람을 평등하게 대했다. 그는 특정한 신에 대한 숭배나 종교적 의식, 진언 염송, 경전 공부 등을 권하지도 않았다. 참스승인 그의 역할은 그런 것들을 포함한 영적 정화 과정을 통해 마음이 성숙된 사람들에게 최종적인 해탈의 길을 보여주는 것이었다. 그것은 모든 종교적 관념을 뒤로 하는 단계이며, 여기서는 특정한 종교의 틀이 필요하지도 않다. 따라서 그의 길은 어떤 전통의 어떤 수행법과도 자연스럽게 연계되고 창조적으로 결합될 수 있다. 사실 그것은 종교적 추구가 끝나는 지점에서 시작되어 우리를 완전한 진리 깨달음으로 어김없이 이끌어 줄, 영혼의 마지막 행로라고 할 수 있다. 이 궁극의 길로 세계 각지의 많은 사람들이 이끌렸고, 당대의 많은 구루와 선각자들도 그를 '스승들의 스승'으로 추앙했다. 그러므로 바가반은 예전에 붓다가 그랬듯이 확실히 '세계의 스승'이라는 칭호를 받기에 부족함이 없다.

둘째, 다른 수행 전통, 특히 불교와 관련하여 '자기탐구'와 '자기순복'은 어떤 의미를 갖는지 살펴볼 필요가 있다. '자기탐구'는 산스크리트로 *atma-vichara*인데, '진아탐구'로 옮길 수도 있다(그러나 이 책에서는 '나는 누구인가?'는 '자기탐구'로, 전통적 지知의 길은 '진아탐구'로 구분한다).

흔히 진아로 번역되는 *atman*은 특히 '무아'를 중시하는 불교권에서 종종 논란의 대상이 된다. 문제는 진아 개념을 자아(에고)의 완전한 소멸 상태로 보지 않고 어떤 '대아大我', 즉 확장된 자아로 파악할 때 생겨난다. 그러나 개인성을 함축한 어떤 미묘한 자아도 자기탐구를 통한 진아 깨달음과 더불어 완전히 해체되며, 남는 것은 절대적 실재(브라만)이다. 이것은 유와 무를 넘어선 참된 공空을 의미하고, 생사윤회의 소멸, 곧 열반을 의미하지만, 그것이 다름 아닌 우리 자신의 본래면목이기도 하기 때문에 그것을 '진아'라고 하는 것이다(그래서 깨달은 선사들도 종종 '진아'를 말한다). 따라서 진아는 무아와 전적으로 동일한 개념이며, 진아 깨달음을 위한 자기탐구는 자신의 본래면목을 참구하는 선禪 수행과 다르지 않다. 특히 그것은 묵조선과 매우 유사하다(뒤에서 다시 언급한다). 한편 '자기순복'에서 '순복順服'은 신에게 자신을 '내맡김'을 뜻하는 말이다. 자기순복의 길을 저자는 '사랑의 길'로 묘사하는데, '헌신'으로도 번역되는 *bhakti*를 제2부에서 주로 '사랑'으로 표현한 이유는, 헌신자들을 성숙도에 따라 1학년부터 4학년까지 나누어 설명하는 구도에 따른 것이다(즉, 마음이 정화될수록 세간적 대상들에 대한 사랑이 신에 대한 사랑으로, 다시 스승에 대한 사랑으로 발전한다). 그러면 신은 무엇인가? 신은 세계와 함께 "몸의 한계 안에 갇히지 않는 우리의 무한한 진아의 나머지 부분"일 뿐이라는 저자의 설명이 답을 제공한다. 즉, 신은 진아의 일부이며 본래의 우리 자신이다. 따라서 진아 깨달음과 함께 '세 가지 실체' 중 하나로서의 신 개념은 깨달음의 한 측면으로 흡수된다.

 마지막으로, '자기주시', '있음', '무위' 등 수행과 관련되는 이 책의 핵심 개념들을 내적인 상호연관성 속에서 주의 깊게 성찰할 필요가 있다. 저자가 '나는 누구인가?'의 자기탐구는 바로 자기주시라고 선언하므로, 우리는 이 자기주시가 어떤 것인지 분명하게 알아야 한다. 그것은 다른 말로 "주의가 자신의 존재-의식에 고정되는 것", "나라는 느낌에 대한 기억을 가지고 고요히 있는 것", 혹은 "자기로 있음"이다. 이것을 "고요히 있음"이라고도 한다. 여기서 '고요함'은 대상들에 대한 생각이 없는 것, 곧 주의가 2인칭이나 3인칭 대상을 좇아 밖으로 나가지 않는 것이고, '있음'은 '내가 있다'는 자각, 곧 자기존재에 대한 자각을 유지하는 것이다(이것은 묵조선에서 말하는 '묵연함'과 '비춤'에 정확히 대응한다). 이 상태에서는 존재와 의식이 통일되어 있어, 존재가 곧 의식이다. 그래서 저자는 말한다. "저 자신의 존재 자체가 주시인데 굳이 주시할 것이 뭐가 있겠습니까?" 따라서 자기주시의 수행은 자기로서 존재하는 순수한 '있음'의 행법이다. 또 이 '있음'은 마음을 사용하지 않으므로 '행위함'이 없다. 즉, 자기주시는 업에서 벗어나 있는 무위의 자각 수행이다.

 다만 초심자들의 경우 이 무위의 자기자각이 어렵게 느껴질 수 있다. 실제로 자기를 주시하려고 하면 '나'라는 느낌이 잘 잡히지 않는다고 말하는 분들이 있다. 그것은 '나'로서 단순하게 머무르지 않고, (마음을 사용하여) '나'라는 느낌을 인식의 대상으로 포착하려 드는 습_習 때문이다. 다른 대상들에 주의를 기울이지 않으면 쉽게 '나'로서 머무를 수 있지만, 그것이 어렵다면 이 몸을 가지고 '지금 여기 존재하는 나'를 자각하는 것(몸을 포함한 자신의 전 존재가 지금 여기 있음을 아는 것)이 하나의 방법이 될 수 있다. 또 확신이 들 때까지 이 책(특히 제7, 8장)을 거듭 읽어 보라. 무엇보다도 우리는 자신의 에고를 꺾고 대상들에 대한 욕망과 집착을 줄여나가 마음이 내면에 고요히 머무르는 힘을 키워야 한다. 이 '라마나의 길'은 우리의 진아에 가장 가깝고, 따라서 가장 빠르며, 주의력 외의 어떤 것에도 의존하지 않으므로 가장 안전한 길이다.

2012년 3월 10일 옮긴이 씀